中國現代常用
漢字規範字典

主編　李行健

校閱　金學主

语文出版社

明文堂

小学生规范字典

XIAOXUESHENG GUIFAN ZIDIAN

主编 李行健

YUWEN CHUBANSHE
语文出版社

图书在版编目(CIP)数据

小学生规范字典/ 李行健主编．－北京：语文出版社，1999.5

ISBN 7—80126—518—1/H·124

Ⅰ.小… Ⅱ.李… Ⅲ.汉语－小学－字典 Ⅳ.G623.2

中国版本图书馆 CIP 数据核字(1999)第 12856 号

XIAOXUESHENG GUIFAN ZIDIAN
小 学 生 规 范 字 典

*

语 文 出 版 社 出 版

100010　北京朝阳门南小街 51 号

新华书店经销　　北京新华印刷厂印刷

*

787 毫米×1092 毫米　1/64　8 印张　426 千字

2000 年 1 月第 2 版　2000 年 2 月第 14 次印刷

印数：2,900,001 - 3,300,000 册　　定价：9.00 元

本书如有缺页、倒页、脱页，请寄本社发行部调换。

总 目 录

《중국현대상용한자규범자전》
(中國現代常用漢字規範字典)

한국판 서문 ································· 金學主
前言 ······························ 李行健 1
凡例 ·································· 4
汉语拼音音节索引 ················· 7
部首检字表 ·························· 12—52
  部首目录 ························ 13
  检字表 ··························· 16
字典正文 ···························· 1—441
附录 ································· 442—456
  汉字笔画名称表 ·············· 442
  常见部首名称和笔顺 ········ 445
  汉字笔顺规则 ················· 449
  怎样使用部首检字表 ········ 451
  标点符号主要用法简表 ····· 453

顾问(按姓氏笔画排列,有星号的为常务顾问)

　　许嘉璐　朱新均　孟吉平　胡明扬*

　　柳　斌　曹先擢*　傅永和*

主编

　　李行健

副主编

　　刘钧杰　赵丕杰　季恒铨

编写人员

　　应雨田　杨必胜　张　博　张育泉

　　江　汉

特邀审稿专家

　　斯　霞　霍懋征　袁　瑢　杨再隋

　　朱敬本　李吉林　戴宝云　谢文清

　　熊正辉　李建国　周明鉴　杨　东

《중국현대상용한자규범자전》
(中國現代常用漢字規範字典)
한국판 서문

1. 《중국현대상용한자규범자전》은 어떻게 편찬된 자전인가?

이 자전은 중국에서 발간된 본 이름은 《소학생규범자전(小學生規範字典)》이다. 이 자전은 《현대한어규범자전(現代漢語規範字典)》을 편찬하여 중국 전체 사회에서 사용하는 한어(漢語, 중국어)의 한자의 규범화와 표준화를 꾀하는 한편, 좀 더 기초적인 상용한자의 규범자전을 발간함으로써 한어의 규범화와 표준화를 보다 효율적으로 추진하자는 목표 아래 편찬된 것이다.

중국처럼 나라가 크고 인구가 많고 여러 민족들이 제각기 다른 언어를 쓰고 있는 나라에 있어서는 전국에 공용(共用)되는 표준어를 갖는다는 것은 매우 절실한 일이다. 따라서 1955년에 중국에서는 전국문자개혁회의(全國文字改革會議)와 현대한어규범문제학술회의(現代漢語規範問題學術會議)를 열어 중국민족 공동어(共同

語)의 표준을 보통화(普通話)로 확정하고, 1956년에는 국무원(國務院)에서 〈보통화를 추광하는 데 관한 지시(關于推廣普通話的指示)〉를 전국에 공포하고 보통화의 보급을 강력히 추진하였다. 1958년 주은래(周恩來) 총리(總理)는 정협전국위원회(政協全國委員會)에서 행한 연설에서 이렇게 강조하고 있다.

"우리의 한족(漢族) 인민들에게 있어서는 북경(北京)의 어음(語音)을 표준으로 하는 보통화(普通話)를 널리 보급시키기에 노력한다는 것은 바로 중요한 정치 임무(政治任務) 중의 중요한 한 가지 일인 것이다. 《當前文字改革的任務》)"

이처럼 보통화의 보급에 노력하였지만 워낙 나라가 크고 인구가 많고 여러 민족이 함께 섞여 사는 중국에 있어서는 전국의 언어를 통일한다는 것은 쉬운 일이 아니었다. 보통화를 보다 정확하게 교육하고 보급시키기 위하여 언어문자의 규범화 또는 표준화가 절실히 요구되었다. '규범'이란 '표준이 되는 여러 가지 규칙'을 뜻한다. 언어문자에 대한 확실한 규범이 수립되어야만 보통화를 사용하는데 생기는 혼란과 착오 등을 줄일 수 있다고 판단되었기 때문이다.

1986년 중국의 당중앙(黨中央)과 국무원(國務院)에서는 전국어언문자공작회의(全國語言文字工作會議)를

한국판 서문

열고, 지금으로부터 언어문자공작은 규범화를 중심으로 한다고 결정하였다. 그리고 1997년에 열린 전국어언문자공작회의에서 국무원 부주석(副主席) 이람청(李嵐淸)은 연설에서 "언어문자 공작은 사회주의 건설의 중요한 내용 중의 한 가지이며, 바로 국가의 현대화건설사업(現代化建設事業)에 있어서 빼놓을 수 없는 중요한 부분의 한가지이다."고 강조하고 있다.

그리고 "언어문자 공작의 근본 임무는 언어문자를 사회에서 응용하는데 있어서의 규범화 또는 표준화 수준이 우리나라의 경제와 과학기술과 사회의 발전 수준에 적응토록 하는 것이다. 그리고 전체 민족의 과학문화의 소질(素質)을 제고(提高)시키고 생산력을 해방시키고 발전시키는 일에 종사하는 것이다."고도 말하고 있다.

이처럼 중국에서는 거국적인 지지 아래 국가어언문자공작위원회(國家語言文字工作委員會)에서는 언어문자의 규범화 공작을 그들 공작의 중심과제로 추진하여 왔다. 그리고 언어문자 규범화의 기초가 되는 것은 거기에 쓰이는 한자(漢字)의 규범화라는 생각에서, 여숙상(呂叔湘) 등의 고문과 주편자(主編者) 이행건(李行健)을 중심으로 하는 20여명의 전문가들의 6년에 걸친 노력 아래 1998년 4월에 《현대한어규범자전(現代漢語規範字典)》이 출간되었던 것이다.

한국판 서문

《현대한어규범자전》은 중국사회 전반에서 사용하는 한자의 규범을 보이는 사전이다. 그런데 실지로 일반 사회에서 많이 쓰이는 것은 글자수가 제한된 상용한자(常用漢字)이다. 따라서 상용한자에 대한 조사와 연구는 중국에서 힘을 기울이어 추진되어 왔다. 그 중요한 성과만을 들어보면 다음과 같다.

중국의 교육부(教育部)에서는 1952년에 〈이천상용자표(二千常用字表)〉를 공포하였는데, 거기에는 일등상용자(一等常用字) 1,010자, 차등상용자(次等常用字) 490자, 보충상용자(補充常用字) 500자가 포함되어 있다. 그 뒤에 다시 교육부에서는 〈전일제소학어문교학대강(全日制小學語文教學大綱)〉을 반포하였는데, 그것은 소학교에서 단계적으로 꼭 배워야만 할 한자 3,000자를 규정하는 내용이다. 다시 국가어언문자공작위원회(國家語言文字工作委員會)에서는 〈현대한어상용자표(現代漢語常用字表)〉를 공포하였는데, 거기에는 3,500자의 한자가 들어있다.

규범화 공작을 효과적으로 수행하기 위해서는 이러한 상용한자의 규범화가 먼저 이루어지고, 그것이 우선 교육과 실용면에 먼저 반영되어야 한다고 생각하게 되었다. 그런데 중국에서는 소학교에 있어서의 어문교육의 목표는 이들 상용한자를 올바로 교육시키는 데 있다. 이에 교육계를 비롯한 사회 각층의 요구에 의하여 《현대한어규범자전》의 편찬조는 다시 이 《소학생규범자전》을 편찬하게 되었던 것이다. 이 자전은 위에서 제시한 교육부와 국가어언문자공작위원회에서 공포한 상용한자에 관한 자료들을 토대로 하여 편찬한 것이다.

《소학생규범자전》을 《중국현대상용한자규범자전》으로 이름을 바꾼 것은 우리나라 사람들이 이 사전에 실린 한자의 성격을 보다 정확하게 알도록 하기 위해서이다. 중국의 소학교에서는 앞에 든 교육부의 〈전일제소학어문교학대강〉이 보여주고 있듯이 일반사회에 쓰이고 있는 상용한자 약 3,000자를 가르치는 것을 목표로 하고 있기 때문에 이를 우리 실정에 맞추기 위한 것이다.

이 자전에는 〈현대한어상용자표〉에 들어있는 3,500자 이외에도, 지금 중국에서 쓰고 있는 소학용 어문교재(語文敎材)에 보이는 그밖의 글자들과 현재 소학생들이 일상생활에서 흔히 쓰는 글자 등 약 300여자를 더 보태어 3,850자를 표제자(標題字)로 싣고 있다.

다시 말하면 중국의 소학교에서는 기본적으로 중국사회에 쓰이는 상용한자를 가르치는 것을 어문교육의 목표로 하고 있는 것이다. 중화인민공화국 교육부에서 1999년 6월, 이 책이 미처 발행되기도 전에(이 자전의 초판 발행일은 2000년 1월임) 산하 각 기관에 이 자전

한국판 서문

을 즉시 교학(敎學)에 활용하도록 추천하면서 이렇게 말하고 있다.

"언어문자의 규범화 공작(工作)은 반드시 교육을 기초로 삼아야 되고 학교를 기지(基地)로 삼아야 되며, 소학교 교육으로부터 확실히 밀고 나가야 함을 우리의 경험이 증명해주고 있다. 언어문자에 관한 과목은 9년제 의무교육의 기초가 되는 과목이다. 소학교의 언어문자 교육을 강화하여 어려서부터 언어문자에 관한 규범의식이 수립되도록 학생들을 가르침으로써, 조국의 언어와 문자를 정확하게 파악하고 응용할 수 있도록 학습시켜야 한다. 이것이 애국주의(愛國主義) 교육의 중요한 내용이며, 이것이 학생들에게 기초교육의 질량(質量)을 진일보 제고시켜야만 할 절박한 필요성이 있는 소질교육(素質敎育)을 진행시키는 일이 될 것이다."

곧 소학교에 있어서의 언어문자 교육만 잘 되면 중국 사회 전반에 걸쳐 언어문자의 정확한 사용이 가능해지는 기초가 이룩된다고 생각했던 것이다. 따라서 규범화 공작에 있어서도 이 소학생들의 언어문자 교육과 상용한자의 규범화는 그 기초가 되는 가장 중요한 공작이 되는 것이다.

한국판 서문

2. 《현대중국상용한자규범자전》의 특징

이 자전은 중국의 당중앙(黨中央)과 국무원(國務院)의 언어문자 정책을 바탕으로 하여 편찬된 것이기 때문에 다른 일반적인 자전이나 사전들과는 그 성격이 근본적으로 다르다. 첫째 이 자전은 국가의 언어문자정책을 반영하는 성과이기 때문에 다른 자전들과는 다른 권위(權威)가 있다. 둘째 소학교에서 언어문자를 가르치고 일반사회에서 한자를 쓰는데 있어서 규범성(規範性)을 지닌 상용한자의 표준이 되는 자전이다. 셋째 소학교에서 언어문자교육을 추진하는 데 있어 혼란과 착오를 없애줄 것이므로 실용적인 효과가 매우 크다. 이상과 같은 특수한 성격을 지닌 이 자전의 내용상의 특징은 다음과 같다.

1) 중국 당국에서 공포한 언어문자와 관계되는 어음(語音)·자형(字形)·필순(筆順) 등에 관한 규범과 규정 등을 엄격히 따르고 있으므로, 권위성(權威性)과 규범성(規範性)을 갖추고 있다.

2) 글자마다 자음을 표시한 뒤 그 글자의 획수(劃數)·부수(部首)·글자 모양의 구성방법을 표시해주고, 잘못 쓰기 쉬운 글자들은 어려운 부분의 쓰는 순서를 밝혀놓음으로써, 한자를 공부하는 사람들이 글자의 모양을 정확하게 익힐 수 있도록 하였다.

한국판 서문

3) 글자의 뜻풀이에 있어서는 간결하고도 분명히 하면서도 알기 쉬운 말을 쓰기에 힘쓰면서, 드물게 쓰이거나 옛날 책에서나 쓰인 뜻 같은 것은 빼버리고 있다. 그리고 예구(例句)와 예사(例詞)를 소학교 교재나 쉬운 일상생활 용어 중에서 골라 되도록 많이 들어주어 정확한 글자의 뜻을 자연스럽게 파악할 수 있도록 하였다.

4) 잘못 읽거나 잘못 쓰기 쉬운 글자들과 착오를 일으키기 쉬운 글자들은 '제시(提示)'의 방법으로 모두 설명을 해주고 있다. 이는 한자를 올바로 익히는 데에 많은 도움이 될 것이다.

5) 글자의 뜻과 예구(例句)·예사(例詞) 및 '제시(提示)' 등은 유기적(有機的)으로 어우러져 계발성(啓發性)을 갖도록 함으로써, 이 자전을 사용하여 공부하는 사람들에게 사유능력(思惟能力)을 발전시키고 지력(智力)을 개발하게 되도록 하였다.

6) 표제자(標題字)도 번체자(繁體字)와 이체자(異體字)는 빼버리고 실제로 상용되는 자체만을 썼고, 자의(字義)나 자음(字音)에 있어서도 옛날에나 쓰였거나 특수한 경우에나 쓰이는 것들은 모두 배제(排除)하고 있다. 이는 결국 규범화를 통해서 한자를 깨끗이 정리하게 되는 역할도 수행하게 될 것으로 믿는다.

7) '부록(附錄)'으로 〈한자필획명칭표(漢字筆劃名稱

表)〉·〈상견부수명칭과 필순(常見部首名稱和筆順)〉·〈한자필순규칙(漢字筆順規則)〉·〈부수검자표는 어떻게 사용하는 것인가(怎樣使用部首檢字表)〉·〈표점부호주요용법간표(標點符號主要用法簡表)〉 등을 붙여놓아 한자를 공부하는 데 편의를 제공하고 상용한자의 규범화가 효율적으로 추진될 수 있도록 하고 있다.

그밖에 이 자전의 편찬조(編纂組)는 이 자전을 편찬하면서 여러 번 전국의 저명한 소학교의 어문교육을 담당하고 있는 특급교사(特級敎師)와 전국의 소학어문교재심정위원회(小學語文敎材審訂委員會)의 위원들을 찾아가 의견을 들으면서 거듭 수정을 가하였고, 최후로는 국가어언문자공작위원회의 관계되는 사람들과 전문가들의 심정(審定)을 거쳐 출판을 결정하였다 한다. 그래서 더욱 완전무결에 가까운 《현대중국상용한자규범자전》이 탄생될 수가 있었던 것이다.

3. 《현대중국상용한자규범자전》의 보급 실황

중국에 《소학생규범자전》은 《현대한어규범자전》이 나온 다음 해인 1999년 8월 말에 출간되었는데, 중화인민공화국 교육부(敎育部)에서는 이미 1999년 6월 7일자 공문 〈소학생규범자전 추천에 관한 통지〉를 각성(各省)·자치구(自治區)·직할시(直轄市)의 유관 산하기관

한국판 서문

에 내려보내고 있다. 이 공문은 앞에서 "언어문자의 규범화와 표준화를 촉진하는 것은 신시기(新時期) 언어문자 공작의 중심임무이다. 그것은 한 국가와 민족의 문화소질(文化素質)의 제고(提高)와 관련이 깊으며, 국가의 통일과 현대화의 추진과도 관련이 깊다."고 말하면서 이어 소학교에 있어서의 언어문자의 규범화 공작의 중요성을 강조하고 있다.

그리고 언어문자 규범화와 표준화 공작에 있어서의 자전과 사전의 중요성을 강조한 뒤 《소학생규범자전》에 대하여 다음과 같은 설명을 하고 있다.

"《소학생규범자전》은 …… 《현대한어규범사전》 편사조(編寫組)에 의하여 편찬된 것이다. 이 자전은 《현대한어규범자전》이 국가 언어문자의 법규와 표준을 엄격히 관철시켜 집행한 특색을 그대로 계승하고 있어서, 규범성(規範性)을 잘 갖추고 있다. 동시에 이 자전은 소학교 어문교육의 실제상황과 긴밀히 결합되어 모든 것을 소학생들의 실상으로부터 출발시켜 내용의 난이도(難易度)가 알맞고 문장은 통속적이면서도 간단명료하다. 이 자전은 편찬하는 과정 중에 여러 번 소학교육 종사자들의 의견을 들었고, 전국소학어문교재심정위원회(全國小學語文教材審定委員會) 위원들과 특급교사(特級教師) 및 언어교육전문가들

한국판 서문

을 초청하여 원고에 대한 심정(審定)을 거쳤기 때문에 질량(質量)을 보증할 수가 있다. 그래서 우리는 특히 당신들에게 《소학생규범자전》(語文出版社 출판)을 추천하는 것이니, 소학교 선생들과 학생들에게 열심히 선전공작을 잘 해주기 바란다."

이 공문의 부록으로 이 자전을 소개하는 자료들 6종을 첨부하고 있다. 그러므로 이 자전은 급속도로 전국에 보급된 듯하다. 이전까지도 학생용 자전으로 오랫동안 높이 평가받고 널리 보급되어오던 《신화자전(新華字典)》은 갑자기 자취를 감추게 된 것이다. 필자가 갖고 있는 《소학생규범자전》에 의하면 2000년 2월에 제2판(版) 14차(次) 인쇄를 한 것으로 되어 있으니 우리로서는 상상하기도 힘든 양의 책이 전국에 단시일에 보급되고 있는 것이다.

그런데 나라가 크고 인구가 많고 여러 민족이 모여 이루어진 중국이지만, 복잡한 방언과 수많은 한자에도 불구하고 언어문자의 규범화와 표준화는 나라도 작고 단일민족으로 이루어진 우리보다도 효율적으로 이루어지고 있는 것이 아닐까 하는 생각이 든다.

4. 우리나라에서 《현대중국상용한자자전》을 간행하는 까닭

우리나라의 중국어를 배우는 사람들이 중국에서 상

한국판 서문

용하는 한자를 정확하게 습득하기 위하여 이 자전을 보다 편리하게 이용할 수 있도록 하자는 데 첫째 목적이 있다. 이 자전을 쓰면서 중국어를 학습한다는 것은 보통화를 규범에 따라 올바로 배우는 기초가 될 것으로 믿는다.

그리고 우리나라의 한자도 자형이나 자음 및 자의 등에 혼란이 무척 심하다. 우리나라에서도 이 중국의 《상용한자규범자전》을 본떠서 우리의 상용한자 규범자전을 만들어 한자교육과 일용에 편의를 도모할 수 있게 되기 바라는 마음 간절하다. 그리고 자전의 편찬방법도 보다 현대화하여야 할 것으로 믿는다. 출판사 명문당은 우리나라의 옥편(玉篇) 출판을 대표하고 있는 출판사라 할 수 있다. 명문당에서 이 자전을 간행하는 까닭도 이상 얘기한 이유들을 종합적으로 인식한 때문일 것이다. 출판계의 어려운 여건에도 불구하고 이 자전의 간행을 결정한 명문당 사장 김동구씨의 출판에 대한 사명감에 저절로 머리가 숙여진다.

2002년 10월

김 학 주 씀

前　言

1998年1月《现代汉语规范字典》出版。这本字典是按国家语言文字工作委员会的规划编写的,全面严格地贯彻了国家有关部门所发布的语言文字的规范标准,所以受到广大读者,特别是教育工作者的欢迎。但这本字典收字较多,篇幅较大,学生使用不便。不少教育行政部门和学校师生,向国家语委、规范字典编写组和语文出版社反映,希望按"规范字典"的编写方针,专门为小学生编写一本《小学生规范字典》。其实,这个合理的要求,早已列入了我们的工作规划。

为了培养高素质的建设人才,中央领导要求素质教育从娃娃抓起。小学教育,是素质教育非常重要的阶段;而语文教育,又是这个阶段素质教育的重要内容,也是提高和发展素质教育的基础。只有学习掌握必要的语文知识和具备一定的应用能力,才能学好科学文化知识。同时,学习掌握运用好祖国的语言文字,也是青少年接受民族优秀文化传统教育和爱国主义教育必不可少的内容。这就是我们编写本字典的基本思想。把"字典"定名为《小学生规范字典》,是因为我们在编写中特别注意全面贯彻国家有关部门制定的语言文字规范标准,希望同学们从小学阶段起就能学习和掌握规范的语言文字,以适应信息化社会的需要。

语文规范水平的高低,是一个社会文化水平高低的标志之一。语文规范化是信息化社会的必然要求,也是发展高新科技的需要。所以,国家制定的新时期的语言文字工作方针,就是以语言文字的规范化和标准化为中心的。我们的字典要不折不扣地贯彻国家已经发布的语言文字规范标准,如《汉语拼音方案》《简化字总表》《普通话异读词审音表》《第一批异体字整理表》《现代汉语通用字笔顺规范》等等。至于每个字义项的分合和义项的多少,释义的方式和用语,例句、例词的选择等是不可能制定什么规范的,有的也不需要制定规范。这些部分我们只要按"约定俗成"的方式处理就行了。我们认为这是应该不会引起误解的。

从内容上看,我们只收了 3800 个字头。除收 3500 个国家规定的常用字外,酌收了小学语文教材中超出常用字表的字。释义方面,删去生僻的和书面色彩浓的义项。释义用语力求浅近易懂,适合小学生的理解水平。例句、例词尽量从小学教材和日常生活口语中选取。为了适应小学识字教学的需要,在每个字头后注有该字的笔画数、所属部首、字形结构,部分字还展示了笔顺。对容易读错、写错和用错的字,都用"提示"的方式给以说明。字典最后还附了《汉字笔画名称表》《常见部首名称和笔顺》和《汉字笔顺规则》等,供师生参考。

《小学生规范字典》尽量保持了《现代汉语规范字典》的优点,又针对小学生学习的需要进行了改编和增删。要把适应成年人的东西改变成适应少年儿童的东西,看似容易,实则艰辛。尽管十余位同志花了一年多时间才完成,但缺点在所难免。我们衷心期待广大师生和其他读者的批评指正,以待再版修订。

本书的编写,受到国家语委的关怀。不少语文专家、教育专家和读者,给了我们许多宝贵的指导和建议。语文出版社成立了以社主要领导吕宏伟同志为首的工作组,给编写工作有力支持。我们谨向上述各方面的同志表示诚挚的谢意。

在本书出版的时候,我们特别感到悲痛的是,编写组的首席顾问著名语言学家、语文教育家吕叔湘先生不幸在去年逝世。先生生前对我们的许多宝贵教导已经成为并将继续成为鼓舞我们编好字典和词典的巨大力量。我们决心做好今后的工作,以此表示对叔湘先生的深切缅怀和永久纪念。

李 行 健

1999 年 5 月

凡　例

本字典是促进语言文字规范化系列工具书中的一种,它的主要服务对象是小学的学生和教师。字典内容紧密结合小学教和学的需要,全面严格贯彻国家有关汉字字音、字形、笔顺、笔画和部首等各项规范标准。

一、字头

1.收录国家语言文字工作委员会和国家教育委员会发布的《现代汉语常用字表》中的全部汉字3500个,并补充了现行小学语文教材中出现的常用字表外的字300余个,合计收字3800个,可以满足小学阶段课内学习和课外阅读的需要。

2.只收规范字,规范字后不列对应的繁体字和异体字,以免增加学生负担。

3.凡形、音相同的字,不管它义项多少,义项间差别多大,都作为一个字头收列。形同而音、义不同的字,如"长"(cháng)和"长"(zhǎng),形、义相同而读音不同,各有使用范围的字,如"血"(xuè)和"血"(xiě),都分立字头。

4.字头按汉语拼音字母顺序排列。同音字按笔画由少到多排列;笔画数相同的按起笔的笔画横(一)、竖(丨)、撇(丿)、点(丶)、折(㇕)排列。

二、注音

1. 全部字头均按《汉语拼音方案》的规定,用汉语拼音字母照普通话读音注音,按四声标调。

2. 有不同读音的字,一律按《普通话异读词审音表》审订的读音注音(由于本字典篇幅较小,《审音表》审订过的读音不能全部包容)。未经审订的,一般按约定俗成的原则注音。

3. 多音字在释义完了之后,另起一行,用"另见×"注出其他读音。如"阿"(ā)字后注"另见ē","阿"(ē)字后注"另见ā"。

4. 释义和举例中出现的多音字,不易区别其读音时,加括号注出它的读音。

5. 轻声字只注音不标调。凡标调的字头在后面所出的词条或所举的例词中读轻声时,随词条或例词标注读音。如"箕"(jī)在所出词条"簸箕"中读轻声,在"簸箕"后注 bòji,"绰"(chuò)在例词"宽绰"中读轻声,在"宽绰"后注 kuānchuo。

6. 轻声字、儿化音,必要时根据有关规定和约定俗成的原则标出读音。

三、释义

1. 一般只收列普通话中的常用义项,不收生僻的义项、文言和方言的义项。

2. 一个字有几个义项时,分别按❶❷❸……顺序排列。一个义项下还需要分条时,按 a) b) c)……顺序排列。

3.在现代汉语中不能单独使用的字,在字头下连带收录这个字组成的词,然后注音释义。如"磅"(páng)字后收"磅礴","伺"(cì)字后收"伺侯"。

4.释义后一般都举出用例。先举该字单用的例句,再举由它构成的词语。释义同用例中间用"▷"隔开。用例之间用"｜"隔开,属于比喻用法的用例用"◇"同前面的用例隔开。用例中出现的被释字或词用"～"代替。

5.根据小学识字教学的要求,每个字头后除注音外,还标注以下内容:

(1)笔画数。如:子 3画　认 4画

(2)所属部首。如:翘 羽部　事 一部

(3)结构分析。如:负 上下　腐 半包围

（汉字结构分为两类六种:独体字;上下、左右、半包围、包围和特殊）

(4)笔顺(部分字展示了笔顺)。如:凹 丨凸凹凹凹

世 一廿廿世

关于笔画部首名称和字形结构,国家尚未发布统一规定,本字典取目前较为通行的说法。

6.对字音、字形和字义三个方面容易混淆和出现错误的地方,均用"提示"指出。"提示"放在全部释义完了之后,用"☞"同释义隔开。

汉语拼音音节索引

（音节后面是例字，右边的号码是字典正编的页码）

	A				**C**		chui	吹	49
							chun	春	50
a	阿	1	ca	擦	28	chuo	戳	50
ai	哀	1	cai	猜	28	ci	词	50
an	安	3	can	参	29	cong	聪	52
ang	肮	4	cang	仓	30	cou	凑	52
ao	熬	4	cao	操	30	cu	粗	53
	B		ce	策	31	cuan	窜	53
			cen	参	31	cui	崔	53
ba	八	5	ceng	层	31	cun	村	54
bai	白	7	cha	插	32	cuo	搓	54
ban	班	8	chai	拆	34		**D**	
bang	帮	10	chan	搀	34			
bao	包	11	chang	昌	35	da	搭	55
bei	背	14	chao	超	37	dai	呆	57
ben	奔	15	che	车	38	dan	单	58
beng	崩	16	chen	抻	39	dang	当	60
bi	逼	17	cheng	称	40	dao	刀	61
bian	边	19	chi	吃	42	de	德	63
biao	标	21	chong	冲	43	dei	得	64
bie	别	22	chou	抽	44	deng	灯	64
bin	宾	22	chu	出	45	di	低	65
bing	兵	23	chuai	揣	47	dian	颠	67
bo	波	24	chuan	川	47	diao	刁	69
bu	不	26	chuang	窗	48	die	爹	70

ding	丁	70	gao	高	101	huan	欢	132
diu	丢	72	ge	哥	102	huang	荒	134
dong	东	72	gei	给	104	hui	灰	135
dou	兜	73	gen	根	104	hun	昏	137
du	都	74	geng	更	105	huo	活	138
duan	端	76	gong	工	105	**J**		
dui	堆	77	gou	勾	107			
dun	吨	78	gu	估	108	ji	几	140
duo	多	79	gua	瓜	111	jia	加	146
E			guai	乖	111	jian	尖	149
			guan	关	112	jiang	江	153
e	俄	80	guang	光	114	jiao	交	155
en	恩	82	gui	归	114	jie	揭	159
er	儿	82	gun	滚	116	jin	斤	162
F			guo	郭	116	jing	京	164
			H			jiong	窘	167
fa	发	83				jiu	纠	168
fan	番	84	ha	哈	118	ju	居	169
fang	方	86	hai	孩	118	juan	捐	172
fei	飞	88	han	鼾	119	jue	撅	173
fen	分	89	hang	夯	120	jun	君	174
feng	风	91	hao	蒿	121	**K**		
fo	佛	93	he	喝	123			
fou	否	93	hei	黑	125	ka	咖	175
fu	夫	93	hen	痕	125	kai	开	175
G			heng	哼	125	kan	刊	176
			hong	烘	126	kang	康	177
ga	夹	97	hou	侯	127	kao	考	178
gai	该	97	hu	乎	128	ke	科	178
gan	干	98	hua	花	130	ken	肯	180
gang	刚	100	huai	怀	132	keng	坑	181

kong	空	181	lu	卢	211	nan	南	237
kou	抠	182	lü	吕	213	nang	囊	237
ku	哭	183	luan	乱	214	nao	挠	237
kua	夸	183	lüe	略	215	ne	呢	238
kuai	快	184	lun	抡	215	nei	内	238
kuan	宽	184	luo	罗	216	nen	嫩	238
kuang	匡	185				neng	能	238
kui	亏	186	**M**			ni	妮	239
kun	昆	187	ma	妈	218	nian	年	240
kuo	阔	187	mai	埋	219	niang	娘	241
			man	蛮	220	niao	鸟	241
L			mang	盲	221	nie	捏	241
la	拉	188	mao	猫	221	nin	您	242
lai	来	189	me	么	223	ning	宁	242
lan	兰	189	mei	煤	223	niu	妞	243
lang	郎	191	men	闷	224	nong	农	243
lao	捞	192	meng	蒙	225	nu	奴	244
le	勒	193	mi	咪	226	nü	女	244
lei	雷	193	mian	棉	227	nuan	暖	244
leng	棱	195	miao	苗	228	nüe	虐	244
li	哩	195	mie	灭	229	nuo	挪	244
lia	俩	199	min	民	230			
lian	连	199	ming	名	230	**O**		
liang	良	200	miu	谬	231	ou	欧	245
liao	辽	202	mo	摸	231			
lie	咧	204	mou	谋	233	**P**		
lin	拎	204	mu	木	234	pa	趴	246
ling	零	206				pai	拍	246
liu	流	208	**N**			pan	潘	248
long	龙	209	na	那	235	pang	乓	248
lou	搂	210	nai	奶	236	pao	抛	249

pei	胚	250	rang	嚷	278	sheng	生	297
pen	喷	251	rao	饶	279	shi	师	298
peng	烹	251	re	惹	279	shou	收	304
pi	批	252	ren	人	279	shu	书	305
pian	偏	254	reng	仍	280	shua	刷	308
piao	漂	255	ri	日	281	shuai	摔	309
pie	撇	256	rong	容	281	shuan	拴	309
pin	拼	256	rou	柔	282	shuang	双	310
ping	乒	257	ru	如	282	shui	水	310
po	坡	258	ruan	软	283	shun	顺	310
pou	剖	259	rui	锐	283	shuo	说	311
pu	扑	259	run	闰	284	si	私	311
Q			ruo	若	284	song	松	313
			S			sou	嗖	313
qi	七	261				su	苏	314
qia	洽	264	sa	撒	284	suan	酸	315
qian	千	265	sai	塞	285	sui	虽	315
qiang	枪	267	san	三	285	sun	孙	317
qiao	悄	268	sang	丧	286	suo	缩	317
qie	切	270	sao	搔	286	**T**		
qin	亲	270	se	色	287			
qing	青	271	sen	森	287	ta	他	318
qiong	穷	273	seng	僧	287	tai	台	319
qiu	丘	273	sha	沙	288	tan	贪	320
qu	区	274	shai	筛	289	tang	汤	322
quan	圈	275	shan	山	289	tao	涛	323
que	缺	276	shang	伤	291	te	特	325
qun	群	277	shao	捎	292	teng	疼	325
R			she	赊	293	ti	体	325
			shei	谁	295	tian	天	327
ran	然	278	shen	伸	295	tiao	挑	328

tie	贴	329	xiong	凶	368	zei	贼	410
ting	听	329	xiu	休	368	zen	怎	410
tong	通	330	xu	须	370	zeng	憎	410
tou	偷	331	xuan	宣	372	zha	扎	411
tu	突	332	xue	薛	373	zhai	斋	412
tuan	团	334	xun	勋	374	zhan	占	413
tui	推	334				zhang	张	414
tun	吞	335	**Y**			zhao	招	416
tuo	脱	336				zhe	折	417
			ya	压	375	zhen	针	419
W			yan	咽	377	zheng	正	420
			yang	央	380	zhi	只	422
wa	挖	337	yao	夭	381	zhong	中	427
wai	歪	338	ye	掖	384	zhou	周	428
wan	弯	338	yi	一	385	zhu	朱	430
wang	汪	340	yin	因	390	zhua	抓	432
wei	危	341	ying	英	392	zhuai	拽	432
wen	温	344	yong	佣	394	zhuan	专	432
weng	翁	345	you	优	395	zhuang	庄	433
wo	涡	345	yu	迂	398	zhui	追	434
wu	乌	346	yuan	渊	402	zhun	谆	434
			yue	约	403	zhuo	捉	435
X			yun	晕	404	zi	姿	436
						zong	宗	437
xi	西	349	**Z**			zou	走	438
xia	虾	353				zu	租	438
xian	先	355	za	匝	406	zuan	钻	439
xiang	香	358	zai	栽	406	zui	嘴	439
xiao	削	361	zan	咱	407	zun	尊	440
xie	歇	363	zang	脏	408	zuo	作	440
xin	心	365	zao	遭	408			
xing	兴	366	ze	泽	410			

部首检字表

1.本检字表采用《汉字统一部首表》所规定的部首立部。根据国家语言文字工作委员会、中华人民共和国新闻出版署1997年发布的《现代汉语通用字笔顺规范》,适当调整了个别部首的顺序。为了促进规范化和方便读者查检,部首的变形大多加括号单立;对所属字量极少,与主部首笔画数全等者,不单立,只加括号附列在主部之后。部首按笔画数由少到多顺序排列;同画数的,按起笔笔形一(横)丨(竖)丿(撇)、(点)乛(折)顺序排列;第一笔相同的,按第二笔;依次类推。

2.本检字表按照"据形归部"的原则对所收的字归部。采用先上后下,先左后右,先外后内的方法提取部首。分不清部首的字,按起笔笔形分别归入一丨丿、乛部。

3.本检字表对同一部首的字,按除去部首笔画以外的笔画数由少到多顺序排列。同画数的字,按《现代汉语通用字笔顺规范》规定的整个字形的起笔笔形一丨丿、乛的顺序排列;第一笔相同的,按第二笔;依次类推。

4.本检字表里加*号的字是本字典补充的现行小学语文教材中出现的常用字表外的字。

部首目录

(部首左边的号码是部首序号；右边的号码是所在检字表的页码)

	1画			18	氵	20		37	九(兀)	25
1	一	16		11	(丷)	18		38	弋	25
2	丨	16		19	宀	20		39	小	25
3	丿	16		20	辶	20		39	(⺌)	25
4	丶	17		21	凵	21		40	口	25
5	乛(乙乚			22	卩(㔾)	21		41	囗	27
	丁乚)	17		23	左阝	21		42	山	27
	2画			24	右阝	21		43	巾	27
6	十	17		25	刀	21		44	彳	27
7	厂(厂)	17		26	力	22		45	彡	27
8	匚	17		27	厶	22		71	(犭)	34
25	(刂)	22		28	又	22		46	夕	27
9	卜(⺊)	17		29	廴	22		47	夂	28
10	冂(冂)	17			3画			48	饣	28
12	(亻)	18		30	干	22		49	丬	28
11	八	18		31	土	22		50	广	28
12	人(入)	18		31	(士)	23		51	门	28
13	勹	19		32	工	23		82	(氵)	36
25	(⺈)	21		84	(扌)	37		103	(忄)	42
14	儿	19		33	艹	23		52	宀	28
15	匕	19		34	寸	24		53	辶	29
16	几(几)	19		35	廾	25		54	彐(彑)	30
17	亠	19		36	大	25		55	尸	30

56	弓	30	82	水	35	106	甘	43
57	己(已巳)	30	83	见	37	107	石	43
58	子	30	84	手(扌)	37	108	龙	43
60	女	30	85	牛	39	109	业	43
61	飞	31	86	毛	39	82	(氺)	37
62	马	31	87	气	39	110	目	43
63	纟	31	88	长(镸)	39	111	田	43
64	幺	32	89	片	39	112	罒	43
65	巛	32	90	斤	39	113	皿	44
	4画		91	爪(爫)	39	114	钅	44
66	王	32	92	父	39	115	生	44
67	无(旡)	32	93	月(月)	40	116	矢	44
68	韦	32	94	氏	40	117	禾	44
129	耂(老)	46	95	风	40	118	白	45
69	木	32	96	欠	40	119	瓜	45
70	支	33	97	殳	40	120	鸟	45
71	犬	33	98	文	40	121	疒	45
72	歹	34	99	方	41	122	立	46
73	车	34	100	火	41	123	穴	46
74	牙	34	101	斗	41	148	(衤)	48
75	戈	34	100	(灬)	41	124	疋(正)	46
76	比	34	102	户	41	125	皮	46
77	瓦	34	105	(礻)	42	126	癶	46
78	止	34	103	心(忄)	41	127	矛	46
79	攵	34	104	毋	42	104	(母)	42
80	日(曰)	35		**5画**			**6画**	
80	(冃)	35	66	(玉)	32	128	耒	46
81	贝	35	105	示	42	130	耳	46

131	臣	46	157	豆	49	\multicolumn{2}{c}{9 画}

#	部首	页	#	部首	页	#	部首	页
131	臣	46	157	豆	49	\multicolumn{3}{c}{9 画}

131 臣 46	157 豆 49	9 画
132 覀(西) 46	158 酉 49	180 革 51
133 而 46	159 辰 49	181 面 51
134 页 46	160 豕 50	182 韭 51
135 至 47	161 卤 50	183 骨 51
136 虍 47	162 里 50	184 香 51
137 虫 47	163 足(⻊) 50	185 鬼 51
138 肉 47	24 (⻏) 21	48 (⻝) 28
139 缶 47	164 身 50	186 音 51
140 舌 47	165 釆 50	187 首 51
141 竹(⺮) 47	166 谷 50	10 画
142 臼 48	167 豸 50	188 髟 51
143 自 48	168 龟 50	189 鬲 51
144 血 48	169 角 50	191 高 51
145 舟 48	20 (言) 21	11 画
146 色 48	170 辛 50	192 黄 51
147 齐 48	8 画	193 麻 52
148 衣 48		194 鹿 52
149 羊(⺷⺶) 48	171 青 50	12 画
150 米 49	172 卓 50	195 鼎 52
151 聿(⺻) 49	173 雨 50	196 黑 52
152 艮 49	174 非 51	197 黍 52
153 羽 49	175 齿 51	13 画
63 (糸) 32	136 (虎) 47	198 鼓 52
7 画	177 隹 51	199 鼠 52
154 麦 49	114 (金) 44	14 画
155 走 49	178 鱼 51	200 鼻 52
156 赤 49	179 隶 51	

检字表

（字右边的号码是字典正文的页码）

1 一部					
一	385	专	432		147
1 画		丏	98		148
二	83	五	347	夷	386
丁	70	不	27	丞*	40
七	261	屯	335	**6 画**	
2 画		互	129	严	378
三	285	**4 画**		求	273
于	398	末	232	甫	95
亏	186	未	343	更	105
才	28	正	420	束	308
下	354		422	两	201
丈	415	世	301	丽	197
与	399	本	16	来	189
	400	丙	23	**7 画以上**	
万	340	平	257	奉	92
3 画		灭	229	表	21
丰	91	东	72	画	132
井	166	丛	52	事	302
开	175	丝	311	枣	409
夫	93	**5 画**		奏	438
天	327	亚	377	甚	296
元	402	更	197	柬	150
		再	407	歪	338
		百	8	哥	102
		夹	97	棘	143

囊	237	禺*	399
2 丨部		**3 丿部**	
3—4 画		**1—2 画**	
中	427	九	168
	428	千	265
凸	332	川	47
旧	168	么	223
且	270	久	168
甲	148	丸	338
申	295	及	141
电	68	**3 画**	
由	396	壬	280
央	380	升	297
史	300	夭	381
凹	4	币	18
5 画以上		乏	83
师	299	丹	58
曲	274	乌	346
	275	**4 画**	
串	48	失	299
果	117	乍	412
畅	37	丘	273
临	205	乎	128

乐	193	之	422	乡	358	真	419	8画以上	
	404	为	341	**3—5画**		索	317	原	402
册	31		343	予	399	啬*	287	厢	358
5画		主	430	书	305	率	214	厨	46
年	240	半	10	民	230		309	厦	288
朱	430	头	332	司	311	博	25		354
乔	268	必	18	买	219	兢	165	雁	380
乒	257	永	394	**7画以上**		戴	58	愿	403
向	359	**5画以上**		乳	283	矗	47	**8**	
兆	417	兵	248	承	41			**匚部**	
6画以上		州	428	虱	299	**7**		**2画**	
我	346	农	243			**厂(厂)部**		区	245
囱	52	良	200	**6**		厂	36		274
卵	215	叛	248	**十部**		**2画**		匹	254
系	145	举	170	十	299	厅	329	巨	171
	352	**5**		**1—5画**		历	197	**4—5画**	
垂	49	**乛(乙乚**		午	347	厄*	81	匡*	185
乖	111	**乛乚)部**		卉*	136	反	85	匠	154
秉	23	乙	387	古	109	**3—4画**		匣	353
重	44	**1—2画**		协	363	厉	197	医	386
	428	刁	69	华	131	压	375	**8—9画**	
禹*	400	了	193	**6画**		厌	379	匿	239
乘	41		203	直	424	后	127	匪	88
粤	404	乃	236	丧	286	**6—7画**		匾	20
4		乞	263	卖	219	厕	31		
、部		也	384	卑	14	质	426	**9**	
2—4画		习	351	卒	438	厘	195	**卜(⺊)部**	
义	388	丑	45	**7画以上**		厚	127	卜	26
				南	237	盾	78		

1—3 画				90	兼	150	舒	306	传	48
上	291	公	106	兽	305	禽	271		433
	292	共	107					休	368
卡	175	兴	366	**12**		**(12)**		伍	347
	264		367	人(入)部		亻部		伎*	144
占	413	兵	23	人	279	**2 画**		伏	93
卢	211	**6 画以上**		入	283	亿	388	优	395
4—8 画		其	262	**1—3 画**		仁	280	伐	84
贞	419	具	171	个	104	什	296	仲	428
卦	111	典	67	介	161		299	件	152
卓	435	舆	399	从	52	仆	259	任	280
桌	435	冀	146	仑	215	化	131	伤	291
				今	162	仇	44	价	148
10		**(11)**		仓	30		273	伦	215
冂(门)部		丷部		以	387	仍	281	份	90
内	238	**1—6 画**		令	207	仅	163	仰	381
冈	100	丫*	375	**4 画**		**3 画**		仿	87
用	395	兰	189	全	276	付	96	伙	139
甩	309	并	24	会	136	仗	415	伪	342
同	330	关	112		184	代	57	伊	386
	331	弟	66	合	104	仙	355	似	302
网	340	单	34		123	仟*	265		312
周	428		59	企	263	们	225	**5 画**	
			290	众	428	仪	386	估	108
11		**7 画以上**		伞	285	仔	406		110
八部		养	381	**5 画以上**			436	体	326
八	5	前	265	余	398	他	318	何	123
2—5 画		酋*	274	舍	294	**4 画**		佐*	440
分	89	兹*	436	命	231	伟	342	佑	398

勹儿匕几

但	59	侄	424	**8画**		10—15画	
伸	295	侦	419	债	412	傲	5
佃	68	侣	213	借	162	傅	97
作	440	侧	31	值	424	傍	11
伯	8	侨	269	倚	387	储	47
	25	佩	251	俺	3	催	53
伶	206	侈	43	倾	272	傻	288
佣	394	依	386	倒	62	像	360
	395	**7画**		倘	323	僚	202
低	65	便	20	俱	171	僧	287
你	239		255	倡	37	僵	154
住	431	俩	199	候	128	僻	254
位	343		201	俯	95	儒	282
伴	10	修	369	倍	15	儡	194
伺	51	俏	269	倦	172		
	312	保	12	倌*	113		
佛	93	促	53	健	152		
	94	俄	81	倔	174		
6画		俐	198	**9画**			
佳	147	侮	348	做	441		
侍	302	俭	151	偿	36		
佬*	192	俗	314	偶	245		
供	106	俘	94	偎	341		
	107	信	366	傀	186		
使	301	侵	270	偷	331		
佰*	8	侯	127	停	330		
例	198	俑*	395	偏	254		
侠	353	俊	175	假	148		
饶	157				149		

13 勹部

1—3画

勺	293
	348
勻	405
勾	107
	108
句	171
匆	52
包	11

4—9画

旬	374
匈	368
甸	68
匍	259
匐*	94

14 儿部

儿	82
先	355
充	43
克	180
兑	78
党	61
兜	73

15 匕部

匕	17

3—12画

北	14
旨	425
顷	272
匙	43
	303
疑	387

16 几(几)部

几	140

	143	夜	385	冶	384	订	71		425
1—9画		氓	221	净	167	计*	95	诈	412
凡	85	**7画**		**8画**		认	280	诉	314
凤	92	哀	1	凌	206	讥	140	诊	419
凫	93	亭	330	凄	261	**3画**		词	51
壳	179	彦*	379	准	435	讨	324	译	389
	269	**8画以上**		凋*	69	让	278	**6画**	
咒	429	衰	309	凉	201	训	374	诓*	185
凯	176	衷	427		202	议	388	试	302
凭	257	离	195	**9画以上**		讯	374	诗	299
亮	201	商	291	凑	52	记	144	诚	41
凰	134	就	169	减	151	**4画**		诛*	430
凳	65	裹	117	凛	205	讲	154	话	132
		褒	12	凝	242	讳	137	诞	59
17		赢	393			讴*	245	诡	115
亠部				**19**		讶	377	询	374
1—3画		**18**		冖部		许	370	诣	389
亡	340	冫部		冗	282	讹	80	该	97
六	209	**3—4画**		写	364	论	216	详	359
亢*	177	冯	92	军	174	讼	313	**7画**	
市	301	冲	43	冠	112	讽	92	诫	162
玄	372		44		113	设	294	诬	347
4—6画		冰	23	冤	402	访	87	语	400
亦	388	次	51			诀	173	误	349
交	155	决	173	**20**		**5画**		诱	398
产	35	**5—6画**		讠部		证	422	诲	137
亥	119	冻	73			评	257	说	310
亩	234	况	185	**2画**		诅	439		311
京	165	冷	195	计	144	识	300	诵	313

8画		11画以上		却	277	陌	233	24	
请	272	谨	163	即	142	陕	290	右阝部	
诸	430	谩*	220	卷	172	降	154	4—5画	
诹	245	谬	231	卸	364		359	邦	10
读	75	谭	321	卿	272	限	357	邢	366
诽	88	谱	260	23		7画		那	236
课	180	谴	266	左阝部		陡	74	邮	396
谁	295	(20)		2—4画		陛*	18	邻	204
调	70	言部		队	77	陨	405	6画	
	328	言	378	阱	166	除	46	郁	400
谅	202	誊	325	阵	420	险	356	郊	155
谆	434	誉	401	阳	380	院	403	郑	422
谈	321	誓	303	阶	159	8画		郎	191
谊	389	警	166	阴	390	陵	206	8画以上	
9画		譬	254	防	86	陶	324	都	73
谋	233	21		5画		陷	357		74
谍	70	凵部		际	145	陪	250	郭	116
谎	135	凶	368	陆	209	9画以上		部	27
谐	363	击	140		212	随	316	鄂*	81
谒	385	出	45	阿	1	隅	399	鄙	18
谓	343	函	119		80	隆	209	(24)	
谚	379	22		陇*	210		210	邑部	
谜	226	卩(㔾)部		陈	39	隐	391	邑	388
10画		卫	343	阻	439	隔	103	25	
谢	364	印	391	附	96	隙	353	刀部	
谣	382	卯*	222	6画		隘	3		
谤	11			陋	211	障	416		
谦	265					隧	316	刀	61

22 ⺈刂力厶又廴干

刃	280		49	剧	171	27			84
切	270	刿*	345	副	96	厶部		圣	298
召	417	5画		剩	298			对	77
券	276	别	22	割	103	1—4画		4—6画	
	372	删	289	蒯	157	云	405	戏	352
剪	151	刨	13			允	405	观	112
劈	253		249	26		台	319		113
	254	判	248	力部		丢	72	欢	132
		6画		力	197	牟*	233	鸡	141
(25)		刺	50	2—4画		5画以上		叔	305
⺈部			51	办	9	县	357	变	20
3—6画		制	426	加	146	叁	285	艰	150
刍*	46	刽	116	动	72	参	29	7画以上	
危	341	刹	34	5画			31	叙	371
负	96		288	劫	160		295	难	237
争	420	刿*	80	励	197	能	238	叠	70
兔	228	刻	180	助	431	28		29	
兔	334	刷	308	努	244	又部		廴部	
7画以上		7画		劲	164	又	397	廷	329
象	360	荆	165		166	1—3画		延	377
赖	189	削	361	6画以上		叉	32	建	152
豫	401		373	势	302		33	30	
(25)		剑	152	勃	25		33	干部	
刂部		剃	326	勋	374	友	397	干	98
3—4画		8画以上		勉	228	邓	65		100
刑	366	剔	325	勇	395	劝	276	刊	176
刚	100	剖	259	勘	176	双	310	罕	120
创	48	剥	12	勤	271	发	83		
			24						

31 土部		坠	434	堆	77	增	410	项	360
		5画		埠	27	壁	19	**33 艹部**	
		坷	178	培	250	壕	122		
土	333		179	基	141	壤	278	**1—3画**	
2—3画		坏	253	堑*	267	**(31) 士部**		艺	388
去	275	坪	257	堂	322			艾	2
寺	312	坦	321	堕	80	士	301	节	159
圳*	420	坤	187	**9画**		**1—4画**			160
圾	140	垃	188	堪	176	吉	142	芋	400
地	63	幸	367	塔	318	志	425	芍	293
	66	坡	258	堰	379	声	297	芒	221
场	36	**6画**		堤	65	**7画以上**		芝	423
在	407	型	367	堡	13	喜	352	**4画**	
4画		垮	183		26	嘉	147	芙	94
坛	320	城	41		260	**32 工部**		芫	347
坏	132	垢	108	**10画**				苇	342
址	425	垛	79	填	327	工	105	芽	376
坝	6		80	塌	318	**2画**		花	130
坎	177	垫	68	塘	322	巧	269	芹	271
坍*	320	垒	194	塑	315	功	106	芥	98
均	174	**7画**		**11画**		左	440		161
坞	348	埂	105	墙	267	**3画以上**		芬	90
坟	90	埋	219	墟*	370	巩	107	苍	30
坑	181		220	境	167	汞	107	芳	86
坊	86	袁	402	摘	291	贡	107	芦	212
	87	埃	1	墅	308	攻	106	芯	365
块	184	**8画**		垫*	306	巫	347	劳	192
坚	149	堵	75	**12画以上**				芭	5
坐	441	域	401	墩	78				

苏	314	茧	150	**8画**		葆*	13	暮	235
5画		茵	390	菁*	165	葡	260	摹	231
莱	232	茴	136	著	431	葱	52	蔓	220
苦	183	荞	269	菱	206	蒋	154		340
苛	178	茶	33	菲	88	蒂	67	蔑	229
若	284	荠	145		89	落	188	蔗	419
茂	222		262	萌	225		193	蔽	19
苹	257	荒	134	萝	216		217	蔼	2
苫	289	茫	221	菌	174	葵	186	蔚	344
	290	荡	61	萎	343	**10画**		**12画**	
苗	228	荣	281	菜	29	蒜	315	蕉	156
英	392	荤	137	萄	324	蓝	190	蕊	283
苟	108	荧	393	菊	170	墓	235	蔬	306
苞	12	荫*	392	菩	259	幕	235	蕴	405
范	86	荔	198	萍	258	蓓*	15	**13画**	
苗	435	药	383	菠	24	蓖	18	蕾	194
茄	147	**7画**		萤	393	蓬	252	薯	307
	270	荸	17	营	393	蒿	121	薛	373
茎	164	莽	221	萧	361	蓄	371	薇	341
苔	319	莱	189	萨	285	蒲	260	薪	365
茅	222	莲	199	菇	109	蓉	281	薄	12
6画		莫	233	**9画**		蒙	225		26
茸	281	莉	198	葫	129		226		26
茜*	266	莓*	223	葬	408	蒸	421	**14画以上**	
	350	荷	124	募	235	**11画**		藏	30
茬	33	莜*	396	葛	103	蔫	240		408
荐	152	获	139		104	蔷*	267	藐	229
荚	148	莹	393	董	72	慕	235	藓*	357
草	31	莺	392						

藕	245	**5画**		式	302	**40**			354
藤	325	奈	236	贰	83	**口部**		吕	213
蘖	241	奔	15	**39**		口	182	吊	69
蘑	232		16	**小部**		**2画**		吃	42
藻	409	奇	141	小	362	可	179	吸	349
蘸	414		262	少	293		180	吗	218
34		奄	378	尔	82	右	397		219
寸部		奋	91	尘	39	叮	70	呒	381
寸	54	**6—7画**		尖	149	叶	385	**4画**	
寿	305	契	264	劣	204	号	121	吞	335
封	91	牵	265	省	298		122	吾*	347
尉	343	奕	389		367	叭	5	否	93
尊	440	奖	154	雀	268	只	423	呈	41
35		套	324		277		425	吴	347
廾部		**8画以上**		**(39)**		叽	140	呓*	388
弃	264	奢	293	**⺌部**		叩	368	呆	57
弊	19	爽	310	**3—7画**		叼	69	吱	423
36		奥	5	光	114	叩	182		436
大部		奠	69	当	60	叫	158	吠	89
大	56	樊	85		61	叨	61	呕	245
	57	**37**		肖	362		323	呀	375
1—3画		**尢(兀)部**		尚	292	另	207		377
太	320	兀*	348	尝	36	叹	321	吨	78
夯	120	尤	396	**8画以上**		**3画**		吵	37
夸	183	尧*	382	辉	135	吁	370		38
夺	79	**38**		耀	383		400	呐	236
		弋部				吐	334	呗*	15
						吓	124	员	402
								听	329

吟	391	鸣	230		179	啡	88	喔*	346
吩	90	咆	249	咪	226	啃	181	\multicolumn{2}{c|}{10 画}		
呛	267	咛*	242	哪	235	唬	129	嗜	303
	268	咏	394		236	唱	37	嗑*	180
吻	345	呢	238	哟	383	啰	216	嗔*	39
吹	49		239		395	唾	337	嗦	317
呜	347	咖	175	咨	436	唯	342	嗅	370
吭	121	\multicolumn{2}{c	}{6 画}	\multicolumn{2}{c	}{7 画}	啤	253	嗡	345
	181	哇*	337	哲	418	啥	288	嗤	42
吼	127		338	哮	362	啕*	324	嗓	286
吧	7	哄	126	唠	192	啸	362	嘈	30
吮	310		127	哺	26	\multicolumn{2}{c	}{9 画}	嗽	314
告	102		127	哨	293	喷	251	喊	261
含	119	哑	376	唢*	318	嗒*	55	嘘*	370
君	174	咧	204	哩	195	喳	32	嘛*	219
\multicolumn{2}{c	}{5 画}	咦*	386	唤	133		411	嘀	66
味	343	虽	315	唁	379			嘻	351
哎	1	品	257	哼	125	喇	188	嘽	384
咕	109	咽	377	唧	141	喊	120	嘶	312
呵	123		379	啊	1	喝	123	嘲	38
咂	406		385	唉	2		124	嘹	203
呸*	250	哗	130	唆	317	喂	344	嘿	125
咙	210		131	\multicolumn{2}{c	}{8 画}	喘	48	嘱	431
咀*	170	咱	407	啧*	410	嗖*	313	嘴	439
呷	295	响	359	啪*	246	喉	127	器	264
咐	96	哈	118	啦	188	喻	401	噪	409
呱*	111	哆	79		189	啼	326	\multicolumn{2}{c	}{14 画以上}
呼	128	咬	383	啄	435	喽	211		
咚*	72	咳	118			喧	372	嚏*	327

嚎	122		173	峪*	401	帝	67	很	125
嚣	361		275	峰	92	常	36	\multicolumn{2}{l	}{7—8画}
嚼	156	\multicolumn{2}{c	}{42}	峻	175	\multicolumn{2}{l	}{9画以上}	徒	333
	158	\multicolumn{2}{c	}{山部}	\multicolumn{2}{l	}{8画以上}	幅	94	徐	370
	174			崖	376	帽	222	徘	247
嚷	278	山	289	崎	262	幌	135	徙	352
		\multicolumn{2}{c	}{3画}	崭	413	幔	220	得	63
\multicolumn{2}{c	}{41}	屿	399	崔	53	幢	434		64
\multicolumn{2}{c	}{囗部}	屹	388	崩	16				64
		岁	316	崇	44	\multicolumn{2}{c	}{44}	衔	356
\multicolumn{2}{c	}{2—3画}	岂	263	嵌	267	\multicolumn{2}{c	}{彳部}	\multicolumn{2}{l	}{9画以上}
囚	273	\multicolumn{2}{c	}{4画}	巅*	67			街	159
四	312	岖	274	巍	341	\multicolumn{2}{c	}{3—4画}	御	401
团	334	岗	101			行	121	徨*	134
因	390	岔	33	\multicolumn{2}{c	}{43}		367	循	374
回	136	岛	62	\multicolumn{2}{c	}{巾部}	彻	38	衙	376
\multicolumn{2}{c	}{4画}	\multicolumn{2}{c	}{5—6画}	巾	162	役	388	微	341
园	402	岸	3	\multicolumn{2}{l	}{1—4画}	彷*	249	德	63
围	342	岩	378	布	27	\multicolumn{2}{c	}{5画}	衡	126
困	187	岭	207	帅	309	征	421	徽	135
囤	78	岷*	230	帆	84	往	340		
	335	岳	404	帐	416	彼	17	\multicolumn{2}{c	}{45}
\multicolumn{2}{l	}{5画以上}	炭	322	希	350	径	166	\multicolumn{2}{c	}{彡部}
国	117	峡	353	\multicolumn{2}{l	}{5—8画}	\multicolumn{2}{c	}{6画}		
固	110	幽	396	帖	329	待	57	形	367
图	333	峦	214	帜	425		58	彤	331
囿	260	\multicolumn{2}{c	}{7画}	帕	246	徊	132	须	370
圆	402	峭	269	帮	10	衍	379	彩	29
圈	172	峨*	81	带	57	律	214	彭	252
								彰	415

28 夕夂饣食斗广门

影	393

46 夕部

夕	349
外	338
名	230
多	79
梦	226
够	108
舞	348

47 夂部

处	46
	47
冬	72
务	348
各	104
条	328
备	14
复	96
夏	354

48 饣部

2—4 画

饥	140
饨 *	335
饪	280
饭	86
饮	391
	392

5 画

饯 *	152
饰	302
饱	12
饲	312

6 画

饵	83
饶	279
蚀	300
饷 *	359
饺	157
饼	23

7—8 画

饿	81
馁	238
馄 *	138
馅	358
馆	113

9 画以上

馈 *	186
馊 *	313
馋	35
馍	231
馏	208

| | 209 |
| 馒 | 220 |

(48) 食部

| 食 | 300 |
| 餐 | 29 |

49 斗部

壮	433
妆	433
状	434
将	153
	155

50 广部

| 广 | 114 |

3—4 画

庄	433
庆	273
床	49
库	183
庇	18
应	392
	393
庐	212
序	371

5 画

庞	249
店	68
庙	229
府	95
底	66
庚 *	105
废	89

6—7 画

度	76
	79
庭	330
席	351
座	441
唐	322

8 画

庶	308
庵	3
廊	191
康	177
庸	394

10 画以上

廓	187
廉	200
腐	95
鹰	392

51 门部

| 门 | 224 |

1—3 画

闩 *	309
闪	290
闭	18
问	345
闯	49

4 画

闰	284
闲	355
间	149
	152
闷	224
	225

5—6 画

闸	411
闹	238
闺	115
闻	345
闽	230
阀	84
阁	103
阂 *	124

7 画以上

阅	404
阎	378
阐	35
阔	187

52 宀部		6画							
		宣	372	寓	401	远	403	7画	
		宦	133	塞	285	违	342	逝	303
2—3画		室	303		287	运	405	速	315
宁	242	宫	106	寞	233	还	118	逗	74
它	318	宪	357	寝	271		133	逐	430
宇	400	客	180	寨	413	连	199	迢*	361
守	304	7画		赛	285	近	164	逞	42
宅	412	害	119	寡	111	返	85	造	409
字	437	宽	184	察	33	迎	392	透	332
安	3	家	147	蜜	227	这	418	途	333
4画		宵	361	寥	203	迟	42	逛	114
完	339	宴	379	53 辶部		5画		逢	92
宋	313	宾	22			述	308	递	67
宏	126	容	281			迪*	65	通	330
牢	192	宰	407	2—3画		迫	247		331
灾	406	案	3	辽	202		258	8—9画	
5画		8画		边	19	6画		逻	216
宝	12	寇	182		21	选	372	逸	389
宗	437	寅*	391	迁	398	适	303	逮	57
定	71	寄	146	过	117	追	434		58
宠	44	寂	146	达	56	逃	324	逼	17
宜	386	宿	315	迈	219	迹	145	遇	401
审	296		369	迁	265	进*	17	遏	82
宙	429		369	迄	264	送	313	遗	387
官	112	密	227	迅	375	迷	226	逾	399
宛	339	9画以上		巡	374	逆	239	道	63
实	300	寒	120	4画		退	335	遂	316
		富	97	进	164	逊	375	遍	20

10画以上		尿	241	1—5画		异	388	奸	149
遨*	4		315	引	391	改	98	如	282
遣	266	尾	342	弘*	126	忌	145	妄	341
遥	382		387	弛	42	巷	121	妇	96
遛*	209	局	170	张	414		360	好	122
遭	408	5画		弧	128			她	318
遮	418	屉	326	弥	226	58		妈	218
遵	440	居	170	弦	356	子部		4画	
邀	382	届	161	6画以上		子	436	妩*	348
避	19	屈	274	弯	338		437	妓	145
		6—7画		弱	284	1—3画		妙	229
54		屋	347	弹	60	孔	181	妖	382
彐(彑)部		昼	429		321	孕	405	姊	436
归	114	屏	23	强	155	存	54	妨	87
寻	374		257		267	孙	317	炉	75
灵	206	屎	301		268	5画以上		妞*	243
录	212	展	413	粥	429	享	359	5画	
帚	429	屑	364	疆	154	学	373	妻	261
彗*	137	履*	141			孟	226	妹	224
		8画以上		57		孤	109	姑	109
55		屠	333	己(巳		李*	215	姐	161
尸部		犀	350	巳)部		孩	118	姓	368
尸	298	属	307	己	143			姗	289
1—4画		屡	214	已	387	60		妮*	239
尺	43	履	214	巳*	312	女部		始	301
尼	239			1—6画		女	244	姆	234
尽	163	56		巴	5	2—3画		6画	
层	31	弓部			7	奶	236	姿	436
屁	254	弓	106	导	62	奴	244	娃	337

姥	193	嫉	143	驼	336	4画		结	159
姨	386	嫌	356	驿*	389	纬	342		160
姻	390	嫁	149	6画		纭*	405	绕	279
娇	156	嫩	238	骂	219	纯	50	绘	137
姚	382	嫱*	36	骄	156	纱	288	给	104
娜	236	嫡	66	骆	217	纲	100		144
7画		嬉	351	骇	119	纳	236	绚*	373
娱	399			7画以上		纵	437	络	193
娟*	172	61		验	379	纶*	215		217
娥*	81	飞部		骏	175	纷	90	绝	173
娩	228	飞	88	骑	262	纸	425	绞	157
娴*	356			骗	255	纹	344	统	331
娘	241	62		骚	286	纺	87	7画	
8画		马部		骡	217	纽	243	绢	173
娶	275	马	218	骤	429	5画		绣	369
婪*	190	2—4画				线	357	绦*	323
婴	392	驭*	400	63		练	200	继	146
婆	258	驮	80	纟部		组	439	8画	
婚	138		336	2—3画		绅	295	绩	146
婶	296	驯	375	纠	168	细	352	绪	371
婉	339	驰	42	红	126	织	423	续	371
9画		驱	274	纤	266	终	427	绮	263
媒	223	驳	25		355	绊	10	绰	50
嫂	286	驴	213	约	382	绍	293	绳	298
媚	224	5画			403	绎	389	维	342
婿	371	驾	148	级	142	经	165	绵	227
10画以上		驶	301	纪	143	6画		绷	16
媳	352	驹	170		145	绑	11		17
		驻	431	纫	280	绒	281	绸	45

32 糸幺巛王玉无韦木

综	437	素	314	珑*	210	瑰	115	朽	369
绽	414	紧	163	砧	68	瑜*	399	朴*	255
绿	213	紫	437	珍	419	瑕*	353		260
	214	絮	371	玲	206	璃*	238	机	140
缀	434	繁	85	珊	290	瑶	382	权	276
9画		**64**		玻	24	璃	196	杀	288
缄*	150	**幺部**		**6—7画**		璋*	415	朵	79
缅	228			珠	430	疆	82	杂	406
缆	190	幻	133	班	9	**(66)**		**3画**	
缎	77	幼	397	球	274	**玉部**		杆	99
缓	133	**65**		琐	318			杜	75
缔	67	**巛部**		理	196	玉	400	杠	101
缕	214			琉	208	璧	19	材	28
编	20	巢	37	琅	191	**67**		村	54
缘	403	**66**		望	341	**无(旡)部**		杖	415
10画以上		**王部**		**8画**				杏	367
缚	97			琴	271	无	347	杉	288
缝	92	王	340	琶*	246	既	146		289
缠	35	**3画**		琪	262	**68**		极	142
缤	22	弄	210	琳	205	**韦部**		李	196
缨	392		243	琢	436			杨	380
缩	317	玖	168		440	韧	280	权	32
缭	203	玛	218	琼	273	**69**			33
缮	291	**4—5画**		斑	9	**木部**		**4画**	
缰	154	玩	339	**9画以上**		木	234	柱	340
缴	157	环	133	瑟	287	**1—2画**		林	204
		现	357	瑚*	129	术	307	枝	423
(63)		玫	223	瑞	283		430	杯	14
糸部								枢	305

柜	116	柳	209	核	124	植	424	**10画**	
枇*	253	柱	431		129	森	287	榛	419
枚	223	柿	303	样	381	椅	388	模	231
析	350	栏	190	根	104	椒	156		234
板	9	柠	242	柴	34	棵	179	槛*	177
松	313	柁*	336	桨	154	棍	116	榻*	319
枪	267	枷	147	桑	286	椎	434	榴	208
枫	91	树	308	**7画**		棉	227	榜	11
构	108	柒	261			棚	252	榨	412
杭	121	染	278	械	364	棕	437	榕	282
杰	160	架	148	彬	22	棺	113	**11画**	
枕	420	**6画**		梗	105	椰	191	横	126
杷*	246	栽	406	梧	347	椭	337	槽	30
5画		框	185	梢	292	棠	322	樱	392
标	21	梆	10	梅	223	**9画**		橡	360
栈	414	桂	116	检	151			樟	415
柑	99	栖	261	梳	306	楔	363	橄	100
枯	183	桐	331	梯	325	椿	50	**12—13画**	
柯*	178	档	61	桶	331	楂*	411	橱	46
柄	23	株	430	梭	317	楷	176	橙	42
栋	73	桥	269	梨	195	榄	191	橘	170
相	358	桦	132	渠	275	楞	195	檬	225
	360	栓	309	梁	201	槐	132	檐	378
查	33	桃	324	**8画**		槌*	49	檩	205
	411	桅	342			榆	399	檀	321
柚*	398	格	103	棒	11	楼	211	**70**	
柏	8	桩	433	棱	195	概	98	**支部**	
	25	校	158	棋	262	楣	223		
栅	412		362	椰	384	椽*	48	支	422

翅	43	狼	191	**73**		辖	353	威	261
71		猗	28	**车部**		辗*	413	戮*	213
犬部		猪	430			辙	418	戳	50
		猎	204	车	38				
犬	276	猫	221		169	**74**		**76**	
哭	183		222	**1—4 画**		**牙部**		**比部**	
献	358	猢	35	轧	376	牙	376	比	17
		猛	226		411	邪	363	毕	18
(71)		**9—10 画**		轨	115	鸦	376	皆	159
犭部		猩	366	轩	372	雅	376	毖*	18
		猬	344	轰	126			毙	18
2—4 画		猾	131	转	432	**75**		琵*	253
犯	85	猴	127		433	**戈部**			
狂	185	猿	403	斩	413	戈	102	**77**	
犹	396			轮	216	**1—2 画**		**瓦部**	
狈	14	**72**		软	283	戊*	348	瓦	337
5—6 画		**歹部**		**5—6 画**		戎*	281	瓮	345
狐	128	歹	57	轴	429	戌*	370	瓷	51
狗	108	**2—3 画**		轻	271	戍*	308	瓶	258
狍*	250	列	204	载	407	成	40		
狞	242	死	312	轿	158	划	130	**78**	
狭	353	歼	149	较	158		131	**止部**	
狮	299	**5 画以上**		**7 画以上**		**3 画以上**		止	425
独	75	残	29	辅	95	戒	161	此	51
狰	421	殃	380	辆	202	或	139	步	27
狡	157	殊	306	辐	95	咸	356	武	348
狱	400	殉	375	辑	143	威	341	歧	262
狠	125	殖	304	输	306	战	414	肯	180
7—8 画			424	辕	403			些	363
狸	195								

79 攵部		日	281	6画		曾	32	贪	320
		1—3画		晋	164		410	贫	256
2—6画		旦	59	晒	289	9画以上		5画	
收	304	早	409	晓	362	暖	244	贵	116
政	422	旭	371	晃	135	暗	4	贱	152
故	110	旱	120	响	291	暇	353	贴	329
效	362	时	300	晕	404	暴	13	贷	58
7画		旷	185		405	曙	307	贸	222
教	156	4画		7画		(80)		费	89
	158	昔	350	曹	30	曰部		贺	124
救	169	旺	341	晤	349	冒	222	6画	
敏	230	县	321	晨	39	冕	228	贼	410
敛	200	昆	187	曼	220			贿	137
敝*	18	昌	35	晦	137	81 贝部		赂	212
敢	99	明	230	晚	339	贝	14	赃	408
8画以上		易	389	8画		2—4画		赁	205
散	285	昂	4	替	327	则	410	资	436
	286	5画		暂	407	财	28	7—8画	
敬	167	春	50	晴	272	责	410	赈*	420
敞	37	昧	224	暑	307	贤	355	赊	293
敦*	78	是	303	最	439	败	8	赏	291
数	307	显	356	晰	350	账	416	赋	97
	308	映	394	量	201	贩	86	赌	75
敷	93	星	366		202	贬	20	赎	306
整	421	昨	440	晶	165	购	108	赐	52
		昵	239	睬	202	贮	431	赔	251
80 日(曰)部		昭	416	景	166	货	139	10画以上	
				智	426			赘	434
				普	260				

赚	433	沛	251	油	396	测	31	浮	94
赠	411	汰	320	泅*	274	洗	352	涣	133
赞	408	沤*	245	泊	25	活	138	涤	66
赡	291	沥	198		258	涎	356	流	208
82		沏*	261	沿	378	派	247	润	284
水部		沙	288	泡	249	洽	265	涧	153
水	310	汽	264		250	洛	217	涕	326
浆	154	沃	346	注	431	浏*	208	浪	192
(82)		沦	215	泣	264	济	144	浸	164
氵部		汹	368	泞	242		146	涨	415
		泛	86	泻	364	洋	381	涩	287
2画		沧	30	泌	18	洲	429	涌	395
汁	423	没	223		227	浑	138	**8画**	
汇	136		232	泳	394	浒*	129	清	272
汉	120	沟	108	泥	239	浓	243	添	327
3画		沪	130	沸	89	津	162	鸿	127
汗	119	沈	296	沼	417	**7画**		淋	205
	120	沉	39	波	24	涛	323	涯	376
污	346	**5画**		泼	258	浙	419	淹	377
江	153	沫	233	泽	410	涝	193	渐	153
汐*	350	浅	266	治	426	浦	260	淑	306
汛	375	法	84	**6画**		酒	168	淌	323
池	42	泔*	99	洼	337	涉	294	混	138
汤	322	泄	364	洁	160	消	361	淮	132
4画		沽	109	洪	127	涡	345	淆	362
汪	340	河	124	洒	284	浩	123	渊	402
沐	234	沾	413	浇	155	海	118	淫	391
		沮	170	浊	435	涂	333	渔	399
		泪	194	洞	73	浴	401	淘	324

淳	50	湾	338	漆	261	瀚	120	擎	272
液	385	渡	76	漱	308	灌	114	攀	248
淤	398	游	396	漂	255	(82)		(84)	
淡	60	滋	436		256	氺部		扌部	
淀	69	渲*	373		256	泰	320	1—3画	
深	295	溉	98	漫	221	黎	196	扎	406
涮	310	10画		漉*	213	83			411
涵	119	满	220	滴	65	见部			411
渗	296	漠	233	漩	372	见	151	打	56
9画		滇*	67	漾	381	规	115	扑	259
湛	414	源	403	演	379	览	190	扒	5
港	101	滤	214	漏	211	觉	158		246
滞	426	滥	191	12画			173	扔	280
湖	129	滔	324	潜	266	84		扛	177
湘	358	溪	351	澎	252	手(扌)部		扣	182
渣	411	溜	208	潮	38	手	304	托	336
渤	25		209	潭	321	5—6画		执	424
渺	229	滴	196	潦	203	拜	8	扩	187
湿	299	滚	116	澳	5	看	176	扫	286
温	344	溢	390	潘	248		177		287
渴	180	溯	315	澈	38	挚	426	扬	380
溃	137	溪	22	澜	190	拿	235	4画	
	186	溶	281	澄	41	拳	276	扶	93
湍*	334	滓	437		65	8画以上		抚	95
溅	153	溺	240	13画以上		掌	415	技	145
滑	131	滩	320	濒	22	掰	7	抠	182
湃	247	11画		澡	409			扰	279
渝*	399	潇	361	激	141			扼	81

拒	171		232	招	416	挤	144	挨	2
找	417	拓	319	披	253	拼	256	8画	
批	252		337	拨	24	挖	337	捧	252
扯	38	拢	210	择	410	按	3	措	55
抄	37	拔	6		412	挥	135	描	229
折	294	拣	150	拾	319	挪	244	捺	236
	417	拈*	240	拇	234	拯	421	掩	379
	418	担	58	拗	4	7画		捷	160
抓	432		59		243	捞	192	排	247
扳	8	抻*	39	6画		捕	26	掉	70
抡	215	押	375	拭	303	捂	348	捶	49
扮	10	抽	44	挂	111	振	420	推	334
抢	267	拐	112	持	42	捎	292	掀	355
	268	拖	336	拮*	160		293	授	305
抑	388	拍	246	拷	178	捍	120	捻	240
抛	249	拆	34	拱	107	捏	241	掏	323
投	332	拎*	204	挎	183	捉	435	掐	264
抗	177	拥	394	挟	363	捆	187	掠	215
抖	73	抵	66	挠	237	捐	172	掂	67
护	130	拘	170	挡	61	损	317	掖	384
抉*	173	抱	13	拽*	432	捌	6		385
扭	243	拄	431	挺	330	捡	151	接	159
把	6	拉	188	括	187	挫	55	掷	426
报	13	拦	190	拴	309	捋*	213	掸	59
拟	239	拌	10	拾	300		216	控	181
抒	305	拧	242	挑	328	换	133	探	322
5画		抿*	230	指	425	挽	339	据	170
抹	218	拂	94	挣	421	捣	62		171
	232	抽	435		422	捅	331	掘	174

掺	34	搏	25	撬	269	犁	196	**89**
9画		搿 *	82	播	25	**8画以上**		**片部**
揍	438	摆	8	擒	271				
搽 *	33	携	364	撞	434	犊 *	75	片	254
搭	55	搬	9	撤	38	犒 *	178		255
揠 *	377	摇	382	撰	433			版	9
揩	176	搞	102			**86**		牍	75
揽	190	搪	323	**13画以上**		**毛部**		牌	247
提	65	摊	320	撼	120	毛	221	**90**
	326	操 *	286	擂	194	毡	413	**斤部**
揖	386	**11画**		擦	30	毫	121	斤	162
揭	159	摽 *	22	擅	291	毯	321	斥	43
揣	47	摺 *	203	擞 *	314	毽 *	153	欣	365
插	32	摞 *	217	擦	28			断	77
揪	168	摧	54	攒	53	**87**		斯	312
搜	313	摘	412		407	**气部**		新	365
援	403	摔	309	攘	278	气	263	**91**
搀	34	撇	256			氖	90	**爪(爫)部**
搁	103	**12画**		**85**		氢	272	
搓	54	撑	240	**牛部**		氧	381	爪	417
搂	210	撕	312	牛	243	氨	3		432
	211	撒	284	**3—4画**		氮	60	**3—4画**
揽	157	撅 *	173	牡	234	氯	214	妥	336
握	346	撩	202	牧	234	**88**		爬	246
摇	286		203	物	348	**长(镸)部**		采	28
揉	282	撑	40	**5—7画**		长	35	觅	227
10画		撮	54	牲	297		415	受	305
摄	295		440	特	325				
摸	231			牺	350	肆	312		

6画以上		肴	382	6画		脾	254	朦	225
舀	383	肤	93	胯	184	腋	385	臊	286
爱	2	肺	89	胰	387	腑*	95		287
舜*	311	肢	423	胱*	114	腔	267	膻*	290
孵	93	肿	427	胭*	377	腕	340	臃*	394
爵	174	胀	416	脆	54	9画		臀	335
92		朋	251	脂	423	腻	240	臂	15
父部		股	109	胸	368	腰	382		19
父	95	肮	4	胳	102	腼*	228	94	
爷	384	肪	87	脏	408	腥	366	氏部	
斧	95	肥	88	脐	262	腮	285	氏	301
爸	7	服	94	胶	156	腹	97	昏	137
爹	70		96	脑	237	腺	358	95	
93		胁	363	脓	243	腾	325	风部	
月(月)部		育	400	脊	144	腿	335	风	91
月	404	5画		朗	191	10画		飕*	314
2—3画		胡	129	7画		膜	231	飘	255
有	397	背	14	脚	157	膊	25	96	
肌	141		15	脖	25	膀	11	欠部	
肋	194	胚	250	脯	95		249	欠	266
肝	99	胧	210		259		249	欧	245
肛	100	胆	59	脸	200	膑*	23	款	184
肚	75	胜	298	脱	336	11画以上		欺	261
肘	429	胞	12	8画		膝	351	歇	363
肠	36	胖	248	期	261	膘	21	歌	103
4画			249	腊	188	膛	323		
肾	296	脉	220	腌	377	膨	252		
			233	腆*	327	膳	291	歉	267
		胎	319						

97 殳部		旗	263	炫	373	燎	203	101 斗部	
		100 火部		烂	191	燃	278		
殴	245			6画		燥	409		
段	76	火	139	烤	178	爆	14	斗	73
殷	377	2—3画		烘	126				74
	390	灰	135	烦	85	(100) 灬部		斜	363
毁	136	灯	64	烧	292			斟	419
殿	69	灸	168	烛	430	5—9画		102 户部	
毅	390	灶	409	烟	377	点	68		
98 文部		灿	30	烩*	137	热	279	户	130
		灼	435	烙	193	烈	204	3—4画	
文	344	4画			217	烹	251	启	263
刘	208	炬	171	烫	323	煮	431	所	317
吝	205	炖*	78	7—8画		然	278	肩	150
斋	412	炒	38	焊	120	照	417	房	87
紊	345	炊	49	焕	133	煞	288	5画以上	
99 方部		炕	178	烽*	92		289	扁	20
		炎	378	焚	90	煎	150	扇	290
方	86	炉	212	焰	380	10画以上		扉*	88
放	87	5画		焙	15	熬	4	雇	111
施	299	炳*	23	9—10画		熙	351	103 心(小)部	
旁	249	炼	200	煤	223	熏	374		
旅	214	炸	411	煌	134		375	心	365
族	438		412	熄	351	熊	368	3画	
旋	372	烁	311	熔	282	熟	304	忑*	325
	373	炮	12	煽*	290		306	忐*	321
			250	11画以上		燕	377	忘	341
			250	熨*	406		380		

字	页	字	页	字	页	字	页	字	页
忍	280	惠	137	快	184	**8画**		懂	72
4画		惑	140	**5画**		情	272	憬*	166
态	320	惩	41	怔	422	惜	350	憔	269
忠	427	急	15	怯	270	惭	29	懊	5
念	241	**9画**		怵*	47	悼	63	憧*	44
忿	91	想	359	怖	27	惧	171	憎	411
忽	128	感	99	性	367	惕	327	懒	191
5画		愚	399	怕	246	惚*	128	憾	120
怎	410	愁	45	怜	199	惊	165	懈	365
怨	403	愈	401	怪	112	恬	69	懦	245
急	142	慈	51	**6画**		悴	54	**104**	
总	437	**11画以上**		恃	303	惋	339	**母部**	
怒	244	慧	137	恒	125	惨	30	贯	113
怠	58	憋	22	恢	135	惯	113	**(104)**	
6画		憨	119	恍	135	**9画**		**母部**	
恐	181	慰	344	恬	327	愤	91		
恭	107			恤	371	慌	134	母	234
恶	81	**(103)**		恰	265	惰	80	每	224
	349	**忄部**		恼	237	愦*	186	毒	74
恩	82	**1—3画**		恨	125	愕	82	**105**	
恋	200	忆	388	**7画**		愣*	195	**示部**	
恕	308	忏*	35	悟	349	惶	134		
7—8画		忙	221	悄	268	愧	186	示	301
悬	372	**4画**			269	愉	399	祟	316
患	133	怀	132	悍	120	慨	176	祭	146
悠	396	怄*	245	悔	136	**10画以上**		禁	163
您	242	忧	395	悯	230	慎	297		164
惹	279	忧	39	悦	404	慢	221	禀	24

(105) 礻部		矿	185	碎	316	聋	210	8—9画	
		码	218	碰	252	袭	351	督	74
1—4画		4画		碗	339	109 业部		睛	165
礼	196	研	378	碌	209			睹	75
社	294	砖	432		213			睦	235
视	302	砌	264	9画		业	384	瞄	229
祈	262	砂	288	碧	19	壶	129	睫*	160
5画		泵	16	磋*	429	凿	408	睡	310
祖	439	砚	379	碟	70	110 目部		睬	29
神	296	砍	177	碴	33			瞅*	45
祝	431	5—6画		碱	151			10画以上	
祠	51	砸	406	碳	322	目	234	瞰*	179
6画以上		砰	251	磁	51	2—4画		瞒	220
祥	359	砾	198	10画		盯	71	瞎	353
祷	62	础	46	磕	179	盲	221	瞟*	256
祸	139	破	258	磊*	194	盹	78	瞭	203
福	95	硅	115	磅	11	盼	248	瞧	269
		硕	311		249	眨	412	瞬	311
106 甘部		7画		碾	241	眉	223	瞳	331
		硬	394	11画以上		5—6画		瞩*	431
甘	99	硝	361	磺	134	眬*	210	瞪	65
某	233	确	277	礁	156	眩	373	瞻	413
107 石部		硫	208	磷	205	眠	227	111 田部	
		8画		礴*	26	眶	185		
石	59	碍	3	108 龙部		眺*	328		
	299	碘	68			睁	421	田	327
3画		碑	14			眯	226	2—4画	
矶	85	硼	252	龙	209	眼	379	男	237
		碉	69	垄	210	眷	173	畏	343

胃	343	**3—4画**		钟	427	银	391	**9—10画**	
界	162	盂*	398	钠	236	**7画**		锹	268
思	311	盅	427	钢	100	铸	432	锻	77
5画		盆	251		101	铺	259	镀	76
畔	248	盈	393	钥	383		260	锞	241
留	208	**5画**		钦	270	链	200	镇	420
畜	47	盏	413	钩	174	销	361	镐	102
	371	盐	378	钩	108	锁	318	**11画以上**	
		监	150	钮	243	锄	46	镖*	21
6画以上			152	**5画**		锅	116	镜	167
畦	262	益	389	钱	266	锈	369	镣	203
略	215	**6画以上**		钳	266	锉	55	镯*	436
累	194	盔	186	钻	439	锋	92	镰	200
畸	45	盛	41	钾	148	锌	365	镶	359
畹	141		298	铁	329	锐	283		
		盒	124	铃	206	**8画**		**(114)**	
112		盗	63	铅	265	错	55	**金部**	
四部		盟	225	铆	222	锚	222		
罗	216			铊	336	锡	351	金	162
罚	84	**114**		**6画**		锣	216	鉴	153
罢	7	**钅部**		铐	178	锤	49		
署	307	**2—3画**		铛	40	锥	434	**115**	
置	427	钉	71	铜	331	锦	163	**生部**	
罪	439	针	419	铝	214	锨	355	生	297
罩	417	钓	69	铡	411	锭	72	甥	297
蜀	307	**4画**		铣	352	键	153		
		钙	98	铭	231	锯	172	**116**	
113		钝	78	铰*	157	锰	226	**矢部**	
皿部		钞	37	铲	35			矢	300
皿	230							知	423

矩	170	秋	306	稼	149	鸥	245	**4 画**	
矫	157	秤	42	穆	235	鸭	376	疮	48
短	76	租	438	穗	316	莺	380	疯	91
矮	2	秧	380	**118**		鸵	336	疫	389
117		积	141	**白部**		鸳	402	疤	5
禾部		秩	426			**6—7 画**		**5 画**	
		称	39	白	7	鸽	102	症	421
禾	123		40	**2—3 画**		鹂*	196		422
2—3 画		秘	18	皂	409	鹃	172	病	24
利	198		227	的	64	鹅	81	疾	142
秃	333	**6—7 画**			65	**8 画以上**		疹	420
秀	369	秸	159		67	鹉	348	疼	325
私	311	秽	137	**4 画以上**		鹊	277	疲	253
秆	99	移	387	皇	134	鹏	252	**6—7 画**	
和	123	稍	292	泉	276	鹤	124	痊	276
	124	程	41	皖*	339	鹦	392	痒	381
	138	稀	350	魄	259	鹭*	213	痕	125
	139	税	310			鹳*	114	痣*	426
季	145	**8—9 画**		**119**				痘	74
委	342	稞*	179	**瓜部**		**121**		痞*	254
4 画		稚	427	瓜	111	**疒部**		痢	199
秕	17	稗*	8	瓢	255			痪	133
秒	229	稠	45	瓤	278	**2—3 画**		痛	331
种	427	稳	345			疖*	159	**8 画**	
	428	**10 画以上**		**120**		疗	202	痱*	89
秋	273	稽	141	**鸟部**		疟	244	痹	19
科	178	稻	63				383	痴	42
5 画		稿	102	鸟	241	疙	102	痰	321
秦	271			**2—5 画**		疚	169		
				鸠	168	疡*	381		

9—10画		竞	167	窝	346	128		聊	202
瘩	56	7画以上		窨	158	耒部		联	199
瘟	344	童	331	窗	48	耕	105	聘	257
瘦	305	竣	175	窨	167	耘	405	聚	172
瘪	22	靖	167	窥	186	耗	122	聪	52
瘤	209	意	390	窟	183	耙	7	131	
瘠	143	竭	161	窿	210		246	臣部	
瘫	320	端	76	124		129		臣	39
11画以上		赣*	100	疋(正)部		耂(老)部		卧	346
瘾	391	123		蛋	60	老	192	132	
瘸	277	穴部		疏	306	考	178	覀(西)部	
癌	2	穴	373	楚	47	孝	362	西	349
癫	189	2—3画		125		者	418	要	382
癖*	254	究	168	皮部		130			383
癣	372	穷	273	皮	253	耳部		栗	198
癫*	67	空	181	皱	429	耳	83	贾	110
122		帘	199	颇	258	2—4画			148
立部		4—6画		126		取	275	票	256
立	197	突	333	癶部		耻	43	粟	315
4—6画		穿	47	癸*	115	耿	105	覆	97
竖	308	窃	270	登	64	耽	59	133	
亲	270	窍	269	127		聂	241	而部	
	273	窄	412	矛部		耸	313	而	82
飒	285	窒	426			5画以上		耐	237
站	414	窑	382			职	424	耍	309
竞	167	7画以上		矛	222				
章	414	窜	53	柔	282				

134 页部		颠	67	虾	353	7画		蟆	218
		颤	35	蚁	387	蜃*	418	螃	249
页	385		414	蚂	219	蜈	347	螟	231
2—4画		135 至部		蚤	409	蜗	346	11画以上	
顶	71			4画		蛾	81	蟥*	134
顺	311			蚕	29	蜊*	196	螳*	323
顽	339	至	425	蚌	11	蜂	92	螺	217
顾	110	到	62		17	蜕	335	蟋	351
顿	79	致	426	蚜	376	蛹	395	蟀	309
颁	9	136 虍部		蚣	107	8画		蟹	365
颂	313			蚊	345	蜻	272	蠕	283
预	401			蚪	74	蜡	188	蠢	50
5画—6画		虏	212	蚓	391	蝈*	117	138 肉部	
颅	212	虐	244	5画		蝇	393		
领	207	虔	265	蛆	274	蜘	424		
颈	105	虑	214	蚯	273	蜷*	276	肉	282
	166	虚	370	蛉	206	蝉	35	139 缶部	
颊	148	(136) 虎部		蛙	432	蜿	338		
7—8画				蛇	294	蜢	191	缸	100
颐*	387	虎	129	6画		9—10画		缺	276
频	256	彪	21	蛙	337	蝶	70	罐	114
颓	335	137 虫部		蛐*	275	蝴	129	140 舌部	
颖	393			蛔	136	蝠	95		
颗	179			蛛	430	蝎	363		
9画以上		虫	44	蜒	330	蝌	179	舌	294
题	326	3画		蜓	378	蝗	134	乱	215
颜	378	虹	127	蛤	103	蝙	20	刮	111
额	81		155	蛮	220	蟒*	221	敌	66

甜	327
辞	51
舔	328

141 竹(⺮)部

竹	430

2—4 画
竿*	399
竽	99
笔	18
笑	362
笋	317
笆	6

5 画
笨	16
筀*	258
笼	210
笛	66
笙	297
符	94
第	67
笤	328

6 画
筐	185
等	64
筑	432
策	31
筛	289

筒	331
筏	84
答	55
	56
筋	162
筝	421

7—8 画
筹	45
签	265
简	151
筷	184
箍	109
箕	141
算	315
箩	217
箔*	25
管	113
箫	361

9—10 画
箱	359
篓	211
箭	153
篇	255
篮	190
篡	53
篷	252
篙	101
篱	196

11 画以上
簧*	135
篾*	229
簇	53
簸	26
簿	27
籍	143

142 臼部

臼	169
舂*	44
舅	169

143 自部

自	437
臭	45
	369
息	350

144 血部

血	364
	374
衅	366

145 舟部

舟	428

3—4 画
舢*	290
舰	152
舱	30
般	9
航	121

5 画
盘	248
舶	25
船	48
舷	356
舵	80

6 画以上
艇	330
艘	314

146 色部

色	287
	289
艳	379

147 齐部

齐	262
剂	145

148 衣部

衣	386
袋	58
裁	28
裂	204
装	433
裘*	274
裔*	390
裳	292

(148) 衤部

2—4 画
补	26
初	46
衬	39
衫	289
衩	33
	34
袄	4

5 画
袜	338
袒	321
袖	369
袍	250
被	15

6—7画		着	416	7—9画		垦	181	5画以上	
裆	60		419	粳*	165	恳	181	越	404
袱	94		435	粮	201	**153**		趁	40
裕	401	盖	98	梁	201	羽部		趋	275
裤	183	羚*	206	精	165			超	37
裙	277	6画以上		粼*	205	羽	400	趣	275
8画以上		羡	358	粹	54	翁	345	趟	322
褂	111	善	290	粽*	438	翎	206		323
裸	217	翔	359	糊	128	翘	269		
褐	124	群	277		129	翠	54	**156**	
褪	335	羹	105		130	翩	255	赤部	
褥	283	**150**		10画以上		翱*	4	赤	43
襟	163	米部		糙	30	翼	390	赦	294
149		米	227	糖	323	翻	84	赫	124
羊(⺷		3—4画		糕	101			赭*	418
⺶)部		类	194	糟	408	**154**			
羊	380	籼*	355	糠	177	麦部		**157**	
3画		籽	437	糨*	155	麦	219	豆部	
差	32	娄	211	糯	245	麸	93	豆	74
	34	粉	90					壹	386
	34	料	203	**151**		**155**		豌	338
	50	5—6画		聿(⺻)部		走部			
美	224	粘	413	肃	314	走	438	**158**	
姜	153	粗	53	肆	389	2—3画		酉部	
4—5画		粕*	259	肇*	417	赴	96	酉*	397
羔	101	粒	198			赵	417	3—5画	
恙*	381	粪	91	**152**		赳*	168	酌	435
羞	369			艮部		赶	99	配	251
						起	263		

酝	405	**161 卤部**		6画		蹦	17	欲 401
酗	371			跨	184	蹼*	260	豁 138
酣	119	卤	212	跷	268	蹲	78	140
酥	314	**162 里部**		跳	328	蹭	32	**167 豸部**
6—7画				跺	80	蹿*	53	
酪	193	里	196	跪	116	蹬	64	豺 34
酬	45		199	路	213	躁	409	豹 13
酱	155	野	384	跤*	156	躏	205	貌 223
醇	158	**163 足(⻊)部**		跟	105	**164 身部**		**168 龟部**
酷	183			7—8画				
酿	241			踌*	45	身	295	龟 115
酸	315	足	438	踊	395	射	294	**169 角部**
8画以上		2—4画		踢	325	躬	107	
醋	53	趴	246	踏	318	躯	275	角 156
醇	50	趵*	13		319	躲	80	173
醉	439	趼*	151	踩	29	躺	323	触 47
醒	367	距	171	踮*	68	**165 采部**		解 161
159 辰部		趾	425	踪	437			162
		跃	404	9画		悉	350	364
辰	39	5画		踹*	47	釉*	398	**170 辛部**
辱	283	践	153	踱	79	番	84	
唇	50	跋	6	蹄	326		248	辛 365
160 豕部		跌	70	蹉*	55	释	303	辜 109
		跑	250	踩	282	**166 谷部**		辟 19
豢*	134	跎*	336	10画以上				254
豪	121	跛	26	踢	319	谷	109	

辣	189	雹	12	龄	207	鲫	146	**182**	
辨	21	需	370	龇 *	436	鲨 *	288	韭部	
辩	21	**6—8画**		龈 *	391	**8画以上**			
辫	21	霆 *	330	**177**		鲸	166	韭	168
瓣	10	震	420	隹部		鳄	82		
		霄 *	361			鳍	263	**183**	
171		霉	224	售	305	鳖	22	骨部	
青部		霓 *	239	雄	368	鳞	205		
		霍	140	集	143			骨	109
青	271	霎	289	焦	156	**179**			110
静	167	**9画以上**		雏	46	隶部		骼 *	104
		霜	310	截	161			骸 *	23
172		霞	354	雌	51	隶	198	髓	316
卓部		霸	7	雕	69				
		露	211			**180**		**184**	
乾	266		213	**178**		革部		香部	
韩	119	霹	253	鱼部					
戟 *	144					革	103	香	358
朝	37	**174**		鱼	398	勒	193		
	416	非部		**4—6画**		靴	373	**185**	
翰	120			鱿 *	396	靶	6	鬼部	
		非	88	鲁	212	鞋	364		
173		辈	15	鲇 *	240	鞍	3	鬼	115
雨部		悲	14	鲍 *	13	鞘 *	270	魂	138
		翡 *	89	鲜	355	鞠	170	魁	186
雨	400	靠	178		357	鞭	20	魏	344
3—5画									
雪	373	**175**		**7画**		**181**		**186**	
雰	199	齿部		鲢 *	200	面部		音部	
雷	194			鲤	197	面	228	音	390
零	207	齿	43					韵	405
雾	349								

187 首部		高	101	縻*	224	黑	125	199 鼠部	
		敲	268		227	墨	233		
首	304	膏	101	靡	227	默	233	鼠	307
			102	魔	232	黔	266		
188 髟部		192 黃部		194 鹿部		黝*	397	200 鼻部	
						黯*	4		
髮*	437	黃	134	鹿	212	197 黍部		鼻	17
鬢	23	193 麻部		195 鼎部				鼾*	119
189 鬲部						黍	307		
						黏*	240		
		麻	218	鼎	71	198 鼓部			
融	282	摩	231	196 黑部					
191 高部		磨	232						
			233			鼓	110		

A

a

阿 ā 7画 左阝部 左右
阝阝阿阿
附在姓、名、排行或某些称呼前面,多用于方言▷~王|~桂|~大|~姨|~哥。
另见ē。

啊 ā 10画 口部 左右
表示惊讶或赞叹▷~,起风了!|~,风景太美了!
另见á;ǎ;à;a。

啊 á 10画 口部 左右
表示追问▷~,你说什么?|~,到底怎么回事?
另见ā;ǎ;à;a。

啊 ǎ 10画 口部 左右
表示惊讶或疑问▷~,这怎么可能呢?|~,他怎么会不知道呢?
另见ā;á;à;a。

啊 à 10画 口部 左右
❶表示答应▷~,好吧。❷表示明白过来;表示惊叹▷~,这一来我全明白了|~,祖国的变化真大呀!
另见ā;á;ǎ;a。

啊 a 10画 口部 左右
❶用在句子末尾,加重语气▷我不是不想去,确实有事~|千万别上当~!|你找谁~?❷用在句中停顿的地方,表示强调,或一个一个地举出来▷这个孩子~,可真调皮|桃~,杏~,李子~,买了一书包。
另见ā;á;ǎ;à。

ai

哎 āi 8画 口部 左右
艾:一艹艹艾
同"唉"。现在通常写作"唉"。

哀 āi 9画 亠部 上下
衣:亠亻亻衣
❶悲伤▷喜怒~乐|悲~|~伤|~叹|~悼。❷苦苦地▷~告|~求。☞㊀中间是"口",上下合起来是"衣"。㊁跟"衷"(zhōng)"衰"(shuāi)不同。

埃 āi 10画 土部 左右
灰尘;尘土▷尘~。☞㊀不读ái。㊁右边的"矣",下半不是"失"。由"矣"构成的字还有"挨""唉"等。

挨 āi 10画 扌部 左右

❶靠近;接触▷~着妈妈睡|雪花一~地就化了|~近。❷一个接一个地(进行)▷~门~户通知|~儿签名。

另见 ái。

唉 āi 10画 口部 左右

❶表示惊讶或不满▷~!你怎么又来了?|~,怎么会弄成这样呢?❷表示呼唤或提请注意▷~,请你过来|~,请静一静!❸表示答应▷~,我这就来。❹拟声词,模拟叹息的声音▷他愁得~~地直叹息。

另见 ái;ài。

挨 ái 10画 扌部 左右

❶遭受;勉强承受▷打|~饿|~冻。❷艰难地度过(时间)▷好容易~到天亮|苦日子总算~过来了。

另见 āi。

癌 ái 17画 疒部 半包围

恶性肿瘤▷~症|肺~。

唉 ái 10画 口部 左右

表示不满或不同意▷~,这就不对了|~,这样可不行。

另见 āi;ài。

矮 ǎi 13画 矢部 左右

❶高度小(跟"高"相对)▷弟弟比哥哥~|桌子太~|~墙|~小。❷等级、地位低▷我念二年级,比他~一级|不要认为当清洁工就比别人~一截。

蔼 ǎi 14画 艹部 上下

曷:日勹日

态度和善▷和~可亲。☞㊀统读ǎi,不读ài。㊁右下不要写成"匈"。

艾 ài 5画 艹部 上下

❶草本植物,叶子有香气,可以做药材。❷终止;结束▷方兴未~(事情正在发展,一时不会终止)。

唉 ài 10画 口部 左右

❶表示失望、惋惜或悔恨▷~,一点希望都没有了|~,事情怎么闹到这个地步!|~,我真不该到这里来。❷表示答应▷~,这就来。

另见 āi;ǎi。

爱 ài 10画 爪部 上下

爫爫爫巴乌爱

❶对人或事物有深厚的感情(跟"恨"相对)▷我~妈妈|千~一行~一行|疼~|宠~|~戴。❷爱惜▷~面子|~护。❸喜欢;爱好▷~打球|~干净|~打扮。❹容易发生(某种行为或变化)▷~发脾气|~感冒|春天~刮风。

正字 蔼(藹) 爱(愛)

隘

ài 12画 左阝部 左右
阝：了阝

❶狭窄；狭小▷狭～。❷关口；险要的地方▷要～(险要的关口)｜边～(边境上险要的地方)。☞统读ài，不读ǎi。

碍

ài 13画 石部 左右
妨害；阻挡▷～手～脚｜～眼｜～事｜妨～｜阻～。

an

安

ān 6画 宀部 上下
女：く女女

❶没有事故或危险(跟"危"相对)▷～全｜平～｜治～。❷平静；稳定▷坐立不～｜～静｜稳｜～详。❸使平静，稳定▷～民｜～神｜～慰。❹舒适；快乐▷～逸｜～闲｜～乐。❺安置，使人或物有适当的位置▷～家落户｜～插｜～放｜～顿。❻装▷～玻璃｜～电话｜～装。❼怀着(不好的念头)▷你～的什么心？｜没～好心。☞"安装"不要写成"按装"。

氨

ān 10画 气部 半包围
氮和氢的化合物，无色气体，有特殊臭味，可以做致冷剂和化肥。

庵

ān 11画 广部 半包围
电：日电

小寺庙(多指尼姑住的)▷尼姑～。☞最后一画是竖弯钩（乚），上边出头。

鞍

ān 15画 革部 左右
革：艹苴革

鞍子，放在牲口背上供人乘坐或驮运东西的器具▷马～。

俺

ǎn 10画 亻部 左右
北方某些地区指"我"或"我们"▷家里就～一个人｜～们｜～村。

岸

àn 8画 山部 上下
江、河、湖、海等水边的陆地▷两～果树成行｜海～｜沿～。

按

àn 9画 扌部 左右
❶用手压▷～手印｜～电钮｜～摩。❷压住；抑制▷～不住心头怒火｜～压｜～捺。❸编者、注释者或引用者对原文作出说明▷编者～｜引者～。❹依照▷～计划进行｜～时交作业。

案

àn 10画 木部 上下
❶一种狭长的桌子，也指支起来的长方形木板▷伏～工作｜书～｜肉～｜～板。❷保存备查的文件▷有～可查｜卷～｜档～。❸有关建议或计划的文件▷提～｜议～｜方～｜教～。❹有关法律或政治的事件▷破

正字 碍(礙)

~|审~|冤~|~件。

暗 àn 13画 日部 左右
❶光线微弱；不亮（跟"明"相对，下同）▷天色~了|屋里太~|黑~|阴~|~室。❷隐藏的；不外露的▷明人不做~事|~沟|~号|~语|~锁。❸偷偷地▷明争~斗|~想|~笑|~杀。

黯 àn 21画 黑部 左右
❶昏暗▷~然无光。❷精神沮丧；情绪低落▷~然泪下。

ang

肮 āng 8画 月部 左右
[肮脏]āngzāng ❶脏；不干净▷这个厕所太~|~的被褥。❷比喻下流丑恶▷灵魂~|~的交易。

昂 áng 8画 日部 上下
卬：丿丨冂卬
❶抬起（头）▷~首阔步|~起头。❷价钱高▷~贵。❸情绪高▷斗志~扬|慷慨激~|气~。☞㊀统读áng，不读āng。㊁下边不要写成"卯"(mǎo)。

ao

凹 āo 5画 丨部 独体
丨 冂 凹 凹 凹

❶四周高，中间低（跟"凸"相对）▷~凸不平|~透镜。❷由周围向中心陷下去▷病了几天，眼窝都~进去了。☞㊀统读āo，不读wā。㊁第二画是横折折(乚)。

熬 āo 14画 灬部 上下
青：二十丰耂青
烹调方法，把蔬菜等加作料放在锅里煮▷~白菜|~豆腐。
另见áo。

遨 áo 13画 辶部 半包围
辶：丶亠辶
漫游▷~游。

熬 áo 14画 灬部 上下
❶长时间地煮▷~粥|~药。❷忍耐；勉强支撑▷再~几年，孩子就长大了|~夜|~头儿。
另见āo。

翱 áo 16画 羽部 左右
羽：丨乛羽羽
[翱翔]áoxiáng（鸟）回旋地飞▷老鹰在空中~。

袄 ǎo 9画 衤部 左右
衤：丶ㄱ礻衤衤
有衬里的中式上衣▷棉~|皮~|夹~。☞右边不是"天"。

拗 ào 8画 扌部 左右
幼：𠃌 幺 幺 幻 幼

正字 肮(骯) 袄(襖)

违背;不顺▷违~|~口。☞右边是"幼",不是"幻"。

另见niù。

傲 ào 12画 亻部 左右
❶自高自大,看不起人▷骄~|~气|~慢|~视。❷自尊自重,坚强不屈▷~然挺立。

奥 ào 12画 大部 上下
米:⺍⺍半米
含义深,不容易懂▷深~|~妙|~秘。☞上边是半包围结构,里面是"米"。由"奥"构成的字有"澳""懊"等。

澳 ào 15画 氵部 左右
❶指澳门▷港~(香港和澳门)同胞。❷指澳大利亚▷~毛(澳大利亚出产的羊毛)。

懊 ào 15画 忄部 左右
忄:丶丶丨
悔恨;烦恼▷~悔|~恼|~丧(sàng)。

B

ba

八 bā 2画 八部 独体
数字,七加一的和。☞"八"的大写是"捌"。

巴 bā 4画 己部 独体
一フユ巴
❶盼望;期望▷~不得天快点亮|~望。❷紧挨着;贴近▷壁虎~在墙上。❸(粥、饭等)粘(在锅底上)▷~锅。❹粘在锅底上的饭▷锅~。

另见bɑ。

扒 bā 5画 扌部 左右
❶抓住;把住▷~着墙头往里看|~住栏杆。❷刨;拆▷~土|~堤|~房。❸拨动▷~开草丛|往嘴里~饭。❹剥;脱▷把兔皮~下来|~光衣服。

另见pá。

叭 bā 5画 口部 左右
拟声词,模拟断裂、撞击等的声音▷~的一声,棍子断了|~~,两声枪响。

芭 bā 7画 艹部 上下
❶[芭蕉]bājiāo 草本植物,叶子宽大,果实也叫芭蕉,跟香蕉相似,可以吃。❷[芭蕾舞]bālěiwǔ 一种欧洲古典舞蹈,女演员跳舞时常用脚尖着地。

疤 bā 9画 疒部 半包围
疒:⺊广疒

❶伤口或疮口长好后留下的痕迹▷脸上有块~|伤~|~痕。❷器物上的疤痕▷脸盆上有块~。

捌 bā 10画 扌部 左右
力:丁力
数字"八"的大写。

笆 bā 10画 竹部 上下
竹:ｒｆｆｆ竹
用树枝、荆条等编制的片状物▷荆~|篱~。

拔 bá 8画 扌部 左右
扌扩扐扐拔拔
❶抽出;连根拉出▷把电源插头~下来|~草|~除。❷超出;高出▷高楼~地而起|~尖儿。❸挑选(人才)▷选~|提~。❹吸出(毒气等)▷~毒|~火罐。☞㊀跟"拨"(bō)不同。㊁右边是"犮",不是"发"。

跋 bá 12画 足部 左右
足:口ロロ𧾷足
❶在山地行走▷~山涉水|长途~涉。❷写在书籍、文章、字画等后面,说明写作经过或评价内容的短文▷书后附一篇~。

把 bǎ 7画 扌部 左右
巴:ｒｒヨョ巴
❶握住;抓住▷~住方向盘|手~手地教孩子写字|~握。❷手推车、自行车上用手握住的

部分▷车~。❸控制;独占大事小事都~着不放|~持。❹守卫;看守▷~门|~关|~守。❺一手可以握住的东西手巾~儿|草~儿。❻量词。a)用于一手可以握住、抓起或扎成小捆的东西▷一~芹菜|~水果糖|两~小萝卜。b)用于有柄的或有把手的东西▷一~菜刀|三~椅子。c)用于同手有关的动作▷推了一~|擦~脸。d)用于某些抽象事物▷出一~力|加~劲儿。❼表示处置或致使▷别~时间浪费掉|~鞋都挤丢了。❽表示大约的数量▷万~人|个~月。
另见 bà。

靶 bǎ 13画 革部 左右
革:艹𦱌革
练习、比赛射箭或射击用的目标▷~心|~场|打~。

坝 bà 7画 土部 左右
❶拦截水流的建筑物▷修一座~|堤~|拦河~。❷山间的平地或小平原,多用于地名▷沙坪~(在重庆)|留~(在陕西)。

把 bà 7画 扌部 左右
❶器物上便于手拿的部分▷刀~儿|印~子。❷花、叶或果实跟茎或枝相连的部分▷

正字 坝(壩①,垻②)

花~儿|海棠~儿。

另见bǎ。

爸 bà 8画 父部 上下
父亲。也说爸爸(bàba)。

耙 bà 10画 耒部 左右
耒:三丰耒耒
❶农具,用来把耕过的田里的土块打碎、弄平。❷用耙碎土平地▷地刚~过一遍。☞第一画是横(一),不是撇(丿)。

另见pá。

罢 bà 10画 罒部 上下
❶停;歇▷~休|~手|~工。❷免去或解除(职务)▷~官|~免。❸完▷用~早饭|听~哈哈大笑。☞上边是"罒",不是"四"。

霸 bà 21画 雨部 上下
❶古代诸侯联盟的领袖▷称王称~|~主。❷凭借权势欺压他人的人▷恶~|渔~。❸凭借权势强占▷独~一方|~占。

巴 ba 4画 己部 独体
コ巴巴巴
附在别的词后面,构成双音节词▷尾~|嘴~|哑~。

另见bā。

吧 ba 7画 口部 左右
❶用在句子末尾,表示揣测、不敢肯定或委婉的语气▷您就是李老师~?|好像是去年~|快点儿走~!❷用在"好""行""可以"等词后面表示同意▷好~,就这么办|可以~,先试试看。❸用在句中停顿处,表示不很肯定▷去~,路太远;不去~,又不好意思。

bai

掰 bāi 12画 手部 左右
用手把东西分开或折断▷一块月饼~成两半|玉米~开揉碎。☞第四画是竖撇(丿),不是竖钩(亅)。

白 bái 5画 白部 独体
❶像雪一样的颜色▷墙刷得很~|~糖|洁~。❷明亮▷东方发~|~昼|~天。❸清楚;使人容易了解▷真相大~|明~。❹说明;陈述▷表~|辩~|对~。❺白话,在口语基础上形成的现代汉语书面语▷半文半~。❻没有加其他东西的;空的▷~开水|交~卷|~手起家。❼没有效果地▷~操心|~~浪费时间。❽不付出代价地;无偿地▷~吃|~喝|~给|~饶。❾读音或字形有错误▷写~字(如把"性别"写成"姓别")|念~字(如把"破绽",

正字 罢(罷)

zhàn"读成"破定")。

百 bǎi 6画 一部 独体
❶数字,十个十。❷表示很多▷千方～计|～花齐放|～折不挠。

伯 bǎi 7画 亻部 左右
[大伯子]dàbǎizi 丈夫的哥哥。
另见bó。

佰 bǎi 8画 亻部 左右
数字"百"的大写。

柏 bǎi 9画 木部 左右
柏树,常绿乔木,木材坚硬,是建筑和制造家具的优良用材。☞右边不是"百"。
另见bó。

摆 bǎi 13画 扌部 左右
❶排列;放置▷把书一整齐|橱窗里～着各种商品|～设。❷列举;陈述▷～事实,讲道理|评功～好。❸故意显示▷～老资格|～架子|～阔。❹来回摇动▷摇摇～～|～手|～动。❺钟表、仪器里来回摇动的部件或零件▷钟～|～轮。❻衣、裙等的最下面的部分▷下～。

败 bài 8画 贝部 左右
❶损坏;毁坏▷伤风～俗|～家子儿|～坏。❷做事没有成功(跟"成"相对)▷不计成～|失～。❸在战争或竞赛中失利(跟"胜"相对)▷只许胜,不许～|主队以一比三～于客队|～仗。❹使对方失败▷大～敌军。❺衰落;腐烂▷花开～了|衰～|～腐～。❻使某些致病因素减弱或消失▷～毒|～火。

拜 bài 9画 手部 左右
❶古代一种表示敬意的礼节▷请受我一～|跪～|下～。❷尊崇;敬奉▷～崇。❸行礼致敬表示祝贺▷～年|～寿。❹用在表示自己动作的词前面,表示对人的尊敬▷～托|～访|～望|～读。❺通过一定的礼节结成某种关系▷～师|～把兄弟。☞第四画是竖撇(丿),不是竖钩(丨)。

稗 bài 13画 禾部 左右
卑:丿白甶甶卑
稗子,草本植物,叶子同稻子相似,是稻田的有害杂草。

ban

扳 bān 7画 扌部 左右
反:一厂厂反
❶用力使一头固定的东西改变方向或扭转▷～道岔|～枪栓|～着手指头算。❷指在比赛中扭转败局▷～回一局。☞不读

正字 摆(擺①~⑤, 襬⑥) 败(敗)

bǎn。

班 bān 10画 王部 左右
王：⼀⼆千王
❶为了便于工作或学习而分成的单位▷我们～有40名同学｜装卸～｜～组｜～级。❷工作按时间分成的段落▷早～｜晚～｜三～倒｜加～｜加点。❸一定时间内在岗位上从事的工作▷上～｜值～｜接～。❹定时运行的(交通工具)▷～车｜～机。❺军队的编制单位,在排以下。❻量词。a)用于人群▷这～小青年干劲真足。b)用于定时运行的交通工具▷搭头～车走。

般 bān 10画 舟部 左右
❶种;类;样▷百～照顾｜万～无奈｜俩人一～高。❷似的▷珍珠～的露水｜翻江倒海～的气势。☞右上是"几",不带钩。

颁 bān 10画 页部 左右
刀：丿刀
发布;发下▷～布命令｜～发奖状。☞第二画是点(丶),不是捺(乀)。

斑 bān 12画 王部 左右
❶一种颜色中夹杂的另一种颜色的点子或条纹▷红～｜黑～｜～点｜～纹。❷有斑点或斑纹的▷～竹｜～马。❸几种颜色夹杂在一起▷～白｜～驳。

搬 bān 13画 扌部 左右
❶把较重或较大的东西移到另外的位置▷把桌子～开｜箱子太重,一个人～不动｜～运。❷迁移▷～进新居｜～家｜～迁。

板 bǎn 8画 木部 左右
反：一厂厉反
❶片状的木头;成片的较硬的物体▷木～｜石～｜钢～｜黑～。❷特指黑板▷～书｜～报。❸打节拍的乐器,也指打出的节拍▷打竹～儿｜快～儿书｜有～有眼。❹不灵活;缺少变化▷死～｜呆～。❺使表情严肃▷～起面孔训人｜～着脸。❻结成像板子似的硬块▷地～了,锄不动｜～结。❼[老板]lǎobǎn 私营企业的业主▷饭店～｜～娘。

版 bǎn 8画 片部 左右
片：丿丨广片
❶印刷用的底板,上面有文字或图形▷木～｜铅～｜胶～｜排～。❷书籍排印的次数▷初～｜再～｜修订～。❸报纸的一面▷今日本报共8～｜头～｜头条。❹照相的底片▷底～｜修～。

办 bàn 4画 力部 独体
丁力办办

正字　颁(頒)　板(闆)❼　办(辦)

❶做;处理▷帮我~件事|公~理|~法。❷采买;购置▷~年货|~酒席|置~备。❸处罚▷首恶必~|严~|惩~。❹经营;创建▷~工厂|~教育|开~|举~|创~。

半 bàn 5画 、部 独体
丶丷兰半

❶二分之一▷~吨|一年~|~价|一~|对~。❷在……中间▷~途而废|~山腰|~夜。❸不完全▷~生不熟|~自动|~成品。❹同量词连用,表示很少▷连~句话都不说|一星~点。

扮 bàn 7画 扌部 左右
化装;化装成(某种人物)▷女~男装|在《空城计》里~诸葛亮|~演|假~。

伴 bàn 7画 亻部 左右
半:丶丷兰半
❶在一起生活、工作或活动的人▷~侣|同~|伙~。❷陪着;随同▷~我渡过难关|陪~|~随。❸从旁配合▷~奏|~唱。

拌 bàn 8画 扌部 左右
❶搅和▷~凉粉|~草料|搅~。❷争吵▷~嘴。

绊 bàn 8画 纟部 左右
阻挡或缠住,使行走不便或跌倒▷~了个跟头|~脚石(比喻阻碍前进的人或事物)。

瓣 bàn 19画 辛部 左右
瓜:一厂瓜瓜
❶植物的花、种子、果实或球茎上可以分开的小片或小块▷花~儿|豆~儿|橘子~儿|蒜~儿。❷物体分成的小块或小片▷镜片碎成好几~儿。☞中间是"瓜",不是"爪"(zhǎo)。

bang

邦 bāng 6画 右阝部 左右
国家▷治国安~|友~|~交。☞第一画是横(一),第四画是竖撇(丿)。由"邦"构成的字有"梆""绑""帮"等。

帮 bāng 9画 巾部 上下
巾:丨冂巾
❶物体两边或四周的部分▷鞋~|船~|白菜~。❷替别人出力;协助▷~妈妈做饭|~工|~忙|~助。❸群;团伙▷搭~|匪~|~派。❹量词,用于成群成伙的人▷一~孩子。

梆 bāng 10画 木部 左右
❶拟声词,模拟敲击、碰撞木头的声音▷把桌子敲得~响|~的一声,门撞开了。❷[梆子]bāngzi a)打更用的响器。b)打击乐器,用两根长短

正字 绊(絆) 帮(幫)

不同的枣木制成,多用于梆子腔的伴奏。

绑 bǎng 9画 纟部 左右
捆;缠绕▷把两根竹竿~在一起|捆~|~腿|~扎。

榜 bǎng 14画 木部 左右
张贴出来的文告或名单▷张~招贤|~上有名|发~落~|光荣~。

膀 bǎng 14画 月部 左右
方:亠亠方
❶胳膊和躯干相连的部分▷~大腰圆|肩~。❷鸟类等的飞行器官▷鸡~子|翅~。
另见pāng;páng。

蚌 bàng 10画 虫部 左右
软体动物,有两片可以开闭的长圆形介壳,有的种类壳内可以产珍珠。生活在淡水里。
另见bèng。

棒 bàng 12画 木部 左右
夬:一二三声夬
❶较粗、较短的棍子▷木~|棍~|~槌|~球。❷强;好▷身体~|功课~。

傍 bàng 12画 亻部 左右
❶靠;靠近▷船~岸了|依山~水|依~。❷临近(某个时间)▷~晚。☞统读bàng,不读bāng或páng。

谤 bàng 12画 讠部 左右
无中生有地说人坏话▷诽~|毁~。

磅 bàng 15画 石部 左右
❶英美制重量单位,1磅等于0.4536千克。❷指磅秤,金属制的有承重底座的秤▷过~。❸用磅秤称重量▷~体重|把这车煤~一~。☞不读bèng。
另见páng。

bao

包 bāo 5画 勹部 半包围
勹勹勹包
❶用纸、布等裹东西或蒙在东西表面▷把衣裳~起来|~书皮儿|~饺子|~扎。❷成件的包起来的东西▷把棉花打成~|点心~|邮~。❸装东西的袋子▷皮~|书~|针线~。❹表面近似半球形,像包的东西▷头上起了个~|蒙古~|山~|面~。❺量词,用于包起来的东西▷一~衣服|两~大米。❻容纳在内;总括在一起▷含|~括|~容。❼总揽下来,全面负责▷这件工作~给你了|~工|~办|承~。❽担保;保证▷~您满意|~退~换。❾全部买下或租用;约定专用▷

苞胞炮剥褒雹薄饱宝保

~了一场电影|~了三辆车|~饭。⑪围拢；围绕▷~抄|~围。☞下边是"已"，不是"己"或"己"。由"包"构成的字有"苞""胞""炮""雹""饱""抱"等。

苞 bāo 8画 艹部 上下
花没开放时包着花蕾的小叶▷含~未放|花~。

胞 bāo 9画 月部 左右
❶胞衣，包在胎儿外面的膜质囊▷同~。❷同父母所生的▷~兄|~妹。❸同祖国或同民族的人▷侨~|台~|藏~。☞统读bāo，不读pāo。

炮 bāo 9画 火部 左右
火：丶ノ丿丶火
❶烹调方法，把肉片放在锅内用旺火急炒▷~羊肉。❷把物品放在器物上烘烤，使干▷把湿衣服放在热炕上~干|把花生放在锅里~一~。
另见páo；pào。

剥 bāo 10画 刂部 左右
氺：亅丿丶氺
去掉(外皮或壳)▷香蕉要~了皮吃|~栗子。☞左边是"氺"，不要写成"水"。
另见bō。

褒 bāo 15画 衣部 上下
赞扬；夸奖(跟"贬"相对)▷

~贬|~义词|~奖|~扬。☞㊀不读bǎo。㊁中间是"保"，上下合起来是"衣"。

雹 báo 13画 雨部 上下
雹子，空气中水蒸气遇冷凝结的冰粒或冰块，常在夏季随雷阵雨落下▷冰~|~灾。

薄 báo 16画 艹部 上下
甫：一ㄕ冂甫甫
❶扁平物体的厚度小▷这本书很~|~棉袄。❷不肥沃▷这块地~，产量低。❸(感情)冷淡▷他待你不~。❹(味道)淡▷酒味太~。☞跟"簿"(bù)不同。
另见bó；bò。

饱 bǎo 8画 饣部 左右
饣：ノ𠃍饣
❶吃足了(跟"饿"相对)▷饥一顿，~一顿|酒足饭~|温~。❷充足；充分▷~经风霜|~受|~尝|~含。❸(子粒)丰满▷麦粒儿很~|颗粒~满。

宝 bǎo 8画 宀部 上下
玉：一二干王玉
❶玉石的统称；泛指珍贵的东西▷珍~|珠~|~石|粮食是~中之~。❷稀有而珍贵的▷~刀|~剑|~贵。

保 bǎo 9画 亻部 左右
❶养育；抚养▷~育员|

正字 饱(飽) 宝(寶)

~姆。❷照顾或守卫,使不受损害或侵犯▷~健|~护|~卫。❸维持原状,使不消失或减弱▷~住优势|~密|~暖。❹负责,使一定做到或不出问题▷旱涝~收|~质|~量|~证|担~。

葆 bǎo 12画 艹部 上下
保持▷永~青春。

堡 bǎo 12画 土部 上下
堡垒,防御用的建筑物▷碉~|地~|桥头~。
另见bǔ;pù。

报 bào 7画 扌部 左右
扌扌报
❶告诉;通知▷通风~信|~告|汇~|通~。❷定期出版的散页的印刷品▷订了两份~|晚~。❸某些传达信息的东西▷喜~|警~|情~|电~。❹特指电报▷发~机|~务员。❺回答;答谢▷~以热烈的掌声|~效|~答|~酬。❻报复,对曾经使自己受损害的人进行回击▷~仇。☞右边是"艮"(fú),不是"及"(jí)。

刨 bào 7画 刂部 左右
❶推刮物料使平滑的工具▷~子|~床。❷用刨子或刨床推刮▷~光|~平。
另见páo。

抱 bào 8画 扌部 左右
❶心里存着(想法或意见)▷~着一线希望|~不成见|~不平|~歉。❷用手臂围住▷~着孩子|拥~|搂~。❸量词,用于两臂合围的量▷一~柴火|这棵树有两~粗。❹孵▷~小鸡|~窝。

趵 bào 10画 足部 左右
𧾷:丨𠃍丨丨丨
跳;向上喷涌▷~突泉(泉名,在山东济南)。

豹 bào 10画 豸部 左右
豸:ノ𠂉ㄅㄅ豸豸
哺乳动物,像虎而较小,身上有黑色斑纹或斑点,性凶猛,能上树。

鲍 bào 13画 鱼部 左右
鲍鱼,软体动物,贝壳坚硬,肉味鲜美。

暴 bào 15画 日部 上下
氺:亅丿丶氺
❶显露出来▷~露。❷急骤;突然而且猛烈▷~风骤雨|山洪~发|~病|~涨。❸凶恶残酷▷~行|~徒|残~|凶~。❹糟蹋;损害▷自~自弃。❺过分急躁▷脾气太~,容易发火|~躁。☞下边是"氺",不要写成"水"。由"暴"构成的字有

爆 bào 19画 火部 左右
火：丶ノナ火

❶猛然迸裂▷车胎晒~了|火山~发|~炸|~破。❷烹调方法,把食物放在滚油里略炸或在滚水中略煮,立即取出▷肚儿(dǔr)|~炒。❸出人意料地发生▷~冷门。

bei

杯 bēi 8画 木部 左右
不：ㄧㄕ不

❶盛饮料等液体的器皿,一般不大▷茶~|酒~|玻璃~。❷杯状的奖品▷奖~|金~。

卑 bēi 8画 十部 上下
白甶甶卑

❶(位置或地位)低下▷地势~湿|地位~贱。❷品质低劣▷行为~劣|~鄙无耻。❸轻视▷自~。☞第六画是长撇,不要断成一竖一撇。由"卑"构成的字有"婢""牌""碑""啤"等。

背 bēi 9画 月部 上下
❶人用背(bèi)驮东西▷把柴火~到山下|~着孩子。❷承受;负担▷替别人~恶名|~债。
另见bèi。

悲 bēi 12画 非部 上下
非：丨ヨ非非

❶伤心;难过▷~欢离合|~哀|~伤。❷怜悯▷慈~。

碑 bēi 13画 石部 左右
竖立起来作为纪念物或标志的石块,上面刻有文字或图案▷墓~|里程~|纪念~|~文。

北 běi 5画 匕部 左右
丨ㄅ丬北

❶四个基本方向之一,早晨面对太阳时左手的一边(跟"南"相对)▷由~往南|~房|江~。❷打了败仗往回跑▷败~。☞第三画是提(一),第四画是撇(ノ),都不是短横。

贝 bèi 4画 贝部 独体
❶蛤、蚌等有甲壳的软体动物的统称▷~壳|~雕。❷古代用贝壳做的货币。

狈 bèi 7画 犭部 左右
犭：ノ犭犭

❶[狼狈]lángbèi 形容困苦或窘迫的样子▷处境~|~不堪。❷[狼狈为奸]láng bèi wéi jiān 比喻串通一气干坏事。

备 bèi 8画 夂部 上下
夂：ノクタ

❶齐全▷齐~。❷具有▷德才兼~。❸事先安排或防备▷~

正字 贝(貝) 狈(狽) 备(備)

料｜～课｜筹～｜戒～。❹设施；装置▷军～｜装～｜设～。❺完全;都▷关怀～至｜～受欢迎。

背 bèi 9画 月部 上下

❶躯干上跟胸、腹相对的部位▷～部｜脊～｜马～。❷物体的反面或后面▷～面｜刀～｜手～。❸背对着(跟"向"相对)▷～着风走｜～水一战｜～光。❹违反；不遵守▷～信弃义｜～约｜违～。❺不顺▷手气～｜走～运。❻离开▷～井离乡。❼避开；瞒着▷说话不～人｜～着大伙干坏事。❽凭记忆读出来▷～书｜～诵。❾听觉不灵▷耳朵～。❿偏僻▷住处太～，买东西不方便｜～静。

另见 bēi。

倍 bèi 10画 亻部 左右

❶跟原数相同的数，某数的几倍就是用几乘某数，如3的5倍是15。❷加一倍，增加跟原数相同的数▷事半功～。❸更加；格外▷每逢佳节～思亲｜～感亲切。

被 bèi 10画 衤部 左右
皮：一厂广皮

❶被子，睡觉时盖在身上的用品，可以保暖，多用棉织品和棉絮做成▷棉～｜夹～｜毛巾～。❷遭受▷～屈含冤｜～难

(nàn)。❸表示被动▷房子～拆｜商店～盗｜树～风刮倒了。

辈 bèi 12画 非部 上下
车：卞一左车

❶等；类(指人)▷我～｜无能之～。❷辈分，家族中世代相传的顺序▷他比我小一～｜长～｜晚～。❸辈子,人的一世或一生▷后半～。

惫 bèi 12画 心部 上下

非常疲乏▷疲～。

焙 bèi 12画 火部 左右

把东西放在器皿里，用微火在下面烘烤▷～花椒｜～茶｜～干研碎。☞不读 péi。

蓓 bèi 13画 艹部 上下

[蓓蕾]bèilěi 花骨朵儿，还没有开放的花朵。☞不读 péi。

呗 bei 7画 口部 左右

❶表示道理简单，不必多说的语气▷有困难就克服～。❷表示勉强同意的语气▷你愿意去就去～。

臂 bei 17画 月部 上下

[胳臂]gēbei 见"胳"。

另见 bì。

ben

奔 bēn 8画 大部 上下

❶快跑;急走▷～向远方

|～走相告｜～驰｜～跑。❷赶忙去做(某事)▷～丧(sāng)。

另见bèn。

本 běn 5画 一部 独体
木本

❶草木的根或茎、干；泛指事物的根源(跟"末"相对)▷～固枝荣｜～末倒置｜忘～｜根～。❷本来；原来▷～意｜～性｜～质｜～不想去｜～以为他不来了。❸指自己或自己方面的▷～人｜～校｜～村。❹现今的▷～世纪｜～年度｜～次列车｜～届大会。❺依据▷～着有关规定办理。❻册子｜笔记～｜账～｜书～。❼版本；底本▷修订～｜剧～。❽量词，用于书籍簿册等▷一～书｜两～账｜三～画册。❾用来做生意、生利息的钱；制造产品需要的费用▷做买卖亏了～儿｜连～带利｜资～｜成～。❿中心的；主要的▷校～部｜大学～科。

奔 bèn 8画 大部 上下
❶径直(往目的地)走去▷出门直～车站｜投～。❷为某种目的而到处奔(bēn)走▷还缺哪味药，我给您～去。❸接近(某个年龄段)▷爷爷已经是～七十的人了。

另见bēn。

笨 bèn 11画 竹部 上下
❶记忆力和理解力差；不聪明▷这孩子一点也不～｜头～脑～｜愚～。❷不灵巧▷手～脚～嘴～。❸粗大沉重▷～重。

beng

崩 bēng 11画 山部 上下
❶倒塌▷山～地裂｜雪～。❷物体猛然破裂▷气球～了◇俩人谈～了。❸爆裂或弹(tán)射出来的东西击中(人或物)▷放爆竹～了手。

绷 bēng 11画 纟部 左右
纟：乙乙乙
❶拉紧▷把弦～紧｜裤子太瘦，～在腿上不舒服。❷(物体)猛然弹起▷弹簧～飞了。❸稀疏地缝上或用针别上▷～被头｜袖子上～着臂章。

另见běng；bèng。

绷 běng 11画 纟部 左右
❶脸部肌肉紧张，表情严肃▷～着脸谁也不理。❷用力支撑；勉强忍住▷～住劲儿，没松手｜～不住笑了。

另见bēng；bèng。

泵 bèng 9画 石部 上下
水：丨才才水

正字 绷 bēng(綳) 绷 běng(綳)

能抽出或压入液体或气体的机械▷水～｜气～｜油～。

迸 bèng 9画 辶部 半包围
向四外溅射或爆开▷火星儿乱～｜～裂｜～发。

蚌 bèng 10画 虫部 左右
[蚌埠]bèngbù 地名,在安徽。
另见bàng。

绷 bèng 11画 纟部 左右
裂▷豆荚～开了缝。
另见bēng;běng。

蹦 bèng 18画 足部 左右
双脚齐跳▷从窗台上～下来｜连～带跳｜～～跳跳。

bi

逼 bī 12画 辶部 半包围
❶靠近▷队伍直～城下｜～近｜～真。❷强迫;威胁▷他交出图纸｜形势～人｜～迫。❸强行索要▷～债｜～供。

荸 bí 10画 艹部 上下
[荸荠]bíqi 草本植物,生在池沼或水田里。地下茎也叫荸荠,扁圆形,皮赤褐色,肉白色,可以吃。☞不读bó。

鼻 bí 14画 鼻部 上下
❶鼻子,人和高等动物呼吸和闻气味的器官。❷器物上凸起或带孔的部分▷门～儿｜针～儿。☞下边是"丌",不是"廾"。

匕 bǐ 2画 匕部 独体
ノ匕
[匕首]bǐshǒu 短剑。☞不读bì。

比 bǐ 4画 比部 左右
一匕匕比
❶挨着;并列▷～翼双飞｜～邻(近邻)。❷较量(高低);比较(异同)▷同他一个高低｜～武｜对～。❸表示比较▷我～他高｜生活一天～一天好。❹数学名词▷～例｜～值｜百分～。❺表示竞赛双方得分的对比▷主队以3～1胜客队。❻仿照;比照▷～着这件衣服再做一件｜将心～心。❼比方;比喻▷把祖国～做母亲。☞右边是"匕",不要写成"匕"。由"比"构成的字有"秕""毕""庇""毖""陛""毙"等。

彼 bǐ 8画 彳部 左右
皮:一厂广皮
❶那;那个(跟"此"相对)▷顾此失～｜～时｜～此。❷对方▷知己知～。

秕 bǐ 9画 禾部 左右
子粒不饱满▷～谷子。

笔 bǐ 10画 竹部 上下
❶写字、绘画的文具▷毛~|钢~|~筒。❷用笔写▷代~|亲~。❸笔画,组成汉字的横、竖、撇、点、折等▷这个字只有三~|一~一画|~顺。❹量词。a)用于款项、债务等▷一~钱|两~债。b)用于书画▷能写一~好字|画几~山水。

鄙 bǐ 13画 右阝部 左右
❶(言语行为)粗俗;(品行)低下▷~俗|卑~。❷认为粗俗;看不起▷~视|~薄。❸用于称自己,表示谦虚▷~人。☞统读bǐ,不读bì。

币 bì 4画 丿部 独体
巾:丿冂巾
钱▷钱~|纸~|硬~|人民~。☞第一画是撇(丿),不是横。

必 bì 5画 丶部 独体
心心必必
一定;一定要▷骄兵~败|~不可少|~~着急。

毕 bì 6画 比部 上下
❶完成;终结▷默哀~|~业|完~。❷全部;完全▷原形~露|~生。

闭 bì 6画 门部 半包围
❶关;合▷~上嘴|~门造车|~幕|关~。❷堵塞▷~塞(sè)|~气。❸结束▷~会。

庇 bì 7画 广部 半包围
广:丶一广
遮蔽;掩护▷~护|包~。☞统读bì,不读pì。

泌 bì 8画 氵部 左右
[泌阳]bìyáng 地名,在河南。
另见mì。

毖 bì 9画 比部 上下
比:一ヒヒ比
谨慎;使人谨慎▷惩前~后。

陛 bì 9画 左阝部 左右
宫殿的台阶▷~下(对帝王的尊称)。

毙 bì 10画 比部 上下
死▷~命|击~|枪~。

秘 bì 10画 禾部 左右
[秘鲁]bìlǔ 国名,在南美洲。
另见mì。

敝 bì 11画 攵部 左右
丷丨丷敝
❶破旧▷~衣。❷用于称有关自己的事物,表示谦虚▷~校|~处|~姓。☞第五画是竖,贯穿上下。

蓖 bì 13画 艹部 上下
[蓖麻]bìmá 草本植物,

种子榨的油叫蓖麻油，可以做润滑油，也可供药用。

痹 bì 13画 疒部 半包围
疒：丶一广疒
[麻痹]mábì ❶身体某一部分丧失感觉和运动能力。❷比喻丧失警惕性▷克服～思想｜～大意。☞㊀统读bì，不读pí或pì。㊁右下是"丌"，不是"廾"。

辟 bì 13画 辛部 左右
君主▷复～（被打倒的君主重新上台，比喻被消灭的制度复活）。
另见pī。

碧 bì 14画 石部 上下
青绿色▷～波荡漾｜金～辉煌｜～空｜～绿。

蔽 bì 14画 艹部 上下
敝：丿尚尚敝
覆盖;遮挡▷掩～｜遮～｜隐～。

弊 bì 14画 廾部 上下
❶害处；毛病（跟"利"相对）▷利多～少｜兴利除～｜流～｜～病。❷欺诈蒙骗的行为▷舞～｜作～。

壁 bì 16画 土部 上下
❶墙▷～画｜～灯｜墙～。❷像墙一样陡峭的山石▷悬崖峭～｜绝～。

避 bì 16画 辶部 半包围
❶躲开▷～开敌人的锋芒｜不～艰险｜雨躲～。❷防止▷～雷器｜～免。

臂 bì 17画 月部 上下
胳膊,从肩到腕的部分▷振～高呼｜手～｜～膀｜～力。
另见bei。

璧 bì 18画 玉部 上下
玉：一二干王玉
古代一种中间有孔的扁平圆形玉器；泛指美玉▷和氏～。☞跟"壁"不同。

bian

边 biān 5画 辶部 半包围
❶物体的外沿部分▷桌子～儿｜海～｜路～｜～缘。❷物体的近旁；侧面▷身～｜手～｜～旁。❸方面▷站在我们这～｜一～倒｜双～会谈。❹两个或两个以上的"边"配合使用，表示不同动作同时进行▷～走～谈｜～打工,～读书,～写作。❺交界处；界限▷一望无～｜～防｜～境。❻数学上指夹成角或围成多角形的线段▷这个三角形的三条～相等｜四～形。
另见bian。

边(邊)

编 biān 12画 纟部 左右
❶把细长的条状物交叉地织起来▷～筐｜～小辫儿｜～织。❷按顺序组织或排列▷～成几队｜～号｜～码。❸对资料或现成的作品进行整理、加工▷～稿｜～杂志｜～辑。❹整本的书;书的一部分▷续～｜简～｜上～｜下～。❺创作(剧本、歌舞等)▷～剧本｜～曲子｜～舞蹈。❻捏造▷～瞎话｜胡～乱造。

蝙 biān 15画 虫部 左右
[蝙蝠]biānfú 哺乳动物,头和身子像老鼠,前后肢和尾部之间有薄膜,夜间在空中飞翔,捕食蚊、蛾等昆虫。☞统读biān,不读biǎn。

鞭 biān 18画 革部 左右
革:艹芇革
❶鞭子,赶牲口的用具▷马～｜皮～｜扬～。❷古代兵器,长条形,有节,没有刃▷九节～｜钢～｜竹节～。❸编连成串的小爆竹▷一挂～｜～炮。

贬 biǎn 8画 贝部 左右
❶降低▷～价｜～值｜～官。❷给予低的评价(跟"褒"相对)▷～得一钱不值｜～低｜褒～。

扁 biǎn 9画 户部 半包围
亠亠户启启扁
物体的厚度小于长度和宽度▷盒子压～了｜鸭嘴是～的｜～桃。

匾 biǎn 11画 匚部 半包围
一扁匾
挂在门上或墙上的题字的横牌▷光荣～｜横～｜～额。☞最后一画是竖折(乚)。

变 biàn 8画 又部 上下
亦:亠亣亦
❶性质、状态或情况跟原来有了不同▷面貌～了｜天气～热了｜～动｜～化｜改～。❷使改变▷～落后为先进｜一本加厉｜～压器。❸突然发生的重大变化▷政～｜事～｜兵～。

便 biàn 9画 亻部 左右
❶适宜;方便▷不～公开｜～于装卸｜简～。❷适宜的时候;顺便的机会▷得～｜就～。❸简单的;非正式的▷～饭｜～函｜～服。❹排泄屎、尿▷大～｜小～｜～血。❺屎;尿▷排～粪。❻就▷一问～知｜没有工业,～没有巩固的国防。
另见 pián。

遍 biàn 12画 辶部 半包围
❶全面;广泛▷全村都找～了｜漫山～野｜～地｜～布。

正字 编(編) 贬(貶) 变(變)

❷量词,用于一个动作从头至尾的全过程▷说了两~|看过好多~。☞统读biàn,不读piàn。

辨 biàn 16画 辛部 左右
区分;识别▷~不清是非曲直|~别|~明|~认。☞跟"辩""辫"不同。

辩 biàn 16画 辛部 左右
提出理由或根据来说明真假或是非▷~论|~驳|~解|争~。

辫 biàn 17画 辛部 左右
❶辫子,分股交叉编起来的头发▷小~儿|梳~子|发~。❷像辫子的东西▷蒜~子|草帽~儿。

边 bian 5画 辶部 半包围
附在表示方向、位置的词后面,构成双音节词▷前~|下~|左~|南~|外~。
另见biān。

biao

标 biāo 9画 木部 左右
❶事物的枝节或表面;非根本性的一面▷不能只治~不治本。❷发给优胜者的奖品▷锦~|夺~。❸标记;记号▷点符号|商~|~志。❹做标记;用文字或其他方式表明▷把行进路线~在地图上|明码~价|~题|~签。❺计划达到的要求;衡量事物的准则▷指~|~准|达~。

彪 biāo 11画 虎部 半包围
虎:⺲⺶⺷虎
小老虎;比喻人健壮高大▷~形大汉。

膘 biāo 15画 月部 左右
牲畜身上的肥肉▷这块肉~挺厚|上~|掉~|~情。

镖 biāo 16画 钅部 左右
钅:⺈⺉⺊⺋⺌钅
古代一种投掷的武器▷飞~。

表 biǎo 8画 一部 上下
一⺀主主丰表表
❶外面;外部▷~里如一|外~|~面|~皮。❷(把思想感情等)显示出来▷~露|~现|~示|~发~。❸表格▷填~|登记~|列车时刻~。❹称呼祖父、父亲的姐妹的子女或祖母、母亲的兄弟姐妹的子女,表示亲戚关系▷~妹|~叔|姨~亲|姑~亲。❺计时间的器具,比钟小,可以随身携带▷怀~|手~|电子~。❻测量用的仪器▷电~|压力~|水~。❼标准;榜样▷~率|~师|~。

正字 辩(辯) 辫(辮) 边(邊) 标(標) 镖(鏢) 表(錶)❺❻❼

摽 biào 14画 扌部 左右
摽：一丁扩扩

紧紧捆住或钩住▷把行李~在车架子上｜两人~着胳膊走。

bie

憋 biē 15画 心部 上下
憋：忄忄忄憋

❶极力忍住▷闭上嘴，~足一口气｜~着一肚子的话想跟你说。❷呼吸不畅；不痛快▷屋子不通风，让人~得慌｜~气｜~闷。

鳖 biē 19画 鱼部 上下

爬行动物，形状像龟，背甲上没有纹，边缘柔软，生活在淡水中。肉鲜美，甲可以做药材。也说甲鱼。

别 bié 7画 刂部 左右

❶分离▷告~｜分~｜离~。❷区分；分辨▷分门~类｜辨~｜鉴~｜区~。❸差异▷内外有~｜差(chā)~。❹按照不同特点区分出的类▷性~｜类~｜级~。❺指另外的▷~人｜~处｜~字(错写或写成的另外的字)。❻用针等(把东西)附着(zhuó)或固定▷胸前~着校徽｜把几张票据~在一起。❼插着；卡(qiǎ)住▷上衣口袋里~着钢笔｜~上门｜腿~在树杈里拔不出来。❽不要▷~出

声｜~忘了｜~开玩笑。
另见biè。

瘪 biě 15画 疒部 半包围

物体表面下陷；不充实▷轮胎~了｜肚子饿~了｜干~。

别 biè 7画 刂部 左右
[别扭]bièniu ❶不顺心；不舒服▷事情没办好，心里挺~｜着了点凉，浑身觉着~。❷不融洽▷为了一点小事，俩人闹得挺~。
另见bié。

bīn

宾 bīn 10画 宀部 上下
宾：一宀宀宀宾

客人(跟"主"相对)▷嘉~｜贵~｜外~。

彬 bīn 11画 木部 左右
[彬彬]bīnbīn 形容文雅的样子▷文质~~｜~~有礼。

滨 bīn 13画 氵部 左右
❶靠近水边的地方▷湖~｜海~。❷紧靠(水边)▷~江大道｜东~大海。

缤 bīn 13画 纟部 左右
[缤纷]bīnfēn 繁盛；众多▷五彩~。

濒 bīn 16画 氵部 左右
步：

临近(某种境地)▷～于灭亡｜～危。☞㈠统读bīn,不读pín。㈡中间的"步"下边不是"少"。

膑 bìn 14画 月部 左右
同"髌"。

髌 bìn 19画 骨部 左右
❶膝盖骨。❷削去髌骨,古代一种酷刑。

鬓 bìn 20画 髟部 上下
髟：一厂髟
脸两侧靠近耳朵的头发▷～发｜～角｜两～。

bing

冰 bīng 6画 冫部 左右
冰：冫丬氵水
❶水遇冷凝结成的固体▷河水结～了｜～天雪地｜～雹｜～灯。❷接触低温的东西而感到寒冷▷这里的水真～手。❸用冰使物体变凉▷把西瓜～一～｜～过的啤酒好喝。❹像冰一样无色半透明的东西▷～糖｜～片。

兵 bīng 7画 八部 上下
一厂匚丘兵
❶武器▷短～相接｜～器。❷战士；军队▷我是一个～｜当～｜～雄｜～百万｜～权。

丙 bǐng 5画 一部 独体
一厂丙
天干的第三位。参见"干"(gān)❹。

秉 bǐng 8画 丿部 独体
一二三事秉
❶拿着▷～笔｜～烛。❷掌握；主持▷～公执法。☞中间是"彐",不是"ヨ"。"彐"上下有竖或竖撇穿过的,都写成"彐",如"唐""康""律""建""庚"等;没有插笔穿过的,一律写成"彐",如"妇""扫""雪"等。

柄 bǐng 9画 木部 左右
❶东西的把(bà)儿▷斧～｜枪～｜刀～。❷比喻在言行上被人抓住的缺点或漏洞▷笑～｜话～。❸花、叶或果实跟茎或枝相连的部分▷花～｜叶～。

饼 bǐng 9画 饣部 左右
饣：一饣饣
❶熟的面食,一般为扁圆形▷烙～｜烧～｜蒸～｜油～儿。❷形状像饼的东西▷花生～｜柿～｜铁～。

炳 bǐng 9画 火部 左右
明亮▷彪～。

屏 bǐng 9画 尸部 半包围
❶排除;放弃▷～除｜～弃。❷暂时闭住气▷～住呼吸｜～气。
另见píng。

正字 膑(臏) 髌(髕) 鬓(鬢) 饼(餅)

禀 bǐng 13画 示部 上下

旧指向长辈或上级报告 ▷~报|~告。☞下边是"示",不是"木"。由"禀"构成的字有"凛""檩"等。

并 bìng 6画 丷部 上下

丷 兰 并 并

❶合在一起 ▷合~|吞~|兼~。❷平列;挨着 ▷肩~肩,手拉手|两人~排坐着|~驾齐驱。❸一起;同时 ▷工农业~举|齐头~进。❹表示实际上不是那样 ▷翻译~不比创作容易|不要多心,我~没有别的意思。❺表示更进一层 ▷讨论通过了工作报告|任务已经完成,~比原计划提前三天。

病 bìng 10画 疒部 半包围

疒 亠广疒

❶生理上或心理上出现的不正常的状态 ▷闹了一场~|精神~|治~。❷生病 ▷孩子~了。❸缺点;错误 ▷弊~|一句。

bo

拨 bō 8画 扌部 左右

发:𠂇ナ发发

❶用手脚或棍棒等横向用力,使东西移动或分开 ▷~门|把钟~到九点|用脚轻轻一~,把球送进球门。❷调配;分出一部分 ▷~人去值夜班|~款|~划~。❸量词,用于分批的人或物 ▷来了一~儿人|货分两~儿运。☞跟"拔"(bá)不同。

波 bō 8画 氵部 左右

皮:一厂广皮

❶起伏不平的水面 ▷~涛|~浪。❷比喻突然出现的情况 ▷一~未平,一~又起|风~|~折。❸比喻流转的目光 ▷眼~|秋~。☞统读bō,不读pō。

玻 bō 9画 王部 左右

[玻璃]bōli ❶一种脆硬透明的建筑、装饰材料,用石英砂、石灰石等混合熔化制成。❷像玻璃的东西 ▷~纸|有机~。

剥 bō 10画 刂部 左右

氺:⺈ㄣ氺

❶意思跟"剥"(bāo)相同,用于合成词或成语 ▷生吞活~。❷脱落 ▷~落。❸强行夺去 ▷~削(xuē)|盘~|~夺。

另见bāo。

菠 bō 11画 艹部 上下

❶[菠菜]bōcài 草本植物,是常见的蔬菜。❷[菠萝]bōluó 草本植物,果实也叫菠萝,果皮像鳞甲,果肉酸甜,有很浓的香味,是著名的热带水果。☞统读bō,不读bó

正字 拨(撥)

播 bō 15画 扌部 左右
采:爫平采
❶撒布种子▷~种｜春~。❷散布;传扬▷传~｜广~｜~送。☞㊀统读bō,不读bǒ或bò。㊁右上是"米"上加一撇(七画),不是"采"(cǎi,八画)。

伯 bó 7画 亻部 左右
称父亲的哥哥;尊称跟父亲同辈、年纪比父亲大的男子▷~父｜~母｜老~｜赵~~。
另见bǎi。

驳 bó 7画 马部 左右
马:ㄱ马马
❶用自己的观点否定别人的观点;指出别人意见的错误▷当场~了他几句｜真理是~不倒的｜批~｜反~。❷颜色或内容混杂不纯▷斑~｜~杂。❸用船转运旅客或货物▷~运｜~船。

泊 bó 8画 氵部 左右
❶停船靠岸▷停~。❷停留;暂住▷漂~。
另见pō。

柏 bó 9画 木部 左右
音译用字,用于"柏林"(地名,在德国)等。
另见bǎi。

勃 bó 9画 力部 左右
旺盛▷生机~~｜蓬~。

舶 bó 11画 舟部 左右
大船▷船~｜~来品(指进口的货物)。

脖 bó 11画 月部 左右
孛:十声孛孛
❶脖子,头和躯干连接的部位。❷身体上或器物上像脖子的部分▷脚~子｜长~儿瓶子｜烟筒拐~儿。

博 bó 12画 十部 左右
甫:冃甫甫
❶广;多▷地大物~｜广~｜~大｜渊~。❷广泛;普遍▷~而不精｜~学｜~览。❸换取;取得▷~得好评。❹指赌钱▷赌~。☞左边是"十",不是"忄"。

渤 bó 12画 氵部 左右
渤海,中国内海,在山东半岛和辽东半岛之间。

搏 bó 13画 扌部 左右
❶对打▷肉~｜拼~斗。❷跳动▷脉~｜~动。

箔 bó 14画 竹部 上下
用苇子或秫秸编成的片状物▷苇~｜席~。

膊 bó 14画 月部 左右
臂的上部靠近肩的部分;肩膀以下手腕以上的部分▷赤~｜胳~(gēbo)。

正字 驳(駮)

薄 bó 16画 艹部 上下
❶微;少▷~利多销|广种~收。❷轻视▷厚此~彼|鄙~。❸苛刻;轻浮▷刻~|轻~。❹意思跟"薄"(báo)相同,多用于合成词或成语▷如履~冰|淡~|~田。
另见báo;bò。

礴 bó 21画 石部 左右
[磅礴]pángbó 见"磅"。

跛 bǒ 12画 足部 左右
腿或脚有残疾,走路时一瘸一拐▷~脚|~子。☞不读pō。

簸 bǒ 19画 竹部 上下
皮:一厂广皮
❶上下颠动盛有粮食的簸(bò)箕,除去糠秕和杂物▷~芝麻|把这堆粮食~~。❷上下颠动▷颠~。
另见bò。

薄 bò 16画 艹部 上下
[薄荷]bòhe 草本植物,茎、叶有清凉香味,可提取薄荷油、薄荷脑,还可以做药材。
另见báo;bó。

簸 bò 19画 竹部 上下
[簸箕]bòji 簸(bǒ)粮食或撮垃圾的器具,用竹条、柳条或铁皮等制成,三面有帮,一面敞口。
另见bǒ。

卜 bo 2画 卜部 独体
[萝卜]luóbo 见"萝"。
另见bǔ。

bu

卜 bǔ 2画 卜部 独体
❶古代指用龟甲等预测吉凶,后来泛指各种预测吉凶的活动▷~了一卦|求签问~。❷预测▷成败未~|预~。
另见bo。

补 bǔ 7画 衤部 左右
❶加上材料,修理破损的东西▷~衣服|修桥~路|修~。❷把缺少的充实起来或添上▷缺什么~什么|~充|~足|填~。❸益处▷于事无~。

捕 bǔ 10画 扌部 左右
甫:丁冂甫甫
捉拿▷~鱼|~获|逮(dài)~。☞统读bǔ,不读pǔ。

哺 bǔ 10画 口部 左右
喂养▷~乳|~育|~养。☞统读bǔ,不读pǔ。

堡 bǔ 12画 土部 上下
堡子,有围墙的村镇,多用于地名▷瓦窑~(在陕西)|

柴沟~(在河北)。
另见bǎo;pù。

不 bù 4画 一部 独体
ブイ不
❶表示否定▷~走｜~漂亮｜走~走?｜漂亮~漂亮?｜赶~到｜写~好｜~言~语｜~多~少｜道德。❷单用,表示否定性的回答▷他来开会吗? ——~,他不能来。❸用在句尾,表示疑问▷你看书~?｜天气冷~?

布 bù 5画 巾部 独体
一ナ广右布
❶棉、麻或人造纤维等织成的,可以做衣服或其他物件的材料▷棉~｜尼龙~｜~料｜鞋~。❷分散到各处;广泛传播▷阴云密~｜遍~｜分~｜散~。❸陈设;设置▷~下天罗地网｜~局｜~置。❹宣告;当众陈述▷开诚~公｜~告｜宣~。

步 bù 7画 止部 上下
⺊止止步步
❶用脚走;行走▷~入会场｜徒~｜散~｜~行。❷行走时两脚之间的距离;脚步▷紧走了几~｜昂首阔~｜~子。❸事情进行的程序或阶段▷为下一~作准备｜~骤。❹处境;境地▷想不到会落到这一~｜地~。☞下边不是"少"。"少"不出现在合体字或部件的下面,而"少"只出现在合体字的下面。

怖 bù 8画 忄部 左右
忄:丶丶忄
害怕▷可~｜恐~。

部 bù 10画 右阝部 左右
❶全体中的一份▷内~｜上半~｜~头。❷军队的一部分;军队▷解放军某~｜~队。❸量词,用于书籍、影片等▷一~小说｜两~故事片｜两~大卡车。❹国家某些机关的名称;机关、企业中按业务划分的单位▷教育~｜编辑~｜门市~。❺指军队中连以上的领导机构▷连~｜司令~。☞㊀右边不是"卩"。㊁不要简化写成"卩"。

埠 bù 11画 土部 左右
❶码头。❷有码头的城镇;泛指城市▷本~｜外~｜商~。☞统读bù,不读fǔ或fù。

簿 bù 19画 竹部 上下
本子▷笔记~｜练习~｜账~。☞跟"薄"(bó)不同。

C

ca

擦 cā 17画 扌部 左右
扌:⺁ク夕⺁ケ
❶物体紧贴着另一物体迅速移动▷膝盖~伤了|~火柴|~萝卜丝|摩~。❷贴近;挨近▷~着水面飞|~着墙根走。❸用手、布等揩拭▷~眼泪|~皮鞋|~桌子。❹涂抹▷~粉|~药膏。☞右边的"察",中间是"⺁",不是"⺁"。

cai

猜 cāi 11画 犭部 左右
犭:ノ犭犭
❶怀疑▷~疑。❷推想;推测▷真~不透他的心思|~谜语|~想|~测。

才 cái 3画 一部 独体
❶能力;才能▷多~多艺|德~兼备|~华|口~。❷具有某种才能的人▷人~|天~|全~|将~。❸表示原来不是这样,现在出现了新情况▷说了半天~明白你的意思。❹表示动作发生不久▷~出门就下雨了|昨天~到。❺表示范围小或数量少▷这所学校~有五个班|这么厚的字典~卖十几块钱。❻表示在某种条件下或由于某种原因,然后会出现某种情况▷只有坚持到底,~能胜利|由于大家的努力,情况~有了好转。

材 cái 7画 木部 左右
❶木料▷木~|用~林。❷事物的原料▷钢~|药~|~料。❸资料▷题~|教~|素~。

财 cái 7画 贝部 左右
物资和金钱的统称▷劳民伤~|~产|~富|~政|资~。

裁 cái 12画 衣部 半包围
十丰表裁裁
❶用刀、剪等分割布、纸等片状物▷这块布能~两件上衣|~纸。❷削减,去掉不用的或多余的▷他让经理给~了|~员|~军|~减。❸控制▷制~|独~。❹作出判断▷~决|~判|~定。❺指文章的体制、格式▷体~。☞跟"栽"(zāi)不同。

采 cǎi 8画 爪部 上下
⺥爫罒平采

正字 才(纔)③~⑥ 财(財)

❶摘▷~花|~桑叶|~莲。❷选取▷~购|~取。❸搜集▷~种(zhǒng)|~访|~集。❹挖掘矿藏▷~矿|~掘|开~。❺神情;神色▷兴高~烈|无精打~。☞上边是"爫",下边是"木",不要写成"米"上加撇。由"采"构成的字有"彩""睬""踩""菜"等。

彩 cǎi 11画 彡部 左右
❶颜色▷五~缤纷|~旗|~霞|~色电视。❷彩色的丝织品▷张灯结~|剪~|抛球。❸表示称赞的欢呼声▷喝(hè)~|满堂~。❹比喻受伤者流的血▷挂~|~号。

睬 cǎi 13画 目部 左右
对别人的言语行动作出反应▷问了好几句,她连~也不~|理~。

踩 cǎi 15画 足部 左右
脚接触地面或蹬在物体上▷~了一脚泥|别把地毯~脏了|~油门。

菜 cài 11画 艹部 上下
采:⺌⺌⺌平采
❶可以用作副食的植物▷蔬|野~|大白~。❷经过烹调的蔬菜、肉类等副食品的统称▷点了几个~|四~一汤|荤~。

can

参 cān 8画 厶部 上下
❶加入▷~军|~政|~谋|~加。❷对照别的材料加以考察▷~阅|~照。❸会见(地位或辈分高的人)▷~拜|~见。
另见cēn;shēn。

餐 cān 16画 食部 上下
❶吃(饭)▷会~|野~|~具。❷饭食▷夜~|西~|快~。☞不要简化写成"歺"。

残 cán 9画 歹部 左右
戋:一一弋戋戋
❶伤害;毁坏▷~害|~杀|摧~。❷凶狠;凶恶▷~忍|~暴|~酷。❸剩下的▷~羹剩饭|~余|~存。❹有缺损的;不完整的▷这套书~了|~品|~缺|~破。☞统读cán,不读cǎn。

蚕 cán 10画 虫部 上下
蚕蛾的幼虫,吃桑树等的叶子,长大后吐丝做茧,变成蛹,蛹再变成蚕蛾。常见的有家蚕、柞(zuò)蚕等。☞上边不要写成"天"。

惭 cán 11画 忄部 左右
羞愧▷大言不~|~愧|羞~。☞统读cán,不读cǎn。

正字 参(參) 残(殘) 蚕(蠶) 惭(慚)

惨 cǎn 11画 忄部 左右
❶狠毒;凶恶▷~无人道。❷(亏损、失败等)程度严重▷输得好~|~重|~败。❸处境或遭遇不幸,使人悲伤▷~案|凄~|~痛|悲~。

灿 càn 7画 火部 左右
[灿烂]cànlàn 光彩鲜明耀眼▷阳光~~|~辉煌。☞统读càn,不读cǎn。

cang

仓 cāng 4画 人部 上下
ノ 八 今 仓
储存粮食或其他物资的建筑物▷粮~|~库|清~。☞跟"仑"(lún)不同。由"仓"构成的字有"苍""沧""舱""创"等;由"仑"构成的字有"伦""论""抢""沦""轮"等。

苍 cāng 7画 艹部 上下
❶青色(包括蓝和绿)▷~天|~松|~山。❷灰白色▷~白|白发~~。

沧 cāng 7画 氵部 左右
(水)深绿色▷~海。

舱 cāng 10画 舟部 左右
船或飞行器中载人或装东西的空间▷船~|货~|驾驶~。

藏 cáng 17画 艹部 上下
臧:厂厂疘藏
❶躲起来不让人看见;隐蔽▷~在家里不出来|~身|隐~。❷储存▷收~|储~|~书。
另见zàng。

cao

操 cāo 16画 扌部 左右
❶拿在手里;掌握▷~刀|~纵。❷做;从事▷~之过急|~作|~劳。❸使用(某种语言或方言)▷~英语|~粤语。❹练习;演习▷~练|~演|出~|~场。❺指体操▷做~|徒手~。❻品德▷~行|情~。

糙 cāo 16画 米部 左右
粗;不光滑;不精细▷~米|桌面很~|活儿太~。☞统读cāo,不读zào。

曹 cáo 11画 日部 上下
一曲曲曹
姓。

嘈 cáo 14画 口部 左右
声音杂乱▷人声~杂。

槽 cáo 15画 木部 左右
❶装饲料喂牲口或存水、酿酒用的器具,多为长方形,四周高,中间凹下▷牲口~|猪食~|水~|酒~。❷指某些两边

正字 惨(慘) 灿(燦) 仓(倉) 苍(蒼) 沧(滄) 舱(艙)

高中间凹下的水道▷水～|渡～|河。❸物体上像槽一样凹下的部分▷在木板上挖个～。

草 cǎo 9画 艹部 上下
艹:一十艹

❶树木、谷物、蔬菜以外,茎秆柔软的高等植物的统称▷地里长满了～|杂～|野～|～坪。❷指用作燃料、饲料等的植物的茎、叶▷稻～|柴～|～料。❸雌性的(家畜或家禽)▷～驴|～鸡。❹不细致;不认真▷字写得太～了|潦～|～率|～收兵。❺汉字字体的一种,笔画相连,写起来快▷～书。❻创始▷～创。❼文章的初稿▷起～。❽没有确定或没有公布的▷～稿|～图|～案。

ce

册 cè 5画 丿部 独体
朋册

❶装订好的本子▷画～|纪念～|手～。❷量词,用于书籍▷这套丛书共八～|第二～。

厕 cè 8画 厂部 半包围
供人大小便的地方▷公～|男～|～所。

侧 cè 8画 亻部 左右
❶旁边▷两～|～面|～

门|～影。❷向旁边扭或转▷～着身子走过去|～耳细听。

测 cè 9画 氵部 左右
❶量(liáng),用仪器确定空间、时间、温度、速度、功能等的数值▷～一一河水的深度|～量|～绘|勘～。❷料想;推测▷天有不～风云|预～|猜～。

策 cè 12画 竹部 上下
束:一币束

❶用鞭子驱赶;驱使▷扬鞭～马|鞭～。❷计划;谋划▷～划|～动。❸谋略▷出谋划～|束手无～|～计～。☞下边是"束"(cì),不是"束"(shù)。由"束"构成的字还有"刺""棘"等。

cen

参 cēn 8画 厶部 上下
[参差]cēncī 长短、高低、大小不一致▷～不齐。☞不要读成cānchā。
另见cān;shēn。

ceng

层 céng 7画 尸部 半包围
尸:¬コ尸

❶重叠的东西中的一部分;层次▷表～|中～|基～|云～。❷量词。a)用于重叠的或可以

分步骤、分项的事物▷三~楼｜千~饼｜这段话有三~意思。b)用于覆盖在物体表面上的东西▷桌子上落了一~土。❸一次又一次地▷~出不穷。

曾 céng 12画 日部 上下
曾曾曾曾

表示动作行为或情况发生在过去▷小时候~到过上海｜未~不~。☞中间不要写成"田"。由"曾"构成的字有"僧""蹭""增"等。

另见zēng。

蹭 cèng 19画 足部 左右
❶擦；磨▷腿上~掉一块皮｜把刀在石头上~了两下。❷擦过并沾上▷~了一身油。❸拖延▷磨~(móceng)。

cha

叉 chā 3画 又部 独体
叉叉

❶叉子，头上有两个以上的长齿，可以挑起或扎取东西▷钢~｜粪~｜鱼~。❷用叉子挑或扎▷~稻草｜~鱼。❸交错▷交~。❹指叉形符号，形状是"×"，用来表示错误或删除▷对的打个钩，错的打个~。

另见chá；chǎ；chà。

杈 chā 7画 木部 左右
用树杈(chà)加工制成的农具，头上一般有三个长齿，用来叉取柴草等▷三股~。

另见chà。

差 chā 9画 羊部 半包围
差差差差

❶不相同；不相合▷~别｜~距｜~额｜~价。❷错误▷一念之~｜~错｜偏~。❸两数相减所得的余数，如6减4的差是2。☞第六画是长撇，不要断成两画。

另见chà；chāi；cī。

插 chā 12画 扌部 左右
臿：千千舌舌

❶把细长或薄片状的东西放进或扎进别的物体里▷把花~在花瓶里｜地上~着一块牌子｜~秧。❷从中间加进去；加入到里面▷中间~一段景物描写｜~不上手｜~班｜安~。☞右边由"千"和"臼"组成，不要把"臼"写成"曰"。

喳 chā 12画 口部 左右
[喳喳]chāchā 拟声词，模拟小声说话的声音▷喊喊~。

另见zhā。

叉 chá 3画 又部 独体
叉叉

互相卡住；堵住▷冰块把河道~住了｜路口让汽车给~死了。

另见chā;chǎ;chà。

茬 chá 9画 艹部 上下
在：一ナオ在
❶庄稼收割后残留在地里的茎和根▷玉米~｜谷~。❷指同一块地里作物种植或收割的次数▷一年种两~稻子｜二~韭菜｜换~。❸短而硬的胡须、头发（多指剪落的、没剪干净的或刚长出的）▷胡子~儿｜领子上沾了许多头发~儿。

茶 chá 9画 艹部 上下
❶茶树，常绿灌木，嫩叶加工后就是茶叶。❷用茶叶冲成的饮料▷喝~｜浓~。❸指某些糊状食品▷面~｜杏仁~｜果~。❹像浓茶的颜色▷~镜。

查 chá 9画 木部 上下
❶仔细验看▷~票｜~户口｜抽~｜复~。❷仔细了解▷调~｜侦~｜~考。❸翻检▷~字典｜~资料。

另见zhā。

搽 chá 12画 扌部 左右
往脸上或身上抹▷~粉｜~油｜~药。

碴 chá 14画 石部 左右
❶器物上的裂痕、破口或折断的地方▷碗上有一道破~儿｜刚摔的新~儿。❷感情的裂痕；引起争执的事由▷他们从前有~儿，今天是借题发挥｜找~儿打架。❸物体的小碎块▷冰~儿｜骨头~儿｜玻璃~子。

察 chá 14画 宀部 上下
癶：ノクタ癶癶
❶细看▷~颜观色｜~看｜~觉。❷调查了解▷考~｜勘~。☞中间不要写成"жс"。

叉 chǎ 3画 又部 独体
分开成叉(chā)形▷~着腿站着｜两腿~开。
另见chā;chá;chà。

衩 chǎ 8画 衤部 左右
[裤衩]kùchǎ 短裤（一般指贴身穿的）▷游泳~｜三角~。
另见chà。

叉 chà 3画 又部 独体
[劈叉]pǐchà 武术、舞蹈等的一种动作，两腿向相反的方向分开，档部着地。
另见chā;chá;chǎ。

杈 chà 7画 木部 左右
植物的分枝▷树~｜给棉花打~｜枝~。
另见chā。

岔 chà 7画 山部 上下
❶由主干分出来的山、水

流或道路▷山～｜河～｜三～｜路口｜～道。❷打断别人说话或转移话题▷怕他听了不高兴,忙用话～开｜打～。❸把时间错开,防止冲突▷两个会的时间要～开。❹偏差;差错▷出了～子｜这次比赛一点～儿没出。

刹 chà 8画 刂部 左右
❶佛教的寺庙▷古～。
❷[刹那]chànà 极短的时间▷一～｜～间。☞不读shà。
　　另见shā。

衩 chà 8画 衤部 左右
衣裙下边开的口▷这种裙子后面最好开个～。
　　另见chǎ。

差 chà 9画 羊部 半包围
䒑䒑差差
❶意思跟"差"(chā)①相同,用于口语▷～不多｜～点儿｜～劲。❷欠缺▷还～一道工序｜～10分5点。❸不好;不合标准▷学习成绩～｜质量～。☞第六画是长撇,不要断成两画。
　　另见chā;chāi;cī。

chai

拆 chāi 8画 扌部 左右
斥:一厂厂斤斥
❶把合起来的东西分开或打开▷～毛衣｜～信｜～洗｜～卸｜～

散(sǎn)。❷特指毁掉建筑物▷～房子｜～迁。☞跟"折"(zhé)不同。

差 chāi 9画 羊部 半包围
❶派出去做事▷～遣。
❷被派去做的事▷交～｜兼～。
　　另见chā;chà;cī。

柴 chái 10画 木部 上下
此:⺊⺊⺊此此
烧火用的草木、庄稼秸秆等往灶里添把～｜打～｜～草｜火｜木｜～。

豺 chái 10画 豸部 左右
豸:⺈⺈⺈⺈豸
哺乳动物,形状像狼,性情残暴,常成群袭击家畜。

chan

掺 chān 11画 扌部 左右
混合▷酒里～了水｜～沙子｜～假｜～杂。

搀 chān 12画 扌部 左右
免:⺈⺈⺈⺈免
用手轻轻架着别人的手或胳臂▷～着老人上楼｜～扶。☞右上的"免"第六画是长撇,不要断成两画。

单 chán 8画 丷部 上下
[单于]chányú 古代匈奴君主的称号。

正字 掺(摻) 搀(攙) 单(單)

另见 dān；shàn。

馋 chán 12画 饣部 左右
❶看到好吃的就很想吃；专爱吃好的▷看见人家吃肉他就～｜嘴～。❷看到好东西就想得到；羡慕▷眼～。

缠 chán 13画 纟部 左右
里:日甲里
❶绕；围绕▷辫梢～着红头绳｜～绷带｜～绕。❷不停地搅扰▷死～着我不放｜疾病～身｜纠～。☞右边不要写成"厘"。

蝉 chán 14画 虫部 左右
昆虫，雄的腹部有发音器，叫声很响。幼虫生活在土里，吸食植物根部的汁液。

产 chǎn 6画 亠部 独体
❶(人或动物)从母体中分离出幼体▷～妇｜～卵｜临～。❷自然形成、天然生长或人工种植▷山西～煤｜东北～人参｜盛～大豆。❸制造或创造财富▷～销｜投～｜国～。❹生产出来的东西;出产的东西▷水～｜畜～｜林～｜矿～｜特～｜物～。❺指拥有的金钱、物资、房屋、土地等▷财～｜房～｜破～｜～权。

铲 chǎn 11画 钅部 左右
钅:丿⺋⺋⺋

❶铲子,撮取或清除东西的器具▷铁～｜饭～｜煤～。❷用锹或铲子削平、撮取或清除▷把地～平｜～土｜～除。

阐 chǎn 11画 门部 半包围
(把道理)说明白▷～明｜～述。☞统读chǎn,不读shàn。

忏 chàn 6画 忄部 左右
为所犯的过失而悔恨▷～悔。

颤 chàn 19画 页部 左右
短促而频繁地振动；抖动▷两腿发～｜～动｜～抖。☞左下不要写成"且"。
另见 zhàn。

chang

昌 chāng 8画 日部 上下
兴盛；旺盛▷繁荣～盛｜科学～明。

猖 chāng 11画 犭部 左右
行为放肆▷～狂。

长 cháng 4画 长部 独体
丿⺋长长
❶两点之间的距离大(跟"短"相对)。a)指空间▷这座桥很～｜～途。b)指时间▷冬天昼短夜～｜～期｜～久。❷长度，两点之间的距离▷全～10公里｜身～｜周～。❸优点；长处

正字 谗(讒) 缠(纏) 蝉(蟬) 产(產) 铲(鏟) 阐(闡) 忏(懺) 颤(顫) 长(長)

▷扬~避短|专~|特~。
另见zhǎng。

场 cháng 6画 土部 左右
㐷：㇆㇆㇆
❶晒粮和脱粒的平地▷~上堆满了稻谷|~院|打~。❷量词，用于一件事情的过程▷一~大雨|一~激战|大干一~。☞右边是"㐷"，不是"㇆"。由"㐷"构成的字还有"肠""汤""杨""畅"等；由"㇆"构成的字只有"伤"。
另见chǎng

肠 cháng 7画 月部 左右
肠子，人和高等动物消化器官的一部分。长管状，上端跟胃相连，下端通肛门，一般分小肠、大肠两部分。

尝 cháng 9画 ⺌部 上下
⺌：丨丷丶
❶试着吃一点；辨别滋味▷~~菜的味道|~~咸淡|品~。❷试；试探▷~试。❸经历；感受▷~到甜头|备~艰苦|~受。❹曾经▷未~（没有过）|何~（哪里有过）。

常 cháng 11画 巾部 上下
❶普通的；一般的▷人之~情|~识|~态。❷普通的事▷习以为~|家~。❸长期不变的▷冬夏~青|~绿树。❹时常；经常▷他们~见面|~来~往|不~出门。

偿 cháng 11画 亻部 左右
❶归还；抵补▷得不~失|~还|赔~|~补。❷代价；报酬▷无~援助|有~服务。❸（愿望）得到满足▷如愿以~。☞不读shǎng。

嫦 cháng 14画 女部 左右
[嫦娥]cháng'é 传说中月宫里的仙女。

厂 chǎng 2画 厂部 独体
工厂，进行工业生产或加工服务的单位▷钢铁~|肉类联合加工~|建~|~家。

场 chǎng 6画 土部 左右
❶有专门用途的比较开阔的地方或建筑▷广~|飞机~|市~|会~|剧~。❷指个特定的地点或范围▷当（dāng）~|现~|官~。❸特演出的舞台和比赛的场地▷~上|~下|登~。❹指表演或比赛的全过程▷开~|终~。❺量词。a)用于文娱体育活动▷一~电影|一~球赛|一~演出。b)用于戏剧中较小的段落▷第一幕第二~。❻有一定规模的生产单位▷牧~|农~|林~|养猪~。☞"场"⑥跟"厂"含义不同。"厂"指进行工业生产的单位，"农场""林场""牧

"场"的"场"不能写作"厂"。

另见cháng。

敞 chǎng 12画 攵部 左右
⺌：ㅣㅣ⺌
❶宽阔;没有遮拦▷宽～|～亮|～车。❷打开▷～着怀|～着口儿|～开。☞跟"敝"(bì)不同。

畅 chàng 8画 丨部 左右
❶没有阻碍▷～通|～销。❷痛快;尽情▷～所欲言|欢～|～快|～谈。

倡 chàng 10画 亻部 左右
带头;发起▷～导|～议|提～。

唱 chàng 11画 口部 左右
❶依照音律发声▷～歌|演～|领～|～腔。❷大声呼叫▷～票|～收|～付。❸歌曲;戏曲唱词▷渔家小～|～本。

chao

抄 chāo 7画 扌部 左右
少：ㅣ丿小少
❶照着原文或底稿写▷～笔记|传～|～写。❷把别人的作品、语句、作业等抄下来当自己的▷不要～别人的作业|～袭。❸搜查并没收(财产等)▷家产被～了|查～|～获。❹从侧面绕过去或走近道▷～近道走快得多|～后路|包～。❺抓;拿▷～起一根大棒。

吵 chāo 7画 口部 左右
[吵吵]chāochao 许多人乱嚷嚷▷别～,好好听讲|瞎～。

另见chǎo。

钞 chāo 9画 钅部 左右
纸币▷～票。

超 chāo 12画 走部 半包围
❶从后面赶到前面;胜过▷～车|～群|～过。❷超过规定的限度或通常的程度▷～额|～期|～龄|～编。❸不平常的;特出的▷～级|～等。

巢 cháo 11画 巛部 上下
❶鸟窝,也指蜂、蚁等的窝▷鸟～|蜂～|蚁～。❷比喻坏人盘踞的地方▷倾～出动|匪～。

朝 cháo 12画 卓部 左右
卓：十吉直卓
❶臣子拜见君主;宗教徒参拜神、佛▷～见|～拜|～圣。❷君主接受朝见、处理政事的地方▷上～|退～。❸朝代,一姓君主世代相传的整个统治时期▷这是哪～的故事?|改～换代|汉～|唐～。❹正对着;面

向着▷这房子坐北～南｜仰面～天。❺向；对▷门～南开｜我笑了笑｜～着伟大目标前进。

另见zhāo。

嘲 cháo 15画 口部 左右

讥笑；取笑▷冷～热讽｜～弄｜～笑。

潮 cháo 15画 氵部 左右

❶海洋水面定时涨落的现象，早上叫潮，晚上叫汐▷海～｜～涨～退～。❷比喻像潮水那样有起有伏的事物▷寒～｜心～｜思～｜怒～。❸湿▷粮食受～了｜地面太～｜～湿。

吵 chǎo 7画 口部 左右

❶声音杂乱扰人▷临街的房子太～｜喧闹声～得人睡不着。❷打嘴架；口角▷俩人一见面就～｜～架｜～嘴。

另见chāo。

炒 chǎo 8画 火部 左右

❶把食物放在锅里反复翻动使熟▷～瓜子｜～菜｜～鸡蛋。❷为了取得某种效果而反复操作▷～新闻｜～股票。

che

车 chē 4画 车部 独体

七𠂉车

❶陆地上有轮子的交通运输工具▷坐～｜走～｜火～｜自行～｜货～｜～辆。❷利用轮轴转动来工作的器械▷纺～｜水～｜～床。❸泛指机器▷拉闸停～｜试～成功｜～间。☞"车"作左偏旁时，最后两画笔顺改为先竖后横，而且横要改成提(一)。如"轧""轮""转""轨""软""轻""输""较"等。

另见jū。

扯 chě 7画 扌部 左右

止：丨卜止止

❶拉；牵▷～住袖子不放｜拉｜牵～◇～着嗓子喊。❷撕▷～破了衣服｜把信～得粉碎。❸漫谈；闲谈▷天南地北～了一通｜闲～｜胡～。

彻 chè 7画 彳部 左右

切：七切切

通；透▷～夜(通宵)｜～底｜贯～｜～透。☞中间是"七"，不是"土"。

撤 chè 15画 扌部 左右

❶除去；取消▷～除｜～职｜～换。❷退；向后转移▷部队向南～｜～退｜～离。☞跟"撒"(sǎ)不同。

澈 chè 15画 氵部 左右

水清而透明▷清～｜见底明～。☞不要写成"沏"(qī)。

chen

抻 chēn 8画 扌部 左右
申：曰申
拉；拉长▷把里边的衬衣袖子～出来｜～面。

嗔 chēn 13画 口部 左右
责怪；埋怨▷老太太～着儿女们不来看她｜～怪。

臣 chén 6画 臣部 半包围
一丆臣臣
❶君主时代的官吏▷大～｜忠～｜～子。❷官吏对皇帝上书或说话时的自称。☞第六画是竖折(凵)，一笔连写。

尘 chén 6画 小部 上下
飞扬的灰土▷灰～｜～土。☞第一画不带钩。

辰 chén 7画 辰部 半包围
一厂厂辰
❶地支的第五位。参见"支"⑦。❷日、月、星的统称▷星～。❸时间；日子▷良～｜诞｜寿～。

沉 chén 7画 氵部 左右
❶向下落(进水里)；(在水里)向下落(跟"浮"相对)▷敌舰被击～｜石～大海｜～淀。❷陷落；降落▷地基下～｜月落星～。❸(情绪等)低落▷低

～｜消～。❹稳定；镇静▷～着(zhuó)｜～住气。❺程度深▷睡得很～｜～醉｜～思｜暮气～。❻重；分量大▷书包很～｜甸甸｜～重。❼感到沉重，不舒服▷两腿发～。

忱 chén 7画 忄部 左右
心意▷满腔热～。

陈 chén 7画 左阝部 左右
❶排列；摆出▷～列｜～设。❷有条理地说出来▷慷慨～词｜～述。❸时间久的；过时的▷酒还是～的好｜～醋｜～旧｜～迹。

晨 chén 11画 日部 上下
清早，太阳刚刚升起的时候或升起前后的一段时间▷早～｜清～。

衬 chèn 8画 衤部 左右
❶贴身的(衣服)▷～衫｜～裤。❷附在衣裳、鞋、帽等里面的材料▷帽～｜领～｜鞋～。❸在里面或下面垫上(纸、布等)▷相片下面～上一层纸｜～绒。❹附加上别的事物，使主要事物突出▷～托｜陪～｜映～｜反～。

称 chèn 10画 禾部 左右
尔：´ケ尔尔
❶符合▷～心如意｜～职｜相

正字 尘(塵) 陈(陳) 衬(襯) 称(稱)

~。❷合适▷匀~|对~。
另见chéng。

趁 chèn 12画 走部 半包围
走：土 丰 走
表示利用时间、条件或机会▷~早赶路|~热喝|~势|~便。

cheng

称 chēng 10画 禾部 左右
❶测量轻重▷~一~有多重。❷用言语表达对好人好事的肯定或表扬▷~赞|~颂。❸用言语或动作表示自己的意见或感情▷拍手~快|~谢声~。❹称呼；叫作▷大家都~他叶老|人~小诸葛。❺名称，对人或事物的叫法▷通~|简~|敬~|职~|~号。
另见chèn。

铛 chēng 11画 钅部 左右
钅：丿 ⺊ 𠂉 ⺄ 钅
烙饼或煎食物的平底浅锅▷饼~。

撑 chēng 15画 扌部 左右
❶用手抵住▷用手~着下巴|~杆跳高|~腰|支~。❷用篙抵住河床使船前进▷~船。❸支持；支撑▷这个烂摊子，我~不起来|~门面。❹用力支着使张开▷把麻袋口儿~

大点|~开雨伞。❺装得过满；吃得过饱▷塞得过满，把口袋都~破了|吃~着了。☞不读zhǎng。

成 chéng 6画 戈部 独体
厂厅成成成
❶办事获得预期的结果（跟"败"相对）▷事情没办~|大功告~|完~|~功。❷帮助人达到目的▷~全|~人之美。❸已定的；现成的；做好的▷~约|~语|~品|~药。❹发育到完备的阶段▷~长|~熟。❺发育成熟的▷~人|~虫。❻工作、学习等获得的结果▷~果|~绩。❼成为；变为▷他俩~了好朋友|弄假~真|形~|构~|组~。❽达到一定的数量单位▷~千上万|一套设备~天|~年。❾表示同意、认可▷~，我马上就办|什么时候都~。❿表示有能力做好▷我~，您放心吧！|写钢笔字还~，写毛笔字可不~。⓫一个整体分成相等的十份，每份叫一成▷比去年增产两~|七八~新|咱俩四六分~。

丞 chéng 6画 一部 上下
了了丞丞丞
辅佐；帮助▷~相（古代辅佐帝王的最高官吏）。

正字 称(稱) 铛(鐺)

呈诚承城乘盛程惩澄 chéng

呈
chéng 7画 口部 上下
❶恭敬地献上▷上一份申请书|面~|~报。❷递交给上级的文件▷辞~。❸显现;露出▷大海~深蓝色|~现。

诚
chéng 8画 讠部 左右
(心意)真实;忠实▷心~意|~实|~恳|忠~。

承
chéng 8画 一部 独体
了孑承承
❶(在下面)托着或支撑着▷~重|~载。❷接受;担当▷~办|~包|~担|~当。❸表示受到(对方的好处)▷~蒙指教。❹继续▷~上启下|继~。

城
chéng 9画 土部 左右
❶古代建在居民聚集地四周用来防御的高大围墙▷~外|~门|~墙。❷城墙以内的地方▷南~|东~。❸都市(跟"乡"相对)▷北京~|~乡交流|~市。

乘
chéng 10画 丿部 特殊
千禾乖乘
❶搭坐交通工具▷~车|~船|搭~|~坐|~客。❷趁;就着▷~虚而入|~胜直追|~机|~势。❸算术的一种运算方法,即几个相同的数连续相加的简便算法,如5个2相加,就是5乘2,或者说2乘以5。☞不读chèng。

盛
chéng 11画 皿部 上下
❶用容器装东西▷拿小筐~豆子|小坛子~不下这么多酒。❷用铲、勺等把饭菜放进容器里▷用铲子~菜,用勺子~汤|~碗饭。❸容纳▷货太多,仓库~不下。☞上边是"成",下边是"皿",不要写成半包围结构。

另见 shèng。

程
chéng 12画 禾部 左右
❶规矩;法度▷章~|规~。❷(行进的)距离▷行~|里~|路~|航~。❸(行进的)道路;一段路▷启~|登~|前~|送了一~又一~。❹事物发展的经过或进行的步骤▷过~|日~|疗~|~序。

惩
chéng 12画 心部 上下
正:丁下正正
处罚▷严~罪犯|~罚|~治|奖~。☞统读 chéng,不读 chěng。

澄
chéng 15画 氵部 左右
氹:フヌ 癶 癶
❶水又清又平静▷~澈。❷使清明;使清楚▷~清是非|~事实。

正字 诚(誠) 惩(懲)

另见dèng。

橙 chéng 16画 木部 左右
❶常绿小乔木,果实叫橙子,红黄色,味道酸甜可口。❷红和黄合成的颜色▷赤～黄绿青蓝紫。☞统读chéng,不读chén。

逞 chěng 10画 辶部 半包围
❶炫耀;卖弄▷～威风｜～能｜～强。❷施展;实现(指坏事)▷决不让敌人的阴谋得～。

秤 chèng 10画 禾部 左右
平:丆平
测量物体轻重的器具▷磅～｜地～｜弹簧～｜过～。

chi

吃 chī 6画 口部 左右
❶嚼后咽下去(包括吸、喝)▷～馒头｜～奶｜～药。❷吸入(液体)▷沙土地～水力强｜这种纸不～墨。❸消灭▷～掉敌人两个师｜～了对方三个子儿。❹承受;接受▷～不消｜～不住｜～苦｜～惊｜～紧。❺依靠……生活▷靠山～山,靠水～水｜～老本。❻领会;理解▷～透教材｜～不准。❼(说话)结巴,不流利▷口～。

嗤 chī 13画 口部 左右
甞:屮屮屮
讥笑▷～笑。

痴 chī 13画 疒部 半包围
❶傻▷如醉如～｜～呆。❷形容极度迷恋▷～迷｜～心｜～情。☞统读chī,不读chí。

池 chí 6画 氵部 左右
也:乛也
❶积水的坑;水塘▷水～｜养鱼～｜游泳～。❷指某些四周高中间低的地方▷乐～(舞台前乐队伴奏的地方)｜花～。

弛 chí 6画 弓部 左右
弓:ㄱㄱ弓
放松;松懈▷～缓｜松～。☞跟"驰"不同。

驰 chí 6画 马部 左右
❶(车、马等)快跑▷奔～｜背道而～。❷传播▷～名中外。☞跟"弛"不同。

迟 chí 7画 辶部 半包围
❶缓慢▷事不宜～｜～缓。❷比规定的或适宜的时间晚▷我来～了｜～到｜～早。

持 chí 9画 扌部 左右
❶握住;拿着▷～枪顽抗｜～手｜～鲜花。❷掌管;料理▷主～操｜勤俭～家。❸守住不变▷保～｜坚～｜维～。❹互不

正字 驰(馳) 迟(遲)

相让;对抗▷僵~|争~|相不下。

匙 chí 11画 匕部 半包围
舀液体或粉末状、颗粒状东西的小勺子▷汤~|茶~。☞右上不要写成"七"。
另见shi。

尺 chǐ 4画 尸部 独体
フコ尸尺
❶市制长度单位,10 寸为1 尺,3 市尺等于1 米。❷量长短或画图的器具▷拿把~量量|木~|卷~|丁字~|放大~。

齿 chǐ 8画 齿部 上下
止:丨卜止止
❶牙齿,高等动物嚼食物的器官。❷像牙齿一样排列的东西▷锯~|梳~|~轮。☞下边不要写成"凶"。

侈 chǐ 8画 亻部 左右
浪费▷奢~。☞统读chǐ,不读chì。

耻 chǐ 10画 耳部 左右
❶感到不光彩或惭愧▷羞~|可~。❷感到羞耻的事▷奇~大辱|洗雪国~。

斥 chì 5画 斤部 独体
❶多▷充~。❷使离开▷排~|~退。❸责备▷申~|~责。☞跟"斥"(jīn)不同。

赤 chì 7画 赤部 上下
土耂赤
❶红色▷面红耳~|~豆。❷纯真▷~心|~胆|~诚。❸空;什么也没有▷~手空拳|~贫。❹裸露▷~着脚|~膊。

翅 chì 10画 支部 半包围
羽:丁习羽羽
翅膀,动物的飞行器官▷展~高飞。

chong

冲 chōng 6画 冫部 左右
❶交通要道▷首当其~|要~。❷朝特定的方向或目标快速猛闯▷~进敌人的阵地|横~直闯|~锋|~刺。❸向上升;向上顶▷~入云霄|~天。❹(思想感情、力量等)猛烈碰撞▷~突|~撞。❺(水)撞击(物体)▷洪水~垮了大坝|把碗~干净|~刷|~洗。❻用开水浇▷~一杯茶|~奶粉。
另见chòng。

充 chōng 6画 儿部 上下
❶满;足▷~满|~足|~实|~分。❷填满;塞住▷给电池~电|~气|~塞(sè)。❸担任▷~任|~当。❹假冒▷~好汉|以次~好|冒~。

正字 齿(齒) 冲(衝)

春 chōng 11画 白部 上下
白：ˊ ㇒ ㇒ 夫 白 白 白

把谷类等放在特制的容器里捣去皮壳或捣碎▷～米｜～药。
☞下边是"白"，不是"曰"。

憧 chōng 15画 忄部 左右
里：口日甲里

[憧憬]chōngjǐng 向往▷～未来。

虫 chóng 6画 虫部 独体
口中虫

❶虫子，昆虫及类似昆虫的小动物。❷比喻具有某种特点的人(含贬义)▷害人～｜可怜～｜糊涂～｜懒～。

重 chóng 9画 丿部 独体
一亠亖重重

❶重叠；重复▷两个影子～在一起｜课本买～了｜～合。❷再；又▷～抄一遍｜～建家园｜～整旗鼓。❸量词，相当于"层"▷万～山｜～～包围。

另见zhòng。

崇 chóng 11画 山部 上下
山：丨 凵 山

❶高▷～山峻岭｜～高。❷尊重▷推～｜尊～｜～拜。

宠 chǒng 8画 宀部 上下
龙：尢龙龙

过分喜爱；偏爱▷别把孩子～坏了｜受～若惊｜～爱｜～物。

冲 chòng 6画 冫部 左右

❶面对着；朝着▷楼门～南｜面～大海。❷朝；对▷汽车～南开｜～我发火。❸凭；根据▷～这几句话就知道他是行家。❹力量大；劲头足▷水流得很～｜有股子～劲儿。❺浓烈▷酒味儿很～。❻用机器冲压▷在铝板上～一个圆孔｜～床。

另见chōng。

chou

抽 chōu 8画 扌部 左右
由：口由由

❶拔出；把夹在或缠在中间的东西取出或拉出▷～出宝剑｜把信纸从信封里～出来。❷从总体中取出一部分▷～查｜～调｜～样。❸(某些植物体)开始长出▷～芽｜～穗。❹收缩▷这种布下水就～｜～筋儿。❺吸▷～烟｜用水泵～水｜～油烟机。❻用长条形东西打▷～了一鞭子。

仇 chóu 4画 亻部 左右

❶仇恨▷两个人有～｜恩将～报｜冤～｜报～。❷仇敌▷疾恶如～。

另见qiú。

正字 虫(蟲) 宠(寵) 冲(衝)

绸 chóu 11画 纟部 左右
❶绸子,又薄又软的丝织品▷~缎|纺~|丝~。❷像绸子的纺织品▷尼龙~。

畴 chóu 12画 田部 左右
❶田地▷田~。❷类别▷范~。

酬 chóu 13画 酉部 左右
酉:一丅西西酉
❶回报▷~谢|~金。❷报酬,为报答别人的劳动等而付给的钱物▷同工同~|稿~|计~。❸实现▷壮志未~。❹指交际往来▷应~。

稠 chóu 13画 禾部 左右
❶多而密▷~密。❷液体的浓度大(跟"稀"相对)▷不稀不~,正合适|~粥。

愁 chóu 13画 心部 上下
忧虑;苦闷▷不~吃,不~穿|~闷|忧~。

筹 chóu 13画 竹部 上下
寿:三𠂇寿
❶古代计数的用具,多用小竹片、小木棍制成▷~码|略胜一~。❷谋划;想法子弄到▷~划|~办|~款。

踌 chóu 14画 足部 左右
[踌躇] chóuchú 犹豫▷~不决。

丑 chǒu 4画 一部 独体
フコ丑丑
❶地支的第二位。参见"支"⑦。❷相貌难看(跟"美"相对)▷长得~|~陋。❸讨厌的;可耻的▷~态|~闻|~恶。❹丑态;丑事▷出~|现~|家~。❺传统戏曲里的一个行当,扮演滑稽人物或反面人物,鼻梁上涂白粉。

瞅 chǒu 14画 目部 左右
火:丷火
看▷有人叫门,你去~一~。

臭 chòu 10画 自部 上下
❶不好闻(跟"香"相对)▷~气|~豆腐。❷令人生厌的;丑恶的▷放下~架子|~名远扬。❸(棋艺、球技等)低劣▷这场球踢得真~|~棋。❹狠狠地▷~骂一顿。
另见 xiù。

chu

出 chū 5画 凵部 独体
凵屮中出出
❶从里面到外面(跟"进""入"相对)▷~了家门|~城|~国。❷出现;显现▷水落石~|~头露面|~风头|~丑。❸来到(某处)▷~场|~席|~庭。❹向外拿▷~钱|~力|~谋献策|

正字 绸(綢) 畴(疇) 筹(籌) 踌(躊) 丑(醜②~④)

~题|~纳。❺离开;脱离▷~发|~轨。❻超过▷不~十天|~众|~格。❼生长;生产▷芽|~大豆|~精品|~人才。❽发生▷~事|~问题。❾表示动作的趋向或效果▷跑~教室|做~成绩。❿量词,用于戏曲▷三~戏。

初 chū 7画 衤部 左右
❶起头的▷~冬|唐朝~年。❷开始的一段时间▷明末清~|月~。❸原来的▷~衷|~愿。❹第一个▷~稿|正月~一|~伏。❺第一次;刚刚▷~试|~犯|~诊|~来乍到|如梦~醒。❻最低的(等级)▷~等数学|~级中学。

刍 chú 5画 勹部 上下
牲畜吃的草▷反~动物。

除 chú 9画 左阝部 左右
❶去掉;清除▷把杂草~掉|~尘|根~|扫~。❷算术的一种计算方法,即用一个数把另一个数平均分为若干份,如8除16等于2。❸表示不计算在内▷~了王红,其他组员都来了|~此以外。

厨 chú 12画 厂部 半包围
做饭做菜的地方▷~房|下~。

锄 chú 12画 钅部 左右
钅:丿ㄣㄣㄜ钅
❶间苗、除草、培土等用的农具▷耘~。❷用锄除草等▷玉米地该~二遍了|~草|夏~。❸铲除▷~奸。

雏 chú 13画 隹部 左右
隹:亻亻亻亻隹
❶幼鸟▷鸡~|育~。❷幼小的▷~鸡|~燕|~笋。

橱 chú 16画 木部 左右
放衣物的家具,前面有门▷书~|壁~|衣~|~柜。

蹰 chú 18画 足部 左右
[踌蹰]chóuchú 见"踌"。

处 chǔ 5画 夂部 半包围
ㄆ夂处处
❶置身在(某个地方、时期或场合)▷地~山区|正~在创业阶段|设身~地。❷跟别人交往▷这人很难~|他跟谁都~得来。❸安排;办理▷~置|~理|~事。❹惩办▷~罚|~分(fèn)|~死。☞表示以上意时不读chù。
另见chù。

础 chǔ 10画 石部 左右
出:凵凵中出出
垫在房屋柱子底下的石头▷~石|基~。

正字 刍(芻) 锄(鋤) 雏(雛) 处(處) 础(礎)

储 chǔ 12画 亻部 左右
者：⺧ 耂 者
积蓄；存放▷～粮｜～蓄｜～备｜～存｜～藏。☞统读chǔ，不读chú。

楚 chǔ 13画 疋部 上下
疋：一下疋
❶痛苦▷凄～｜苦～。❷清晰；整齐▷一清二～｜清～。❸指湖北，有时也指湖南和湖北▷～剧。

处 chù 5画 夂部 半包围
❶地方▷去～｜住～｜暗～｜～所。❷事物的方面或部分▷大～着眼，小～着手｜长～｜坏～。❸某些机关、团体的名称；机关中按业务划分的单位▷工商管理～｜办事～｜总务～。☞表示以上意义时不读chǔ。
另见chǔ。

怵 chù 8画 忄部 左右
忄：丶丶丨
害怕▷咱们有理，别～他｜发～｜～头。

畜 chù 10画 田部 上下
禽兽，多指家畜▷耕～｜牲～｜～类。☞表示以上意义时不读xù。
另见xù。

触 chù 13画 角部 左右
❶碰到；挨上▷～景生情｜～电｜～觉｜接～。❷因碰到某种刺激而引起(感情变化等)▷～怒｜感～｜～发。☞统读chù，不读zhù。

矗 chù 24画 十部 上下
直而高；高耸▷～立。

chuai

揣 chuāi 12画 扌部 左右
放在身上穿的衣服里▷怀里～着取通知书。
另见chuǎi。

揣 chuǎi 12画 扌部 左右
估量；推测▷～测｜～摩。
另见chuāi。

踹 chuài 16画 足部 左右
用脚底踢▷一脚把门～开｜～了他一脚。

chuan

川 chuān 3画 丿部 独体
❶河；水道▷名山大～｜～流不息｜河～。❷指四川▷～剧｜～菜。❸平坦的陆地▷米粮～｜一马平～。

穿 chuān 9画 穴部 上下
牙：一于牙
❶凿、钻或刺，使形成孔洞▷在

墙上~个洞｜~孔｜~刺。❷通过▷~大街走小巷｜~过人群｜~针。❸把物体串联起来▷一挂珠子｜~糖葫芦｜贯~。❹把衣服、鞋袜等套在身上▷袖子太瘦,~不进去｜~袜子。❺指衣服、鞋袜等▷有吃有｜~戴讲究。❻表示彻底显露▷看~｜说~｜拆~。

传 chuán 6画 亻部 左右
专:一专专
❶一方交给另一方；上代交给下代▷把球~给守门员｜把武艺~给徒弟｜祖~秘方｜~递｜遗~。❷广泛散布；宣扬▷不要听信~言｜宣~｜~播｜~颂。❸命令别人来▷~犯人｜~讯｜~唤。❹表达；流露▷眉目~情｜~神。❺热或电在导体中流通▷~热｜~电｜~导。
另见zhuàn。

船 chuán 11画 舟部 左右
水上常用的交通工具▷轮~｜帆~｜渔~｜~舱｜乘~。

椽 chuán 13画 木部 左右
椽子,架在檩上承接屋顶的木条。

喘 chuǎn 12画 口部 左右
❶不由自主地急促呼吸▷跑得~不过气来｜气~吁吁｜~息。❷指哮喘▷~病又犯了。

串 chuàn 7画 丨部 独体
吕串
❶把事物连贯起来,成为整体▷~讲｜贯~。❷连贯而成的物品▷珠宝~儿｜羊肉~儿。❸量词,用于连贯在一起的东西▷一~项链｜两~糖葫芦。❹暗中勾结,互相配合▷~供｜~通。❺随处走动▷到处乱~｜走街~巷｜~门儿。❻错乱地连接▷电话~线｜看书老~行。❼指两种东西混杂在一起而改变了原来的特点▷~味儿｜~种｜~秧。

chuang

创 chuāng 6画 刂部 左右
❶身体受外伤的地方▷~口｜~伤。❷使受伤害；打击▷重~敌军。☞㊀左下是"㔾",不是"巳"或"匕"。㊁表示以上意义时不读chuàng。
另见chuàng。

疮 chuāng 9画 疒部 半包围
指皮肤或黏膜红肿溃烂的病▷头上长~｜冻~｜口~。

窗 chuāng 12画 穴部 上下
囪:丿丶囗肉囱

正字 传(傳) 创(創) 疮(瘡)

房屋、车船上通气透光的装置▷玻璃~|~纱|~户。

床 chuáng 7画 广部 半包围
❶供人睡卧的家具▷躺在~上|~铺|~位。❷像床一样起承托作用的东西▷车~|机~|牙~|河~|矿~|苗~。❸量词,用于被褥等▷一一~棉被。

闯 chuǎng 6画 门部 半包围
❶猛冲▷拼命往外~|横冲直~|~劲。❷四处奔走活动▷年轻人应该到外边一一~|走南~北|~荡。❸惹出;招来▷~祸|~乱子。☞统读chuǎng,不读chuàng。

创 chuàng 6画 刂部 左右
❶第一次做;刚开始做▷~纪录|~刊|~建|~造|草~。❷前所未有的;崭新独到的▷~举|~见。❸通过经营等活动而获取▷~收|~汇|~利。
另见chuāng。

chuī

吹 chuī 7画 口部 左右
❶嘴用力呼气▷把蜡烛~灭|~口哨。❷吹奏▷~口琴|~喇叭。❸说大话▷没有本事就别~了|自~自擂|~捧。❹(事情)失败;(感情)破裂▷那桩买卖要~|他们俩~了。❺空气流动▷春风~来|~拂。

炊 chuī 8画 火部 左右
烧火做饭▷~烟|~具|~事员。

垂 chuí 8画 丿部 独体
千手乖垂
❶物体的一头朝下挂着▷谷穗向下~着|~柳|~钓。❷低下▷~头丧气。❸向下流或滴▷~泪告别|~涎三尺。❹留传▷~名青史|永~不朽。❺将要;将近▷~死挣扎|~危。

捶 chuí 11画 扌部 左右
撞击;敲打▷~了他一拳|~衣裳|~背|~打。

槌 chuí 13画 木部 左右
类似棒子的敲打用具,一头较粗或为球形▷鼓~|棒~。

锤 chuí 13画 钅部 左右
垂:千手乖垂
❶穿有细绳的金属块,称东西时挂在秤杆上使它平衡▷秤~。❷像秤锤的东西▷纺~。❸古代兵器,柄的一端有金属球形重物。❹敲打东西的工具▷钉~|汽~|~子。❺用锤子

正字 闯(闖) 创(創) 锤(錘)

敲打▷千~百炼|~炼。

chun

春 chūn 9画 日部 上下
❶一年四季的第一季▷~风|~耕|~游|新~。❷比喻生机▷妙手回~。

椿 chūn 13画 木部 左右
❶[香椿]xiāngchūn 落叶乔木，嫩枝叶有香味，可以吃。❷[臭椿]chòuchūn 落叶乔木，外形跟香椿一样，叶子有臭味，不能吃。

纯 chún 7画 纟部 左右
屯：一凵屯
❶成分单一；没有杂质▷~金|单~|~洁。❷熟练▷功夫不~|~熟。

唇 chún 10画 辰部 半包围
辰：一厂厂辰
嘴唇,人和某些动物嘴边的肌肉组织。

淳 chún 11画 氵部 左右
朴实；厚道▷~厚|~朴。

醇 chún 15画 酉部 左右
酉：一冂西西
酒味等纯正浓厚▷~酒|清~|~厚。

蠢 chǔn 21画 虫部 上下
❶形容虫子爬动的样子；比喻坏人进行活动▷~动|~~欲动。❷愚笨▷~人|愚~。

chuo

戳 chuō 18画 戈部 左右
❶用手指或长条形物体的顶端触或捅▷把窗户纸一个洞|~穿。❷(手指或长条形物体顶端)因猛力触击硬物而受伤或损坏▷打排球~了手|钢笔掉在地上,把笔尖~了。❸图章▷手~|邮~|盖~|~子。

绰 chuò 11画 纟部 左右
宽松;宽裕▷~~有余|宽~(kuānchuo)。

ci

刺 cī 8画 刂部 左右
拟声词,模拟撕裂、摩擦、喷发的声音▷~的一声,衣服扯了个大口子|汽车~地刹住了|导火线~~地冒着火星。☞跟"剌"(là)不同。
另见cì。

差 cī 9画 羊部 半包围
䒑兰羊差
[参差]cēncī 见"参"。☞不要读成cānchā。
另见chā；chà；chāi。

正字 纯(純) 绰(綽)

词 cí 7画 讠部 左右
司：冂司

❶在句子里能独立运用的最小的语言单位，如"人""跑""伟大""因为"等。❷话；语句▷理屈~穷|供~|台~|歌~。❸古代一种诗歌体裁，句子有长有短▷唐诗宋~。

祠 cí 9画 礻部 左右
旧时祭祀神鬼、祖先或圣贤的房子▷~堂|文天祥~。

瓷 cí 10画 瓦部 上下
瓦：一厂瓦瓦

用高岭土等黏土高温烧成的一种材料，质地坚硬细致▷~器|~砖|~碗|~窑。

辞 cí 13画 舌部 左右
❶文辞；言辞▷修~。❷不接受；推托▷不~辛苦|推~。❸主动要求解除职务▷去校长的职务|~职。❹解雇▷把保姆~了|被老板~了。❺告别▷~旧迎新|~别。

慈 cí 13画 心部 上下
兹：丷玄兹

仁爱；和善▷~心|~手软|~善|~悲|仁~。

磁 cí 14画 石部 左右
能吸引铁等金属的性能▷~石|~力|~化。

雌 cí 14画 隹部 左右
隹：亻仁仹佳

动植物中两性之一（跟"雄"相对）▷~雄|~蜂|~蕊|~性。

此 cǐ 6画 止部 左右
⺊卝此此

❶这；这个▷~人|~事|~物|~时|~地。❷这会儿；这里▷从~以后|由~往南|到~为止。❸这样▷长~以往|事已如~，后悔也没用。☞"此"作左偏旁时，末笔要改写成竖提（亅），如"雌"。

次 cì 6画 冫部 左右
❶第二▷~日|~子。❷质量较差的；等级较低的▷质量太~|~品|~等|~要。❸顺序▷依~入场|名~|座~|~序。❹量词，用于需要按顺序计量的动作或事物▷初~见面|一~机会|第21~特别快车。

伺 cì 7画 亻部 左右
司：冂司

[伺候]cihou 照料▷让别人~|在家~病人。
另见 sì。

刺 cì 8画 刂部 左右
束：冂市束

❶（尖锐的东西）扎入或穿透▷

正字 词（詞） 辞（辭）

气球被针~破了|~穿|~刀。❷暗杀▷遇~|行~|~客。❸讥讽▷讥~|讽~。❹像针一样尖锐的东西▷手上扎了一根~|鱼~。❺侦察▷~探。❻刺激▷~耳|~鼻|~眼。☞跟"剌"(là)不同。"刺"左边是"朿"(cì),"剌"左边是"束"(shù)。

另见cī。

赐 cì 12画 贝部 左右
❶上级或长辈把财物等送给下级或晚辈▷~予|赏~。❷称别人对自己的行动,表示尊敬▷~教。☞右边不要简化写成"匆"。

cong

匆 cōng 5画 勹部 半包围
勹匆匆
急促;急忙▷~忙|来去~~。☞跟"勿"(wù)不同。

囱 cōng 7画 丿部 包围
丿冂内囟囱
[烟囱]yāncōng 炉灶、锅炉上排烟的管道。

葱 cōng 12画 艹部 上下
匆:勹匆匆
❶草本植物,茎叶有辣味,是普通蔬菜和调味品。❷青绿色▷~翠|~绿。

聪 cōng 15画 耳部 左右
❶听觉敏锐▷耳~目明。❷智力发达,记忆和理解能力强▷~明|~颖。

从 cóng 4画 人部 左右
❶跟随▷~师学艺|~征(跟随部队去打仗)。❷跟随的人▷随~|仆~。❸附属的;次要的▷区别主~|~犯。❹听从;依顺▷力不~心|顺~|~。❺依照;采取▷坦白~宽,抗拒~严|长计议。❻参加;参与▷~军|~政|~事。❼表示时间、处所或范围的起点▷~古至今|~北京出发|~不认识到认识|~繁到简。❽表示经过的路线▷~小路走|~门缝往里看。❾表示凭借或依据▷~种种迹象看|~工作上考虑。❿一向;向来▷~不迟到|~没见过。☞统读cóng,不读cōng。

丛 cóng 5画 一部 上下
❶聚合在一起▷杂草~生。❷聚合在一起的人或物▷草~|树~|人~|刀~。☞统读cóng,不读cōng。

cou

凑 còu 11画 冫部 左右
奏:三夫奏奏

❶聚合▷全家人～到一起｜～份子｜～数。❷靠拢；挨近▷过去看热闹｜～到耳边｜～拢。❸遇着；碰上▷～巧。

cu

粗 cū 11画 米部 左右
❶毛糙；不精致▷活儿干得太～｜～粮｜～布。❷粗疏；不周密▷心太～｜～心大意。❸颗粒较大（跟"细"相对，④⑤同）▷～沙子。❹条状物横切面的面积大；长条形的东西宽度大▷柱子真～｜～腰｜～了｜眉毛很～。❺声音低而大▷说话声音很～｜～嗓门儿。❻粗鲁；没礼貌▷～人｜～话｜～野｜～俗。

促 cù 9画 亻部 左右
足：⇣⇣足
❶急迫；匆忙▷短～｜仓～｜急～。❷催；推动▷抓管理，～效益｜～进｜～使催～｜督～。

醋 cù 15画 酉部 左右
酉：一冂西西酉
有酸味的液体调料，多用粮食发酵制成▷米～｜熏～。

簇 cù 17画 竹部 上下
方：亠宁方
❶聚集在一起▷～拥（许多人紧紧围着）。❷聚集成堆的事物▷花团锦～。❸量词，用于聚集在一起的东西▷一～菊花。☞不读zú。

cuan

蹿 cuān 19画 足部 左右
快速向上或向前跳▷猫～到树上去了｜～房越脊。

攒 cuán 19画 扌部 左右
拼凑；聚集▷买零件～电脑｜～钱｜～集。
另见zǎn。

窜 cuàn 12画 穴部 上下
串：吕串
乱跑；逃亡（含贬义）▷东奔西～｜流～｜逃～。

篡 cuàn 16画 竹部 上下
（用不正当的手段）夺取▷～权｜～位｜～夺。☞下边是"厶"，不是"么"。

cui

崔 cuī 11画 山部 上下
姓。

催 cuī 13画 亻部 左右
隹：亻仵隹隹
❶叫人赶快去做；促使▷～他快起床｜～促｜～人泪下。❷促使事物的发展变化加快▷～眠｜～肥｜～化剂。

正字 蹿（躥）攒（攢）窜（竄）

摧 cuī 14画 扌部 左右
折断;毁坏▷无坚不~|~毁。

脆 cuì 10画 月部 左右
危:⺈⺈⺈⺈⺈危
❶容易断或容易碎(跟"韧"相对)▷塑料薄膜老化了就发~。❷受挫折后动摇;不坚定▷~弱。❸(食物)酥脆爽口▷这种苹果又甜又~。❹声音清亮▷嗓音又~又甜。❺(说话、做事)利落,不拖泥带水▷这人办事干~利落。☞右下不要写成"巳""已""己"。

悴 cuì 11画 忄部 左右
卒:⺈⺈⺈⺈⺈卒
[憔悴]qiáocuì 见"憔"。

粹 cuì 14画 米部 左右
❶纯净;成分不杂▷纯~。❷精华▷国~|精~。

翠 cuì 14画 羽部 上下
羽:丨ㄱ习羽
青绿色▷苍松~柏|~竹|~绿。

cun

村 cūn 7画 木部 左右
农村居民聚居的地方;泛指聚居的地方▷~庄|乡~|工人新~。

存 cún 6画 子部 半包围
❶存在;活着▷共~|生~|~亡。❷积聚;储藏▷仓库里~着粮食|~款|保~|积~。❸寄放▷把行李~在车站|寄~。❹记在心里;怀着▷不~任何幻想|~心不良。❺保留下来▷~档|~根|~查。

寸 cùn 3画 寸部 独体
寸:寸寸
❶市制长度单位,10分为1寸,10寸为1尺,3市寸等于10厘米。❷形容极短或极小▷手无~铁|步难行|~土必争。

cuo

搓 cuō 12画 扌部 左右
两手相对摩擦或用手来回揉擦别的东西▷急得他直~手|~麻绳|~澡|揉~。

撮 cuō 15画 扌部 左右
❶用手指捏取(细碎的东西)▷~了一点儿盐|~药。❷量词,用于手指撮取的东西,借指极小的量▷一~茶叶|一~盐|一小~坏人。❸聚拢▷~合。❹用簸箕等把东西收集起来▷~了一簸箕土|把炉灰~走。
另见zuǒ。

蹉 cuō 16画 足部 左右
[蹉跎]cuōtuó 把时光白白耽误过去▷~岁月。

挫 cuò 10画 扌部 左右
坐 ⺧⺧坐坐
❶失败;失利▷~折|受~。❷使受挫;使失败▷以三比二力~上届冠军|~败。

措 cuò 11画 扌部 左右
❶安放;处理▷手足无~|~置。❷筹划办理▷~施|筹~|举~。

锉 cuò 12画 钅部 左右
❶钢制的手工磨削工具,用来对金属、竹木等的表面进行加工。❷用锉磨削▷钢管口上有毛刺,还要再~~。

错 cuò 13画 钅部 左右
钅:ノ𠂉𠂆钅钅
❶互相交叉;杂乱▷交~|~综|~杂|~乱。❷不对▷字写~了|~怪|~觉。❸过失▷过~|~误。❹坏;差▷他的字写得很不~|你这么用功,成绩~不了。❺避开,使不碰上或不冲突▷把两个会的时间~开|~车。❻连接;结合▷两根电线~上了|前言不~后语|~伙|~帮。❼共同搬(东西)▷桌子太沉,俩人~不动。☞右边不要写成"答"。

D

da

搭 dā 12画 扌部 左右
❶把衣服、手等放在可以支撑的东西上▷绳子上~满了毛巾|把手~在她肩膀上。❷乘坐(不属于自己或自己单位的车船等)▷~便车进城|~班机。❸支起;架设▷~戏台|~桥|~脚手架。❹配合▷干的稀的~着吃|~配。❺附加上▷不但花钱,还得~上人情|要不是及时刹车,命就~上了。

嗒 dā 12画 口部 左右
拟声词,模拟马蹄声、机枪声等▷~~的马蹄声|~~~,机关枪猛烈地扫射着。

答 dā 12画 竹部 上下
意思跟"答"(dá)❶相同,用于"答理"(dāli)"答应"(dāying)等口语词。☞上边不

正字 锉(剉) 错(錯)

要写成"艹"。

另见dá。

打 dá 5画 扌部 左右

量词,12个为1打,12打为1罗▷1~铅笔(12支)。

另见dǎ。

达 dá 6画 辶部 半包围

❶通▷从北京直~广州|四通八~。❷达到▷不~目的,决不罢休|抵~|到~。❸彻底懂得▷通情~理。❹告诉;表达▷词不~意|传~|转~。

答 dá 12画 竹部 上下

❶用口说、笔写的方式回应对方▷你问我~|~题|~复|回~。❷回报别人给自己的好处▷报~|~谢。☞上边不要写成"艹"。

另见dā。

瘩 dá 14画 疒部 半包围

❶[瘩背]dábèi 中医指长在后背的一种毒疮。❷[疙瘩]gēda 见"疙"。☞里面不是"答"。

打 dǎ 5画 扌部 左右

❶用手或凭借工具、武器击打▷~门|~苍蝇|~狗|~仗|~阵地战|捶~。❷被打碎

▷碗~了|鸡飞蛋~。❸表示某些动作,"打"后面的词需要和什么动作搭配,"打"就表示什么动作▷~鱼|每亩地~800斤粮食|~柴|从井里~水|~家具|~地基|~井|~毛衣|~领带|~蜡|~肥皂|~戳子|~伞|~灯笼|~背包|~工|~杂儿|~醋|~票|~扑克|~篮球|~草稿|~收据|棉花~尖|~蛔虫|~枪|~电话|~针|比方|听人讲话别~岔|~官司|~交道|~呼噜|~哈欠|~哆嗦。❹跟某些表示动作变化或性质状态的单音节词结合,构成双音节词▷~扫|~算|~扮|~听|~败|~倒|~扰|~破|~开|~消|~滑。❺自;从▷我~天津来|~上星期他就病了|~小路走,可以近二里地|阳光~窗口射进来|这病就是~爱生闷气上得的。

另见dá。

大 dà 3画 大部 独体

❶(在面积、体积、数量、力量、程度、重要性等方面)超过通常的情况或比较的对象(跟"小"相对)▷最~的洋是太平洋|~瓶子|卖个~价钱|年纪~|劲头比我~|昨天的风比今天~|~发展|~事情。❷表示程度深▷~红~绿|~失所

正字 达(達)

望|～不相同。❸称跟对方有关的事物,表示尊敬▷尊姓～名|～驾|～作。❹排行第一的▷～舅|老～。❺大小的程度▷甲板有两个篮球场那么～|他的力气有多～？❻时间较远的▷～前天|～后年。❼用在某些时令、天气、节假日或时间前,表示强调▷～三九天的,多穿点衣服|～热天的,歇会儿吧|～年三十|～清早。

另见dài。

dai

呆 dāi 7画 口部 上下
❶傻;笨▷～头～脑|痴～。❷表情死板;发愣▷惊～了|两眼发～|～滞。❸做事死板;不灵活▷～板。☞统读dāi,不读ái。"呆板"不读áibǎn。

待 dāi 9画 亻部 左右
寺:土耂耂寺寺
停留;逗留▷再～会儿还来得及|最近一直～在家里。
另见dài。

歹 dǎi 4画 歹部 独体
歹歹
坏;恶(è)▷不知好～|为非作～|～徒|～毒。

逮 dǎi 11画 辶部 半包围
⇒⺕⺕肀隶逮
意思跟"逮"(dài)相同,用于口语,只限单用▷～小偷儿|～耗子。
另见dài。

大 dài 3画 大部 独体
意思跟"大"(dà)相同,用于"大夫"(dàifu,医生)"大王"(dàiwang,戏曲、旧小说中对国王或强盗首领的称呼)、"大城"(地名,在河北)等。
另见dà。

代 dài 5画 亻部 左右
弋:一弋弋
❶替;替换▷花木兰～父从军|～我向他问好|新陈～谢|～劳|～替|～取～。❷朝代;历史的分期▷改朝换～|汉～|古～|时～。❸辈分▷祖孙三～|年轻的一～|传宗接～。❹暂时替人担任某项领导工作▷～省长|～主任。

带 dài 9画 巾部 上下
巾:丨冂巾
❶带子,用皮、布等做成的长条状的东西;像带子的东西▷腰～|鞋～|磁～|海～。❷随身拿着▷出远门要多～些衣服|没有～钱。❸带领;引着▷～兵打仗|～徒弟|～队|～路。

正字 带(帶)

❹露出;显出▷面～愁容。❺含有▷话里～着讥刺的口气|咸中～甜。❻连着;附带▷叶的橘子|连蹦～跳。❼顺便做▷路过书店请帮我～本书来。❽地带;地区▷热～|沿海一～|京、津一～。❾轮胎▷外～|车～。

贷 dài 9画 贝部 上下
❶借出或借入▷银行～给他一笔款|向金融机构～款。❷借出的款项▷农～|信～|高利～。❸宽恕;减免▷严惩不～。❹推脱▷责无旁～。

待 dài 9画 彳部 左右
❶等;等候▷守株～兔|等～|期～。❷想要;打算▷答不理|～说不说。❸对待他～我不薄|优～|亏～。❹招待▷～客|～款～。
另见 dāi。

怠 dài 9画 心部 上下
❶(对人)冷淡;不恭敬▷～慢。❷松懈;懒散▷懈～|～工。

袋 dài 11画 衣部 上下
衣 亠广衣衣衣
❶用布、皮、纸等材料制作的盛东西的用具▷面～|塑料～|装食品|上衣口～。❷量词,用于水烟、旱烟▷抽一～烟|一～

接着一～地抽。☞不要简化写成"代"。

逮 dài 11画 辶部 半包围
⺪⺹⺹⺹隶逮
捕;捉拿▷～捕。
另见 dǎi。

戴 dài 17画 十部 半包围
⺺戴戴戴
❶头顶着;把东西套在头上或身体其他部位▷披星～月|帽子|～手套。❷把东西佩挂在脸、胸、臂等处▷胸前～着大红花|～眼镜|～红领巾。❸尊奉;推崇▷感恩～德|爱～|拥～。☞"带"和"戴"意思不同。"戴帽子""戴眼镜""戴袖章"的"戴"不能写作"带"。

dan

丹 dān 4画 丿部 独体
丿冂月丹
❶红色▷～顶鹤|～心。❷按成方制成的颗粒状或粉末状的中药▷丸散膏～|灵～妙药|小活络～。

担 dān 8画 扌部 左右
❶用肩挑▷肩不能～,手不能提|～水。❷担负;承当▷～责任|～风险|～当|承～。
另见 dàn。

单 dān 8画 丷部 上下
丷 单

❶独自一个的；不跟别的合在一起的▷～扇窗户｜～身｜～间｜～独。❷微弱；微薄▷势～力薄｜～薄。❸项目、种类少；结构、头绪不复杂▷简～｜～调｜～纯。❹(衣物等)只有一层的▷～褂儿｜～裤。❺铺盖用的单层大幅的布▷床～｜被～｜褥～。❻分项记事用的纸片▷账～｜名～｜菜～。❼奇(jī)数的(如1、3、5、7、9等，跟"双"相对)▷～数｜～号｜～日。❽只；仅▷别的不管，～说这件事｜做事不能～凭热情。

另见 chán；shàn。

耽 dān 10画 耳部 左右
拖延▷～搁｜～误。☞"耽搁""耽误"的"耽"不要写作"担"。

胆 dǎn 9画 月部 左右
❶胆囊，内脏器官，分泌的液体叫胆汁，有帮助消化等功能。❷胆量；勇气▷～小如鼠｜～怯｜～识。❸某些器物内部可以盛水或充气的东西▷热水瓶～｜球～。

掸 dǎn 11画 扌部 左右
轻轻地扫或抽打(以去掉尘土等)▷～掉衣服上的雪｜把桌子上的土～一～。

石 dàn 5画 石部 独体
市制容量单位，10斗为1石，1市石等于法定容量单位100升。

另见 shí。

旦 dàn 5画 日部 上下
❶天亮的时候；早晨▷通宵达～｜危在～夕。❷指某一天▷元～｜一～。❸传统戏曲里的一个行当，扮演妇女▷～角｜花～。

但 dàn 7画 亻部 左右
❶只；仅▷～愿。❷可是；不过▷虽然住得远，～从不迟到｜他很聪明，～不用功。

担 dàn 8画 扌部 左右
❶担子，扁担和挂在两头的东西▷货郎～。❷市制重量单位，100斤为一担，1市担等于50千克。❸量词，用于成挑的东西▷一～水｜几～青菜。❹比喻担负的责任▷勇挑重～。

另见 dān。

诞 dàn 8画 讠部 左右
延：丁下正延延

❶荒唐；不合情理▷怪～｜荒～。❷(人)出生▷～生｜～辰。❸出生的日子▷圣～｜寿～。☞右边"延"的第四画是竖折

正字 单(單) 胆(膽) 掸(撣) 担(擔) 诞(誕)

（匸）。

淡 dàn 11画 氵部 左右
氵：丶丶火
❶味道不浓；不咸▷清～可口｜咸～正合适｜～水。❷所含的某种成分少；稀薄（跟"浓"相对）▷～墨｜云～风清｜轻描～写｜～红。❸感情、兴趣等不深；不热心▷家庭观念～｜冷～｜～忘。❹生意少；不兴旺▷～季｜～月。❺内容少；无关紧要▷平～无味｜～话｜扯～。

弹 dàn 11画 弓部 左右
❶用弓弹(tán)射的小丸▷铁～｜泥～。❷可以发射或投掷出去的具有破坏力、杀伤力的爆炸物▷枪～｜炮～｜炸～｜手榴～｜导～。
另见tán。

蛋 dàn 11画 疋部 上下
疋：𠃍下疋
❶鸟、龟、蛇等产的卵▷鸡～｜蛇～。❷形状像蛋的东西▷驴粪～儿｜山药～。❸比喻具有某种特点的人（含贬义）▷糊涂～｜坏～｜笨～｜浑～｜穷光～。
☞"蛋"跟"旦"不同，"鸡蛋""蛋糕"的"蛋"不要简化写作"旦"。

氮 dàn 12画 气部 半包围
非金属元素，无色无臭无味的气体，在空气中约占4/5，可以制造氮肥。

dang

当 dāng 6画 ⺌部 上下
⺌⺌当当
❶相配；相称(chèn)▷门～户对｜旗鼓相～。❷掌管；主持▷～权｜～政｜～家。❸承担；承受▷一人做事一人～｜之无愧。❹担任；充任▷～少先队辅导员｜～老师。❺对着；向着▷～众表扬｜～面。❻正在（那时候或那地方）▷～我动身的时候，天已经大亮了｜～场示范｜～地。❼应当▷～省就省｜～问的不问。❽拟声词，模拟金属撞击的声音▷～的一声，饭盒掉在地上了｜座钟～～～响了两下。☞㊀"当(dāng)年"，指过去某一时间，从前，如"想当年我离家的时候，村里还没有电灯"。"当(dàng)年""当(dàng)天"都指同一年、同一天，如"当年修渠，当年受益"。㊁"当地""当场"的"当"，读dāng，不读dàng。
另见dàng。

裆 dāng 11画 衤部 左右
❶两条裤腿相连的地方▷这条裤子的～太浅｜裤～｜开～裤。❷两腿之间的部位▷从

~底下钻过去。

挡 dǎng 9画 扌部 左右
❶阻拦;抵抗▷把车推走,别~道|兵来将~|阻~。❷遮蔽▷~阳光|~雨|遮~。❸用来遮挡的东西▷炉~|窗~。

党 dǎng 10画 儿部 上下
❶因共同利益而结合在一起的集团▷结~营私|~羽。❷政党▷共产~|民主~|~派。❸在中国特指中国共产党▷入~|~员。

当 dāng 6画 ⺌部 上下
❶合适;适宜▷用词不~|恰~|适~|妥~。❷等于;抵得上▷一个人~两个人用。❸当作;作为▷把学生~自己的孩子一样爱护。❹以为▷天这么晚了,我~你不来了呢。❺表示在同一段时间▷~年(同一年)|~天(同一天)|~晚(同一晚上)。
另见 dàng。

荡 dàng 9画 艹部 上下
❶冲洗▷~涤旧社会的污泥浊水。❷摇动;晃动▷~秋千|动~|晃~。❸没有目的地走来走去;闲逛▷游~|逛~。❹清除;弄光▷扫~|倾家~产。❺行为放纵,不检点▷放~。❻浅水湖▷芦苇~|荷花~。

档 dàng 10画 木部 左右
❶存放案卷的带格子的橱柜▷归~|存~。❷分类保存的文件等▷~案|查~。❸货物的等级▷高~商品|低~材料|~次。❹量词,相当于"件""桩"▷事情一~又一~|几~子事都凑一块了。☞统读 dàng,不读 dǎng。

dao

刀 dāo 2画 刀部 独体
丁刀
❶用来切、割、削、刺的工具▷手上拿着~|菜~|镰~|铅笔~|刺~。❷形状像刀的东西▷冰~|瓦~。❸量词,用于手工制造的纸张,一刀通常为一百张▷一~毛边纸。

叨 dāo 5画 口部 左右
❶[叨叨]dāodao 翻来覆去地说▷老太太~起来没完|别瞎~了。❷[叨唠]dāolao 叨叨。☞跟"叼"(diāo)不同。
另见 dáo;tāo。

叨 dáo 5画 口部 左右
[叨咕]dáogu 小声絮叨▷你们俩在那儿~什么呢?
另见 dāo;tāo

正字 挡(擋) 党(黨) 当(當) 荡(蕩) 档(檔)

导 dǎo 6画 己部 上下
フコヨ弖导导
❶引;带领▷~游|~航。❷指导;开导▷~演|教|~劝~。❸(热、电等)通过物体由一处传到另一处▷~电|~热|半~体。☞统读dǎo,不读dào。

岛 dǎo 7画 山部 半包围
ノクケ乌乌岛岛
海洋或江河、湖泊中四面被水包围的较小的陆地▷海南~|半~(三面被水包围的陆地)。

捣 dǎo 10画 扌部 左右
❶用棍棒等工具的一头撞击或捶打▷~药|~米|~衣。❷冲击;攻打▷直~敌营|~毁。❸搅扰;扰乱▷~乱|~蛋。

倒 dǎo 10画 亻部 左右
❶由直立变成横卧▷~在床上睡着了|电线杆子~了|跌~|推~。❷垮台;失败▷~台|~闭。❸(人的某些器官)受到损伤或刺激致使功能变坏▷~了嗓子|~胃口|牙给酸~了。❹转换;更换▷把提包~到另一只手上|~车|三班|~换。❺把货物或店铺作价卖给他人▷这批货已经~给别人了。❻低价买进高价卖出,投机倒把▷~买~卖|~粮食。
另见dào。

祷 dǎo 11画 礻部 左右
向神佛请求保佑▷~告|祈~。☞左边不要写成"衤"。

蹈 dǎo 17画 足部 左右
臼:′ ſ ſ ſ ſ ſ 臼
❶踏;踩▷赴汤~火|重~覆辙。❷跳动▷手舞足~|舞~。❸遵循▷循规~矩。☞㊀统读dǎo,不读dào。㊁右边是"舀",不是"臽"。

到 dào 8画 至部 左右
❶抵达;达到▷今天就~北京|初来乍~|~期。❷周全;周密▷礼节不~的地方请包涵|周~。❸去;往▷~亲戚家坐坐。❹表示动作达到目的或有了结果▷想~|做~|看~|收~。

倒 dào 10画 亻部 左右
❶使上下或前后的位置颠倒(dǎo)▷"9"字~过来就成"6"了。❷(位置、次序、方向等)相反▷标语贴~了|本末~置|~数(shǔ)第一|~流。❸使向后退▷把车~回去|~退。❹翻转或倾斜容器,使所盛的东西出来▷把口袋里的米~出来|~杯水|~脏土。❺表示主观意料同客观事实相反▷没吃药病~好了|想得~简单,实际上满不是那么回事。

正字 导(導) 岛(島) 捣(搗) 祷(禱)

另见 dǎo。

盗 dào 11画 皿部 上下
❶偷窃;抢劫▷仓库被~|~窃|失~。❷偷窃、抢劫财物的人▷~贼|强~。

悼 dào 11画 忄部 左右
追念死去的人▷哀~|追~|~念|~词。☞统读dào,不读dǎo。

道 dào 12画 辶部 半包围
❶路▷这条~儿近|林阴~|~路。❷水流的途径▷河~|下水~。❸途径;规律▷志同~合|~理|门~。❹行为的准则和规范▷~德|~义。❺指道教或道教徒▷~士|老~。❻用言语表示(情意)▷~谢|~歉。❼说▷能说会~|常言~|指名~姓。❽量词。a)用于某些细长的东西▷一~白光|一~河|三~防线。b)用于门、墙等▷三~门|一~高墙|两~关口。c)用于题目、命令等▷五~题|一~命令。d)用于连续事物中的一次▷上了三~菜|多费一~手续。❾线条;细长的痕迹▷书上画了不少横~儿|铅笔~儿。

稻 dào 15画 禾部 左右
臼:´ ┌ ┌ ┌┤┤臼
稻子,草本植物,子实叫稻谷,去壳后叫大米。

de

得 dé 11画 彳部 左右
❶获取到(跟"失"相对)▷比赛~了冠军|~不偿失|~胜|获~|~取。❷表示许可或能够▷库房重地,不~入内|飞机票买不到,不~不改乘火车。❸适合▷~体|~当(dàng)。❹称心如意;满意▷洋洋自~|~意。❺完成▷衣服做~了。❻表示不必再说▷~,这事就定了|~了,不用再谈了。❼表示只好如此▷~,又该挨批评了。❽演算得到结果▷三加五~八|二三~六。

另见 de;děi。

德 dé 15画 彳部 左右
❶道德;品行▷~才兼备|公~|美~|~育。❷信念▷同心同~|一心一~。❸恩惠▷感恩戴~|恩~。☞右下"心"上有一横。

地 de 6画 土部 左右
也:フ也也
附在别的词语后面,表示这个词语修饰一种动作或状态▷好好~学习|一步一步~引向深入|天渐渐~黑了。

另见 dì。

的 de 8画 白部 左右
丿 亻 白 白 的 的

❶附在别的词语后面,表示这个词语对后面的词语加以限制或描写▷幸福～童年|昨天到～客人|蓝蓝～天|绿油油～庄稼|愁眉苦脸～样子。❷附在部分词语后面构成词组,代替跟这些词语有关的人或事物▷北京～上海～都来了|有大～也有小～|说～比唱～还好听。❸用在句末,表示肯定的语气▷你这样做是行不通～。

另见dí;dì。

得 de 11画 彳部 左右

❶附在表示动作变化的词后面,表示可能或可以▷这种野果吃～|他们的话听不～|看～清楚|拿～动。❷用在表示动作变化或性质状态的词后面,连接表示程度或结果的词语▷说～很清楚|漂亮～很|激动～热泪盈眶。☞表示以上意义时不要写成"的"。

另见dé;děi。

dei

得 děi 11画 彳部 左右

❶需要▷这篇文章～三天才能写完|全这堵墙,至少～八个工。❷应该;必须▷话～这么说才行|遇事～跟大家商量。❸要;会▷再不出发就～迟到了。

另见dé;de。

deng

灯 dēng 6画 火部 左右

用来照明或起指示作用的器具▷电～|路～|红绿～|～笼|～点～。

登 dēng 12画 癶部 上下
癶 ⺀ ㇇ ㇂ 癶 癶

❶由低处向高处行进▷～上顶峰|～台演出|～山。❷刊载;记载▷报上～了消息|～载|～记。☞上边是"癶",不是"癶"。由"登"构成的字有"橙""蹬""凳""澄""瞪"等。

蹬 dēng 19画 足部 左右

❶踩踏▷脚～在凳子上。❷腿和脚向脚底的方向用力▷～三轮车|～水车|～缝纫机。

等 děng 12画 竹部 上下

❶(程度或数量等)相同▷高下不～|大小相～|～于。❷等级▷分成三～|二～货|一～功|上～。❸表示列举未完,不再一一说出▷英、法～西欧国家|比赛项目包括田径、游泳、球类～～。❹列举之后用来收尾▷东北有辽宁、吉林、黑龙江～三省。❺等待;等候▷我在家～

正字 灯(燈)

你|～着看电影|～车。❻等到;到▷～吃完饭再说|～你长大了自然会明白。

邓 dèng 4画 又部 左右
姓。

凳 dèng 14画 几部 上下
凳子,有腿没有靠背的坐具▷板～|小圆～儿。

澄 dèng 15画 氵部 左右
❶使液体里的杂质沉淀▷水太浑,～清了才能用。❷挡住容器中液体里的其他东西,把液体倒出来▷～出一碗汤来。
另见chéng。

瞪 dèng 17画 目部 左右
❶(因生气或不满)睁大眼睛看(人)▷狠狠～了他一眼。❷用力睁大眼睛▷～着俩大眼不知想什么|目～口呆。

di

低 dī 7画 亻部 左右
氏:亻亻亻氏氏
❶矮;由下往上的距离短(跟"高"相对,③—⑤同)▷水位太～|跳得不～|～空。❷向下垂或弯▷～着身子跑过去|把头～下。❸(地势)洼下▷地势～|～谷|～洼。❹在一般状况以下的▷业务水平～|价钱～|～温。

❺等级在下的▷～年级|～等动物。☞右边是"氏"下加一点(、)。由"氏"(dǐ)构成的字还有"抵""底"等。

堤 dī 12画 土部 左右
用土石等材料沿江河湖海修筑的挡水建筑物▷河～|～坝。☞统读dī,不读tí。

提 dī 12画 扌部 左右
❶[提防]dīfang 小心防备▷～走漏消息。❷[提溜]dīliu 提(tí)▷手里～着书包◇这几天我的心总～着。
另见tí。

滴 dī 14画 氵部 左右
❶(液体)一点一点地落下▷房檐往下～水|～下眼泪|～水成冰。❷滴下的液体▷水～|汗～|露～。❸量词,用于滴下的液体▷一～眼泪|几～血。❹使液体一点一点地落下▷～上几滴油|～眼药水。☞右边是"啇"(dī),不是"商"。由"啇"构成的字还有"嘀""嫡""摘"等。

迪 dí 8画 辶部 半包围
月由由迪
开导▷启～。

的 dí 8画 白部 左右
确实;实在▷～确。
另见de;dì。

敌 dí 10画 舌部 左右
❶对手;敌人▷天下无~|~我双方|残~。❷敌对的▷~国|~意。❸抵挡▷~不住金钱的诱惑|寡不~众。❹(实力)相当的▷势均力~|~手。

涤 dí 10画 氵部 左右
清洗▷洗~|荡~。

笛 dí 11画 竹部 上下
由:冂曰由由
❶笛子,横着吹的管乐器,用竹子或金属制成,上面有一排按音高排列的气孔。❷响声尖锐的发音器▷汽~|警~。

嘀 dí 14画 口部 左右
[嘀咕]dígu ❶私下里小声说话▷你们俩~什么呢? ❷犹豫不定,心里不安▷见了面说什么呢,心里直~。

嫡 dí 14画 女部 左右
❶家族中血统关系最近的▷~亲姐妹。❷系统最近的;正统的▷~系|~传。

抵 dǐ 8画 扌部 左右
❶顶;支撑▷用手枪~着罪犯的腰|倾斜的山墙只靠一根柱子~着。❷挡住;抵抗▷~挡|~御。❸相当;能顶替▷一个人~两个人用。❹抵消▷收支相~。❺用价值相当的事物赔偿或补偿▷~命|~债|~罪。❻到达▷昨日~沪|~达。☞右边是"氐",不是"氏"。

底 dǐ 8画 广部 半包围
氐:厂厂氏氐
❶物体最下面的部分▷箱子~儿|鞋~儿|海~。❷事物的基础、根源或内情▷对情况不摸~|刨根问~|家~儿|~细。❸留作根据的草稿▷文件要留~儿|~稿|~本。❹(一年或一个月的)最后一些日子▷年~|月~。

地 dì 6画 土部 左右
也:㇀丨乜也
❶指地球的外壳,也指地球表面除去海洋的部分▷天~|~质|山~|盆~。❷土地;地面▷草~|荒~|耕~|跌倒在~|扫~。❸地区;范围较大的地方▷世界各~|本~|内~。❹场所;地点▷就~取材|实~考察|目的~|~场。❺地位;处境▷设身处~|境~|~步。❻思想活动的领域▷见~|心~。❼路程▷一百多里~|三站~。❽衬托花纹、图案的底面▷红~白字|蓝~红花。

另见 de。

弟 dì 7画 丷部 上下
丷⺍弟弟弟
❶称同父母(或只同父、只同母)

而比自己年纪小的男子▷二~|小~|胞~。❷称同辈亲属中比自己小的男子▷堂~|表~。

的 dì 8画 白部 左右
箭靶的中心▷众矢之~|有~放矢◇目~。
另见de;dí。

帝 dì 9画 巾部 上下
❶神话或宗教中指天神▷玉皇大~|上~。❷君主▷~王|皇~|称~。❸指帝国主义▷反~反封建。

递 dì 10画 辶部 半包围
❶一方交给另一方▷~给我一封信|传~|~交。❷顺着次序▷~补|~增|~进。

第 dì 11画 竹部 上下
❶附在整数前面,表示次序▷~一个|~二次|~五。❷古代科举考试考中(zhòng)了进士叫及第,没考中叫落第。☞上边不要写成"艹"。

蒂 dì 12画 艹部 上下
花或瓜果跟枝、茎相连的部分▷花~|瓜熟~落|根深~固。☞统读dì,不读tì。

缔 dì 12画 纟部 左右
❶结合;订立▷~交|~结协定|~约。❷建立▷~造。☞统读dì,不读tì。

dian

掂 diān 11画 扌部 左右
手里托着东西上下抖动(估量轻重)▷~一~它有多重|~量(diānliang)。

滇 diān 13画 氵部 左右
云南的别称▷~剧。

颠 diān 16画 页部 左右
❶高而直立的物体的顶端▷树~|塔~|桅~。❷跌落;倒(dǎo)▷~覆|~扑不破(理论正确不可推翻)。❸颠簸;上下震动▷骑马~得骨头疼|路不平,车开起来一~一~的。

巅 diān 19画 山部 上下
山顶▷山~|~峰。

癫 diān 21画 疒部 半包围
神经错乱;精神失常▷疯~|~狂。

典 diǎn 8画 八部 上下
曰曲典
❶可以作为标准或规范的书籍▷经~|字~。❷规范;法则▷~范|~章。❸隆重的仪式▷开国大~|盛~|庆~。❹诗文里引用的古书中的故事或词句▷通俗文章不宜用~太多。❺用抵押品借钱▷把房子~出去了|~当(dàng)|~押。

正字 递(遞) 缔(締) 颠(顛) 巅(巔) 癫(癲)

点 diǎn 9画 灬部 上下

❶细小的斑痕;小滴的液体▷泥~儿|斑~|污~|雨~儿。❷汉字的笔画,形状是"、"。❸用笔等加上点子;指定▷~一个点儿|圈圈~~|画龙~睛|~菜|~歌。❹逐个查对;数(shǔ)▷把货~清楚|盘~|~钱。❺一落一起地动▷~了~头|用手指指~~|蜻蜓~水|指~。❻引燃▷~火|~爆竹。❼使一点一滴地落下▷~眼药。❽时间单位,1昼夜的1/24▷上午10~。❾指规定的时间▷到~就走|火车正~到站。❿一定的位置或限度▷起~|终~|沸~|熔~|突破一~,带动全面。⓫事物特定的部分或方面▷特~|重~|优~|缺~。⓬量词,用于事项▷三~意见。⓭指小数点,如3.1416读作"三点一四一六"。⓮表示少量▷一~儿小事|手里还有~儿钱。⓯点心,糕饼类食品▷糕~|茶~。

碘 diǎn 13画 石部 左右

非金属元素,紫黑色结晶体,用于医药和制造染料。

踮 diǎn 15画 足部 左右

抬起脚跟,用脚尖着(zháo)地▷~起脚来想看个究竟。

电 diàn 5画 丨部 独体
曰电

❶闪电,阴雨天气云层放电时发出的光▷~闪雷鸣|雷~交加。❷一种重要能源,广泛应用于生产、生活各方面▷发~|~灯|~动机|~冰箱。❸触电;电流打击▷插座漏电,~了我一下|~死一个人。❹指电报▷致~|急~|贺~。

佃 diàn 7画 亻部 左右

向地主租地耕种▷~户|~农。

甸 diàn 7画 勹部 半包围

甸子,放牧的草地,多用于地名▷宽~(在辽宁)。

店 diàn 8画 广部 半包围

❶商店▷杂货~|~铺|~员。❷旅馆▷住~|车马~|旅~。

玷 diàn 9画 王部 左右

❶白玉上面的污点。❷使有污点▷~污。☞不读zhān。

垫 diàn 9画 土部 上下
丸:丿九丸

❶用东西支撑、衬托或填充▷把桌子~高些|床上~条褥子|瓷器装箱要六面都~好。❷用来铺垫的东西▷椅子太硬,铺个儿|鞋~|草~子。❸替人暂付款

正字 点(點) 电(電) 垫(墊)

项▷书钱你先～上，明天还给你｜～付｜～款。

淀 diàn 11画 氵部 左右
定：宁宁定
❶较浅的湖泊，多用于地名▷白洋～(在河北)｜海～(在北京)。❷液体中没有溶解的物质沉到底层▷沉～｜～粉。☞不读dìng。

惦 diàn 11画 忄部 左右
挂念▷心里一直～着这件事｜～记｜～念。

奠 diàn 12画 大部 上下
酋：丷丷酋酋酋
❶摆放祭品向死者致敬▷祭～。❷使稳固；建立▷～基｜～定。

殿 diàn 13画 殳部 左右
❶高大的建筑物；特指供奉神佛或帝王接受朝见、处理国事的房屋▷大雄宝～｜宫～。❷走在最后▷～后。

diao

刁 diāo 2画 一部 独体
刁刁
奸猾；奸诈▷这家伙真～｜～钻｜～耍。☞第二画是提(一)，跟"刀"(dāo)不同。

叼 diāo 5画 口部 左右
用嘴衔住(物体的一部分)▷嘴上～着香烟｜鱼让猫～走

了。☞跟"叨"(dāo)不同。

凋 diāo 10画 冫部 左右
草木枯萎脱落；衰落▷～零｜～谢｜～敝。

碉 diāo 13画 石部 左右
防御用的建筑物▷～堡｜～楼。

雕 diāo 16画 隹部 左右
隹：亻亻亻亻隹隹
❶大型猛禽，嘴像钩子，眼大而深，钩爪锐利有力，捕食羊、兔等。❷在玉石、象牙、竹木等材料上刻写▷～刻｜～花｜～像。❸指雕刻成的艺术作品▷石～｜冰～。

吊 diào 6画 口部 上下
❶追悼死者或慰问死者家属▷～丧(sāng)｜～唁。❷悬挂▷树上～着一口钟｜～桥｜～灯。❸把人或物体固定在绳子上向上提或向下放▷从井里～一桶水｜用绳子把人～到悬崖下面｜～桶｜～装｜～车。❹收回▷～销。❺给皮筒子缀上面子或里子▷皮袄～个面儿。

钓 diào 8画 钅部 左右
❶用装有食饵的钩诱捕(鱼虾等)▷～鱼。❷用手段骗取▷沽名～誉。☞跟"钩"(gōu)不同。

正字 钓(釣)

调 diào 10画 讠部 左右
❶改变原来的安排、处置；分派▷～工作｜～兵遣将｜～任｜抽～。❷考查了解▷内查外～｜～研｜～查。❸提取▷～卷｜～档。❹标示乐音音高的名称。乐曲用什么音做do,就是什么调,例如用A做do就是A调。❺曲调,不同的高低长短的乐音配合起来组成的旋律▷这首歌的～很好听。❻指说话的声音特点、口音等▷听他说话的～儿,像南方人｜南腔北～。

另见tiáo。

掉 diào 11画 扌部 左右
❶回转▷汽车～头｜翻过来～过去。❷对换▷～个位子｜～换。❸往下落▷～雨点儿｜帽子～了。❹跟不上;落在后面▷永不～队。❺遗漏;失去▷这行～了几个字｜这几天好像～了魂似的。❻表示除去或离开▷打～｜去～｜忘～｜消灭～｜跑～｜死～。❼降低;减损▷身上～了几斤肉｜～价儿｜～色(shǎi)。

die

爹 diē 10画 父部 上下
父亲▷～亲｜～娘｜～妈。

跌 diē 12画 足部 左右
❶摔;摔倒▷～了一跤｜～

倒。❷下降▷粮价～了｜水位下～｜～价。

谍 dié 11画 讠部 左右
世:一廿廿世
❶秘密刺探敌方或别国情报的人▷间(jiàn)～。❷秘密刺探敌方或别国情报的▷～报。

叠 dié 13画 又部 上下
❶一层一层地往上加;累积▷～罗汉｜重～。❷折叠▷衣裳～起来｜～被子｜～纸。☞不能简化写成"迭"(dié)。

碟 dié 14画 石部 左右
碟子,盛食品的器皿,比盘子小▷菜～儿｜搪瓷～儿｜一～小菜。

蝶 dié 15画 虫部 左右
指蝴蝶▷采茶扑～｜～泳。参见"蝴"。

ding

丁 dīng 2画 一部 独体
❶天干的第四位。参见"干"(gān)❹。❷成年男子▷壮～。❸从事某种劳动的人▷园～｜家～。❹指人口▷人～兴旺。❺肉类、蔬菜等切成的小块▷肉～｜萝卜～｜炒三～。

叮 dīng 5画 口部 左右
❶(蚊子等)咬人▷让蚊子

~了一个大包。❷嘱咐▷我又~了他一句|~嘱。

盯 dīng 7画 目部 左右
目光较长时间集中在一点上;注视▷两眼直~着黑板|~住来人仔细打量。

钉 dīng 7画 钅部 左右
钅: ノトケ与钅
❶钉子,用金属或竹木制成的一头尖的细棍,可以打进别的东西里▷图~|螺丝~。❷紧跟着或紧挨着(某人);监视▷牢牢~住对方中锋|~着他,别让他跑了。❸督促;催▷天天~着孩子做作业|你要~着问,一定要问出个结果。
另见dìng。

顶 dǐng 8画 页部 左右
❶人体或物体的最上部▷头~|房~|山~。❷最;极▷~好|~难看|~不讨人喜欢。❸量词,用于带顶的东西▷一~帽子|一~蚊帐。❹用头承载或承受▷头上~着瓦罐|~着太阳赶路。❺(用东西)支撑;支持▷把大门~上|水势太猛,大坝快~不住了。❻抵得上;相当▷三个臭皮匠,~个诸葛亮|一个~俩。❼代替▷这是次品,~不了正品|冒名~替。❽用头撞击▷把球~进了球门|这头牛好(hào)~人。❾面对着;迎着▷~风冒雪|~着困难前进。❿用言语顶撞▷他这么说,我就敢~他|~嘴。⓫从下面向上拱▷幼芽~出地面。

鼎 dǐng 12画 鼎部 半包围
鼎鼎鼎鼎鼎鼎鼎
❶古代烹、煮食物的用具,一般有三条腿。❷大;重▷~力协助|~~大名。❸借指并立的三方▷三国~立。

订 dìng 4画 讠部 左右
❶改正(书面材料中的错误)▷~正|修~|审~。❷研讨或协商后(把章程、条约、合同等)确定下来▷~计划|制~|签~|~立。❸事先约定▷~报纸|~货|~婚。❹用线或铁丝等把零散书页或纸张穿连成册▷~一个本儿|装~|~书机。☛统读dìng,不读dīng。

钉 dìng 7画 钅部 左右
❶把钉子等打进别的东西▷~钉(dīng)子|~马掌。❷缝(在别的物体上)▷~扣子。
另见dīng。

定 dìng 8画 宀部 上下
宁宁定
❶安稳;平静▷等大家坐~了

再讲|大局已~|安~|稳~|镇~。❷使固定或镇静▷~居|~了~神。❸确定;决定▷事情还~不下来|断~|规~|商~。❹确定不变的▷~局|理|~义|~论。❺事先确定▷~了两桌酒席|~做|~金。❻已经约定或规定了的▷~价|~期|~量。☞"订"③和"定"⑤意义和用法不完全相同。"订"指事先经过双方商讨的,只是约定,而不是确定不变的;"定"侧重在确定,不轻易变动。如"订婚""订货"等多用"订";"定金""定购粮"等多用"定"。

锭 dìng 13画 钅部 左右
❶金属或药物制成的块状物▷金~|钢~|铝~|至宝~(中成药名)。❷纺纱机上绕纱的机件▷纱~。

diu

丢 diū 6画 厶部 上下
❶由于不注意而失去▷东西~了|~了一本书。❷扔;抛弃▷瓜子皮不要~在地上|~掉幻想。❸放下;搁置▷~下手里的活儿就跑了|外语~了好几年了。☞第一画是撇(丿),不是横(一)。

dong

东 dōng 5画 一部 独体
亠车东
❶四个基本方向之一,太阳出来的一边(跟"西"相对)▷水向~流|河~|~方。❷指东道主(请客的主人)▷今晚我做~,请大家喝酒。❸财产所有者▷房~|股~。

冬 dōng 5画 夂部 上下
四季的最后一季▷立~|~天。

咚 dōng 8画 口部 左右
拟声词,模拟敲击的声音▷~~的敲门声|心跳得~~响。

董 dǒng 12画 艹部 上下
重:亠苗董董
[董事]dǒngshì 某些企业、学校等推举出来担任监督管理工作的人▷~会|~长。

懂 dǒng 15画 忄部 左右
明白;理解▷你的话我听不~|~英语|~事。

动 dòng 6画 力部 左右
❶改变原来的位置或状态(跟"静"相对)▷躺着不~|地~山摇|走不~|流~。❷使改变原来的位置或状态▷谁~过桌

正字 锭(錠) 东(東) 动(動)

子上的书?|挪~|改~|身。❸使用;使活动起来▷~笔|脑筋|~工。❹使情感起变化、有反应▷无~于衷|~心|~人|~怒。❺行动;进行活动▷大家都~起来,事情就好办了|闻风而~。❻能活动的;可以变动的▷~物|不~产(不能移动的财产,指房屋、土地等)。

冻 dòng 7画 冫部 左右
东:ㄜ车东
❶(水分)遇冷凝结▷缸里的水~了|萝卜~了|天寒地~。❷遇冷凝结的自然现象▷霜~|上~|解~。❸汤汁等凝结成的胶状体▷肉皮~|鱼~|果~。❹寒冷刺激人体▷手~僵了|小心别~着。

栋 dòng 9画 木部 左右
❶房屋的大梁▷~梁(多比喻担负重任的人)。❷量词,用于房屋▷一~房子|两~楼。

洞 dòng 9画 氵部 左右
❶透彻;清晰▷~察|~悉。❷物体中穿通或深陷的部位;窟窿▷槽牙上有个~|防空~|耗子~◇漏~。

dou

都 dōu 10画 阝部 左右
❶表示总括全部▷什么~没说|无论春夏秋冬他~坚持练长跑|事情弄到这一步,~怨当时不冷静。❷表示加重语气▷他的事连我~不知道|拉~拉不动他|~半夜了,快睡吧。
另见dū。

兜 dōu 11画 儿部 上下
白的白兜
❶用手巾、衣襟等把东西拢住并提起▷用手巾~着鸡蛋|把西红柿~在衣襟里。❷能装东西的口袋、包等▷手插在裤~里|网~|提~。❸环绕▷开着车在街上~了一圈。❹招揽▷~揽生意|~售。❺全部承担▷别怕,出了事我~着。

斗 dǒu 4画 斗部 独体
ㆍㆍ三斗
❶旧时量粮食的器具,多为方形,口大底小。❷市制容量单位,10升为1斗,10斗为1石(dàn),1市斗等于法定计量单位10升。❸形状有些像斗的器物▷漏~|烟~|熨~。❹旋转成圆形的指纹▷这孩子的拇指都是簸箕(形状像簸箕的指纹),食指都是~。
另见dòu。

抖 dǒu 7画 扌部 左右
❶发颤;哆嗦▷浑身发~|颤~|~战~。❷甩动;使振动

正字 冻(凍) 栋(棟)

▷~掉身上的雪│孔雀~了翅膀。❸振作；奋起▷~起精神。❹讽刺人突然得势或发财▷这小子在外面混了几年,居然~起来了。❺抖动着向外全部倒出▷把面袋里的面都~了出来。❻彻底揭露▷把事情的经过全~出来了│~老底儿。

陡 dǒu 9画 左阝部 左右
坡度大▷山坡很~│楼梯太~│~峭│~坡。☞跟"徒"(tú)不同。

蚪 dǒu 10画 虫部 左右
[蝌蚪]kēdǒu 见"蝌"。

斗 dòu 4画 斗部 独体
❶对打▷搏~│格~│械~。❷一方跟另一方争斗▷战天~地│~争。❸为一定的目的而努力▷奋~。❹竞争；争胜▷~~智│~法│~牌。❺使斗▷~鸡│~牛。
另见 dǒu。

豆 dòu 7画 豆部 上下
❶豆类作物的统称,也指豆类作物的种子▷种~得~│绿~│蚕~│~油│~饼。❷形状像豆粒的东西▷花生~│土~(马铃薯)│咖啡~。☞"豆"作左偏旁时,末笔横要改写成提(一),如"豌"。

逗 dòu 10画 辶部 半包围
❶停留▷~留。❷(用言语或行为)招引▷~孩子玩│引~│挑~│~乐。❸招；惹▷这孩子真~人喜欢。

痘 dòu 12画 疒部 半包围
疒：丶亠广疒
❶天花,急性传染病,症状是全身出现脓疱,十天左右结痂,痂脱落后形成的疤痕,俗称麻子。❷指牛痘疫苗▷种~可以预防天花。

du

都 dū 10画 右阝部 左右
❶大城市▷~市│首~。❷特指首都,全国最高政权机关所在地▷建~。
另见 dōu。

督 dū 13画 目部 上下
❶察看▷监~│~察。❷监督指导▷~战│~学。

毒 dú 9画 母部 上下
母：乚母母母母
❶对生物体有害的物质▷这种蘑菇有~│中~│身亡。❷有毒的▷~蛇│~药│~品。❸残酷；猛烈▷心肠真~│狠~│~辣│下~手。❹用有毒的东西杀害▷东西能~死人│用药~老鼠。❺

独 dú 9画 犭部 左右
犭：丿夕犭
❶单一；唯一的▷～木桥｜～幕剧｜～身｜孤～。❷单独；独自▷～当一面｜～断专行｜～占｜～奏。❸与众不同；特别▷～到的见解｜～创｜～特。

读 dú 10画 讠部 左右
卖：士士壶卖
❶看着文字并念出声来▷把这段文章一一遍｜朗～｜宣～｜～报。❷看着文字并理解它的意思▷这本书值得一一｜阅～｜默～。❸指上学或学习▷他只过初中｜走～｜试～生。❹读作；读音是▷这个字～去声,不～阴平。

犊 dú 12画 牛部 左右
牛：丿ㄥ牛牛
小牛▷牛～子。

牍 dú 12画 片部 左右
片：丿丨广片
❶古代写字用的长方形木板连篇累～(形容文字太长)。❷书信；公文▷尺～(书信,古代书简约长一尺)｜文～。

肚 dǔ 7画 月部 左右
作为食品的猪、牛、羊等的胃▷牛～｜～丝｜爆～儿。
另见dù。

堵 dǔ 11画 土部 左右
❶阻挡；阻塞▷～住敌人的退路｜下水道～了。❷心里憋闷；不畅快▷心里～得慌｜～心。❸量词,用于墙壁▷一～墙。

赌 dǔ 12画 贝部 左右
❶拿财物作注比输赢▷～博｜～钱｜聚～。❷泛指比胜负、争输赢▷我敢打～,这场球我们准赢｜～东道。

睹 dǔ 13画 目部 左右
看到▷先～为快｜熟视无～｜目～。

杜 dù 7画 木部 左右
❶杜梨,落叶乔木,枝上有针刺,果实小,味酸。❷阻塞；防止▷～绝(彻底堵住)。

肚 dù 7画 月部 左右
❶肚子,人或动物的腹部▷挺胸凸～｜～胀。❷物体圆而凸起或中间鼓出的部分▷手指～｜腿～子｜大～坛子。
另见dǔ。

妒 dù 7画 女部 左右
对胜过自己的人心怀忌恨▷～忌｜～。

正字 独(獨) 读(讀) 犊(犢) 牍(牘) 赌(賭)

度 dù 9画 广部 半包围
广广产产庐度

❶计量长短的标准和器具▷~量衡。❷法则;准则▷法~|尺~|制~。❸限度;限额▷每月上交款以1000元为~|适~|过~。❹一定范围的时间或空间▷年~|国~。❺程度;事物所达到的境界▷进~|知名~|透明~|~量|风~|态~。❻特指事物的某种性质所达到的程度▷硬~|温~|湿~|长~。❼(时间上)经过;经历▷虚~|~日如年|欢~春节|~假。❽量词,用于动作的次数▷一年一~|再~上映。☞"度"跟"渡"意义不同。"欢度春节""度假"的"度"不能写作"渡"。"过度"和"过渡"是两个不同的词,"过度"指超过适当的限度,"过渡"指事物由一个阶段发展到另一个阶段。
另见 duó。

渡 dù 12画 氵部 左右

❶横过水面;由一岸到另一岸▷~河|远~重洋|~船。❷通过;由一个阶段到另一个阶段▷~过难关|过~时期。❸渡口▷古~|风陵~(在山西)。

镀 dù 14画 钅部 左右
用化学方法把一种金属薄而匀地附着(zhuó)在别的金属或物体的表面▷~金|电~。

duan

端 duān 14画 立部 左右

❶直;正▷~坐|五官正。❷品行正直,作风正派▷~庄|~重|态度~正。❸(手)平平正正地拿(东西)▷把锅~下来|~着枪。❹(东西的)一头▷上~|两~|尖~|顶~。❺(事情的)开头或起因▷开~|发~|争~。❻事情(多指不好的事)▷事~|弊~。❼(事情的)头绪、项目▷思绪万~|诡计多~。

短 duǎn 12画 矢部 左右

❶一头到另一头的长度小(跟"长"相对,②同)▷绳子太~|木头锯~了|~裤。❷时间的距离小▷昼~夜长|~命|~期|~暂。❸缺少;欠▷这套书还~一本|~缺|~少。❹缺点▷扬长避~|说长道~|揭~|护~。❺浅薄▷见识~|~见|~浅。

段 duàn 9画 殳部 左右
丿E段

❶量词。a)用于条状物分成的

若干部分▷绳子剪成三~|一~甘蔗|两~木头。b)用于时间或空间的一定距离▷一~时间|一~路程|坐了一~火车。c)用于事物的一部分▷一~文章|一~话|两~京剧。❷事物划分成的部分▷~落|阶~|片~|地~。❸某些部门下面分设的机构▷工~|机务~。☞跟"叚"不同。由"段"构成的字有"缎""锻"等,由"叚"构成的字有"假""暇""霞"等。

断 duàn 11画 斤部 左右
米迷断
❶(长形的东西)分成几截▷桌子腿儿~了|电线~了|砍~|截~|折~。❷隔绝;使不再连贯▷关系~了|~了音信|间~|~~续续。❸判定;决定▷当机立~|独~专行|判~|诊~。

缎 duàn 12画 纟部 左右
缎子,质地厚密、正面平滑有光泽的丝织品▷绸~。

锻 duàn 14画 钅部 左右
把金属加热到一定温度后锤打,使改变形状▷~造|~压|~工|~炼。

duī

堆 duī 11画 土部 左右
佳:亻仁仹仹佳

❶累积;聚集在一起▷桌上~满了书|把砖头~起来|~雪人|~积。❷堆积在一起的东西▷稻草~|粪~。❸比喻众多的人或事▷往人~里钻|问题成~。❹量词,用于成堆的事物▷一~石头|一大~事|一~人。

队 duì 4画 左阝部 左右
阝阝队队

❶有组织的团体▷连~|分~|球~|乐~。❷行列;队形▷排~|站~|纵~|练~。❸量词,用于排成队列的人或动物▷一~人马|一~骆驼。❹特指中国少年先锋队▷~礼|~旗|~日。

对 duì 5画 又部 左右
❶回答▷~答如流|应~。❷面向着;朝着▷窗户~着大街|枪口~准靶心。❸向;跟▷他~我笑了笑|这事~谁也不要说。❹对待;对付▷事不~人|针尖~麦芒。❺对于▷大家~他很关心|~下棋不感兴趣。❻对面的;对立的▷~门|~手。❼互相▷~调(diào)|~换|~流|~立。❽互相拼合或配合▷把破镜片~到一起|把门~上|~对子。❾成双的▷~联|~虾。❿量词,

正字 断(斷) 缎(緞) 锻(鍛) 队(隊) 对(對)

用于成双成对的人或事物▷～夫妇｜一～沙发。⓫适合;符合于▷～脾气｜～心思｜～劲儿。⓬通过比较,核查是否相符▷～答案｜～号入座｜核～｜～照｜～比。⓭正确｜数字不～｜回答～了｜说得很～。⓮调整使符合要求▷照相要～好焦距｜～表。⓯平分成两份▷～开｜～半儿。

兑 duì 7画 儿部 上下
❶交换;特指凭票据交换现金▷把支票～成现金｜～换｜～现。❷指下象棋时用自己的棋子换掉对方实力相同的棋子▷～车(jū)｜～卒。❸掺和往酒里～水｜水太热,～点凉的｜勾～。

dun

吨 dūn 7画 口部 左右
屯:一屯屯
重量单位,我国法定计量单位1吨等于1000千克。

敦 dūn 12画 攵部 左右
❶督促▷～促。❷忠厚;诚恳▷～厚｜～请｜～聘。

墩 dūn 15画 土部 左右
❶土堆▷土～。❷指某些厚实粗大的东西▷木～子｜树～｜桥～。❸量词,用于丛生的或几棵合在一起的植物▷种了几～花生｜一～荆条｜一～稻秧。

蹲 dūn 19画 足部 左右
酋:丷丷酋酋酋
双腿尽量向下弯曲,臀部不着地▷～在地里拔草｜～下半～。

盹 dǔn 9画 目部 左右
短时间的睡眠▷课间十分钟,他也能打个～儿。

囤 dùn 7画 口部 包围
储存粮食的器物,用竹篾、荆条等编成或用席围成▷粮食～｜～尖儿｜～底儿。
另见tún。

炖 dùn 8画 火部 左右
屯:一屯屯
把食物用小火煮得烂熟▷～肉｜～鸡。

钝 dùn 9画 钅部 左右
钅:丿𠂉𠂉钅钅
❶不锋利;不尖锐(跟"快"或"锐"相对)▷这把刀太～了。❷笨拙;反应慢▷迟～。

盾 dùn 9画 厂部 半包围
❶古代用来遮挡刀箭的防护武器▷矛～｜～牌。❷形状像盾的东西▷金～｜银～。
☞统读dùn,不读shǔn。

正字 吨(噸) 钝(鈍)

顿 dùn 10画 页部 左右
❶停下来；暂停▷说了一半就~住了｜~号｜停~。❷安排；处理▷安~｜整~。❸量词。a)用于饭食▷学校供应一~午饭｜一天吃三~饭。b)用于斥责、打骂等行为的次数▷让爷爷训了一~｜痛打一~。❹疲劳▷困~｜劳~。

duo

多 duō 6画 夕部 上下
ノクタ多
❶数量比较大(跟"少"相对，②同)▷街上人很~｜凶~吉少｜~层建筑。❷超过原来的或应有的数量▷比原文~了三个字｜花了一倍的钱。❸超过合适程度的；不必要的▷~嘴~舌｜~疑｜~心。❹剩余▷这些纸刚够用，没有~的｜~余。❺表示整数后的零头▷三十~公里｜三米~高。❻表示相差大▷比以前高~了｜现在进步~了。❼用在疑问句中，询问程度、数量▷这孩子~大了？｜这棵树有~高？❽用在感叹句中，表示程度高▷这孩子~讨人喜欢！｜他心里~难过呀！❾表示不定的程度▷不管~高的山都要上｜有~大劲使~大劲。

哆 duō 9画 口部 左右
[哆嗦]duōsuo 身体受外界刺激而不由自主地颤动▷冻得浑身打~。

夺 duó 6画 大部 上下
❶脱离▷眼泪~眶而出。❷使失去▷剥~。❸强拿；抢▷把失去的阵地~回来｜~取｜抢~｜掠~。❹争先取得；努力争取▷~丰收｜争分~秒｜~标。❺决定如何处理▷定~｜裁~。

度 duó 9画 广部 半包围
揣测；估计▷以小人之心~君子之腹｜揣~。
另见 dù。

踱 duó 16画 足部 左右
慢慢地走动▷在院子里~来~去。☞统读duó,不读dù。

朵 duǒ 6画 木部 上下
ノ几朵朵
量词，用于花或形状像花的东西▷一~花｜红霞万~｜白云~~。☞上边是"几"，不带钩。由"朵"构成的字有"垛""躲""跺""剁"等。

垛 duǒ 9画 土部 左右
垛子，墙头或墙两侧凸出

的部分▷城～子｜门～子。
　另见duò。

躲 duǒ 13画 身部 左右
身：ʹ 冂 身 身
❶避开；避让▷他老～着我｜～闪｜～让。❷隐藏▷～到草垛里｜～在哪儿了？

驮 duò 6画 马部 左右
马：７ 马 马
[驮子] duòzi ❶牲口背上驮(tuó)的货物▷～太沉，小毛驴驮不动。❷量词，用于牲口驮的货物▷五～货刚运来三～。
　另见tuó。

剁 duò 8画 刂部 左右
用刀、斧等连续向下砍▷～肉馅｜～碎。

垛 duò 9画 土部 左右
❶整齐地堆放；堆积▷把柴火～起来｜麦草～得像小山包。❷堆成的堆儿▷柴火～｜麦～｜草～。❸量词，用于堆积的东西▷一～柴火｜两～砖。
　另见duǒ。

舵 duò 11画 舟部 左右
❶控制行船方向的装置，多装在船尾▷掌～｜～手。❷指飞机等交通工具控制方向的装置▷方向～｜升降～。☞右下不要写成"七"。

堕 duò 11画 土部 上下
掉下来；坠落▷～地｜马｜～落。☞跟"坠"(zhuì)不同。

惰 duò 12画 忄部 左右
❶懒▷懒～。❷不易变化；不活泼▷～性｜～性气体。
☞右边不要写成"有"。

跺 duò 13画 足部 左右
提起脚向下用力踏地▷～脚。

E

e

阿 ē 7画 左阝部 左右
迎合；偏袒▷～谀奉承｜刚直不～。
　另见ā。

讹 é 6画 讠部 左右
化：亻 亻 化
❶不真实的；有错误的▷以～传～｜～字｜～误。❷敲诈；威吓▷让人～了一笔钱｜～人｜～诈。☞不读huà。

正字　驮(馱) 堕(墮) 讹(訛)

俄峨娥鹅蛾额恶厄扼恶饿鄂 é-è

俄 é 9画 亻部 左右
我:千手手我我我
[俄而]é'ér 不久;很快▷天空乌云密布,～大雨倾盆。

峨 é 10画 山部 左右
高峻▷巍～。

娥 é 10画 女部 左右
美女▷宫～。

鹅 é 12画 鸟部 左右
鸟:ノクケ鸟鸟
家禽,比鸭子大,前额有肉瘤,肉和蛋可以吃。

蛾 é 13画 虫部 左右
蛾子,昆虫,形状像蝴蝶,种类很多,多数是害虫。

额 é 15画 页部 左右
❶额头,头发以下眉毛以上的部位▷焦头烂～|前～。❷牌匾,挂在门楣上或墙上,写有文字的长方形木板▷匾～|横～。❸限定的数目▷名～|定～|超～|差～|～外。

恶 ě 10画 心部 上下
一丌丌悉悉恶
[恶心]ěxīn ❶想呕吐▷闻见汽油味儿就～。❷使人讨厌▷那样子让人见了～。❸故意使人难堪▷这不是成心～人吗?
另见è;wù。

厄 è 4画 厂部 半包围
一厂厄厄
❶困苦▷困～|～境|～运。❷险要的境地▷险～。☞㊀右下是"巳",不是"已"。由"厄"构成的字有"扼""危""脆"等。㊁"厄"作左偏旁时,末笔要改写成竖提(L),如"顾"。

扼 è 7画 扌部 左右
❶掐住;抓住▷～杀|～要。❷守卫;控制▷～守|～制。

恶 è 10画 心部 上下
❶极坏的行为(跟"善"相对)▷善～不分|罪大～极|罪～。❷凶狠;凶猛▷穷凶极～|～毒|～霸|凶～。❸极坏的;不好的▷穷山～水|～习|～劣。
另见ě;wù。

饿 è 10画 饣部 左右
饣:ノ𠂊饣
❶肚子里没有食物,想吃东西(跟"饱"相对)▷～极了|饥～|挨～。❷使挨饿▷怎么能～着人家呢|～他两天。

鄂 è 11画 右阝部 左右
咢:口口罒咢
湖北的别称。

正字 鹅(鵝) 额(額) 恶ě(噁) 恶è(惡) 饿(餓)

遏

è 12画 辶部 半包围
㚈 㚈 㚈 遏

压制;阻止 ▷ 怒不可~|~制|~止。

愕

è 12画 忄部 左右

惊讶;发呆 ▷ ~然|惊~。

噩

è 16画 王部 特殊
丅 罒 罒 噩

惊人的;可怕的 ▷ ~耗(指亲近或敬爱的人死亡的消息)|~梦。

鳄

è 17画 鱼部 左右

鳄鱼,爬行动物,嘴大牙尖,四肢短,尾长,全身有硬皮和鳞甲,性凶暴,生活在江河湖泽中。

en

恩

ēn 10画 心部 上下

恩惠,给予的或受到的好处 ▷ 他对我有~|忘~负义|~德|~怨。

摁

èn 13画 扌部 左右

用手按或压 ▷ 把歹徒倒在地|~电铃|~钉儿。

er

儿

ér 2画 儿部 独体

❶ 小孩儿 ▷ 婴~|幼~|~童|~歌。❷ 儿子 ▷ 他有一女|~媳妇。❸ 青年人(多指男青年) ▷ 中华健~|热血男~。❹ 附在某些词的后面,有的使原来的词义或用法发生变化(读时与前面合成一个音节,叫做"儿化";注音时只在原词的拼音后加r) ▷ 小孩~|老头~|鸟~|树叶~|盖~|塞~|好~|尖~|错~|个~|片~。

而

ér 6画 而部 独体

❶ 表示前后意思互相补充 ▷ 少~精|肥~不腻|成绩是优异的,~优异的成绩是汗水浇灌出来的。❷ 表示转折,相当于"但是" ▷ 费力大~收效小|雨下得很大,~老李还是按时来了。❸ 表示前面的话是后面话的目的、原因、依据、方式、状态等 ▷ 为正义~战|因下雨~延期|凭个人兴趣~定|挺身~出|匆匆~来。❹ 表示由一种状态过渡到另一种状态,有"到"的意思 ▷ 一~再,再~三|由远~近|从下~上|自东~西。☞不读ěr。

尔

ěr 5画 小部 上下
丿 ケ 宀 尔

❶ 这;那 ▷ ~时|~后(从那以后)。❷ 你;你的 ▷ ~等(你们)|~母。

正字 鳄(鱷) 儿(兒) 尔(爾)

耳

ěr 6画 耳部 独体
一 丆 丌 耳

❶耳朵,听觉器官。❷外形像耳朵的东西▷木～│银～。❸位置在两侧的▷～房(正房两侧的小屋)。☞"耳"作左偏旁时,最后一画横要改写成提,如"聪""耻""取""聚"。

饵

ěr 9画 饣部 左右

引鱼上钩或诱捕其他动物的食物▷鱼～│诱～。

二

èr 2画 一部 独体

❶数字,一加一的和。❷不专一▷三心～意。❸两样;不同▷一心不可～用│决无～话。☞"二"的大写是"贰"。

贰

èr 9画 弋部 半包围
弍 贡 贰 贰

数字"二"的大写。☞由"弍"下加"贝"构成;"弋"不要写成"戈";"二"在"弋"下。

F

fa

发

fā 5画 又部 半包围
一 ナ 发 发

❶放射,把箭、枪弹等射出去▷万箭齐～│百～百中│～炮。❷发生▷～芽│～病│～电。❸引起;开始行动▷启～│引～│～动│～起。❹显现;流露▷脸色～青│被子～潮│馒头～酸│～怒│～愁。❺产生(某种感觉)▷腿～软│嘴～苦│头～晕。❻(财势)兴旺▷张家这两年～了│～家│～财。❼扩展▷～展│～达│～扬。❽特指食物由于发酵或水泡而体积增大▷蒸馒头的面～好了│～海带。❾离开;启程▷出～│进～。❿打开;揭示出▷～掘│揭～。⓫散开▷散～│挥～│蒸～。⓬发布;表达▷～令│～言│～表。⓭把东西送出去▷～信│～货│～工资│收～。⓮量词,用于枪弹、炮弹▷一一～子弹│炮弹二百多～。☞跟"友"(yǒu)"发"(bá)不同。由"发"构成的字有"泼""拨""废"等,由"友"构成的字有"爱""援"等,由"发"构成的字有"拔""跋"等。

另见fà。

乏

fá 4画 丿部 独体

❶缺少▷～味│缺～│贫～。❷疲倦无力▷写字写～了│人困马～│疲～。

正字 饵(餌) 贰(貳) 发(發)

伐

伐 fá 6画 亻部 左右
亻仁代伐伐

❶砍(树木等)▷把树~掉｜滥砍乱~｜~采~。❷征讨;攻击▷北~｜讨~｜征~。☞跟"代"(dài)不同。由"伐"构成的字有"阀""筏"等。

罚

罚 fá 9画 罒部 上下

处罚,使犯规或犯罪的人受到惩戒▷违犯交通规则应该受~｜赏~分明｜~款｜惩~｜责~。☞右下是"刂",不是"寸"。

阀

阀 fá 9画 门部 半包围

❶在某方面有强大控制势力的人或集团▷财~｜军~｜学~。❷活门,管道或机器中起调节、控制作用的装置▷水~｜气~｜油~｜安全~。☞统读fá,不读fà。

筏

筏 fá 12画 竹部 上下

水上交通工具,用竹、木等并排编扎而成▷竹~｜羊皮~。

法

法 fǎ 8画 氵部 左右

❶指国家立法机关制定的一切法规▷违~乱纪｜奉公守~｜宪~｜婚姻~。❷标准,模式▷~则｜语~。❸办法;方式▷这事没~办｜方~｜土~。❹仿效▷效~｜师~古人。❺指佛教的教义,也指僧道等画符念咒的手段▷现身说~｜~力｜~术。☞统读fǎ,不读fā、fá或fà。

发

发 fà 5画 又部 半包围
𠂇𠂉发发

头发,人头上生长的毛▷理~｜染~｜白~｜~廊。☞不读fǎ。

另见fā。

fan

帆

帆 fān 6画 巾部 左右

挂在桅杆上借助风力推动船行进的布篷▷一~风顺｜扬~｜~船。☞统读fān,不读fán。

番

番 fān 12画 釆部 上下
釆:𠂉平采

❶旧指外国或外族▷~邦｜~将｜~薯｜~茄。❷量词。a)用于动作的遍数▷重新解释一~｜几~较量｜三~五次。b)用于事物的种类▷别有一~滋味｜这~情景使人难忘。☞上边是"米"上加撇,不是"采"(cǎi)。由"番"构成的字有"翻""播"等。

另见pān。

翻

翻 fān 18画 羽部 左右

❶上下或里外位置变换;歪倒▷汽车~到山涧里了｜杯

正字 罚(罰) 阀(閥) 发(髮)

子要～过来洗｜茶杯打～了。❷变换；改变▷花样～新｜～改｜～案。❸翻译，把一种语言文字的意义变换成另一种语言文字表示出来▷把英语～成汉语。❹翻脸，态度突然变坏▷吵～了。❺成倍增加▷产量～了两番，从100万吨增加到400万吨。❻越过▷～过两座山｜～越。

凡 fán 3画 几部 独体
几凡
❶概要；大概▷～例｜大～。❷凡是；所有的▷～属重大问题，都要集体讨论决定。❸平常；平庸▷自命不～｜平～｜非～。❹人世间（跟仙界相对）▷仙女下～｜思～。☞跟"凢"不同。由"凡"构成的字有"帆""矾"等，由"凢"构成的字有"讯""汛""迅"等。

矾 fán 8画 石部 左右
某些金属硫酸盐的含水结晶。最常见的是明矾，也说白矾，可用来制革、造纸，制造颜料、染料。

烦 fán 10画 火部 左右
❶心情不畅快▷心里～得慌｜～闷｜～躁。❷厌烦；使厌烦▷这一套我早听～了｜真～人。❸烦劳，表示请人帮忙▷～您捎个信儿。

樊 fán 15画 大部 上下
木 棥 棥 樊
篱笆▷～篱。

繁 fán 17画 糸部 上下
每：亠亇每每每
❶多▷～多｜～杂｜频～。❷茂盛；兴旺▷枝～叶茂｜～华｜～荣。❸滋生；逐渐增多▷～育｜～殖。❹复杂（跟"简"相对）▷删～就简｜～难｜～体字。

反 fǎn 4画 厂部 半包围
一厂厂反
❶翻转；掉转方向（行动）▷～败为胜｜～攻｜～扑｜～问。❷翻转的；方向相背的（跟"正"相对）▷袜子穿～了｜～锁着门｜～话｜～作用。❸对抗；背叛▷～抗｜～叛｜～对｜违～。

返 fǎn 7画 辶部 半包围
回；归▷一去不复～｜～乡｜～销｜～回｜往～。

犯 fàn 5画 犭部 左右
❶侵害；损害▷人不～我，我不～人｜侵～｜进～。❷抵触；违反▷冒～｜触～｜～法｜～规。❸做出（违法的或不应该做的事）；引发（不好的情况）▷～罪｜～错误｜～病｜～愁。❹犯罪的人▷刑事～｜战～｜罪～。

矾(礬) 烦(煩)

饭 fàn 7画 饣部 左右
❶粮食做成的熟食；特指米饭▷~做熟了｜吃面还是吃~？❷吃饭▷~前要洗手。❸每天按时吃的食品▷吃了一顿~｜早~。

泛 fàn 7画 氵部 左右
❶在水上漂浮▷~舟西湖｜沉渣~起。❷一般；不深入▷浮~｜空~｜~~而谈。❸透出；漾出▷东方~出鱼肚白｜胃里直~酸水。❹江河湖泊的水漫溢出来▷~滥成灾。❺广泛；普遍▷宽~｜~指。

范 fàn 8画 艹部 上下
❶法式；榜样▷规~｜示~｜模~｜典~。❷一定的界限▷~围｜~畴。❸不使越过界限；限制▷防~。☞右下是"㔾"，不是"巳"。

贩 fàn 8画 贝部 左右
❶买进货物再卖出以获取利润的行商或小商人▷小~｜~摊~。❷购进货物出卖，也单指买进货物▷~牲口｜~卖｜~运。

fang

方 fāng 4画 方部 独体
亠方方
❶直角四边形或六面都是直角四边形的立体▷桌面是~的｜~木头｜长~｜正~。❷地方一~水土养一~人｜~言｜远~。❸方向▷东~｜四面八~。❹相对或相关的一面▷敌我双~｜对~｜甲~。❺方法▷引导有~｜千~百计。❻指药方▷处~｜偏~儿。❼数学上称一个数自乘的积为方▷平~｜立~。❽量词，指平方米或立方米▷铺沥青路面100~｜3~木料｜填土15~。❾正；才▷来日~长｜如梦~醒。

坊 fāng 7画 土部 左右
❶城镇中的小街小巷▷街~（邻居）｜~间（街市上）｜白纸~（街巷名，在北京）。❷牌坊，旧时为表彰功德、宣扬忠节义而修造的一种类似牌楼的建筑物。

另见fáng。

芳 fāng 7画 艹部 上下
❶香▷~草｜~香｜芬~。❷比喻美好的德行或名声▷流~百世。

防 fáng 6画 左阝部 左右
❶挡水的建筑物▷堤~。❷做好准备以应付祸患▷对这种人可得~着点｜~腐｜~护｜预~。❸警戒守卫▷~卫｜

守|～御|～线。❹有关防卫的事务、措施等▷边～|国～|设～。

坊 fáng 7画 土部 左右
作(zuō)坊,小手工业的工作场所▷磨～|染～|粉～。另见fāng。

妨 fáng 7画 女部 左右
阻碍;损害▷～碍|～害不～|何～。☞"妨碍"不要写成"防碍"。

肪 fáng 8画 月部 左右
[脂肪]zhīfáng 见"脂"。

房 fáng 8画 户部 半包围
❶房子,供人居住或活动的建筑物;房间,房子内隔成的各个部分▷买了一所～|楼～|书～|厨～。❷家族中的一支▷长(zhǎng)～|远～亲戚。❸结构或功能像房子的东西▷蜂～|莲～(莲蓬)。

仿 fǎng 6画 亻部 左右
❶相像;类似▷两种布花色相～。❷比照原样做▷～效|～制|模～。❸比照范本写出的字▷～纸|～影。❹[仿佛]fǎngfú a)像;类似▷他俩的年龄相～|河水奔腾咆哮,～脱缰的野马。b)似乎;好像▷他～并没有听懂。

访 fǎng 6画 讠部 左右
❶向人调查打听;探寻▷察～|寻～|采～。❷拜访;探望▷～问|来～|回～。

纺 fǎng 7画 纟部 左右
❶把棉、丝、麻、毛等纤维制成纱或线▷～棉花|～线|～织。❷一种质地稀疏、轻薄的丝织品▷～绸|杭～。

放 fàng 8画 方部 左右
❶不加拘束;放纵▷～开嗓子唱|豪～|～任自流。❷解除禁令或拘押,使自由▷刚从监狱里～出来|释～|～行。❸把牛、羊等赶到野地里去找食和活动▷～羊|～猪|～牧。❹暂时停止工作或学习,使自由活动▷～工|～学|～假。❺指引火焚烧▷～火。❻发出;发射▷～枪|～箭|～光芒|发～。❼把钱借给别人并收取利息▷～款|～高利贷。❽(花)开▷鲜花怒～|百花齐～。❾扩大;延长▷把袖子～长些|～大|～宽。❿放置;存放;搁置▷把被子～在床上|天太热,馒头～两天就馊|不要紧的事先～一～再说。⓫把某些东西加进去▷炒菜别忘了～盐|投～。⓬控制(行动、态度等),使达到某种状态▷～慢速度|～轻脚步|～

正字 访(訪) 纺(紡)

明白点。

fei

飞 fēi 3画 飞部 独体
乙飞
❶(鸟、虫等)扇(shān)动翅膀在空中活动▷大雁南～｜～翔｜～禽｜～蛾。❷(物体)在空中飘荡或行动▷天上～雪花了｜～沙走石｜飞机起～了｜～行。❸像飞一样快速行动▷火车从眼前～过｜～起一脚｜物价～涨｜～奔。❹没有根据的;无缘无故的▷流言～语｜～灾横祸。☞第一画不要写成横折折钩(乙)。

非 fēi 8画 非部 左右
｜ヲ非非
❶违背;不合于▷～法｜～分(fèn)。❷错误;坏事▷明辨是～｜为～作歹。❸认为不对;指责▷无可～议(没有什么可指责的)｜～难(nàn)。❹不是▷～亲～故｜～正义的｜～卖品。❺不▷～常｜～凡｜～同小可。❻表示必须、一定▷～说不行｜～下苦功不可｜不成，～得(děi)我去。❼指非洲▷东～｜北～。

菲 fēi 11画 艹部 上下
花草茂盛芳香▷芳～。

另见fěi。

啡 fēi 11画 口部 左右
音译用字,用于"咖啡"(kāfēi 见"咖")"吗啡"(mǎfēi 见"吗")等。

扉 fēi 12画 户部 半包围
户丶ㄱㄋ户
门▷柴～。

肥 féi 8画 月部 左右
❶肥胖(跟"瘦"相对,一般不形容人)▷猪长得很～｜～肉。❷肥沃,土地含养分多▷这块地～,庄稼长得好。❸使肥沃或肥胖▷河泥可以～田｜～猪粉。❹肥料,能增加土地养分的东西▷施～｜积～｜绿｜化～。❺靠不正当的收入而富裕▷坑了集体,～了个人｜损公～私。❻收入多的▷～缺｜～差(chāi)。❼(衣服等)宽大(跟"瘦"相对)▷裤腰太～了｜不～不瘦正合体。

匪 fěi 10画 匚部 半包围
一丅丌非非匪
用暴力抢劫财物、危害他人的歹徒▷剿～｜土～｜～徒｜～巢。☞第十画是竖折(乚),一笔连写。

诽 fěi 10画 讠部 左右
说别人的坏话▷～谤。

正字 飞(飛) 诽(誹)

菲 fěi 11画 艹部 上下
微薄▷待遇～薄。
另见fēi。

翡 fěi 14画 非部 上下
羽：丨ㄱ 习 羽
[翡翠] fěicuì 一种宝石，半透明，有光泽，鲜艳翠绿色的最贵重。可以制作装饰品。

吠 fèi 7画 口部 左右
狗叫▷鸡鸣狗～｜狂～。

肺 fèi 8画 月部 左右
市：一 亠 市
人和某些高等动物的呼吸器官，能使带二氧化碳的血液变成带氧的血液。☞右边是"市"(fú,四画)，中间长竖贯穿上下，不是"市"(shì,五画)。由"市"构成的字还有"沛"等。

废 fèi 8画 广部 半包围
发：一 ナ 步 发 发
❶放弃不用；停止▷～寝忘食｜～除｜～弃｜半途而～。❷失去原有效用的；无用的▷～铜烂铁｜～纸｜～料｜～话。❸失去原有效用的东西▷修旧利～｜变～为宝。❹特指肢体伤残▷这条腿算是～了｜残～。❺衰败；荒芜▷～墟｜～园。❻沮丧；消沉▷～颓。☞左上不要写成"广"。

沸 fèi 8画 氵部 左右
弗：一 ㄱ 弓 弗
液体受热到一定温度，产生气泡而翻腾▷～腾｜～水。☞统读fèi，不读fú或fó。

费 fèi 9画 贝部 上下
❶消耗掉▷～了九牛二虎之力｜耗～｜浪～｜消～。❷开支的钱▷学～｜路～｜经～｜免～。❸消耗得过多(跟"省"相对)▷这孩子穿鞋太～｜汽油用得太～。☞不要简化写成"弗"。

痱 fèi 13画 疒部 半包围
疒：一 广 疒
痱子，夏天皮肤上起的红色或白色小疹，非常刺痒。

fen

分 fēn 4画 八部 上下
❶使整体变成若干部分；使相联系的离开(跟"合"相对)▷把钱～成两份｜～三个问题论述｜～割｜～离。❷分配；分派▷每人～了一筐苹果｜毕业后～到工厂工作｜把重活儿～给年轻人干。❸从主体中分出来的▷～支｜～部｜～队｜～册。❹区分；辨别▷不～青红皂白｜～清是非｜～辨。❺表示分数▷～母｜～子。❻表示成数，整体分成相等的十份中占一份叫

正字 废(廢) 费(費)

一分▷七~成绩,三~缺点。❼计量单位名称。a)市制长度,10厘为1分,10分为1寸。b)市制面积,10厘为1分,10分为1亩。c)市制重量,10厘为1分,10分为1钱。d)货币,10分为1角。e)时间,60秒为1分,60分为1小时。f)弧或角,60秒为1分,60分为1度。g)评定的成绩▷语文考了95~|红队赢了蓝队5~。

另见fèn。

芬 fēn 7画 艹部 上下
香▷~芳。

吩 fēn 7画 口部 左右
[吩咐]fēnfù 用言语指派或命令▷妈妈~他去买酱油|有什么事您尽管~。

纷 fēn 7画 纟部 左右
❶繁多;杂乱▷~繁|~乱|~~。❷争执▷排难解~|纠~。

氛 fēn 8画 气部 半包围
周围的情景;情势▷气~|~围。☛不读fèn。

坟 fén 7画 土部 左右
墓穴上面筑起的土堆▷上~|~墓|~地。

焚 fén 12画 火部 上下
烧▷~香|~毁|~烧。

粉 fěn 10画 米部 左右
❶化妆用的白色或浅红色细末▷擦~|脂~|香~。❷细末状的东西▷面~|胡椒~|洗衣~|~末。❸变成或使变成粉末▷墙根儿底下的砖都~了|~身碎骨。❹用淀粉制作的成形的食品;特指粉条或粉丝▷~皮|~条|~丝|米~|炒~。❺特指面粉▷标准~|富强~|饺子~。❻粉红,红和白合成的颜色▷穿一条~色裙子。

分 fèn 4画 八部 上下
❶成分,构成事物的不同物质或因素▷水~|养~|盐~。❷指情谊、机缘、资质等因素▷情~|缘~|天~。❸责任和权利的限度▷本~|~内|过~。

另见fēn。

份 fèn 6画 亻部 左右
❶整体中的一部分▷股~|等~|~额。❷量词。a)用于整体分成的部分▷把蛋糕分成八~,每人一~。b)用于经过组合整理的东西▷一~礼物|两~材料|三~客饭。c)用于报刊、文件等▷订一~报|把文件复印五~。❸用在"省""县""年""月"后面,表示划分的单

正字 纷(紛) 坟(墳)

奋 fèn 8画 大部 上下
振作;鼓劲▷～不顾身｜～勇｜～力振｜～勤。

忿 fèn 8画 心部 上下
❶恼怒▷～怒｜～恨。❷[不忿]bùfèn 不服气;不平▷看到他们仗势欺人,心里很有些～。☞"忿怒""忿恨",现在通常写作"愤怒""愤恨",但"不忿"不能写作"不愤"。

粪 fèn 12画 米部 上下
屎▷马～｜～车｜～便。

愤 fèn 12画 忄部 左右
贲：十串亠贲
因不满而激动;发怒▷～慨｜怒｜激～｜～～不平。

feng

丰 fēng 4画 一部 独体
三丰
❶多;富足▷～衣足食｜～收｜～盛｜～富。❷高大;伟大▷～碑｜～功伟绩。☞第一画是横(一),不是撇(丿)。由"丰"构成的字有"峰""锋""蜂""缝""害""割""蚌"等。

风 fēng 4画 风部 半包围
丿几凡风
❶空气流动的现象▷～太大｜春～｜刮～｜～力。❷习俗;风气▷移～易俗｜歪～邪气｜民～。❸外在的姿态;作风▷～采｜～貌｜～格｜学～。❹传播出来的消息▷闻～而动｜通～报信｜口～。❺传闻的;不确实的▷～言～语｜～闻｜～传。❻景象;景色▷～景｜～光｜～物。❼借风力吹干吹净▷～干｜晒干～净。

枫 fēng 8画 木部 左右
枫树,落叶乔木,秋天叶子逐渐变红,可供观赏。

封 fēng 9画 寸部 左右
圭：土圭
❶古代帝王把土地、爵位等分给子女或功臣▷分～｜诸侯｜～侯。❷严密盖住、关住或糊住,使不透气或不露出▷用蜡把瓶口～上｜信已经～好了｜密～｜～条。❸禁止或限制(通行、活动、联系等)▷所有的路口都～上了｜～山育林｜～锁｜～查～。❹量词,用于封着的东西▷两～信｜一～公函。❺封闭或包装东西用的纸袋或外皮▷信～｜～套｜～面。☞左边是上下两个"土",不要写成四横一竖。

疯 fēng 9画 疒部 半包围
❶神经错乱,举止失常▷孩子出了车祸,妈妈急～了｜装

~卖傻｜~狂。❷举动轻狂,不稳重;言语不合常理▷这孩子整天~闹｜尽说些不着边的~话。❸农作物猛长枝叶(却不结果实)▷棉花长~了｜把~枝打掉。

峰 fēng 10画 山部 左右
❶高而尖的山顶▷顶~｜山~。❷像山峰的事物▷驼｜洪~。☞右下是"丰"。由"夆"(fēng)构成的字还有"锋""逢""篷"等。

烽 fēng 11画 火部 左右
烽火,古代边防人员报警的烟火▷~火｜~烟。

锋 fēng 12画 钅部 左右
❶刀、剑等器物的锐利部分或尖端部分▷刀~｜~芒｜笔~｜~利。❷在前面带头的人▷前~｜先~。

蜂 fēng 13画 虫部 左右
❶昆虫,有毒刺,能蜇人,种类很多,有蜜蜂、胡蜂、黄蜂等。❷特指蜜蜂▷~蜜｜~蜡｜~箱。❸成群地▷~拥｜~起。

冯 féng 5画 冫部 左右
姓。

逢 féng 10画 辶部 半包围
碰到;遇见▷每~星期日都回家｜千载难~｜相~。

缝 féng 13画 纟部 左右
用针线连结▷~衣服｜伤口~了三针｜~补｜~纫。
另见 fèng。

讽 fěng 6画 讠部 左右
❶用含蓄委婉的话劝告或批评▷借古~今。❷用尖刻的话指责或嘲笑▷讥~｜嘲~｜~刺。☞统读fěng,不读fēng。

凤 fèng 4画 几部 半包围
凤凰,传说中的百鸟之王,羽毛美丽,常用来比喻吉祥或珍贵的事物▷百鸟朝~｜毛麟(lín)角(比喻稀少而珍贵的人或事物)。☞跟"风"(fēng)不同。

奉 fèng 8画 一部 上下
❶(从上级或长辈那里)接受▷~命转移｜~令。❷尊奉;信仰▷被人们~为楷模｜~公守法｜信~。❸恭敬地送给▷~上一束鲜花｜~献｜~送。❹供养;伺候▷侍~老人｜~养。❺用于自己涉及对方的行动,表示尊敬▷~还｜~告｜~陪。☞下边不要写成"丰"。

缝 fèng 13画 纟部 左右
❶缝(féng)合或接合的地方▷裤~｜天衣无~｜无~钢管。❷空隙;裂口▷窗户~｜桌

正字 锋(鋒) 冯(馮) 缝^{féng}(縫) 讽(諷) 凤(鳳) 缝^{fèng}(縫)

面上裂了一道~儿|~隙。
另见féng。

fo

佛 fó 7画 亻部 左右
弗:㇆㇇弓弗
❶佛教徒称佛教创始人释迦牟尼(shìjiāmóuní)或修行圆满的人▷立地成~。❷指佛教,释迦牟尼创立的宗教▷信~|~门弟子|~经。❸指佛像▷石~|卧~。
另见fú。

fou

否 fǒu 7画 口部 上下
不;表示不同意▷~认|~定。

fu

夫 fū 4画 一部 独体
二丰夫
❶丈夫(跟"妻""妇"相对)▷~妇|~妻|妹~。❷旧时称从事体力劳动的人▷农~|渔~|车~|船~。

肤 fū 8画 月部 左右
❶人体的表皮▷皮~。
❷浅薄▷~浅。☞统读fū,不读fú或fù。

麸 fū 11画 麦部 左右
麦:一二土耒麦
麸子,小麦磨成面粉筛过后剩下的皮。

孵 fū 14画 爪部 左右
鸟类用体温使卵变成幼鸟,也指用人工的方法使卵变成幼鸟▷~小鸡|~化器。

敷 fū 15画 攵部 左右
方:亠方方
❶(用粉、药等)搽;涂▷把药膏~在伤口上|~药|~粉。❷足够▷不~应用(不够用)。☞㊀统读fū,不读fú或fù。㊁左下是"方",不要写成"万"。

伏 fú 6画 亻部 左右
❶趴▷~在地上|~案工作。❷隐藏;隐蔽▷埋~|潜~|~击。❸伏天,夏天最热的一段时间▷中~|三~天|歇~。❹低下去;落下去▷此起彼~|倒(dǎo)~|起~。❺低头屈服;顺服▷~罪|~输。

凫 fú 6画 几部 上下
野鸭,形状像家鸭,善游水,能飞。肉可以吃,毛是羽绒原料。☞上边是"鸟"去掉一横。

扶 fú 7画 扌部 左右
❶用手支撑使别人或东

正字 肤(膚) 麸(麩) 凫(鳬)

西起来或不倒下▷把跌倒的孩子~起来|~着老人上车|苗|搀~。❷用手抓住或靠着别的东西来支撑身体▷~着栏杆下楼|~着桌子站起来。❸帮助▷救死~伤|~贫|~助|~植。

芙 fú 7画 艹部 上下
[芙蓉]fúróng ❶荷花▷出水~。❷木芙蓉,落叶灌木,开白色或淡红色花,可供观赏。

佛 fú 7画 亻部 左右
[仿佛]fǎngfú 见"仿"。
另见fó。

拂 fú 8画 扌部 左右
弗:一弓弗
❶轻轻擦过▷春风~面|吹~。❷接近▷~晓(天快亮的时候)。❸甩动▷~袖而去(把袖子一甩就走了,形容生气)。☞统读fú,不读fó。

服 fú 8画 月部 左右
刖刖服
❶担任;承受▷~役|~务|~刑。❷听从;信服▷不~管教|口~心不~|说~|征~。❸适应▷水土不~。❹吃(药物)▷~药|~毒自杀。❺衣裳▷制~|衣~|~装。
另见fù。

俘 fú 9画 亻部 左右
❶作战时捉住(敌人)▷~获|被~。❷作战时捉住的敌人▷战~。

浮 fú 10画 氵部 左右
❶漂在液体表面(跟"沉"相对)▷船~在水面上|汤上~了一层油花|漂~|~桥|脸上~现出一丝笑意。❷在水里游动▷从江上~过去|~水。❸在空中飘动▷天上~着几朵白云|~云。❹空虚;不切实际▷~夸|~华。❺不踏实;不稳重▷这孩子心太~|~躁|轻~。❻表面上的▷~土|~雕|~面。❼多余▷人~于事。

符 fú 11画 竹部 上下
❶标记;记号▷音~|~号。❷相合;吻合▷两人口供相~|跟实际情况不~|~合。☞上边不要写成"艹"。

匐 fú 11画 勹部 半包围
[匍匐]púfú 见"匍"。

袱 fú 11画 衤部 左右
[包袱]bāofu ❶包东西的布。❷用布包成的包裹▷手里提着~。❸比喻负担▷思想~|精神上不要背~。

幅 fú 12画 巾部 左右
❶布匹等纺织品的宽度

▷这种布～宽一米二｜面单～。❷泛指宽度▷～度｜篇～。❸量词,用于布匹、字画等▷～布｜几～画。☞统读fú,不读fǔ。

辐 fú 13画 车部 左右
车：一 ナ 车 车
车轮上连接里圈和外圈的条状物▷～条◇～射。

福 fú 13画 衤部 左右
❶幸福(跟"祸"相对)▷是～是祸,很难预料｜享～。❷福气▷托您的～｜～分｜口～｜一饱眼～。❸指福建▷～橘。

蝠 fú 15画 虫部 左右
[蝙蝠]biānfú 见"蝙"。

抚 fǔ 7画 扌部 左右
❶用手轻轻按着▷～摸。❷慰问;慰劳▷～慰｜～恤｜安～。❸爱护;养育▷～爱｜～育｜～养。

甫 fǔ 7画 一部 独体
丆 甫 甫 甫
刚;才▷年～三十。☞统读fǔ,不读pǔ。

斧 fǔ 8画 父部 上下
斧子,砍东西的工具。

府 fǔ 8画 广部 半包围
❶旧指官吏办公的地方,现在指国家机关▷官～｜政～。❷旧指高级官员或贵族的住所,现在也指某些国家首脑办公或居住的地方▷王～｜相～｜总统～。❸旧时行政区划名,比县高一级▷保定～｜知～。

俯 fǔ 10画 亻部 左右
❶向前弯腰低头(跟"仰"相对)▷～首帖耳(形容非常驯服)。❷向下▷～卧｜～视。

辅 fǔ 11画 车部 左右
从旁帮助▷～导｜～助。

脯 fǔ 11画 月部 左右
❶肉干▷肉～｜兔～。❷用糖、蜜等腌制的瓜果干▷桃～｜苹果～。
另见pú。

腑 fǔ 12画 月部 左右
中医对胃、胆、膀胱、肠等脏器的统称▷脏～｜感人肺～。

腐 fǔ 14画 广部 半包围
❶烂;变坏▷～烂｜～朽｜～蚀。❷(思想)陈旧▷陈～。❸指豆腐▷～竹｜～乳。

父 fù 4画 父部 独体
❶有子女的男子;子女称生育自己的男子▷～子｜～母｜同～异母。❷对男性长辈的称呼▷祖～｜伯～｜舅～｜岳～。

讣 fù 4画 讠部 左右
把去世的消息通知死者

正字 辐(輻) 抚(撫) 辅(輔) 讣(訃)

的亲友或向大众公布▷~告。

付 fù 5画 亻部 左右
❶交给▷~出巨大的代价|~印|~款|交~|托~。❷专指给钱▷支~|偿~|兑~。
☞"正副"的"副"、"师傅"的"傅",不要简化写成"付"。

负 fù 6画 ⺈部 上下
❶背(bēi)▷~重。❷承担;担任▷~责任|肩~|担~。❸遭受▷~伤。❹欠▷~债累累。❺违背;背弃▷忘恩~义|不~众望|~约|辜~。❻失败(跟"胜"相对)▷三胜二~|不分胜~。❼指对立的两方中跟"正"相对的▷~数|~电|~极|~面。☞上边不要写成"刀"。

妇 fù 6画 女部 左右
ヨ:フコヨ
❶成年女子▷~科|~女|~代会。❷已婚的女子▷~人|少~|寡~|媳~。❸妻子(跟"夫"相对)▷夫唱~随|夫~。
☞右边不要写成"ヨ"。

附 fù 7画 左阝部 左右
❶依傍;依从▷依~|~属|~着(zhuó)。❷挨近▷在耳边小声说话|~近。❸附带;另外加上▷~件|~加|~设。

咐 fù 8画 口部 左右
❶[吩咐]fēnfù 见"吩"。
❷[嘱咐]zhǔfù 告诉对方记住(怎样做)▷妈妈~他路上要小心。

服 fù 8画 月部 左右
月:月服
量词,用于中药▷三~汤药。
另见fú。

赴 fù 9画 走部 半包围
到(某处)去;前往▷~京|~宴|赶~前线|~任。

复 fù 9画 夂部 上下
⺀ 亠 𠂉 复 复
❶反过来;转过去▷反~思考。❷回答;回报▷~信|~电|~仇|答~。❸还原▷~学|~原|~收|恢~。❹再▷死灰~燃|旧病~发。❺不是单一的;两个或两个以上的▷山重水~|~句|~方|~印|~制。

副 fù 11画 刂部 左右
❶处在第二位的;起辅助作用的▷~司令|~手|~标题。❷副职;任副职的人▷队~|营~|大~。❸附带的;次要的;次等的▷~产品|~业|~品。❹符合▷名实不~|名~其实。❺量词。a)用于成双成对的东西▷两~手套|一~

正字 负(負) 妇(婦) 复(復①~④,複⑤)

对联。b)用于配套的东西▷~铺板|全~武装。c)用于脸部表情▷——虚伪的面孔|一~笑脸。☞不要简化写成"付"。

赋 fù 12画 贝部 左右
武：一二下正武武
❶旧指田地税▷~税。❷交给▷~予。❸人的天性；自然具有的资质▷~性|天~。❹我国古代一种文体▷《赤壁~》。❺写作(诗、词)▷~诗一首。

傅 fù 12画 亻部 左右
传授技艺的人▷师~。
☞不要简化写成"付"。

富 fù 12画 宀部 上下
❶多；丰盛▷~于感情|~足|~饶|丰~。❷指钱财多(跟"贫""穷"相对)▷这个村子两年就~起来了|~强|贫~不均。❸资源财产的总称▷财~|~源。

腹 fù 13画 月部 左右
❶肚子▷~腔|~泻|空~。❷比喻内心或中心地区▷打~稿|深入~地。❸坛子、瓶子等器物中间凸出像肚子的部分▷壶~|瓶~。

缚 fù 13画 纟部 左右
捆；绑▷作茧自~|束~。

覆 fù 18画 覀部 上下
❶下部朝上翻过来或翻倒▷天翻地~|颠~|~辙。❷灭亡▷~灭|~亡。❸遮盖▷~盖。☞㊀上边不要写成"西"。㊁不要简化写成"复"。

G

gɑ

夹 gā 6画 一部 独体
平夹
[夹肢窝]gāzhiwō 腋。
另见jiā；jiá。

gɑi

该 gāi 8画 讠部 左右
❶应当是▷过了年，~十岁了|今天~我值班。❷表示理应如此；应当▷我~走了|~不~努力学习？❸表示估计应当如此▷他今年~小学毕业了吧？|这里种上树，~有多美！❹欠▷东西拿走，钱先~着|这笔账~了一年了。❺指上面说过的人或事物，相当于"这个"▷~校|~地|~同志。

改 gǎi 7画 己部 左右
❶变更;更换▷~天换地｜~变｜~换｜~革。❷改正,把错误的变成正确的▷一定要掉这个毛病｜~邪归正｜~过。❸修改▷衣服大了可以~小｜~文章。

丐 gài 4画 一部 独体
丅丆丐
以乞讨为生的人▷乞~。☞最后一画是竖折折钩(ㄣ),一笔连写。

芥 gài 7画 艹部 上下
[芥蓝菜]gàiláncài 草本植物,茎粗而直,叶短而宽,是常见的蔬菜。
另见jiè。

钙 gài 9画 钅部 左右
钅:丿𠂉𠂉𠂉钅
金属元素,它的化合物在建筑工程和医药上用途很广。人体缺钙会影响健康。

盖 gài 11画 羊部 上下
䒑:丷ⅴ䒑
❶器物上部有遮蔽和封闭作用的东西▷箱子~儿｜锅~｜瓶~。❷形状像盖的骨骼;动物背部的甲壳▷头~骨｜膝~｜乌龟~。❸把盖儿扣在器物上;蒙上▷~锅盖｜~被子｜覆｜掩~。❹印上去▷~章｜~钢印。❺压倒;超过▷海啸声过了一切声响｜~世无双。❻建造;搭盖▷房子~好了｜~个猪圈｜~楼｜翻~。☞上边不要写成"艹"。

溉 gài 12画 氵部 左右
既:彐𠂉𠄌𠄌既
浇灌▷灌~。☞右边是"旡",不要写成"无"。

概 gài 13画 木部 左右
❶气度;风度▷气~。❷大略;大致▷梗~｜~要｜~况。❸一律;没有例外▷~不负责｜~不退换。

gan

干 gān 3画 干部 独体
❶盾▷~戈。❷扰乱▷~扰。❸牵连▷不~我的事｜跟他毫不相~｜~涉。❹指天干,包括甲、乙、丙、丁、戊、己、庚、辛、壬、癸十个字,传统用于纪日、纪年(与地支配合)和排列顺序等▷~支(天干和地支)纪年。❺不含水分或水分极少(跟"湿"相对)▷衣裳还没~｜~粮｜~燥｜~旱。❻枯竭;净尽▷眼泪流~了｜壶里的水熬~了｜~杯。❼空;白白地▷打雷不下雨｜~等了半天｜~着

正字 钙(鈣) 盖(蓋) 干(乾)❺~❿

急。❽拜认的(亲属) ▷~娘|~儿子|~亲。❾加工制成的干的食品 ▷葡萄~儿|豆腐~|饼~。❿不用水的 ▷毛料衣服只能~洗。

另见gàn。

甘 gān 5画 甘部 独体
一廿甘
❶甜;美好(跟"苦"相对) ▷~甜|~露|~泉|同~共苦|苦尽~来。❷情愿;乐意 ▷不~落后|心~情愿|~愿。

杆 gān 7画 木部 左右
杆子,用木头等制成的有专门用途的细长的东西 ▷旗~|标志~|电线~子。

另见gǎn。

肝 gān 7画 月部 左右
肝脏,人和高等动物主要内脏之一。有储存养料、分泌胆汁、解毒、造血等功能。

泔 gān 8画 氵部 左右
泔水,淘米、洗菜、刷锅等用过的水。

柑 gān 9画 木部 左右
常绿灌木或小乔木,果实也叫柑,多汁,味道酸甜可口,果皮、核、叶可以做药材。

竿 gān 9画 竹部 上下
竹竿,削去枝叶的竹子的主干 ▷钓鱼~|立~见影。

杆 gǎn 7画 木部 左右
❶器物上细长的棍状部分 ▷笔~|秤~儿|枪~子。❷量词,用于带杆的东西 ▷一笔|两~秤|几~枪。

另见gān。

秆 gǎn 8画 禾部 左右
高粱、玉米等庄稼的茎 ▷高粱~儿|麻~|秸~。☞跟"杆"不同。

赶 gǎn 10画 走部 半包围
❶追 ▷~上队伍|你追我~|追~。❷加快或抓紧进行 ▷~任务|~做衣服|~路。❸驱逐 ▷把敌人~走|~蚊子。❹驾;驱使 ▷~马|~大车。❺前往参加(有定时的活动) ▷~集|~庙会。❻遇到;碰到 ▷~上一场雪|正~上他不在家|~巧。

敢 gǎn 11画 攵部 左右
耳:丆丅丌耳
❶有勇气;有胆量 ▷勇~|果~。❷表示有勇气做某事 ▷大家~不~应战?|~想~干。

感 gǎn 13画 心部 上下
咸:厂厂咸咸咸
❶受到外界的影响而引起思想情绪变化 ▷~人肺腑|~动|~

赶(趕)

想│～慨│～伤│～受。❷感觉,外界事物在头脑中引起的反应▷手～│口～│快～。❸觉得;认识到▷～到很温暖│深～不安。❹对别人的好意或帮助怀有谢意▷～谢│～激。☞上边是"咸",下边是"心",不要写成半包围结构。

橄 gǎn 15画 木部 左右
[橄榄] gǎnlǎn 常绿乔木,果实也叫橄榄或青果,绿色,可以吃,也可以做药材。

干 gàn 3画 干部 独体
❶事物的主体或主要部分▷树～│躯～│～线│骨～。❷做(事)▷这事我来～│～活儿│巧～│实～。❸办事能力▷才～。❹办事能力强▷精明强～│～练│精～│～将。❺担任(某种职务)▷他在部队～过卫生员。

另见 gān。

赣 gàn 21画 立部 左右
❶赣江,水名,在江西。❷江西的别称。

gang

冈 gāng 4画 冂部 半包围
丨冂冈
较低的山脊▷山～│景阳～。☞统读gāng,不读gǎng。

刚 gāng 6画 刂部 左右
❶坚硬;坚强(跟"柔"相对)▷～直│～强。❷才;方才▷～开完会│天～亮。❸仅仅▷声音不大,～能听见│别人跑了三圈,他～跑了一圈。❹恰好▷不多不少,～好一杯│这双鞋大小～合脚。

肛 gāng 7画 月部 左右
肛管(直肠末端同肛门门连接的部分)和肛门的总称▷脱～│～裂。

纲 gāng 7画 纟部 左右
冈:丨冂冈
鱼网上的总绳,比喻事物最要的部分▷提～挈(qiè)领(提住网的总绳和衣服的领子,比喻把问题简要地提出来)│大～│～领。

钢 gāng 9画 钅部 左右
钅:丿𠂉㇀乍
铁和碳的合金,坚硬而有弹性,是重要的工业材料。
另见 gàng。

缸 gāng 9画 缶部 左右
缶:𠂉午缶
用陶土、瓷土、玻璃等烧制的容器,一般口大底小▷水～│酒～│鱼～。

正字 干(幹) 赣(贛) 冈(岡) 刚(剛) 纲(綱) 钢(鋼)

岗 gǎng 7画 山部 上下
❶地势不高而较平的土石山;隆起的坡地▷黄土～。❷平面上凸起的长条形的东西▷木板没刨平,中间还有一道～子｜脸上有道肉～子。❸军警守卫的位置▷～楼｜哨～站。❹比喻职位▷在～｜下～｜职工。

港 gǎng 12画 氵部 左右
❶水运和空运线上供上下旅客、装卸货物的地方▷～湾｜～口｜不冻～｜航空～。❷指香港▷～币｜～澳(香港和澳门)同胞。☞右下是"巳",不是"己""已"或"巳"。

杠 gàng 7画 木部 左右
❶比较粗的棍棒▷木～｜铁～｜门～。❷体操运动的器械▷单～｜双～｜高低～。❸阅读或批改时画的粗直线▷老师在病句下面画了一道红～。

钢 gàng 9画 钅部 左右
钅:ノ 𠂉 ㇽ ㇽ 钅
把刀放在布、皮子、石头或缸沿上用力磨几下,使刀刃锋利▷把菜刀一一～｜～刀布。
另见gāng。

gao

高 gāo 10画 高部 上下
❶从底部到顶部的距离大;所处的位置到地面的距离大(跟"低"相对,④⑤同)▷楼房很～｜站得真～｜～原｜～大。❷高度,从上到下的距离▷～3米,宽1米｜身～1.9米。❸高的地方▷居～临下｜登～。❹地位、等级在上的▷职务～｜～级｜～等｜～档。❺超出一般的;大于平均值的▷见解比别人～｜热情～｜产量～｜～龄｜～速。❻用于称跟对方有关的事物,表示尊敬▷～寿(用于询问老人的岁数)｜～足(称别人的学生)｜～见。

羔 gāo 10画 羊部 上下
羊:丷䒑羊
小羊;泛指幼小的动物▷羊～｜兔～儿｜鹿～子。

膏 gāo 14画 高部 上下
❶肥肉;脂肪▷民脂民～(比喻人民用血汗换来的财富)。❷浓稠的糊状物▷雪花～｜牙～｜～药。
另见gào。

篙 gāo 16画 竹部 上下
撑船或搭脚手架用的竹竿或木杆▷杉(shā)～｜竹～。☞跟"蒿"(hāo)不同。

糕 gāo 16画 米部 左右
用米粉、面粉等制成的块状食品▷年～｜蛋～｜～点。

gǎo

搞 gǎo 13画 扌部 左右
❶做；干；办▷～行政工作｜～不出什么名堂｜把生产～上去｜～好群众关系｜～一场义演。❷设法得到▷想办法给我～张票｜这种商品一时～不到。❸整(人)▷想办法把对方～垮。

镐 gǎo 15画 钅部 左右
刨土的工具。

稿 gǎo 15画 禾部 左右
❶诗文、公文、图画等的草底▷草～｜初～｜腹～。❷写或画成的文章、图画作品▷投～｜发～｜～件。

告 gào 7画 口部 上下
❶把事情、意见等说给别人听▷～诉｜转～｜劝～｜报～。❷请求▷～假｜央～。❸宣布或表示(过程结束或目标实现)▷～一段落｜～成｜～终。❹表明；表示▷自～奋勇｜～别｜～辞。❺向司法机关检举或控诉▷上法院～他去｜～状｜～发｜控～。

膏 gào 14画 高部 上下
给经常转动的机件等加润滑油▷给缝纫机～点儿油。
另见gāo。

ge

戈 gē 4画 戈部 独体
一七戈戈
古代兵器，横刃，有长柄；泛指武器▷反～一击｜干～。☞跟"弋"(yì)不同。由"戈"构成的字有"伐""找""战""戏""划"等，由"弋"构成的字有"代""式""武""贰"等。

疙 gē 8画 疒部 半包围
[疙瘩]gēda ❶皮肤或肌肉上突起的硬块▷让蚊子咬了个～｜起了一身鸡皮～。❷球形或块状的东西▷冰～｜树～。❸比喻不容易解决的问题▷心里有个解不开的～｜思想～。

哥 gē 10画 一部 上下
哥哥哥哥哥
❶同父母或亲属中同辈而年龄比自己大的男子▷二～｜堂～｜表～。❷对年龄跟自己差不多的男子的敬称▷老大～｜王二～。☞第五画不带钩。

胳 gē 10画 月部 左右
[胳膊]gēbo 臂，从肩到手腕的部分。也说胳臂(gēbei)。

鸽 gē 11画 鸟部 左右
鸟：ケ勺勺鸟鸟
鸽子，鸟，种类很多，其中家鸽

正字 镐(鎬) 鸽(鴿)

翅膀大,飞翔能力极强,有的经训练可以用来传递书信,叫信鸽。

搁 gē 12画 扌部 左右
❶放置▷水果~久了要烂|把花盆~在窗台上。❷放着;暂缓进行▷现在太忙,~一~再说|~置。❸放进;添加▷包饺子多~点肉|~不~味精都行。

另见gé。

割 gē 12画 刂部 左右
害:宀宝害
❶用刀截断;切下▷~稻子|~肉|收~|切~。❷分割;分开▷~地赔款|~让|~裂。❸舍弃▷忍痛~爱|~舍。

歌 gē 14画 欠部 左右
❶唱▷~唱|~咏|~手|~星。❷歌曲▷唱一支~儿|民~|~谱|~词。

革 gé 9画 革部 上下
艹甘革
❶经过去毛并加工的兽皮▷皮~|制~。❷改变;更换▷改~|变~|~新。❸除掉;撤销(职务)▷~职|~除。

阁 gé 9画 门部 半包围
门:丶丆门
❶旧指女子的卧室▷闺~|出~(出嫁)。❷风景区或庭园里供人休息远望的建筑物,多为两层▷亭台楼~。❸指内阁,现代某些国家的最高行政机关▷组~|~员。

格 gé 10画 木部 左右
❶划分成的方形空栏或框子▷橱柜有三个~|花~布|方~。❷标准;格式▷合~|破~|及~|规~。❸品位;品质▷风~|品~|人~|~性。❹打▷~斗(dòu)|~杀。

搁 gé 12画 扌部 左右
禁(jīn)受;承受▷上岁数的人~不住这么折腾|~得住。

另见gē。

葛 gé 12画 艹部 上下
曷:曰曷曷
❶葛麻,草本植物,根肥大,含淀粉,可以吃,也可以做药材,茎皮纤维可织葛布。❷一种有花纹的纺织品▷毛~。

另见gě。

蛤 gé 12画 虫部 左右
[蛤蜊]géli 软体动物,贝壳卵圆形,生活在浅海泥沙中,肉味鲜美。

另见há。

隔 gé 12画 左阝部 左右
❶遮断;阻挡使不能相通

正字 搁(擱) 阁(閣) 搁(擱)

▷河流被大坝～成两段｜～断｜～开｜阻～。❷有距离；相距▷两座大楼相～200米｜～了两年才见面。☞右下"冂"内是"丫"，不是"羊"。

骼 gé 15画 骨部 左右
骨头▷骨～。

个 gě 3画 人部 独体
[自个儿]zìgěr 指自己。
另见gè。

合 gě 6画 人部 上下
市制容量单位，10勺为1合，10合为1升。
另见hé。

葛 gě 12画 艹部 上下
姓。
另见gé。

个 gè 3画 人部 独体
❶量词，用于单独的人或事物以及没有专用量词的事物，也可用于某些有专用量词的事物▷两～人｜三～包子｜一～国家｜四～钟头｜一～想法｜摔了一～跟头｜一～(所)学校。❷单独的；不普遍的▷～人｜～体｜～性。❸指人的身材或物品的体积▷小～子｜这苹果～儿真大。
另见gě。

各 gè 6画 夂部 上下
丿ク夂冬各

❶指一定范围中的所有个体，大体相当于"每个"▷～人｜～家｜～国｜～位来宾｜～条战线｜～种样式。❷表示分别做或分别具有▷双方～执一词｜～有优点｜男女生～半。☞上边是"夂"，不是"夂"。由"各"构成的字有"格""阁""路""赂""洛""骆""落"等。

gei

给 gěi 9画 纟部 左右
❶使对方得到或受到▷～他一支笔｜～孩子点儿水喝。❷被▷衣服～雨淋湿了｜玻璃～人打碎了。❸朝；向▷～教师敬礼｜～人家道歉。❹为；替▷～奶奶端饭｜妈妈～我买了件衣服。
另见jǐ。

gen

根 gēn 10画 木部 左右
艮：フ彐𠄌艮

❶植物茎干下部长在土里的部分▷移栽时不要伤了～｜～深叶茂｜树～。❷物体的下部或同其他东西连着的部分▷墙～儿｜舌～｜～基。❸事物的本源▷这件事得从～儿说起｜刨～问底｜祸～｜～源。❹依据▷～据｜存～。❺从根本上；彻底地

▷～治｜～除。❻量词,用于草木或细条状的东西▷一～草｜两～筷子｜几～钢筋。

跟 gēn 13画 足部 左右
𧾷：𧾷 𧾷 𧾷 𧾷
❶脚的后部或鞋袜的后部▷脚～｜袜子后～｜高～儿鞋。❷紧随在后面向同一方向行动▷他在前面走,我在后面～着｜你走得太快,我～不上。❸同▷我～你一块儿走｜～坏人作斗争｜～去年比,今年夏天热多了。❹和▷王丽～张明都喜欢语文｜桌上摆着纸～墨。

geng

更 gēng 7画 一部 独体
❶改变;改换▷～正｜～改｜～新｜～换。❷古代夜间计时单位,一夜分为五更,每更约相当于两小时▷三～半夜｜～深人静。
另见 gèng。

庚 gēng 8画 广部 半包围
亠广庐庚
天干的第七位。参见"干"(gān)❹。

耕 gēng 10画 耒部 左右
用犁翻地松土▷～地｜～种｜春～。☞左边第一画是横(一),不是撇(丿),右边第三画不要写成竖。

羹 gēng 19画 羊部 上下
蒸成或煮成的汁状、糊状食品▷莲子～｜鸡蛋～。

埂 gěng 10画 土部 左右
❶高出四周的长条形地方▷山～｜土～。❷田间分界处高起的小土梁▷田～｜地～。

耿 gěng 10画 耳部 左右
正直▷～直。

梗 gěng 11画 木部 左右
❶草本植物的茎或枝▷草～儿｜高粱～儿。❷直着;挺着▷把头一～｜～着脖子。❸阻塞;阻碍▷～阻｜～塞(sè)。

颈 gěng 11画 页部 左右
[脖颈子]bógěngzi 脖子的后部。
另见 jǐng。

更 gèng 7画 一部 独体
❶又;再▷～进一步｜～上一层楼(比喻再提高一步)。❷越发;尤其▷任务～艰巨了｜她比以前～用功了｜我佩服他的学问,～敬重他的品德。
另见 gēng。

gong

工 gōng 3画 工部 独体
❶工人▷木～｜矿～｜技

正字 颈(頸)

~|女~。❷生产劳动;工作▷做~|加~|手~|~具。❸一个劳动力干一天的工作量▷耕完这块地需要八个~。❹指工程▷施~|竣~|~期|~地。❺指工业▷轻~产品|化~|~商界。❻精巧;细致▷~笔画|~整。☞"工"作左偏旁时,末笔横要改写成提,如"功""项""巩""攻""劲""颈"等。

弓 gōng 3画 弓部 独体
フ フ 弓
❶发射箭或弹丸的器具▷~箭|弹(dàn)~|拉~。❷形状或作用像弓的器具▷琴~子|弹棉花的绷~|车~子。❸使弯曲▷~着腰|前腿~,后腿蹬。☞第三画是竖折折钩(𠃍)。

公 gōng 4画 八部 上下
❶属于群众、集体或国家的(跟"私"相对)▷~款|~事|~差(chāi)|~务。❷属于群众、集体或国家的事务▷因~出差|办~。❸没有偏私;公正▷~买~卖|~平|~道。❹共同的;公认的▷~约|理|~式。❺国际通用的▷~海|~历|~制。❻公开的▷~报|~演|~判。❼称丈夫的父亲▷~婆。❽雄性的(跟"母"相对)▷~牛|~鸡。

功 gōng 5画 工部 左右
力:丁力
❶作出的贡献;较大的成绩(跟"过"相对)▷丰~伟绩|歌~颂德|立~|~劳。❷成效;效果▷事半~倍|~效|~能。❸作出成效所需要的技术修养▷练~|基本~|~力。

攻 gōng 7画 工部 左右
❶主动打击敌人(跟"守"相对)▷~下敌人的阵地|易守难~|~占|~势。❷专心致志地研究;钻研▷专~数学|~读。

供 gōng 8画 亻部 左右
❶拿出物资或钱财给需要的人使用▷~孩子念书|不应求|~电|~养。❷提供某种东西让人使用▷街头报栏~行人读报|以上意见,仅~参考。☞表示以上意义时不读gòng。
另见gòng。

宫 gōng 9画 宀部 上下
❶古代帝王的住所▷皇~|故~|~殿。❷神话中仙人的住所▷天~|龙~|月~。❸某些文化娱乐场所的名称▷文化~|少年~|民族~。

恭 gōng 10画 小部 上下
小：丨小小小
严肃而有礼貌▷～贺新年｜谦～｜～敬｜～喜。☞下边不要写成"小"或"水"。

蚣 gōng 10画 虫部 左右
[蜈蚣]wúgōng 见"蜈"。

躬 gōng 10画 身部 左右
身：丿丨冂月身身
❶身体▷鞠～。❷身体向前弯曲▷～身下拜。☞"身"作左偏旁时,最后一画撇的右上不出头。

巩 gǒng 6画 工部 左右
凡：几凡
牢固；坚固▷～固。

汞 gǒng 7画 工部 上下
金属元素,银白色液体,有毒,可用于制造镜子、温度计、血压计、药品等。也说水银。

拱 gǒng 9画 扌部 左右
❶两手在胸前合抱,表示敬意▷～手。❷弧形的(建筑物)▷～门｜石～桥。❸(肢体)向上耸或向前弯成弧形▷～肩缩背｜～腰。❹向前或向上顶；向里或向外钻▷～开大门｜猪用嘴～地｜小孩儿从人群里～出去了｜麦苗儿～出土了。☞不读gōng或gòng。

共 gòng 6画 八部 上下
❶一起承受或进行▷同甘苦,～患难｜～事。❷大家都具有的；相同的▷～性｜～识。❸一同；一齐▷和平～处｜～存｜～管。❹总计；合计▷～来了九个人｜～写了两万字｜～五本。❺指共产党▷中～中央。

贡 gòng 7画 工部 上下
❶古代臣民把东西献给君主▷～品｜～献。❷献给君主的东西▷进～。

供 gòng 8画 亻部 左右
❶向神佛或祖先献祭品▷桌上～着果品｜～佛｜～品。❷所献的祭品▷摆～｜上～。❸受审的人交代案情▷～出同案犯｜～词｜～状。❹受审的人交代的话▷翻～（推翻原先的供词）。
另见gōng。

gou

勾 gōu 4画 勹部 半包围
丿勹勾勾
❶用钩形符号表示重点或删掉▷把重点词～出来｜～掉这笔账｜一笔～销。❷描画▷几笔就～出远山的轮廓｜～脸｜画。❸结合；串通▷～结｜～搭

|～通。❹引出▷几句话～起了我的回忆。☞跟"勺"(sháo)"句"(jù)不同。
另见gòu。

沟 gōu 7画 氵部 左右
❶一种流水的通道▷门前有条～|排水～|暗～|山～。❷沟状的防御工事▷壕～|交通～。❸像沟的浅槽▷车轮把耕地压了几道～|瓦～。

钩 gōu 9画 钅部 左右
钅：丿𠂉𠂉𠂉钅钅
❶悬挂、探取东西的用具,形状弯曲▷把铁丝穿个～|秤～|火～子|鱼～|衣～。❷用钩状的东西探取或悬挂▷用拐棍儿把床底下的鞋～出来|双脚～住单杠,倒挂在空中。❸用带钩的针编织▷～一块桌布|～花边。❹汉字的笔画,形状是"亅""乚""→""乚"等▷竖～|斜～|横～|竖弯～。❺钩形符号,形状是"√",用来表示正确或合格▷对的打个～,错的打个叉。☞跟"钓"(diào)"钧"(jūn)不同。

苟 gōu 8画 艹部 上下
❶随便;马虎▷一丝不～。❷只顾眼前,得过且过▷～全性命|～活|～安。

狗 gǒu 8画 犭部 左右
家畜,听觉和嗅觉灵敏,可以看守门户,有的品种训练后可以帮助侦察、打猎。

勾 gòu 4画 勹部 半包围
[勾当]gòudàng 不好的行为▷干些见不得人的～。
另见gōu。

构 gòu 8画 木部 左右
❶把各个组成部分安排、结合起来▷～筑|～件|～图|～词。❷结成(用于抽象事物)▷～思|～虚。

购 gòu 8画 贝部 左右
买▷～买|～置|采～|收～。

垢 gòu 9画 土部 左右
脏东西▷污～|油～|泥～。☞不读hòu。

够 gòu 11画 夕部 左右
❶满足或达到所需要的数量、标准等▷买票的钱～了不～|资格|粮食～吃了|袖子不～长。❷表示程度高▷天气真～冷|事情～难办的。

gu

估 gū 7画 亻部 左右
大致推算▷一～这筐梨有多重|～价|～计|～量。

另见 gù。

咕 gū 8画 口部 左右
拟声词,模拟某些鸟的叫声▷鸽子~~地叫。

沽 gū 8画 氵部 左右
买▷~酒|~名钓誉(捞取名誉)。

孤 gū 8画 子部 左右
瓜:厂瓜瓜
❶幼年失去父亲或父母亲的▷~儿。❷单独▷~雁|~军|~单|~立|~独。

姑 gū 8画 女部 左右
❶父亲的姐妹▷二~|~母。❷丈夫的姐妹▷~嫂|大~子|小~子。❸出家修行或从事迷信职业的妇女▷尼~|道~|三~六婆。

骨 gū 9画 骨部 上下
❶[骨朵儿]gūduor 还没有开放的花朵▷花~。❷[骨碌]gūlu 滚;翻滚▷把油桶~过来|从床上一~爬起来。
另见 gǔ。

菇 gū 11画 艹部 上下
蘑菇▷香~|冬~。

辜 gū 12画 辛部 上下
❶罪;罪过▷死有余~|无~。❷[辜负]gūfù 对不住(别人的好意或帮助)▷~了他的一番好意。☞下边不要写成"幸"。

箍 gū 14画 竹部 上下
匝:币匝
❶用竹篾、金属条、带子等勒(lēi)紧或套紧▷~水桶|头上~着条白带子|袖子太瘦,~得慌。❷勒在或套在外面的圈儿▷孙悟空头上有个金~|胳膊上带着红~儿|铁~。

古 gǔ 5画 十部 上下
❶过去已久的年代;很久以前(跟"今"相对)▷~今中外|~往今来|远~|上~。❷古代的事物▷访~|考~。❸过去很久的;年代久远的▷数这座庙最~|~书|~画|~老|~旧。

谷 gǔ 7画 谷部 上下
❶两山之间狭长的夹道或水道▷山~|河~。❷粮食作物的统称▷五~|~物。❸谷子,一种粮食作物,脱壳后叫小米▷~穗儿|~草。❹稻子或稻子的子实▷稻~。

股 gǔ 8画 月部 左右
❶大腿,从胯到膝盖的部分▷~骨。❷组成线、绳的一部分▷四~的粗毛线。❸量词。a)用于条形的东西▷一~线|两~道。b)用于气体、气

正字 谷(穀②~④)

味、力气等▷一~热气|一~清香|一~猛劲儿。c)用于成批的人(多含贬义)▷几~土匪|一~敌军。❹财物分配或集合资金中的一份▷家产按三~均分|入~|~东|~金。☞右上是"几",不带钩。

骨 gǔ 9画 骨部 上下
❶骨头,人和脊椎动物体内起支撑作用的坚硬组织▷~肉相连|筋~|肋~|软~。❷比喻人的品格、气概▷~气。❸物体内部起支撑作用的架子▷伞~|扇~|钢~水泥。☞第三画是横折(フ)。
另见gū。

贾 gǔ 10画 覀部 上下
商人▷商~。
另见jiǎ。

鼓 gǔ 13画 鼓部 左右
❶打击乐器,多为圆柱形,中间空,两面或一面蒙着皮子▷敲锣打~|腰~|大~。❷敲、弹或拍,使某些乐器或东西发出声音▷~琴|~掌。❸振奋▷~起勇气|~动|~励|~舞。❹凸起▷~着腮帮子|这堵墙有点向外~|书包装得~~的。☞右边不要写成"支""攵"。

估 gù 7画 亻部 左右
[估衣]gùyi 过去称出售的旧衣服。
另见gū。

固 gù 8画 囗部 包围
❶结实;牢靠▷坚~|牢~|稳~。❷坚硬▷~体|~态|凝~。❸不易改变的▷~执|顽~。❹坚决▷~守。❺[固然]gùrán 表示先承认某个事实,引起下文的转折▷这个办法~好,但目前还做不到。

故 gù 9画 攵部 左右
❶原因▷无缘无~|借故推辞|缘~。❷指意外的或不幸的事情▷事~|变~。❸故意,有意识地或有目的地(做)▷明知~犯|~作镇静。❹原来的;过去的▷~乡|~地|~居。❺指老朋友▷沾亲带~|一见如~。❻(人)死亡▷病~|~去。

顾 gù 10画 页部 左右
厄:丆厄
❶回头看;看▷瞻前~后|回~|环~|左~右盼。❷商业、服务行业称服务对象到来▷惠~|~客。❸照顾;怜惜▷事太多,~不过来|~此失彼|奋不~身。

正字 贾(賈) 顾(顧)

雇 gù 12画 户部 半包围
❶出钱让人做事▷~一位保姆|~用|解~。❷出钱临时使用别人的车、船等▷~车|~船|~牲口。☞右下是"隹",不是"佳"。

gua

瓜 guā 5画 瓜部 独体
一厂瓜瓜
蔓生植物,果实也叫瓜,可以吃。种类很多,如冬瓜、南瓜、黄瓜、丝瓜、西瓜、香瓜等。☞跟"爪"(zhǎo)不同。由"瓜"构成的字有"孤""呱""狐"等。

呱 guā 8画 口部 左右
拟声词,模拟鸭子、青蛙的叫声▷青蛙~~地叫着。

刮 guā 8画 舌部 左右
❶用有锋刃的器具挨着物体的表面移动,清除附着在上面的东西▷|水垢该~了|~锅底|~胡子|~刀。❷用各种方法掠夺(财物)▷搜~民财。❸贴着物体的表面均匀涂抹▷~糨子|先~泥(nì)子再刷漆。❹(风)吹▷~大风了。

寡 guǎ 14画 宀部 上下
❶少(跟"众""多"相对)▷敌众我~|沉默~言。❷死

了丈夫的▷~妇|~居。

卦 guà 8画 卜部 左右
古代占卜(预测祸福)用的符号▷八~(象征天、地、雷、风、水、火、山、泽八种自然现象的符号)|算~。

挂 guà 9画 扌部 左右
圭:⼟圭
❶用钩子、钉子等使物体悬在某个地方▷墙上~着字画|把大衣~在衣架上|悬~。❷惦记▷从来不把家里的事~在心上|~念|~记|牵~。❸表面带着;蒙着▷脸上~着笑容|玻璃上~了一层霜。❹量词,用于成串成套的东西▷一~鞭炮|拴了一~大车。❺登记▷~失|~号。

褂 guà 13画 衤部 左右
中式的单衣▷短~儿|大~儿|~子。

guai

乖 guāi 8画 丿部 特殊
千千乖乖乖
❶机灵;伶俐▷你嘴倒挺~|上了一次当就学~了|~巧。❷(小孩儿)不淘气;听话▷小宝贝真~|~孩子。☞由"千"和"北"构成。

正字 刮(颳)

拐 guǎi 8画 扌部 左右
❶走路时拄的棍子,手拿的一端一般有弯把(bà)儿▷~棍|~杖。❷下肢患病或伤残的人拄在腋下帮助走路的棍子,上端有横木|架着双~。❸瘸(qué)▷~着腿走|一瘸一~。❹转弯;行进时改变方向▷往东一~就是商店|~进一条小巷|~弯。❺把人或财物骗走▷孩子被骗子~走了|~带|~卖。

怪 guài 8画 忄部 左右
❶奇异的;不常见的▷这人脾气真~|~现象|~物古~。❷奇异的事物或人▷妖魔鬼~|妖~。❸感到惊奇▷大惊小~。❹非常;很▷这花香的|~不好意思。❺埋怨;责备▷这事不能~他|责~|~罪。☛右边不要写成"圣"。

guan

关 guān 6画 丷部 上下
❶闭;使开着的东西合上(跟"开"相对)▷把门~上|~好箱子。❷放在里面不让出来▷罪犯被~起来了|把老虎~在笼子里|~押。❸停止营业;歇业▷由于不善经营,只好把铺子~了|~张。❹使开动的机器、电气设备等停止工作▷~机|~灯|~电视。❺古代在险要地方或边境出入口设立的守卫处所▷山海~|~隘|~口|~边。❻城门外附近的地方▷城~|北~|~厢。❼对进出口货物查验和收税的机构▷海~|~税。❽比喻困难的一段时间▷难~|年~。❾起关联转折作用的环节▷突破这一~|紧要~头|~节|~键。❿牵涉;牵挂▷不~你的事|~心|~怀|~照|有~人员。

观 guān 6画 又部 左右
❶看;察看▷走马~花|~察|~测|~看。❷看到的景象▷洋洋大~|改~|壮~|外~。❸对事物的认识或态度▷人生~|价值~|乐~。

另见 guàn。

官 guān 8画 宀部 上下
目:丨尸目
❶属于国家或政府的▷~办|~价|~商。❷国家机构中经过任命、达到一定级别的公职人员▷政府~员|外交~|法~。❸器官,生物体上具有某种独立生理机能的部分▷五~|感~|~能。

冠 guān 9画 冖部 上下
冖二元冠

正字 关(關) 观(觀)

❶帽子▷衣～整齐|王～|桂～|免～照片。❷像帽子的东西▷鸡～|花～|树～。☞㊀跟"寇"(kòu)不同。㊁"冠心病""冠状动脉"的"冠",不读guàn。

另见guàn。

倌 guān 10画 亻部 左右
农村中专门饲养某些家畜的人▷猪～儿|羊～儿。

棺 guān 12画 木部 左右
棺材,装死人的器具▷～木|水晶～。

馆 guān 11画 饣部 左右
❶供宾客、旅客居住的场所▷宾～|旅～。❷一个国家在另一个国家办理外交的人员办公的处所▷大使～|公使～|领事～。❸开展文化体育活动的场所▷图书～|博物～|体育～|文化～。❹某些服务行业店铺的名称▷饭～|茶～|理发～|照相～。

管 guǎn 14画 竹部 上下
❶指笛、箫、号等吹奏的乐器▷黑～|双簧～|～乐器。❷泛指细长中空的圆筒▷竹～|钢～|输油～。❸特指外形像管的电器件▷真空～|电子～|晶体～。❹管辖;管理▷这个县～着七八个乡|分～教学|～伙食。❺照料;约束▷～孩子|这学生得好好～一～了|～教。❻过问;参与▷～闲事|楼道卫生要大家～。❼不管;无论▷～他什么难关,都要闯过去|～他三七二十一,先干起来再说。❽负责供给▷～吃～住。❾保证▷次品～换|～保。❿把(跟"叫"连用)▷大家～他叫"小辣椒"|有些地区～土豆叫洋芋。☞上边不要写成"艹"。

观 guàn 6画 又部 左右
道教的庙宇▷白云～。

另见guān。

贯 guàn 8画 毌部 上下
毌:乚口四毌
❶穿过;连通▷如雷～耳|～穿|横～|～通|～连～。❷世代居住的地方;出生地▷籍～。☞上边不要写成"毋"。

冠 guàn 9画 冖部 上下
❶超出众人,居第一位▷～军。❷指冠军▷夺～|学习成绩为全班之～。

另见guān。

惯 guàn 11画 忄部 左右
❶经常接触而逐渐适应;习以为常▷干～了,不觉得累|看不～|～例|习～。❷纵容;过分宠爱▷把孩子给～坏了|娇生～养|娇～。

灌

灌 guàn 20画 氵部 左右
亻 亻 伫 伫 佳

❶把水放进田里；浇地 ▷放水~田｜春~｜~溉｜排~｜喷~。❷把液体、气体或颗粒状物体倒进去或装进去 ▷~开水｜~暖壶｜~了一肚子凉气｜鞋里了好多沙子。

鹳 guàn 22画 鸟部 左右
鸟，形状像鹤，常在水边活动，捕食鱼、虾、蛙、贝等。

罐 guàn 23画 缶部 左右
罐子，盛东西用的大口圆筒形器皿 ▷玻璃~儿｜瓦~｜瓶瓶~~｜~头。

guang

光 guāng 6画 ⺌部 上下
⺌ ⺌ ⺌ ⺌ 光 光

❶太阳、火、电等放射出来照耀在物体上，使眼睛能看见物体的那种物质 ▷发~｜阳~｜火~｜灯~｜~线。❷明亮 ▷~明～亮｜~辉｜~泽。❸光彩；荣誉 ▷为集体争~｜增~｜~荣。❹表示对方的行动使自己感到光荣 ▷~临｜~顾。❺时间；日子 ▷时~｜~阴。❻景色；景物 ▷春~明媚｜观~｜风~。❼光滑；平滑 ▷地板擦得挺~｜~溜｜~润｜~洁。❽净；尽；一点不剩 ▷钱花~了｜把病虫害消灭~｜吃~喝~。❾露出（身体）▷~着身子｜~脚。❿只；仅 ▷~动嘴，不动手｜他不~想到了，也做到了。☞"光"作左偏旁时，最后一画竖弯钩改成竖提（亅），如"辉""耀"。

胱 guāng 10画 月部 左右
[膀胱] pángguāng 见"膀"。

广 guǎng 3画 广部 独体
❶宽大；宽阔 ▷受灾面很~｜~场｜~阔｜宽~。❷扩大 ▷推~。❸普遍 ▷用途很~｜~泛。❹多 ▷大庭~众。❺指广东 ▷~柑｜两~（广东和广西）。

逛 guàng 10画 辶部 半包围
闲游；游览 ▷~大街｜~庙会｜东游西~｜闲~。

gui

归 guī 5画 彐部 左右
❶返回 ▷早出晚~｜回~｜~国｜~途。❷还给；使返回 ▷物~原主｜~还。❸集中到一起 ▷把垃圾~到一块儿｜~并｜~结。❹属于（谁所有）；由（谁负责）▷土地~国家所有｜房子~他，家具~你｜派车~他

正字　鹳（鸛）　广（廣）　归（歸）

管|～属。❺珠算中指一位除数的除法▷九～。☞第二画是竖撇(丿),跟"旧"(jiù)不同。

龟 guī 7画 龟部 上下
⺈⺈色龟
乌龟,爬行动物,背部有甲壳,头、尾和脚能缩入甲壳内。多生活在水边,寿命很长。

规 guī 8画 见部 左右
❶画圆的工具▷圆～|两脚～。❷法度;准则▷～则|范|法～|校～。❸打算;谋划▷～划|～定。❹劝告▷～劝。

闺 guī 9画 门部 半包围
旧指女子的居室▷～房|～女。☞跟"闰"(rùn)不同。

硅 guī 11画 石部 左右
非金属元素,是重要的半导体材料,硅酸盐可以制造水泥和玻璃。

瑰 guī 13画 王部 左右
❶珍奇;珍贵▷～宝|～丽。❷[玫瑰]méigui 见"玫"。☞不读guì。

轨 guī 6画 车部 左右
车一七车车
❶轨道,事物运行的一定的路线,特指用条形的钢材铺成的供火车、电车等行驶的道路▷～迹|火车出～了|无～电车。

❷铺设火车道等用的长条钢材▷钢～|铁～。❸比喻法度、规矩、秩序等▷越～|常～|步入正～。☞右边是"九",不是"丸"。

诡 guī 8画 讠部 左右
狡诈;虚伪▷～计多端|～辩。☞右下是"巳",不是"巳"或已。

鬼 guī 9画 鬼部 独体
⺈白甶鬼鬼
❶迷信的人指人死后能离开躯体而存在的灵魂▷世界上没有～|～魂|～神。❷对具有某种特点的人的蔑称▷胆小～|酒～|吸血～|讨厌～|～子。❸不可告人的打算或行为▷这事有～|捣～。❹不正大光明;不正当▷～头～脑|～～祟祟|～混。❺不好的;糟糕的▷～天气|～地方。❻机灵▷这小家伙真～。❼对人的爱称(多用于未成年人)▷小～|机灵～儿。☞第六画是长撇,不要断成一竖一撇。由"鬼"构成的字有"瑰""槐""魂""魔""魄""魁""魏"等。

癸 guī 9画 癶部 上下
フヌ癶癶癸
天干的第十位。参见"干"(gān)❹。☞上边是"癶",不是

"癸"。由"癸"构成的字有"葵"。

柜 guì 8画 木部 左右
巨:一コ巨
柜子,装东西的家具,通常为长方形,有盖或有门▷衣~|书~|保险~|~橱|~台。☞最后一画是竖折(乚)。

刽 guì 8画 刂部 左右
[刽子手]guìzishǒu 旧指执行死刑的人,后来多比喻屠杀人民的人。☞统读guì,不读kuài。

贵 guì 9画 贝部 上下
❶价格或价值高(跟"贱"相对)▷这本字典不~|春雨如油|昂~。❷社会地位高▷~族|~人|~宾|富~。❸值得珍视或珍爱的▷宝~|可~|名~|珍~。❹称跟对方有关的事物,表示尊敬▷~姓|~校|~处。

桂 guì 10画 木部 左右
❶肉桂,常绿乔木,木材可以制家具;树皮叫桂皮,嫩枝叫桂枝,都可以做药材。❷月桂,常绿乔木,花可以供观赏,叶子和果实可以提取芳香油。❸桂花,常绿小乔木或灌木,开白色、红色或黄色花,有特殊的香味,是珍贵的观赏植物。❹广西的别称▷~剧。

跪 guì 13画 足部 左右
两膝弯曲,单膝或双膝着地▷~在地上|下~|~射。

gun

滚 gǔn 13画 氵部 左右
❶旋转着移动;使翻转▷石头从山坡上~下来|~雪球|翻~|打~儿。❷液体达到沸点而翻腾▷油~了。❸走开(用于辱骂或斥责)▷~出去|~开。❹非常;特别▷~圆|~烫|~热。☞右边中间是"公",上下合起来是"衣"。

棍 gùn 12画 木部 左右
比:一匕比比
❶棍子,圆长条形,多用木、竹截成或金属制成▷拄着~儿|木~|铁~|~棒。❷指具有某种特点的坏人▷恶~|赌~。

guo

郭 guō 10画 右阝部 左右
古代城墙以外围着的大墙▷城~。

锅 guō 12画 钅部 左右
呙:冂吕呙
❶煮饭烧菜的用具,多用铁、铝

正字 柜(櫃) 刽(劊) 贵(貴) 锅(鍋)

或不锈钢等制成▷铁~|蒸~|高压~|~台。❷形状像锅的东西▷烟袋~。

蝈 guō 14画 虫部 左右
[蝈蝈儿]guōguor 昆虫,腹部大,雄的能振翅发出清脆的声音。

国 guó 8画 囗部 包围
玉：一二干王玉
❶国家▷为~争光|祖~|~际|~外。❷代表国家的▷~旗|~歌|~徽。❸指我国的▷~产|~画|~货。

果 guǒ 8画 丨部 独体
曰旦果
❶植物的果实▷开花结~|~树|~园|水~|干~。❷事情的最后结局(跟"因"相对)▷前因后~|成~|恶~。❸果然;确实▷~不其然|~真。❹坚决;不犹豫▷~敢|~断。

裹 guǒ 14画 亠部 上下
❶包;缠绕▷把伤口~好|~腿|包~。❷强行卷入▷暴雨~着冰雹猛砸下来|游行的人群把路边看热闹的也~了进去。☞中间是"果",上下合起来是"衣"。

过 guò 6画 辶部 半包围
寸 寸 寸 过 过
❶从一个地方移到另一个地方;经过▷~了这条街就到了|~河|路~|~客|~来。❷经历;度过(一段时间)▷~着幸福的生活|再~半年就毕业了|~节|~冬。❸从一方转移到另一方▷姑娘还没~门|~户|~继|~账。❹使经过(某种处理)▷您~个数|把衣裳~一下水|~秤|~油肉。❺超出(某种界限)▷放学时间早~了|~量|~期|~火。❻超过某种限度的▷~多|~细|~激|~敏。❼过失;错误(跟"功"相对)▷将功补~|~错|罪~|记~。
另见guo。

过 guo 6画 辶部 半包围
❶表示动作已经完成或曾经发生过▷吃~饭再去|会已经开~了|这本书我看~|他没去~上海。❷表示曾经有过某种性质或状态▷立秋以前还热~几天|他家以前也穷~,现在富裕了。
另见guò。

正字 蝈(蟈) 国(國) 过^{guò}(過) 过^{guo}(過)

H

ha

哈 hā 9画 口部 左右
❶(人)张嘴呼气▷~气。❷表示得意或惊喜▷~~~,这下可好了！|~,我们班受表扬啦！❸拟声词,模拟大笑的声音▷~~~,传来一阵笑声|~~大笑。❹弯(腰)▷~着腰跑过去|点头~腰。

另见hǎ。

蛤 há 12画 虫部 左右
[蛤蟆]háma 青蛙和癞蛤蟆的统称。

另见gé。

哈 hǎ 9画 口部 左右
❶[哈巴狗]hǎbagǒu 一种个子小、毛长、腿短的狗。也说狮子狗或巴儿狗。❷[哈达]hǎdá 藏族和部分蒙古族人表示敬意或祝贺用的长条丝巾,多为白色。

另见hā。

hai

咳 hāi 9画 口部 左右
❶表示招呼或提醒▷~,你到哪儿去？|~,大家快来呀！❷表示惊奇▷~,能有这样的好事吗？

另见ké。

还 hái 7画 辶部 半包围
❶仍然▷他~在写作业|天气~那么热。❷再;又▷会读,会写,~要会用|问了姓名、年龄,~问了些别的问题。❸更加▷今年比去年~热|成绩比预想的~好。❹表示勉强达到一般的程度▷身体~好|这篇作文写得~不错。❺表示超出预料▷想不到你~真把事儿办成了。

另见huán。

孩 hái 9画 子部 左右
子:一了子
儿童▷男~儿|小~子。

海 hǎi 10画 氵部 左右
母:乚㇉乛母母
❶靠近大陆比洋小的水域▷黄~|出~|~浪|~港|~外。❷海里生长或出产的▷~龟|~带|~鲜。❸用于湖泊的名称▷青~|中南~。❹比喻聚集成一大片的人或事物▷人~|火~|林~。❺大▷~碗|夸下

亥 hài 6画 亠部 独体
亠ナ歹亥
地支的第十二位。参见"支"⑦。☞最后一画不是捺。由"亥"构成的字有"孩""骇""咳""该""核"等。

骇 hài 9画 马部 左右
惊吓▷~人听闻(听了使人吃惊)|惊~。

害 hài 10画 宀部 上下
宀宀宝害
❶使受到损失;引起不良后果▷~人不浅|~得我连饭也没吃上|危~|迫~|损~。❷坏处▷这种药对人体有~|有益无~。❸祸患;灾祸▷为百姓除了一~|祸~|病虫~|水~。❹有害的(跟"益"相对)▷~虫|~鸟。❺杀;杀死▷被~身亡|杀~|遇~。❻患(病)▷~了一场病|~眼。❼产生(不安的感觉或情绪)▷~怕|~臊|~羞。☞中间是"丰"。由"害"构成的字有"割""豁""辖""瞎"等。

han

酣 hān 12画 酉部 左右
❶畅快;尽兴▷~畅|~

睡。❷(战斗)激烈▷~战。

憨 hān 15画 心部 上下
❶傻▷这人有点~,跟他说什么,他都没有反应|~笑。❷朴实▷~厚|~直。

鼾 hān 17画 鼻部 左右
熟睡时粗重的呼吸声▷打~|~声。

汗 hán 6画 氵部 左右
可汗(kèhán)的简称▷成吉思~。
另见hàn。

含 hán 7画 口部 上下
❶嘴里放着东西,不嚼不咽也不吐▷嘴里~着糖|~一口水。❷藏在(里面);包括▷眼眶里~着泪|蔬菜中~多维生素|~义|包~。❸怀着(某种情感)▷~恨|~羞|~笑。☞上边是"今",不是"令"。

函 hán 8画 凵部 半包围
了了豕函函
信▷来~|公~|~件|~授。

涵 hán 11画 氵部 左右
包容;包含▷海~(照顾不周,请多包~)|~养|内~。

韩 hán 12画 韦部 左右
韩:十吉直韩
姓。☞右边不要写成"卜"。

寒 hán 12画 宀部 上下
玉：=井玊
❶冷▷天~地冻｜~风｜~冷。
❷寒冷的季节(跟"暑"相对)▷~来暑往｜~假。❸比喻害怕▷胆~。❹贫困▷贫~。

罕 hǎn 7画 干部 上下
稀少▷~见｜希~。☞不读hàn。

喊 hǎn 12画 口部 左右
咸：厂戸咸咸咸
❶大声呼叫▷~口号｜大~大叫｜呼~｜叫~。❷招呼；叫(人)▷请你~他一声。

汉 hàn 5画 氵部 左右
❶汉水，水名，源出陕西，经湖北流入长江。❷汉族▷~人｜~字｜~语。❸男子▷大~｜男子~｜~子。

汗 hàn 6画 氵部 左右
从皮肤表面排出的液体▷~流满面｜出~｜~水。
另见hán。

旱 hàn 7画 日部 上下
❶长时间不下雨或雨量太小，田地缺水(跟"涝"相对)▷天~｜~干｜~灾｜~情。❷指旱灾▷抗~｜防~。❸表示跟水无关或属于陆地上的▷~烟｜~伞｜~鸭子｜~冰。❹指陆路交通▷~路。

捍 hàn 10画 扌部 左右
保卫▷~卫祖国。

悍 hàn 10画 忄部 左右
❶勇猛；精干(gàn)▷强~｜短小精~。❷凶暴；蛮横(hèng)▷凶~。

焊 hàn 11画 火部 左右
用熔化的金属连接或修补金属器物▷接口~得不结实｜~铁壶｜~接｜电~。

撼 hàn 16画 扌部 左右
摇动▷震~｜摇~。

翰 hàn 16画 卓部 左右
羽：冂彐羽羽
长而硬的羽毛；借指毛笔、文章、书信等▷挥~｜~墨｜文~。☞右边"羽"上没有一横。

憾 hàn 16画 忄部 左右
不满意；失望▷遗~｜缺~。

瀚 hàn 19画 氵部 左右
形容广大的样子▷浩~(广大；众多)｜~海(沙漠)。

hang

夯 hāng 5画 大部 上下
❶砸实地基的工具▷打~｜木~｜石~｜铁~。❷用夯

正字 汉(漢)

砸▷把地基～结实|～地。

行 háng 6画 彳部 左右
❶行列,人或物排列成的一字形▷站成五～|单～|杨柳成～。❷排行,兄弟姐妹按出生先后排列顺序▷我～三|你～几？❸量词,用于成行的东西▷两～眼泪|四～果树|写了几～字。❹某些营业机构▷商～|拍卖～。❺行业;职业▷各～各业|干一～爱一～|同～|改～。❻指行业的知识、经验▷懂～|内～|～家。
　另见 xíng。

吭 háng 7画 口部 左右
喉咙;嗓子▷引～高歌(放开喉咙高声歌唱)。☞不读 kàng。
　另见 kēng。

杭 háng 8画 木部 左右
指杭州▷～纺(杭州出产的纺绸)。

航 háng 10画 舟部 左右
(船)行驶;(飞行器)飞行▷～行|～向|～海|～空|～天。

巷 hàng 9画 己部 上下
⺷：一卄卄
[巷道] hàngdào 采矿或探矿时挖的坑道。

　另见 xiàng。

hao

蒿 hāo 13画 艹部 上下
蒿子,草本植物,常见的有茼(tóng)蒿、青蒿、艾蒿等,都带有特殊气味,有的可以吃,有的可以熏蚊子、做药材。☞跟"蒿"(gāo)不同。

号 háo 5画 口部 上下
号号号
❶拉长声音大叫▷呼～|～叫◇狂风怒～。❷高声哭叫▷哀～|～哭|寒～虫。☞下边"丂"最后一画向上不出头。
　另见 hào。

毫 háo 11画 毛部 上下
❶动物身上细长而尖的毛▷羊～笔|～毛。❷指毛笔▷挥～(用毛笔写字或画画)。❸计量单位名称。a)市制长度或重量,10丝为1毫,10毫为1厘。b)用在某些计量单位前面,表示这个单位的千分之一▷～米|～克|～升。❹极少;一点儿(只用于否定式)▷～不费力|～无办法。

豪 háo 14画 豕部 上下
豕：一丆豕豕
❶才能出众的人▷文～|英～|～杰。❷气魄大;直爽痛快▷

号(號)

壕 háo 17画 土部 左右
沟▷防空~|战~|~沟。

嚎 háo 17画 口部 左右
(动物)大声叫▷鬼哭狼~|~叫。

好 hǎo 6画 女部 左右
ㄑ 女 女 奵 好

❶美;优点多的;令人满意的(跟"坏"相对)▷这孩子长得真~|这地方挺~|~脾气|美~|良~。❷友爱;和睦▷关系一天比一天~|~朋友|友~|和~。❸表示动作已经完成▷衣服做~了|晚饭准备~了。❹(生活)幸福;(身体)健康;(疾病)消失▷你~哇!|身体比以前~多了|感冒还没~。❺强调程度深、数量多或时间久▷~大的广场|~漂亮|来了~多人|去了~几年。❻表示赞同、答应、结束或不满、警告等语气▷~,这个主意不错|~吧,就这么办|~,就谈到这儿吧|~,这下可糟了!|~,等着瞧吧!❼容易(跟"难"相对)▷这事办|四川话~懂。❽可以;以便▷留下地址,有事~给你写信|把房间收拾干净~招待客人。❾表示效果好▷~用|~吃|~看|~听|~受。

另见hào。

号 hào 5画 口部 上下
❶发出的命令▷口~|发~施令。❷军队或乐队里使用的西式喇叭▷吹~|军~|圆~。❸用军号吹出的表示一定意义的声音▷冲锋~|集合~|熄灯~。❹名称▷国~|年~|牌~|称~。❺标记;信号▷记~|符~|暗~。❻表示次序的记号;排定的次序▷把书编上~|对~入座|门牌25~|~码。❼表示不同的等级或规格▷特大~的鞋|中~|二~电池|型~。☞最后一画向上不出头。

另见háo。

好 hào 6画 女部 左右
❶喜爱;喜欢▷从小就~武术|~客|~强|~吃懒做。❷容易(发生某种事情)▷~闹感冒|~哭。

另见hǎo。

耗 hào 10画 耒部 左右
耒:一三丰未耒

❶减损;消费▷壶里的水~干了|~精神|消~|~费。❷(坏的)消息▷噩~(人死的消息)。❸拖延;消耗(时间)▷别~着,快

正字 号(號)

说!｜～时间。❹[耗子]hàozi 老鼠。

浩 hào 10画 氵部 左右
(气势、规模等)大▷～大｜～荡｜～劫。

he

呵 hē 8画 口部 左右
❶大声斥责▷～斥｜～责。❷呼(气)▷～了一口气｜～了手。❸[呵呵]hēhē 拟声词,模拟笑声▷笑～。☞不读hā。

喝 hē 12画 口部 左右
曷:曰勹曷
❶吸食液体或流质食物▷～茶｜～汽水｜～牛奶｜～汤｜～粥。❷特指饮酒▷今天～多了｜醉了。☞右下不要写成"甸"。
另见hè。

禾 hé 5画 禾部 独体
谷类作物的幼苗;特指水稻的植株▷～苗｜～穗。☞中间不是竖钩(亅)。"禾"作左偏旁时,最后一画捺要改成点(丶),如"和""秋""私"。

合 hé 6画 人部 上下
❶闭;对拢(跟"开"相对)▷乐得～不上嘴｜把书～上｜～眼｜～抱。❷聚集到一起;结合为一体(跟"分"相对)▷两班学生～到一起｜～伙｜～并｜集～。❸共同;一起▷～编｜～唱｜～办。❹符合;适合▷你的话正～我意｜这双鞋不～脚｜～格｜～法。❺相当于;折合▷1市斤500克｜加上损耗,～两块钱1斤。
另见gě。

何 hé 7画 亻部 左右
可:一口可
表示疑问。❶什么▷～人｜～事｜～故｜～时｜为～。❷哪里▷用意～在｜从～说起。❸为什么;怎么▷～不试试｜～至于落到这种地步?

和 hé 8画 禾部 左右
❶配合或相处得好▷天时地利人～｜～谐｜～睦。❷温和;不激烈;不粗暴▷心平气～｜颜悦色｜谦～｜～缓｜～善｜～蔼。❸气候温暖▷风～日丽｜天气晴～｜～暖。❹比赛不分胜负▷这盘棋～了｜～局｜～棋。❺跟;同;对▷有事～群众商量｜我～这事毫无关系｜他的成绩～你不相上下｜已经～他说过了。❻表示并列或选择▷老师～同学都到齐了｜去～不去,你自己决定。❼两个或两个以上的数相加的得数,如2加2的和是4。
另见hè;huó;huò。

河 hé 8画 氵部 左右
❶指黄河▷~套|~西走廊|~南省。❷泛指大水道▷城外有一条~|江~湖海|淮~|运~|护城~。

阂 hé 9画 门部 半包围
阻隔▷隔~。

荷 hé 10画 艹部 上下
莲▷~花|~叶|~塘。
另见hè。

核 hé 10画 木部 左右
❶果实中心包含果仁的坚硬部分▷枣~|桃~|杏~。❷物体中心像核的部分▷细胞~|菌~|原子~。❸特指原子核▷~武器|~燃料。❹对照;考查▷~算|~对|审~|考~。
另见hú。

盒 hé 11画 皿部 上下
有盖或有套的较小的容器▷纸~|~子|小铁~|饭~|墨~|火柴~。☞不要简化写成"合"。

吓 hè 6画 口部 左右
❶表示不满意,认为不应该▷~,两个人才打了半桶水!|~,这不是成心捣乱吗!❷吓唬(xiàhu)▷恐~。☞表示以上意义时不读xià。
另见xià。

和 hè 8画 禾部 左右
跟着别人唱或说▷随声附~|应(yìng)~。
另见hé;huó;huò。

贺 hè 9画 贝部 上下
对喜事表示庆祝▷庆~|祝~|~喜|~年|~礼|~信。

荷 hè 10画 艹部 上下
❶背(bēi);扛▷~枪实弹|~锄。❷承担;担负▷~重。☞表示以上意义时不读hé。
另见hé。

喝 hè 12画 口部 左右
曷:旲旲曷
大声叫嚷▷大~一声|~彩|吆~(yāohe)。
另见hē。

赫 hè 14画 赤部 左右
赤:土才方赤
显著;盛大▷显~|~~有名。

褐 hè 14画 衤部 左右
像栗子皮的颜色▷穿一件~色外衣|~煤|~铁矿。

鹤 hè 15画 鸟部 左右
隺:亠冖隹隹
水鸟,头小,颈、嘴和腿都很长,翅膀大,羽毛白色或灰色。常见的有丹顶鹤、白鹤、灰鹤。☞㊀统读hè,不读háo。㊁第三画是长撇。

正字 阂(閡) 吓(嚇) 贺(賀) 鹤(鶴)

hei

黑 hēi 12画 黑部 上下
灬甲黑黑
❶像煤的颜色(跟"白"相对)▷头发真~|~白分明|~色|~板|乌~。❷光线昏暗▷天~了|屋里太~|~夜|昏。❸夜晚;黑夜▷~白班|起早贪~。❹坏;恶毒▷心~手|~|~心肝。❺隐蔽的;不合法的▷~话|~货|~市。☞㊀上边不要写成"里"。㊁"黑"作左偏旁时,最后一横要改成提(一),如"黔""默"。

嘿 hēi 15画 口部 左右
❶表示得意或赞叹▷~,就凭咱们队的实力,这场球准赢|~,真了不起!❷表示招呼或提醒▷~,上哪儿去?|~,小心点儿,别碰着。❸表示吃惊▷~,我的自行车怎么不见了?|~,你怎么来了?❹拟声词,模拟笑声(多叠用)▷~地傻笑|~~地冷笑了两声。

hen

痕 hén 11画 疒部 半包围
❶伤口或疮口长好后留下的印迹▷伤~|瘢~。❷事物留下的印迹▷泪~|裂~|~迹。☞右下不要写成"良"。

很 hěn 9画 彳部 左右
艮:フヨ艮艮
表示程度高▷天~黑|跑得~快|~应该|~喜欢|~看得起|~不错|好得~。

狠 hěn 9画 犭部 左右
❶凶恶;残暴▷暴徒的手段真~|心~手辣|~毒|凶~。❷坚决;严厉▷下~心把学习抓上去|对敌人要~|~~打击犯罪分子。❸抑制情感▷~了~心,把孩子送走了。

恨 hèn 9画 忄部 左右
❶怨;仇视▷~那些坏人|怨~|仇~|憎~。❷遗憾;懊悔▷遗~|悔~。

heng

哼 hēng 10画 口部 左右
❶鼻子里发出痛苦的声音▷病痛折磨着他,但他一声也不~。❷表示不满、瞧不起或气愤▷~,有什么了不起!|~,他算什么货色!|~,岂有此理。❸低声唱▷嘴里~着歌|这些歌都是跟着电视~会的。☞右边不要写成"享"。

恒 héng 9画 忄部 左右
❶长久;固定不变的▷~心|~温|永~。❷恒心,持久

不变的意志▷持之以～|有～。

横 héng 15画 木部 左右
❶跟水面平行的;左右方向的(跟"竖""直""纵"相对)▷～梁|～笛|～线|～队|～排本。❷地理上指东西方向的(跟"纵"相对)▷～渡太平洋|陇海铁路～跨我国中部。❸汉字的笔画,平着由左到右,形状是"一"。❹纵横杂乱▷蔓草～生|血肉～飞。❺不顺情理的;蛮不讲理的▷～加干涉|～行霸道。☞右边"黄"中间是"由"。

另见 hèng。

衡 héng 16画 彳部 左右
衡:彳鱼夂
❶称重量的器具。❷称物体的重量▷～器。❸掂量;比较▷权～利弊|～量(liáng)。❹平▷平～|均～。☞中间不要写成"鱼"。

横 hèng 15画 木部 左右
❶粗暴,不讲道理▷这个人说话真～|强～|蛮～。❷意想不到的▷飞灾～祸|发～财。☞表示以上意义时不读héng。

另见 héng。

hong

轰 hōng 8画 车部 上下
车:一𠃍𫠜车
❶拟声词,模拟巨大的声响▷～的一声巨响。❷打雷、爆炸或炮击▷雷～电闪|大炮向敌人猛～|～炸。❸赶走▷把他～走|～鸡。☞左下"又"的捺要改成点。

哄 hōng 9画 口部 左右
❶拟声词,模拟许多人同时大笑的声音▷～的一声,观众都笑了。❷很多人同时发出声音▷～抬物价|～堂大笑。

另见 hǒng;hòng。

烘 hōng 10画 火部 左右
❶烤▷把衣服～干|～手。❷衬托▷～托。

弘 hóng 5画 弓部 左右
发扬▷～扬。

红 hóng 6画 纟部 左右
❶像鲜血一样的颜色▷～领巾|～霞|鲜～|浅～。❷象征喜庆▷～白喜事。❸象征成功或受到重视▷唱戏唱～了|开门～|～人|走～运。❹指红利,企业分给股东的利润▷分～。❺象征革命▷～军|又～又专。

宏 hóng 7画 宀部 上下
广大▷～大|～伟|～图|宽～大量。

正字 轰(轟) 红(紅)

虹 hóng 9画 虫部 左右
雨后出现在空中的弧形彩色光带，有红、橙、黄、绿、蓝、靛(diàn)、紫七种颜色。
另见jiàng。

洪 hóng 9画 氵部 左右
❶大水▷山~|暴发|防~|抗~|~峰。❷大▷~福|声如~钟。

鸿 hóng 11画 鸟部 左右
❶指鸿雁，就是大雁▷轻于~毛。❷宏大▷~文(大文章)。

哄 hōng 9画 口部 左右
❶用假话骗人▷~骗。❷用语言或行动逗人高兴；特指照看小孩儿▷她生气了，快去~~她|整天在家~孩子。
另见hǒng; hòng。

哄 hòng 9画 口部 左右
吵闹▷一~而散|起~。
另见hōng; hǒng。

hou

侯 hóu 9画 亻部 左右
古代贵族的一种爵位▷~爵|封~。☞㊀跟"候"(hòu)不同，中间少一竖。"候"用于"等候""问候""时候""气候"等词语中。㊁由"侯"构成的字有"喉""猴"等。

喉 hóu 12画 口部 左右
喉头，在颈部，有通气和发音的功能。通常把咽和喉合称喉咙或嗓子。

猴 hóu 12画 犭部 左右
哺乳动物，形状略像人，种类很多，行动敏捷，成群地生活在山林中，吃野果、野菜等。

吼 hǒu 7画 口部 左右
❶(人)因情绪激动而大声喊叫▷大~一声，扑向敌人|没等我说完，他就~了起来。❷(兽)大声叫▷狮子~|牛~。❸泛指发出巨大声响▷风在~，马在叫|飞机~着，向天空冲去。

后 hòu 6画 厂部 半包围
一厂厂后
❶帝王的妻子▷皇~。❷时间上比较晚的；未来的(跟"先""前"相对)▷先来~到|~来居上|日~。❸空间位置在背面的(跟"前"相对，④同)▷~门|~院|~背。❹次序靠近末尾的▷排在~十名之中。

厚 hòu 9画 厂部 半包围
❶扁平物体上下两面的距离大(跟"薄"相对)▷这本书真~|被子太~了|~嘴唇。❷

正字 鸿(鴻) 后(後②~④)

厚度,扁平物体上下两面的距离▷两厘米~的钢板|玻璃板有5毫米~。❸多;大;重;浓▷家底很~|~利|~礼|~望|浓~。❹看重;优待▷~今薄古|~此薄彼。❺(情意)深▷深情~谊。❻能宽容人;待人诚恳▷宽~|忠~|憨~|~道。

候 hòu 10画 亻部 左右
❶看望;问安▷问~。❷等待▷请大家稍~|~诊|~补|~车|等~。❸指气象情况▷气~。❹一段时间;时节▷时~|~鸟(随着季节变化而迁移的鸟)。❺变化着的情况或程度▷症~|火~。☞跟"侯"(hóu)不同,中间多一竖。

hu

乎 hū 5画 丿部 独体
一 亠 亚 乎
❶用在文言文的句子末尾,表示疑问、反问等语气,相当于"吗""呢"▷可~?(可以吗)❷于▷在~实用,不在~好看|出~意料|合~常情。

呼 hū 8画 口部 左右
❶通过口、鼻把肺里的气排出体外(跟"吸"相对)▷深深地~了一口气|~吸。❷大喊▷~口号|~喊|高~|欢~。❸叫人来;唤▷一~百应|~唤|~应|~招。❹拟声词,模拟刮风、吹气等的声音▷风~~地刮着|~的一声,吹灭了蜡烛。

忽 hū 8画 心部 上下
勿:丿勹勹勿
❶不经心;没有注意到▷玩~职守|~略|~视|疏~。❷表示事物发生或变化得很快而且出人意料,相当于"忽然""忽而"▷声音~大~小|情绪~高~低。

惚 hū 11画 忄部 左右
[恍惚] huǎnghū ❶心神不定▷精神~。❷不真切;不清楚▷我~看见他进来了。

糊 hū 15画 米部 左右
用糊(hú)状的东西涂抹缝隙或物体表面▷用水泥~墙缝|苇席上~了一层泥。
另见hú;hù。

狐 hú 8画 犭部 左右
瓜:丆瓜瓜
狐狸,哺乳动物,形状有点像狼,尾巴比身子长,性情狡猾。毛皮珍贵,可做衣帽。☞跟"孤"(gū)"弧"(hú)不同。

弧 hú 8画 弓部 左右
圆周上的任意一段▷~

形｜～线｜～度。☞跟"狐"(hú)"孤"(gū)不同。

胡 hú 9画 月部 左右
❶古代称我国北方和西方的民族▷～人。❷从外族或外国来的▷～琴｜～桃｜～椒｜～萝卜。❸指胡琴▷京～｜二～｜板～。❹说话、做事不讲道理,任意乱来▷～写乱画｜～说八道｜～闹｜～来。❺胡子,嘴周围的毛▷八字～｜山羊～｜～须。❻[胡同]hútòng 小街巷▷小～里只有几户人家｜死～。

壶 hú 10画 业部 上下
业：丨业业
一种盛液体的器皿,一般有盖,有嘴,还有把儿▷把～提来｜茶～｜酒～｜瓷～。☞"宀"上边不是"士","宀"下边是"业",不是"亚"。

核 hú 10画 木部 左右
[核儿]húr 意思跟"核"(hé)①相同,用于口语▷杏～｜梨～。
另见hé。

葫 hú 12画 艹部 上下
[葫芦]húlu 草本植物,种类很多,果实也叫葫芦,一般中间细,像大小两只球连在一起。嫩的可以吃,干老后可做容器或供观赏。

湖 hú 12画 氵部 左右
四周是陆地的大片水域▷江河～海｜～泊｜洞庭～。

瑚 hú 13画 王部 左右
[珊瑚]shānhú 见"珊"。

蝴 hú 15画 虫部 左右
[蝴蝶]húdié 昆虫,种类很多,有两对大翅膀,颜色美丽,吸食花蜜,能帮助传播花粉。

糊 hú 15画 米部 左右
❶粘▷～信封｜～窗户。❷某些有黏性的东西▷糨～。
另见hū；hù。

虎 hǔ 8画 虎部 半包围
⺊⺊广虎虎虎
❶老虎,哺乳动物,毛黄褐色,有黑色横纹,性情凶猛,捕食动物,也伤人。❷威武勇猛▷一员～将｜～～有生气。☞下边不要写成"儿"。

浒 hǔ 9画 氵部 左右
水边。

唬 hǔ 11画 口部 左右
吓人;蒙(mēng)人▷把他给～住了｜～人｜吓～(xiàhu)。

互 hù 4画 一部 独体
工互互

正字 壶(壺) 浒(滸)

表示彼此进行相同的动作或具有相同的关系,相当于"互相"▷～帮|～学|～惠～利|～通有无|～不干涉|～助。

户 hù 4画 户部 独体
丶ㄋヨ户

❶门▷门～|夜不闭～。❷人家;住户▷这栋楼有一百多～|千家万～|安家落～|～口。❸从事某种职业的人家或人▷农～|猎～|工商～|个体～。☞跟"卢"(lú)不同,由"户"构成的字有"芦""庐""驴""炉"等。

护 hù 7画 扌部 左右

❶尽力照顾,使不受损害;保卫▷爱～|救～|～理|～航|～路。❷偏袒;包庇▷别老～着孩子|～短|袒～。

沪 hù 7画 氵部 左右
上海的别称▷～剧。

糊 hù 15画 米部 左右
像粥一样的流汁▷辣椒～|芝麻～。
另见hū;hú。

hua

花 huā 7画 艹部 上下
化:亻化

❶植物的繁殖器官,有多种形状和颜色,有的有香味▷开～

结果|鲜～|采～|～粉。❷指某些有观赏价值的植物▷种儿|～展|～草|～匠。❸像花朵的东西▷雪～|浪～|火～。❹指棉花▷纺～|轧～|～纱布。❺烟火的一种,能喷出多种彩色火花▷放～|～炮|礼～。❻花纹;图案▷黑地白～|这块布的～儿太艳了。❼色彩或种类混杂的▷这件衣裳太～,你穿不合适|头发～白|小～猫|～名册。❽(看东西)模糊▷看～了眼|老眼昏～|老～镜。❾好看或好听但不实在的;用来迷惑人的▷～架子|～言巧语|～招|～～肠子。❿打仗受的外伤▷挂～。⓫用掉;消耗▷～钱|～功夫|～费。

哗 huā 9画 口部 左右
拟声词,模拟流水、下雨等的声音▷水～～地流|雨～～地下个不停。
另见huá。

划 huá 6画 戈部 左右
戈:一七戈戈

❶拨水前进▷～船|～桨|～水。❷合算;上算▷～得来|～不来|～算。❸用刀或其他东西擦过物体的表面▷玻璃碴把手～破了|～火柴。
另见huà。

正字 护(護) 沪(滬) 哗(嘩)

华

华 huá 6画 十部 上下
❶繁荣▷繁～。❷光彩；光辉▷～丽│～美│～灯。❸(美好的)时光▷年～。❹事物最美好的部分▷精～│英～。❺指中国▷驻～使馆│～人│侨～│～北。

另见huà。

哗 huá 9画 口部 左右
人声嘈杂；喧闹▷喧～。

另见huā。

猾 huá 12画 犭部 左右
犭：ノ犭犭
奸诈；不诚实▷狡～│奸～。☞"猾"同"滑"④意思相同，但"猾"通常只用于"狡猾""奸猾"二词中，"滑"④可以单独使用，也可以用于"圆滑""滑头""耍滑"等词中。

滑 huá 12画 氵部 左右
骨：冂冂骨骨
❶物体表面光溜▷雨后路～│缎子被面摸着真～│～溜～。❷在光滑的物体表面迅速移动▷～了个跟头│～行│～冰。❸蒙混过去▷决不能让贪污分子～过去。❹奸诈；不诚实▷这个人又尖又～│油腔～调│圆～│～头│耍～。☞参见"猾"的提示。

化 huà 4画 亻部 左右
化：亻化化
❶改变原来的状态或性质▷顽固不～│～脓│进～│转～│悲痛为力量│～整为零。❷用言语、行动影响人，使人转变▷潜移默～│感～。❸(僧尼、道士)向人募集财物、食品▷～缘│～斋。❹融解；熔化▷雪～了│塑料烤～了│～铁炉。❺消化；消除▷～食│～痰。❻烧成灰烬▷火～│焚～。❼指化学▷数理～│～肥│～工│～疗。❽附在某些词的后面，表示转变成该种状态或性质▷现代～│机械～│美～│净～│绿～。☞右边不是"匕"。由"化"构成的字有"花""华""哗""桦"等。

划 huà 6画 戈部 左右
❶把整体分开▷把校园～成五个清洁区│～清界限│～归地方领导│～时代。❷谋划；拟定做事的办法和步骤等▷筹～│策～│规～│出谋～策。❸(把账目或钱物)分出来▷～拨。

另见huá。

华 huà 6画 十部 上下
华山，山名，在陕西。

另见huá。

正字 华huá(華) 哗(嘩) 划(劃) 华huà(華)

画 huà 8画 一部 半包围
❶用笔描绘出图形或线条、符号等▷~一幅山水画|~一条直线|~个圈|签字|押。❷绘出的图画▷风景如~|国~|年~|~报。❸用语言描写▷刻~人物形象|描~。❹汉字的一笔叫一画▷"大"字是三~|一笔一~写得很认真。

话 huà 8画 讠部 左右
❶语言,也包括用文字记录下来的语言▷让人把~说完|信上只有几句~|说~|俗~|废~。❷说;谈论▷~别|对~|茶~会。

桦 huà 10画 木部 左右
落叶乔木或灌木,树皮光滑,可以一层一层地剥下来。品种很多,主要有白桦、黑桦。木材可以制作家具。☞统读huà,不读huá。

huai

怀 huái 7画 忄部 左右
❶胸部;胸前▷敞着~|~里揣着钱|~抱着孩子。❷挂念;想念▷~乡|~旧|~念|缅~。❸心中存有▷胸~大志|不~好意|~恨|~疑。❹心意;心情▷抒~|情~。❺腹内有(胎儿)▷~着孩子|~胎|~孕。

徊 huái 9画 彳部 左右
[徘徊]páihuái 见"徘"。

淮 huái 11画 氵部 左右
淮河,水名,发源于河南,流经安徽、江苏,入洪泽湖。☞右边不要写成"佳"。

槐 huái 13画 木部 左右
鬼:丿白匃鬼鬼
槐树,落叶乔木,木材坚硬,可以制作船舶、车辆、器具,花蕾和果实可以做药材。

坏 huài 7画 土部 左右
❶东西受到损伤,变得无用或者有害▷镜子摔~了|电视机~了|天热,剩饭容易~。❷令人不满的;恶劣的(跟"好"相对)▷这种做法太~了|心~|~习惯|~人。❸害人的主意或手段▷使~。❹表示程度深▷气~了|累~了|乐~了|忙~了。

huan

欢 huān 6画 又部 左右
❶高兴;喜悦▷~天喜地|~度佳节|~庆|~聚|~喜。❷活跃;带劲▷孩子们闹得真~|马跑得很~|越干越~。

正字 画(畫) 话(話) 桦(樺) 怀(懷) 坏(壞) 欢(歡)

还 huán 7画 辶部 半包围

❶返回;恢复原状▷~乡|~原。❷把借来的钱或物交给原主▷借东西要~|~债|归~|偿~。❸回报;回敬▷以牙~牙|~手|~击|~礼。

另见hái。

环 huán 8画 王部 左右

❶圆圈形的东西▷耳~|门~|花~|吊~。❷围绕▷~球旅行|~城地铁|~绕|~行。❸环节,整体中相互关联的一个部分▷调查研究是解决问题的重要一~|工作要一~扣一~地做。❹量词,用于记录射中环靶的成绩▷三枪打了29~|第一箭就射了10~。

缓 huán 12画 纟部 左右

爰:⺈ㅜㅜ罒严爰

❶(局势、气氛等)宽松;不紧张▷~和|~解。❷慢(跟"急"相对)▷轻重~急|~慢|迟~。❸推迟;延迟▷这事一两天再办|~期|~刑。❹恢复正常的生理状态▷半天才~过气来|下了一场雨,麦苗又~过来了。

幻 huàn 4画 幺部 左右

❶不可能实现的;不真实的▷~觉|~想|梦~。❷奇异地变化▷变~莫测|~术(魔术)。☞跟"幼"(yòu)不同。

宦 huàn 9画 宀部 上下

臣:丅丆宁宦臣

❶官吏▷官~。❷旧指太监▷~官。☞跟"官"(guān)不同。

换 huàn 10画 扌部 左右

奂:⺈ㄅ冎奂

❶给人东西,同时从他那里取得价值相当的东西▷拿鸡蛋盐交~|兑~|~钱。❷变换;替换▷~衣服|~~口味|~季|~牙。

唤 huàn 10画 口部 左右

呼喊;叫▷呼~|叫~|召~|~醒。

涣 huàn 10画 氵部 左右

消;散▷~散(散漫;松懈)。

患 huàn 11画 心部 上下

串:吕串

❶忧虑;担忧▷不要~得~失|忧~。❷灾祸;灾难▷有备无~|后~|祸~|隐~。❸生病;害病▷~伤寒|身~重病|~者。

焕 huàn 11画 火部 左右

❶鲜明;光亮▷~然一新。❷放射(光芒)▷精神~发。

痪 huàn 12画 疒部 半包围

[瘫痪]tānhuàn 见"瘫"。

正字 还(還) 环(環) 缓(緩)

豢 huàn 13画 豕部 上下
豕：⁻ᑎ ᑎ 豕 豕
饲养牲畜▷～养。

huang

荒 huāng 9画 艹部 上下
❶(田地)长满草▷地都～了｜～芜。❷没有开垦或耕种的土地▷开～｜生～。❸年成不好▷～年｜～歉｜饥～(jīhuang)。❹荒年；灾荒▷度～｜备～｜逃～｜救～。❺人烟稀少；冷落▷～郊野外｜～滩｜～凉。❻因平日缺乏练习而生疏▷不要～了学业｜～疏｜～废。❼极不合情理的▷～谬｜～诞。☞中间是"亡"，不是"去"。由"荒"构成的字有"慌""谎"等。

慌 huāng 12画 忄部 左右
❶不沉着；忙乱▷沉住气，不要～｜不～不忙｜恐～｜惊～｜～乱。❷表示难以忍受(读轻声)▷一个人呆在家里，闷(mèn)得～｜叫人气得～。

皇 huáng 9画 白部 上下
皇帝，秦朝以后封建王朝的最高统治者▷～上｜～后｜～宫｜女～。

黄 huáng 11画 黄部 上下
❶像小米或葵花的颜色▷～布｜米｜杏～。❷指黄河▷治～｜引～工程。❸指某些黄颜色的东西▷蛋～｜蒜～。❹事情办不成；计划落空▷买卖～了｜事儿～了。❺指黄帝，我国古代传说中的帝王▷炎～子孙。☞中间不要写成"田"。由"黄"构成的字有"横""簧""磺"等。

凰 huáng 11画 几部 半包围
[凤凰] fènghuáng 见"凤"。

徨 huáng 12画 彳部 左右
[彷徨] pánghuáng 见"彷"。

惶 huáng 12画 忄部 左右
害怕▷～～不安｜～恐。

煌 huáng 13画 火部 左右
明亮；光明▷辉～｜～～。

蝗 huáng 15画 虫部 左右
蝗虫，昆虫，善于跳跃和飞行，种类很多，对庄稼危害很大。

磺 huáng 16画 石部 左右
[硫磺] liúhuáng 见"硫"。

蟥 huáng 17画 虫部 左右
[蚂蟥] mǎhuáng 见"蚂"。

簧 huáng 17画 竹部 上下
乐器里用来振动发声的金属薄片；泛指器物中有弹力的部分▷~乐器｜弹~。

恍 huǎng 9画 忄部 左右
❶模糊；不清楚▷~惚。❷形容猛然醒悟的样子▷~然大悟。

晃 huǎng 10画 日部 上下
❶(亮光)闪耀▷光线太强,~得眼睛难受｜~眼｜明~~。❷很快地闪过▷一~而过｜虚~一刀。
另见huàng。

谎 huǎng 11画 讠部 左右
❶假话；骗人的话▷我从没说过~｜扯~｜撒~。❷假；不真实▷~话｜~言｜~报｜~称。

幌 huǎng 13画 巾部 左右
[幌子]huǎngzi 店铺门外悬挂的表明所卖商品的标志,比喻进行某种活动所假借的名义▷打着开会的~游山玩水。

晃 huàng 10画 日部 上下
摇；摆▷电线让风刮得来回乱~｜药水一~再喝｜摇头~脑｜~悠(huàngyou)。
另见huǎng。

hui

灰 huī 6画 火部 半包围
一ナ**ナ**灰灰
❶物体燃烧后残留的粉末▷把炉子里的~掏出来｜烟~｜骨~。❷像粉末的东西▷满桌子都是~｜~尘。❸特指建筑用的石灰▷和(huò)点儿~｜抹~。❹像灰一样介于黑白之间的颜色▷~鼠｜银~色｜~白色。❺比喻消沉、失望▷心~意冷｜~心丧气。

挥 huī 9画 扌部 左右
❶举起手臂摆动▷~手｜~鞭｜~动｜~舞。❷抹去或甩掉(泪、水等)▷~泪｜~汗如雨。❸散发；散出▷发~｜~发。

恢 huī 9画 忄部 左右
[恢复]huīfù 变成原来的样子▷~健康｜~原状。

辉 huī 12画 succession部 左右
❶闪射的光▷落日的余~｜光~。❷照射；闪耀▷~映。☞"光"作左偏旁时,最后一画要改写成竖提(亅)。

徽 huī 17画 彳部 左右
标志▷国~｜帽~｜校~｜

正字 谎(謊) 挥(揮) 辉(輝)

~章。☞中间是"山""一"和"糸"。

回 huí 6画 口部 包围
❶曲折环绕;旋转▷巡～|迂～|～旋。❷掉转▷～过头去|～身|～顾。❸返回到原来的地方▷～到祖国|～家|退～|～升。❹答复;报答▷给他一封信|～答|～敬|～赠。❺量词。a)次;件▷去过两～|那是两～事。b)说书的一个段落、章回小说的一章叫一回▷且听下～分解|《三国演义》第五～。

茴 huí 9画 艹部 上下
[茴香]huíxiāng ❶小茴香,草本植物,有强烈的芳香气味,嫩茎、叶可以吃。❷大茴香,常绿乔木,果实叫八角或大料,八角形,可以做调味香料或药材。

蛔 huí 12画 虫部 左右
[蛔虫]huíchóng 寄生虫,形状像蚯蚓,寄生在人和某些家畜的小肠内,引起疾病。

悔 huǐ 10画 忄部 左右
母:乚口口母母
做错事或说错话后心里责怪自己▷懊～|后～|～恨|～改。

毁 huǐ 13画 殳部 左右
臼:ˊ冂日臼臼
❶破坏;损坏▷一场雹灾～了几千亩庄稼|～了自己的前途|撕～|～坏。❷烧掉▷焚～|销～。❸无中生有,说别人坏话▷～谤。☞左上不要写成"白"。

卉 huì 5画 十部 上下
草的统称▷花～。

汇 huì 5画 氵部 左右
❶(水流)会合到一起▷细水～成巨流|～合。❷聚集;综合▷～编|～报|～总。❸聚集而成的东西▷语～|词～。❹通过邮局、银行等把钱由一地拨付到另一地▷～了一笔款|～兑|邮～。☞第五画是竖折(乚),一笔连写。

会 huì 6画 人部 上下
❶聚集在一起▷～合|～师|～餐|～诊。❷见面▷～面|～见|～客。❸有一定目的的集会▷开～|座谈～|纪念～。❹为共同目的而结成的团体或组织▷学生～|妇女联合～|工～。❺中心城市▷都～|省～。❻时机▷机～。❼领悟;理解▷心领神～|体～|误～。❽懂得;掌握▷～三门外语|不～骑自行车|她～唱戏。❾表示有可能▷只要坚持下去,你～成功的|谁也没说,他怎么～知道

正字 回(迴①~③) 汇(匯⑭,彙②③) 会(會)

讳 huì 6画 讠部 左右
韦：弓韦
因为有顾虑而不敢说或不便说▷直言不～｜隐～｜忌～。☞不读wěi。

诲 huì 9画 讠部 左右
每：𠂉每每每每每
教导▷～人不倦｜教～｜训～。☞统读huì,不读huǐ。

绘 huì 9画 纟部 左右
画出图形▷～画｜～图｜～制｜描～。

贿 huì 10画 贝部 左右
❶用财物买通别人替自己做事▷～赂｜行～｜～选。❷用来买通别人的财物▷受～。

烩 huì 10画 火部 左右
把多种食物混在一起煮▷～饼｜杂～。

彗 huì 11画 彐部 上下
彐丰彗彗彗
彗星,运行时拖着长长的光尾的星体。☞下边不要写成"肀"。

晦 huì 11画 日部 左右
❶农历每月的最后一天。❷黑夜。❸昏暗;不明显▷～暗｜隐～。

秽 huì 11画 禾部 左右
❶肮脏;不干净▷～土｜～气｜污～。❷丑恶的;下流的▷～行｜淫～。☞不读suì。

惠 huì 12画 心部 上下
𠀒审叀惠
❶给人的或受到的好处▷小恩小～｜恩～｜实～。❷给人好处▷平等互～。❸用于对方对自己的行动,表示尊敬▷～存｜～顾。❹温和;柔顺▷贤～。

溃 huì 12画 氵部 左右
溃(kuì)烂▷～脓。
另见kuì。

慧 huì 15画 心部 上下
聪明;有才智▷智～｜聪～。☞中间不要写成"ヨ"。

hun

昏 hūn 8画 氏部 上下
❶天快黑的时候▷黄～。❷光线暗淡;模糊不清▷天～地暗｜～暗｜老眼～花。❸头脑糊涂;神志不清▷～头～脑｜发～｜～庸。❹失去知觉▷～倒在地｜～迷不醒。

荤 hūn 9画 艹部 上下
指肉类食物(跟"素"相对)▷吃素不吃～｜～腥｜～油。

正字 讳(諱) 诲(誨) 绘(繪) 贿(賄) 烩(燴) 秽(穢) 溃(潰) 荤(葷)

☞跟"晕"(yūn)不同。

婚 hūn 11画 女部 左右
氏：「厂厂氏
❶结婚，男女正式结合成夫妻▷已~｜新~｜~礼｜~期。❷婚姻，因结婚而产生的夫妻关系▷~约｜离~。

浑 hún 9画 氵部 左右
❶污浊▷把水搅~｜~浊｜~水。❷糊涂；不明事理▷~人。❸整个的；满▷~身。

馄 hún 11画 饣部 左右
饣：'⺈饣
[馄饨] húntun 用薄面片包上少量肉馅制成的面食，煮熟后连汤吃。

魂 hún 13画 鬼部 左右
❶古人认为附在人体上的一种非物质的东西，离开人体人就死亡，而它仍然独立存在▷像丢了~儿似的｜~不附体｜灵~｜~魄。❷指人的精神或情绪▷心~不定｜神~颠倒。❸特指高尚的精神▷国~｜民族~。

混 hùn 11画 氵部 左右
比：一⺊⺊比
❶(不同的东西)掺杂在一起▷枪声和喊叫声~成一片｜~为一谈｜~杂｜~同｜~淆。❷真假掺杂，以假乱真▷鱼目~珠｜别让坏人~进来｜蒙~。❸不清洁▷~浊。❹相处往来▷俩人没几天就~熟了。❺将就过日子▷~日子｜~饭吃。

huo

豁 huō 17画 谷部 左右
害：宀宇宝害
❶裂开；缺损▷衣服~了一个口子｜~嘴｜~口。❷狠心舍弃▷~出三天时间陪你｜~上这条老命｜~出去了。
另见 huò。

和 huó 8画 禾部 左右
在粉状物中加入水等搅拌，使粘在一起▷~面｜~泥｜~沙子灰。
另见 hé；hè；huò。

活 huó 9画 氵部 左右
❶有生命；生存(跟"死"相对)▷~了一辈子｜死去~来｜存~｜复~。❷工作(一般指体力劳动)▷干~儿｜力气~儿｜零~儿｜农~儿。❸产品；制成的东西▷不出~儿｜这批~儿不合格｜铁~。❹活动的；可以变动的▷~水｜~塞(sāi)｜~期存款｜~页文选。❺生动活泼；灵活▷这段文字写得很~｜这孩子心眼儿~｜~跃。❻在对

正字 浑(渾) 馄(餛)

象活着的状态下(作某种处置)▷~捉|~埋|~~打死。❼真正;简直▷长得~像他爸爸|~受罪。

火 huǒ 4画 火部 独体
丶ソナ火
❶物体燃烧时发出的光和焰▷把~点着|炉里的~很旺|~焰|~烈~。❷比喻紧急▷~速|十万~急。❸比喻激动、暴躁或愤怒的情绪▷窝着一肚子~|正在~头上|~冒三丈|发~|怒~。❹发怒▷他~儿了|恼~。❺中医指引起发炎、红肿等症状的病因▷上~|败~。❻指枪炮子弹▷军~|~器|火力点。❼指作战的行动▷交~|开~|停~。❽指红色▷~狐|~鸡。☞"火"作左偏旁时,要改写成"火",如"灯""灶""烧""炮"。

伙 huǒ 6画 亻部 左右
❶同伴▷~伴|~友。❷同伴组成的集体▷同~|散~|拉帮结~。❸量词,用于人群▷一~歹徒|三个一群,五个一~。❹合作▷两家~着开店|合~|~同。❺伙食,集体办的饭食▷包~|退~。

或 huò 8画 戈部 半包围
一戓或或
表示选择▷今天~明天|多~少|~赞成,~反对,总要表示个态度。

和 huò 8画 禾部 左右
❶把粉状物等混合起来;加水搅拌使变稀▷把两种面~在一起|~点儿芝麻酱|掺~(chānhuo)|搅~(jiǎohuo)。❷量词,用于洗衣物换水或一服中药煎的次数,一次叫"一和"▷衣服刚洗了一~|青菜要多洗几~|一剂汤药应该煎两~。
另见hé;hè;huó。

货 huò 8画 贝部 上下
❶商品,供出售的物品▷铺子不小,~不多|~真价实|进~|存~|订~。❷指具有某种特点的人(含贬义)▷不中用的~|蠢~|笨~。❸钱▷~币|通~。

获 huò 10画 艹部 上下
❶捉住▷捕~|擒~|俘~。❷得到;取得▷不劳而~|~奖|~利。❸收割(庄稼)▷收~。☞统读huò,不读hù。

祸 huò 11画 礻部 左右
❶对人危害很大的事;人或自然造成的严重损害(跟"福"相对)▷是福是~,很难预料|招灾惹~|车~|首~根。❷危害;损害▷~国殃民。

正字 伙(夥①~④) 货(貨) 获(獲①②,穫③) 祸(禍)

惑 huò 12画 心部 上下
❶弄不明白;分不清是非▷疑～|困～|迷～。❷使迷惑▷造谣～众|诱～。

霍 huò 16画 雨部 上下
隹:亻乍乍隹
❶迅速▷～地站起来|～然。
❷[霍乱]huòluàn 一种急性肠道传染病。☞统读huò,不读huǒ。

豁 huò 17画 谷部 左右
开阔;开朗▷～亮|～达。
另见huō。

J

jī

几 jī 2画 几部 独体
❶一种矮小的桌子▷茶～|窗明～净。❷[几乎]jīhū 将近;差一点儿▷到会群众～有一万人|你不提醒,我～忘了。☞跟"儿"(ér)不同。
另见jǐ。

讥 jī 4画 讠部 左右
讽刺;挖苦▷～讽|～笑。

击 jī 5画 凵部 独体
二十击击
❶敲打;拍打▷旁敲侧～|～鼓|～掌。❷刺;杀▷反戈一～|～剑。❸攻打▷声东～西|迎头痛～|～攻～|打～。❹碰撞;触及▷海浪冲～着堤岸|撞～|目～(目光接触,表示亲眼看见)。☞统读jī,不读jí。

叽 jī 5画 口部 左右
拟声词,模拟小鸡、小鸟的叫声▷小鸟～～地叫个不停。

饥 jī 5画 饣部 左右
饣:ノ乞饣
❶饿▷～寒交迫|如～似渴|～饿。❷庄稼歉收或没有收成▷～荒(jīhuang)。

圾 jī 6画 土部 左右
[垃圾]lājī 见"垃"。☞统读jī,不读jí。

机 jī 6画 木部 左右
❶机器▷织布～|缝纫～。❷灵巧;灵敏▷～灵|～敏|～智。❸特指飞机▷战斗～|～场。❹事物发生、变化的关键▷生～|转～|危～。❺关键的时刻;适宜的时候▷～不可失,时不再来|乘～|～遇|～

正字 讥(譏) 击(擊) 叽(嘰) 饥(飢) 机(機)

会。❻极重要而有保密性质的事情▷军~|~要|~密。❼心里萌发的念头▷动~|杀~|心~。

肌 jī 6画 月部 左右
肌肉,附在骨头上或构成内脏的能伸缩的柔软组织。

鸡 jī 7画 又部 左右
家禽,头部有肉冠,翅膀不发达,不能高飞,肉和蛋都可以吃。

奇 jī 8画 大部 上下
单的;不成双的(跟"偶"相对)▷~数。
另见qí。

唧 jī 10画 口部 左右
❶喷射(液体)▷~他一身水。❷[唧唧]jījī 拟声词,模拟虫、鸟的叫声▷秋虫~。

积 jī 10画 禾部 左右
❶逐渐聚集▷院子里~满了水|日~月累|~肥|~累|堆。❷长时间积累形成的▷~习|~怨|~弊。❸数学上指几个数相乘所得的结果,如3乘以4的积是12。

屐 jī 10画 尸部 半包围
木底鞋▷木~。

基 jī 11画 土部 上下
❶基础,建筑物的根底部分▷墙~|房~|路~|地~。❷最底层的;起始的;根本的▷~层|~数|~价|~调|~业。❸根据▷~于上述理由。

畸 jī 13画 田部 左右
❶不规则的;不正常的▷~形|~变。❷偏▷~轻~重。☞不读qí。

箕 jī 14画 竹部 上下
❶[簸箕]bòji 见"簸"。❷形状像簸箕的指纹▷~斗|右手有三个~两个斗。☞跟"萁"(qí)不同。

稽 jī 15画 禾部 左右
考核;调查▷无~之谈|有案可~|~查。

激 jī 16画 氵部 左右
❶水流受到阻碍而涌起或溅起▷礁石~起阵阵浪花。❷急剧;猛烈▷产量~增|~战|~烈。❸因受刺激而感情冲动▷~于义愤|感~|~动|慷慨~昂。❹使感情冲动▷他存心~你,别上当|~怒|刺~。❺因受冷水刺激得病▷被雨~着了,浑身发烧。

及 jí 3画 丿部 独体
丿乃及
❶从后面赶上▷望尘莫~|来得~。❷到▷由远~近|力所

能~|~格|涉~。❸比得上;赶得上(一般用于否定)▷论手艺,谁也不~王师傅。❹跟;和▷工人、农民~士兵。

吉 jí 6画 士部 上下
❶幸福;顺利(跟"凶"相对)▷凶多~少|逢凶化~|~日|~祥|~利。❷指吉林▷~剧。☞上边是"士",不是"土"。由"吉"构成的字有"结""桔""洁"等。

级 jí 6画 纟部 左右
及:丿乃及
❶等次▷一~品|上~|高~|等~。❷台阶▷石~。❸量词,用于台阶、楼梯、塔层等▷这楼梯有十多~|七~宝塔。❹年级▷升~|留~|同~|不同班。

极 jí 7画 木部 左右
❶最高点;顶端▷登峰造~(比喻达到最高点)。❷达到顶点▷物~必反|乐~生悲。❸最高的;最终的▷~点|~度|~端|~限。❹表示最高程度▷~兴奋|~重要|累~了|好看~了。❺特指地球的南北两端;磁体的两端;电路的正负端▷南~|阴~|二~管。

即 jí 7画 卩部 左右
𠃍彐艮 即即

❶接近▷可望而不可~。❷当(dāng)▷~日(当天)|~时(当时)|~席(当场)。❸就;便▷一触~发|知错~改。❹就是▷鲁迅~周树人|非此~彼。❺[即使]jíshǐ 表示假设兼让步▷~功课再好,也不能骄傲。☞"即"和"既"(jì)的形、音、义都不同。"既然""既……又……"的"既"不能用"即","即使"的"即"不能用"既"。

急 jí 9画 心部 上下
❶迅速而且猛烈▷水流太~|饭吃得~了点儿|~转弯|~行军。❷紧迫;迫切▷我有~事|~件|~诊|~救。❸紧急严重的事▷当务之~|救~|告~。❹急躁▷性子~|~脾气|操之过~。❺着急;使着急▷这点儿小事,你~什么?|该来的不来,真~人。❻气恼;发怒▷大家都别~,心平气和地谈|再闹他可要跟你~了。☞中间不要写成"⺕"。

疾 jí 10画 疒部 半包围
❶迅速;猛烈▷大声~呼|~驰|~速。❷病▷积劳成~|~病。❸(生活上的)痛苦▷~苦。❹厌恶;憎恨▷~恶(è)如仇(恨坏人坏事像恨仇敌一样)。☞统读 jí,不读 jì。

棘 jí 12画 一部 左右
束:一丌束
❶酸枣树,落叶灌木,茎上有刺,果实较小,味酸,种子可以做药材。❷泛指有刺的草木▷披荆斩～。❸(草木)刺人;扎▷～手(扎手,比喻事情难办)。☞㊀统读jí,不读jī或jì。㊁两边都是"朿"(cì),不是"束"(shù)。㊂"棘手"不要误写和误读为"辣(là)手"。

集 jí 12画 隹部 上下
隹:亻亻亻伊伊隹
❶聚在一起;会合▷～思广益|聚～|召～|中～。❷由许多单篇作品汇编成的书▷诗～|画～|全～。❸某些书籍或影视片因篇幅较大而分成的段落或部分▷40～电视连续剧|上～|第二～。❹定期或临时聚在一起进行买卖的场所▷～市|赶～。

辑 jí 13画 车部 左右
❶搜集资料编成书籍报刊▷编～。❷整套书籍按内容或写作、发表顺序分成的部分▷这套丛书准备出五～,现在刚出到第三～。

嫉 jí 13画 女部 左右
因为别人比自己强而怨恨▷～恨|～贤妒能(嫉恨贤能的人)。☞统读jí,不读jì。

瘠 jí 15画 疒部 半包围
脊:一ヽノヽ父脊
(身体)瘦;(土地)不肥沃▷～瘦|～薄|贫～。

籍 jí 20画 竹部 上下
❶书▷书～|古～。❷祖居或本人出生的地方▷祖～|原～。❸指个人对国家或组织的隶属关系▷国～|户～|学～。

几 jǐ 2画 几部 独体
❶用来询问数目的多少▷现在～点了?|来了～千人?❷表示二至九之间的不定的数目▷～十年如一日|再等～天吧|十～岁的小姑娘。
另见jī。

己 jǐ 3画 己部 独体
❶天干的第六位。参见"干"(gān)❹。❷自己▷舍～为人|固执～见|知～|～方。☞㊀不要写成"已"或"巳"。由"己"构成的字有"记""纪""忌""配""起""岂"等。㊁"己"作为偏旁时,最后一画要改写成竖提(乚),如"改"。

纪 jǐ 6画 纟部 左右
姓。
另见jì。

正字 辑(輯) 几(幾) 纪(紀)

挤 jǐ 9画 扌部 左右
齐：亠文齐齐

❶互相推、拥▷从人群里～出来｜按顺序上车，不要乱～。 ❷强行使人离开或不进入▷我的名额被人～掉了｜排～。 ❸加压力使从空隙中排出▷牙膏～｜牛奶◇～时间学习。 ❹紧紧地挨在一起▷大厅里～满了人｜拥～。

济 jǐ 9画 氵部 左右
❶济水，古水名。山东的济南因济水得名。 ❷[济济]jǐjǐ（人）多▷人才～｜～一堂。
☞表示以上意义时不读jì。
另见jì。

给 jǐ 9画 纟部 左右
❶供应▷自～自足｜～养｜补～｜供～。 ❷富裕；丰足▷家～人足。☞"给"读gěi时，除组成"给以"一词外，只限单用，如"给你一本书"；读jǐ时，用在多音节词或成语中。
另见gěi。

脊 jǐ 10画 月部 上下
丷丷丷兴脊

❶人和脊椎动物背部中间的骨骼▷～椎｜～梁｜～背。 ❷物体上像脊一样高起的部分▷屋～｜山～。☞统读jǐ，不读jī或jí。

戟 jǐ 12画 卓部 左右
戈：一弋戈戈

古代兵器，长杆头上有枪尖，旁边附有月牙形的利刃。

计 jì 4画 讠部 左右
❶计算，用数学方法根据已知数得出未知数▷不～其数｜～量(liàng)｜～酬｜统～｜会(kuài)～。 ❷谋划；打算▷～划｜～议｜设～图纸。 ❸策略；主意▷～谋｜～策｜心～｜妙～。 ❹计较；考虑▷不～名利。 ❺测量有关数值的仪器▷温度～｜血压～。

记 jì 5画 讠部 左右
❶把听到的话或已经发生的事写下来▷老师讲得太快，～不下来｜～账｜～载｜登～。 ❷把印象保持在脑子里▷当时的情景我还～得｜～不住｜～忆｜～性｜惦～。 ❸记号，为帮助记忆或识别而做的标志▷标～｜暗～。 ❹记载事物的书或文章▷日～｜游～。☞"纪元""纪年""纪念""纪要""纪行"等词中的"纪"，习惯上不写作"记"。

伎 jì 6画 亻部 左右
[伎俩]jìliǎng 不正当的手段；花招▷骗人的～。

正字 挤(擠) 济(濟) 给(給) 计(計) 记(記)

纪 jì 6画 纟部 左右

❶制度；纪律▷风～｜法～｜军～｜违～。❷记年代的单位,古代以12年为一纪,现代以100年为一世纪。❸同"记"①②,用于"纪元""纪年""纪念""纪要""纪行"等词语中。

另见 jǐ。

技 jì 7画 扌部 左右

某方面的能力；本领▷一～之长｜～艺｜～巧｜～术｜演～。

系 jì 7画 丿部 独体

打结；扣▷头上～了个蝴蝶结｜～领带｜～扣子。☞第一笔是撇(丿),不是横(一)。

另见 xì。

忌 jì 7画 己部 上下

❶因为别人比自己强而怨恨▷～妒｜猜～。❷害怕▷横行无～｜顾～。❸认为不适宜而避免▷～生冷｜～口｜～讳。❹戒除▷～烟｜～酒。☞"忌"①和"嫉"(jí)意义相同,但形、音都不同。"忌妒"和"嫉妒"是同义词,现在常说常用的是"忌妒"。

际 jì 7画 左阝部 左右

❶交界或靠近边缘的地方▷一望无～｜边～｜天～。❷互相接触；交往▷交～。❸彼此之间▷国～｜校～｜星～旅行｜人～关系。❹指某个特定的时候▷革命胜利之～。

妓 jì 7画 女部 左右

卖淫的女子▷～女。

季 jì 8画 禾部 上下

❶一年分为春夏秋冬四季,一季为三个月▷春～｜～度｜～刊。❷指一年中具有某一特点的时期▷雨～｜淡～｜旺～。

剂 jì 8画 齐部 左右

❶配制或调和(药物、味道等)▷调(tiáo)～。❷配制、调和成的药；作用像药的东西▷感冒冲～｜汤～｜针～｜杀虫～｜防腐～｜润滑～。❸量词,用于中药汤剂▷一～汤药。

荠 jì 9画 艹部 上下

荠菜,草本植物,全草可以做药材,嫩茎叶可以吃。

另见 qí。

迹 jì 9画 辶部 半包围

❶脚印；物体留下的印子▷足～｜汗～｜墨～｜痕～。❷行动留下的痕迹▷行～｜事～｜奇～｜劣～。❸前人留下的事物▷遗～｜古～。☞统读 jì,不读 jī。

正字 纪(紀) 系(繫) 际(際) 剂(劑) 荠(薺)

jì

济 jì 9画 氵部 左右
❶过河;渡▷同舟共～。❷用钱或物帮助有困难的人▷接～|救～|赈～。❸补益▷无～于事|孩子长大就可以得～了。

另见 jǐ。

既 jì 9画 无部 左右
旡：一ㄱ旡
❶已经▷～得利益|～成事实|一如～往。❷跟"又""且""也"配合,表示两种情况同时存在▷～能文,又能武|水流～深且急|～要实干,也要巧干。❸既然▷～要说,就要说清楚。☞㊀右边是"旡",不是"无"。㊁"既"和"即"(jí)的形、音、义都不同。表示以上意义时都不能写作"即","即使"也不能写作"既使"。

继 jì 10画 纟部 左右
继：纟继
接续;连续▷前仆后～|夜以～日|相～|落成～续。

祭 jì 11画 示部 上下
祭：ク夕タ夕祭
置备供品对神灵或祖先行礼,表示崇敬并祈求保佑,也指举行仪式对死者表示追悼和崇敬▷～祀|～奠|公～革命烈士|～礼|～品。☞上边是"癶"(祭字头),不是"癶"(登字头)。由"祭"构成的字有"察""擦"等。

寄 jì 11画 宀部 上下
❶委托▷～希望于青少年|～存|～养|～托。❷依附▷～人篱下|～居|～宿。❸通过邮局传递▷～信|～包裹|邮～。

寂 jì 11画 宀部 上下
❶静;没有声响▷～静|沉～。❷冷清;冷落▷～寞|孤～。☞统读 jì,不读 jí。

绩 jì 11画 纟部 左右
❶把麻或其他纤维捻成线▷～麻|纺～。❷功业;成果▷丰功伟～|功～|业～|成～。

鲫 jì 15画 鱼部 左右
鲫鱼,生活在淡水中,是常见的食用鱼。

冀 jì 16画 八部 上下
❶希望▷希～。❷河北的别称▷～中平原。

jiā

加 jiā 5画 力部 左右
❶把本来没有的添上去▷往菜里一点儿盐|给这段文字～上标点符号|添～。❷在原有的基础上增多、扩大或提高▷又～了一个菜|袖口还得

正字 济(濟) 继(繼) 绩(績) 鲫(鯽)

夹茄佳枷家嘉 jiā 147

~一寸|~大|~固|~快。❸把某种行为加在别人身上▷强~于人|施~压力|严~管教。❹算术的一种运算方法,把两个或两个以上的数合在一起,如3加4等于7。

夹 jiā 6画 一部 独体
亠夹
❶从两旁同时向同一对象用力或采取行动▷拿筷子~菜|胳膊底下~着两本书|两面~攻|~击。❷夹东西的器具▷票~|讲义~|皮~。❸处在两者之间;从两旁限制住▷把书签~在书里|两座山~着一条小河|~缝。❹掺杂▷~在队伍里|雨~雪|~生|~杂。
另见gā;jiá。

茄 jiā 8画 艹部 上下
音译用字,用于"雪茄"(用烟叶卷成的烟,比纸烟粗而长)等。
另见qié。

佳 jiā 8画 亻部 左右
亻仁仕佳佳
好的;美的▷最~阵容|~话|~期|~节|~作。☞跟"隹"(zhuī)不同。右边是"圭"(guī),上下都是"土"。由"圭"构成的字还有"桂""卦""街""封""鞋"等。

枷 jiā 9画 木部 左右
古代套在犯人脖子上的刑具▷披~戴锁|~锁。

家 jiā 10画 宀部 上下
宀宁宁宇宇家家
❶本人和共同生活的眷属的固定住所▷对门就是他的~|四海为~|搬~。❷家庭▷三口之~|成~立业|勤俭持~|分~。❸经营某种行业的人家或具有某种身份的人▷农~|渔~|船~|东~。❹从事某种社会活动或精通某种知识、技艺,并有一定知名度的人;具有某种特征的人▷社会活动~|科学~|画~|专~|野心~|阴谋~。❺跟自己有某种关系的人家或个人▷亲(qìng)~|冤~|仇~。❻对别人称辈分比自己高或同辈中年纪比自己大的亲属,表示谦虚▷~父|~母|~兄。❼经过驯化、培育、饲养的(跟"野"相对)▷~禽|~畜|~兔。❽学术上的流派▷自成一~|百~争鸣。❾量词,用于人家、店铺、工厂等▷全村只有五~人家|一~商店|三~工厂。
☞"家具""家伙""家什"的"家"不要写成"傢"。

嘉 jiā 14画 士部 上下
❶善;美▷~宾。❷赞

美;夸奖▷精神可~｜~奖。☞上边是"士",不是"土";中间是"艹",不是"卄"。

夹 jiá 6画 一部 独体
里外两层的(衣服等)▷~衣｜~袄｜~被。
另见gā;jiā。

荚 jiá 9画 艹部 上下
豆类等植物的果实,有狭长形的外壳,成熟时外壳裂成两片▷豆~｜油菜~｜槐树~。

颊 jiá 12画 页部 左右
脸两侧眼以下的部分▷两~｜面~。☞不读xiá。

甲 jiǎ 5画 丨部 独体
曰甲
❶天干的第一位,常用来表示顺序或等级的第一位▷~编｜~班｜~等｜~级品。参见"干"(gān)❹。❷位居第一▷桂林山水~天下。❸某些动物身上具有保护作用的硬壳▷龟~｜~壳｜~鱼。❹手指和脚趾上的角质硬壳▷指~。❺古人作战时穿的、用皮革或金属制成的护身衣▷盔~。❻金属制成的起保护作用的装备▷装~车。

贾 jiǎ 10画 覀部 上下
姓。
另见gǔ。

钾 jiǎ 10画 钅部 左右
金属元素,银白色。钾的化合物用途很广,钾肥是重要的肥料。

假 jiǎ 11画 亻部 左右
叚:^コリ 戶 叚
❶借▷~借。❷凭借;利用▷狐~虎威｜~公济私｜不~思索。❸姑且(认定)▷~设｜~定。❹如果▷~如｜~若｜~使。❺不真实(跟"真"相对)▷真~难辨｜~笑｜~牙｜~象。❻虚假的或质量低劣的东西▷掺~｜作~｜打~。☞右边是"叚"(jiǎ),不是"段"。由"叚"构成的字有"霞""暇"等。
另见jià。

价 jià 6画 亻部 左右
价钱,商品所值的钱数▷讨~还~｜物~｜减~｜~格。

驾 jià 8画 马部 上下
❶用牲口拉(车或农具)▷牛耕地,马~车｜~辕。❷操纵(车、船、飞机等)▷~飞机｜~驶。❸指车;特指对方的车;借指对方,表示敬意▷~临｜大~｜挡~｜劳~。

架 jià 9画 木部 上下
❶支撑物体的构件或放

置器物的用具▷房~|骨~|脚手~|书~|担~。❷支撑;搭起▷一个梯子|~电线|~桥|~设。❸搀扶▷~着老奶奶上楼。❹抵挡;承受▷招~|~不住。❺量词,用于某些有支柱或骨架的物体▷两~飞机|一~钢琴。❻殴打;争吵▷打~|吵~。

假 jià 11画 亻部 左右
法定或经过批准的暂时停止工作或学习的时间▷春节放三天~|请~|休~|寒~|事~|~日。
另见jiǎ。

嫁 jià 13画 女部 左右
❶女子到男方家里结婚(跟"娶"相对)▷闺女出~|~娶。❷转移(祸害、罪名等)▷~祸于人|转~危机。

稼 jià 15画 禾部 左右
[庄稼]zhuāngjia 泛指田里的农作物(多指粮食作物)。

jian

尖 jiān 6画 小部 上下
小:|小小
❶末端极细小;锐利▷铅笔削得太~了|~刀|~锐。❷物体细小锐利的一端▷这支笔没~儿了|针~儿|刀~儿。❸事物中像尖儿的突出部分▷鼻子~儿|脚~儿|后臀~。❹超出同类的人或物▷她在班里是个~子|冒~儿|拔~儿。❺声音又高又细▷声音~得刺耳|~叫。❻感觉敏锐▷他的眼睛很~|年轻人耳朵~|警犬的鼻子真~。☞上边是"小"("小"的变形),中间一竖不带钩。由"小"构成的字还有"少""隙"等。

奸 jiān 6画 女部 左右
❶狡诈;邪恶▷~商|~计|~诈|~笑。❷对君主或对国家不忠▷~臣|~细(给敌方刺探消息的人)。❸背叛、出卖国家、民族或集团利益的人▷汉~|内~。❹自私自利;虚伪▷这个人真~,一毛不拔|藏~耍滑。❺发生不正当的男女关系▷通~|强~|~污。

歼 jiān 7画 歹部 左右
消灭▷全~来犯之敌|围~|~灭。☞统读jiān,不读qiān。

坚 jiān 7画 土部 上下
❶硬;牢固▷~冰|~硬|~固|~实。❷坚固的事物▷无~不摧|攻~战。❸坚定;不动摇▷~守|~持|~信|~决。

间 jiān 7画 门部 半包围
❶两个事物当中或两段

时间当中▷彼此之~|两可之~|~课~。❷一定的范围之内▷区~|人~|夜~|期~。❸房间,屋子内隔成的各个部分▷套~|单~|卫生~|车~。❹量词,用于房间▷两~教室|三~房子。
另见jiàn。

肩 jiān 8画 户部 半包围
❶上臂和身体相连的部分▷~上挑着担子|~膀|~头。❷担负▷身~重任。

艰 jiān 8画 又部 左右
困难;不容易▷~难|苦|~险|~深。

监 jiān 10画 皿部 上下
❶从旁严密注视;督察▷~工|~考|~场|~察|~督|~视。❷关押犯人的处所▷探~|~狱|~牢。☞上边是"㇀",不是"㇁"。由"㇀"构成的字还有"览""鉴"等。
另见jiàn。

兼 jiān 10画 丷部 上下
丷⺍彐兼
❶同时做两件或两件以上的事情▷在校外~点儿课|他~着好几个职务。❷表示动作行为同时涉及两个以上的方面▷顾双方利益|德才~备|软硬~施|~容。❸两倍的▷~旬(二十天)|~程(一天走两天的路)。☞第五画是长横,右边上头。由"兼"构成的字有"廉""镰"等。

缄 jiān 12画 纟部 左右
咸:厂厂咸咸咸
❶封闭▷~默(闭口不说话)。❷为书信封口(写在信封上寄信人姓名后)▷北京王~。☞不读jiǎn。

煎 jiān 13画 灬部 上下
❶烹调方法,把食物放在少量的油里炸到表面变黄▷~鱼|~鸡蛋。❷把东西放在水中熬煮,使所含成分进入水中▷~药|~茶。❸量词,用于中药熬汁的次数▷头~|二~。

拣 jiǎn 8画 扌部 左右
东:一七车东
挑;选择▷专~重活干|挑肥瘦|挑~。☞右边第三画是横折钩(乛),不要写成"东"。

茧 jiǎn 9画 艹部 上下
某些昆虫在变成蛹之前吐丝做成的包裹自己的壳,如蚕茧。

柬 jiǎn 9画 一部 独体
一万万柬
指信件、请帖等▷请~|~帖。☞㊀中间不要写成"日"。㊀

正字 艰(艱) 监(監) 缄(緘) 拣(揀) 茧(繭)

"请柬""柬帖"的"柬",不能写成"简"。

俭 jiǎn 9画 亻部 左右
亻 ハ 个 个 佥 佥 佥
节省;简朴▷省吃~用｜节~｜勤~｜~朴。☞右边是"佥","人"下有一横。由"佥"构成的字还有"险""捡""检"等。

捡 jiǎn 10画 扌部 左右
拾取▷把掉在地上的都~起来｜~麦穗｜~破烂儿。☞这个意义,过去也作"拣"或"检",现在通常写作"捡"。

检 jiǎn 11画 木部 左右
❶约束;限制▷~点｜行为不~。❷查▷~字表｜~验｜~阅｜~查翻~。

趼 jiǎn 11画 足部 左右
趼子,手、脚上因摩擦而生的硬皮。

减 jiǎn 11画 冫部 左右
❶从总体或原数中去掉一部分(跟"增"相对)▷~员｜~少缩~裁~。❷降低;衰退▷热情有增无~｜功夫不~当年｜~速｜~轻｜~弱。❸算术的一种运算方法,即从一个数中去掉另一个数,如 10 减 6 等于 4。☞左边不要写成"氵"。

剪 jiǎn 11画 刀部 上下
❶除掉;除去▷~除｜~灭。❷铰▷把绳子~断｜~头发｜~枝｜~彩｜~纸修｜~贴。❸剪刀,两刃交错,可以合的铁制用具▷裁衣~｜理发~。❹像剪刀的器具▷火~｜夹~。

简 jiǎn 13画 竹部 上下
❶古代写字用的狭长竹片或木片▷竹~。❷书信▷书~。❸结构单纯;头绪少(跟"繁"相对)▷~体字｜~历｜~单｜~便。❹使繁变简;使多变少▷精兵~政｜精~。

碱 jiǎn 14画 石部 左右
指纯碱,可以用来洗衣服,去油腻,中和发面里的酸味。

见 jiàn 4画 见部 独体
❶看到▷这是我亲眼~到的｜~闻罕~。❷会面,跟别人相见▷多年不~｜接~｜会~｜召~。❸碰到;接触▷汽油~火就着(zháo)｜这种药怕~光。❹对事物的认识和看法▷固执己~｜高~｜成~｜~解。❺看得出;显现出▷日~好转｜~分晓｜~效｜~轻。❻参见,用来指明文字的出处或参看的地方▷~《鲁迅全集》第四卷

正字 俭(儉) 捡(撿) 检(檢) 简(簡) 见(見)

~后｜~附表。❼用在"听""看"等字后面表示有了结果▷看~｜碰得~｜听不~｜梦~。

件 jiàn 6画 亻部 左右
❶指总体中可以分开一一计算的事物▷零~｜条~｜案~｜信~｜文~。❷专指文件▷急~｜密~｜附~。❸量词,用于某些可以一一计算的事物▷一~衣服｜几~事｜三~公文。

间 jiàn 7画 门部 半包围
❶缝隙▷~隙｜亲密无~。❷非直接的▷~接。❸隔开;断开▷晴~多云｜~隔｜~断｜~歇。❹挑拨,使人不和▷离~｜反~计。❺除去(多余的幼苗)▷~小白菜｜~苗。
另见jiān。

饯 jiàn 8画 饣部 左右
❶设酒食送别▷~行。❷用蜜或糖浸泡(果品)▷蜜~。

建 jiàn 8画 廴部 半包围
⇒ 彐 肀 建
❶修筑;修造▷~一个体育馆｜扩~｜修~｜~造｜~筑。❷创立;设立▷~国｜~军｜~都｜~立。❸提出(自己的主张)▷~议。☞㊀右上是"聿"(yù),"聿"下加两横。由"聿"构成的字还有"津""律""肄""肆"等。

㊁左下边是"廴"(建之旁),不是"辶"(走之旁)。"廴"用于"建""廷""延"以及由这三个字构成的字。

荐 jiàn 9画 艹部 上下
推举;介绍▷推~｜~举。

贱 jiàn 9画 贝部 左右
戋:一弋戋戋
❶价格低(跟"贵"相对,②同)▷小摊上的东西~｜~买贵卖｜~价。❷地位低▷卑~｜贫~。❸卑鄙▷~骨头｜下~货。

剑 jiàn 9画 刂部 左右
古代兵器,长条形,两边有刃,中间有脊▷宝~｜舞~。

监 jiàn 10画 皿部 上下
古代某些官府的名称▷钦天~｜国子~。☞上边是"": ",不是"": "。由"监"构成的字有"滥""蓝""篮""槛"等。
另见jiān。

健 jiàn 10画 亻部 左右
❶具有活力的;强壮的▷~儿｜强~｜~康｜~全。❷使强壮▷~身｜~胃。❸善于;易于▷~谈｜~忘。

舰 jiàn 10画 舟部 左右
军用的大型船只▷军~｜~艇｜航空母~｜~队。

正字 间(間) 饯(餞) 荐(薦) 贱(賤) 剑(劍) 监(監) 舰(艦)

涧 jiàn 10画 氵部 左右
山间的水沟▷山～。

渐 jiàn 11画 氵部 左右
表示程度、数量缓慢地变化▷天气～暖｜日～减少｜循序～进｜逐～｜～～。

践 jiàn 12画 足部 左右
戋：一戋戋戋
❶踏；踩▷～踏。❷履行；实行▷实～｜～约(履行原来的约定)。

毽 jiàn 12画 毛部 半包围
彡毛毽毽
毽子，用脚踢的游戏用品，用鸡毛等制作。

溅 jiàn 12画 氵部 左右
液体因急速下落或受撞击而向四外飞射▷～了一身油｜钢花四～｜～落。

鉴 jiàn 13画 金部 上下
❶可以使人警戒或仿效的事▷前车之～｜引以为～｜借～。❷观察；仔细看▷～定｜～别｜～赏。

键 jiàn 13画 钅部 左右
❶插在门闩上起固定作用的金属棍▷关～。❷某些乐器、家用电器或其他机器上的部件，按动后使进入工作状态▷琴～｜按～｜～盘。❸使皮带

轮或齿轮跟轴连接并固定在一起的插销。

箭 jiàn 15画 竹部 上下
用弓发射的武器，一端装有金属的尖头▷弓～｜射～｜～靶。

jiang

江 jiāng 6画 氵部 左右
❶长江的专称▷大～南北｜渡～战役。❷泛指大河▷～河湖海｜珠～。

将 jiāng 9画 丬部 左右
❶拿；用▷～功折罪｜恩～仇报｜～心比心。❷把▷～他请来｜～书包放在桌子上。❸下象棋时攻击对方的"将"(jiàng)或"帅"▷没走几步就让人～死了｜～他一军。❹用言语刺激或为难(对方)▷我提了个问题，一下就把他～住了。❺快要；就要▷飞机即～起飞｜天色～晚。☞右上是"夕"，不是"歹"或"爫"。
另见jiàng。

姜 jiāng 9画 羊部 上下
草本植物，地下茎也叫姜，有辛辣味，是常用的调味品，也可以做药材。

正字 涧(澗) 渐(漸) 践(踐) 溅(濺) 鉴(鑒) 键(鍵) 将(將) 姜(薑)

浆 jiāng 10画 水部 上下
氵:ㄧㄅㄅ氺氺

❶浓的汁液▷豆~|糖~|小麦灌~了。❷用含淀粉的液体浸泡纱、布、衣服等，使干后光滑硬挺▷奶奶洗过衣服总爱~~。☞㊀上边是"氺"，不是"将"。由"氺"构成的字还有"桨""奖""酱"等。㊁跟"桨"(jiǎng)不同。

僵 jiāng 15画 亻部 左右
❶(肢体)直挺，不能活动▷脚冻~了|~硬|~直。❷比喻事情无法变通，或两种意见相持不下▷把事情闹~了|持~|~局。

缰 jiāng 16画 纟部 左右
牵或拴牲口的绳子▷马脱~了|~绳。

疆 jiāng 19画 弓部 左右
❶边界▷~界|~土|边~。❷界限▷万寿无~。❸指新疆▷南~(新疆天山以南的地区)。☞左边是"弓"加"土"。

讲 jiǎng 6画 讠部 左右
❶说；评说▷~故事|~话|~理|~述|~评。❷就某方面来说▷~考试成绩他不如你，~劳动态度你不如他。❸商议；商谈▷~条件|~价钱。❹解说；口头传授▷给我~~这道题|~解|~课|~台|听~。❺注重；追求▷~卫生|~排场|~求。

奖 jiǎng 9画 大部 上下
丬:ㄧㄅㄅ丬丬丬

❶称赞；夸赞▷夸~|嘉~。❷为了鼓励或表扬而授予(荣誉或钱物等)▷~他一枝钢笔|惩|~励|~品|~杯。❸授予的荣誉或钱物等▷这次竞赛他得了~|发~|领~|一等~。

桨 jiǎng 10画 木部 上下
划船的用具，多用木制，上半截为圆杆，下半截为板状▷船~|双~。☞跟"浆"(jiāng)不同。

蒋 jiǎng 12画 艹部 上下
姓。

匠 jiàng 6画 匚部 半包围
斤匠

❶有专门技术的手工业工人▷木~|瓦~|铁~|能工巧~。❷在文化艺术上成就大或修养深的人▷文坛巨~|一代宗~。❸灵巧；巧妙▷~心。

降 jiàng 8画 左阝部 左右
夅:夂夂夅夅

❶由高往低移动；落下(跟"升"相对，②同)▷血压~下来了|

虹 jiàng 9画 虫部 左右
意思跟"虹"(hóng)相同，只限单用，不用于多音节词 ▷天上出～了。
另见 hóng。

将 jiàng 9画 丬部 左右
❶高级军官；泛指军官 ▷帝王～相｜损兵折～｜名～｜～士。❷军衔名，在校官之上 ▷上～｜中～。☞右上是"夕"，不是"歹"或"夊"。
另见 jiāng。

强 jiàng 12画 弓部 左右
态度强硬；执拗 ▷倔～｜～嘴。☞右上是"口"，不是"厶"。
另见 qiáng；qiǎng。

酱 jiàng 13画 酉部 上下
❶用发酵的豆、麦等制成的糊状调味品 ▷甜面～｜黄～。❷用酱或酱油腌制、炖煮 ▷～了一坛黄瓜｜把牛肉一～。❸用酱或酱油腌制的或炖煮的 ▷～萝卜｜～肘子。❹像酱的糊状食品 ▷果～｜芝麻～｜花生～。☞上边不要写成"将"。

糨 jiàng 18画 米部 左右
(液体)稠 ▷把粥熬～一点｜～糊(粘东西的糊状物)。

jiao

交 jiāo 6画 亠部 上下
❶互相交叉；连接 ▷两条铁路在这里相～｜～错｜～界。❷指相连的时间和地区 ▷春夏之～｜太行山在河北、山西两省之～。❸互相往来；互相接触 ▷～朋友｜结～｜往～｜～际｜～锋｜～头接耳。❹朋友；交情 ▷一面之～｜深～｜断～｜邦～。❺生物两性结合 ▷～配｜杂～。❻互相 ▷～接｜～换｜～流｜～谈。❼一齐；同时 ▷内外～困｜风雨～加。❽把事物转移给有关方面 ▷把任务～给我｜把信～通信员带走。

郊 jiāo 8画 右阝部 左右
城市四周的地区 ▷四～｜近～｜～区｜～游。

浇 jiāo 9画 氵部 左右
尧：一ナ丈尧
❶灌溉 ▷～地｜～花。❷把液体倒(dào)在物体上 ▷火上～油｜冷水～头。❸把熔化的金属或混凝土浆等注入模型，使凝固成形 ▷～铸｜～筑。☞右上不要写成"戈"。

娇

jiāo 9画 女部 左右

❶柔嫩可爱▷~柔|~艳。❷意志脆弱,不坚强▷一点苦都吃不得,真是太~了|~气。❸过分宠爱▷~生惯养|~纵。

骄

jiāo 9画 马部 左右

❶强烈▷~阳似火。❷自高自大▷戒~戒躁|~傲|~气。

胶

jiāo 10画 月部 左右

❶黏性物质,有用动物的皮、角等熬制的,也有植物分泌的和人工合成的。通常用来粘合器物,如鳔胶、万能胶、胶水等。❷用胶粘住▷~合板。❸像胶一样有黏性的▷~泥。❹指橡胶▷~鞋|~皮|~垫。

教

jiāo 11画 攵部 左右

孝:耂孝孝孝

传授(知识或技能)▷我~她织毛衣|这门课不好~|~书|~跳舞|~徒弟。

另见jiào。

椒

jiāo 12画 木部 左右

指某些果实或种子有刺激性味道的植物▷花~|辣~。

☞不读shū。

焦

jiāo 12画 隹部 上下

隹:亻仁仁隹隹

❶物体经高温后变黑变硬▷饭烧~了|~黑◇~头烂额。❷酥;脆▷麻花炸得挺~|~枣。❸着急;烦躁▷~急|~躁|心~|~虑。❹指焦炭,煤经过高温处理后炼成的固体燃料▷炼~|~炭。☞上边不要写成"隹"。由"焦"构成的字有"礁""蕉"等。

跤

jiāo 13画 足部 左右

跟头,身体失去平衡而跌倒▷摔了一~|跌~|摔~(一种体育项目)。

蕉

jiāo 15画 艹部 上下

❶[芭蕉]bājiāo 见"芭"。❷[香蕉]xiāngjiāo 草本植物,产在热带或亚热带,果实也叫香蕉,是常见的水果。❸指某些叶子像芭蕉叶那样大的植物,如美人蕉。

礁

jiāo 17画 石部 左右

江河、海洋中隐在水下或露出水面的岩石▷船触~了|~石|暗~。

嚼

jiáo 20画 口部 左右

用牙齿把食物切碎或磨碎▷嘴里~着饭|细~慢咽。

另见jiào;jué。

角

jiǎo 7画 角部 上下

❶牛、羊、鹿等动物头上

正字 娇(嬌) 骄(驕) 胶(膠)

长的硬而尖的东西。❷古代军队中一种吹的乐器(多用兽角制成)▷号～|鼓～。❸形状像角的东西▷菱～|皂～|豆～。❹物体两个边沿相接的地方▷桌子～|墙～|眼～|嘴～。❺几何学名词▷直～|锐～|对～线。❻中国货币的辅助单位,一圆的十分之一。☞下边是"用",末笔一竖的下端出头。由"角"构成的字有"解""触""确"等。
另见jué。

侥 jiǎo 8画 亻部 左右
[侥幸]jiǎoxìng 意外或偶然地(获得利益或免去不幸)▷～过了考试这一关|不要有～心理。☞右上是"尧",不是"戈"。

狡 jiǎo 9画 犭部 左右
奸猾;诡诈▷～辩|～猾|～诈|～赖。

饺 jiǎo 9画 饣部 左右
饣:ノ丿饣
饺子,用面片作皮捏成的半圆形面食,里面包着馅▷水～|蒸～|烫面～|包～子。

绞 jiǎo 9画 纟部 左右
❶把两根以上的线、绳、铁丝等拧在一起▷船缆是三四股麻绳～成的。❷拧;扭紧▷把衣服上的水～干◇～尽脑汁。❸(用绳索)勒死▷～架|～刑。❹纠缠▷各种矛盾～在一起了。

铰 jiǎo 11画 钅部 左右
用剪刀剪▷把辫子～了。

矫 jiǎo 11画 矢部 左右
❶使弯曲的东西变直;纠正▷～正|～治|～形。❷强;勇敢▷～健|～捷。

脚 jiǎo 11画 月部 左右
❶人和某些动物身体最下面的部分,用来行走。❷物体的最下部▷墙～|山～|柜～。☞右边不要写成"阝"。

搅 jiǎo 12画 扌部 左右
❶扰乱;打乱▷～得我一夜没睡好|好事都让你给～坏了|～扰|胡～|打～。❷用棍子等拌和,使混合物均匀▷种子里掺了农药,要～一～再用|～拌。

剿 jiǎo 13画 刂部 左右
讨伐;消灭▷～匪|～灭|围～|追～。

缴 jiǎo 16画 纟部 左右
❶交付;付出▷～费|～税|～纳。❷迫使交出(武器)▷～了他的枪。

正字 侥(僥) 饺(餃) 绞(絞) 铰(鉸) 矫(矯) 搅(攪) 缴(繳)

叫 jiào 5画 口部 左右
❶大声呼喊▷疼得他直~|大喊大~|~嚷|~卖。❷动物发出声音▷喜鹊喳喳~◇报警器~了起来。❸称呼;称作;算是▷你~什么名字?|那~潜水艇|这才~英雄好汉|那也~艺术?❹招呼;唤▷有事就~我一声|快去把他~来。❺通知人送来▷~一辆出租车|再~几个菜。❻要求;命令;使▷医生~他好好休息|连长~你马上出发|这事真~人摸不透。❼容许;听任▷我不~你走|~他们闹去。❽被▷人家给打了|别~人笑话。

觉 jiào 9画 见部 上下
从入睡到睡醒的过程▷睡了一~|午~|睡懒~。
另见 jué。

校 jiào 10画 木部 左右
❶比较▷一场~(旧时比武或操演的地方)。❷比较不同文本,改正文字上的错误▷这本书我已~了两遍|~订|~对|~样。☞表示以上意义时不读 xiào。
另见 xiào。

轿 jiào 10画 车部 左右
轿子,一种旧时交通工具,形状像小屋,由人抬着走▷文官坐~,武官骑马|新娘子坐花~。

较 jiào 10画 车部 左右
❶通过对比,分出事物的异同或高下▷~劲儿|~量|比~。❷表示相比而言更进一层▷取得~大的成绩|用~少的钱,办~多的事。❸比▷产量~去年同期有明显增长|~前大有进步。☞统读 jiào,不读 jiǎo。

教 jiào 11画 攵部 左右
❶把知识、技能传授给别人;教导▷言传身~|~育|~养|管~|求~。❷指宗教▷我不信~|佛~|~徒。❸使;命令▷敢~山河换新装。
另见 jiāo。

窖 jiào 12画 穴部 上下
❶收藏东西的地洞或坑▷入~保存|白薯~|冰~|地~。❷把东西收藏在窖里▷~了几百斤白菜|~冰。

酵 jiào 14画 酉部 左右
发酵,利用微生物的作用使有机物起变化,例如发面就是使面粉发酵。☞统读 jiào,不读 xiào。

嚼 jiào 20画 口部 左右
[倒嚼] dǎojiào 反刍

(chú),牛羊等动物把吃下去的草料反回到嘴里重嚼。

另见jiáo;jué。

jie

节 jiē 5画 艹部 上下
❶[节骨眼儿]jiēguyǎnr 指关键的环节或时机▷在这~上,可不能后退。❷[节子]jiēzi 木材上的疤痕。

另见jié。

阶 jiē 6画 阝部 左右
❶建筑物中用砖、石等分层砌成的附属部分,多在门前或坡道上,供人上下用▷~梯|石~|台~。❷用来区分高低的等级▷官~|军~|音~。

疖 jiē 7画 疒部 半包围
疖子,皮肤病,症状是皮下局部出现硬块,红肿,疼痛,化脓。

皆 jiē 9画 比部 上下
都;都是▷四海之内~兄弟|尽人~知|啼笑~非。

结 jiē 9画 纟部 左右
❶植物长出(果实或种子)▷这种花~子很多|开花~果。❷[结巴]jiēba 口吃▷~得半天说不出话来|说话结结巴巴。❸[结实]jiēshi 坚韧耐

用;健壮▷这玩具很~|小伙子身体很~。

另见jié。

接 jiē 11画 扌部 左右
❶挨近;碰;触▷交头~耳|~近|~触。❷连接▷把线头儿~上|焊~|嫁~|衔~。❸连续;继续▷跑得上气不~下气|请您~着说|青黄不~。❹接过别人的工作继续干▷王老师的课|~任|~班|~力。❺用手托住;接受▷~过孩子|~球|~电话|~纳。❻迎接(跟"送"相对)▷到机场~人|上幼儿园~孩子。

秸 jiē 11画 禾部 左右
某些农作物去穗或脱粒后剩下的茎秆▷~秆|麦~|豆~。

揭 jiē 12画 扌部 左右
曷:旦旦曷

❶高举▷~竿而起(指民众起义)。❷掀起;撩(liāo)开▷~锅盖|~下面纱|~幕。❸使隐蔽的事物显露▷~老底|~晓|~发|~露|~穿。❹把粘贴着的片状物取下▷~封条|把邮票~下来。

街 jiē 12画 彳部 左右
两边有建筑物的大路▷~上车太多|大~|小巷|~头~。

正字 节(節) 阶(階) 疖(癤) 结(結)

~道。☞不要简化写成"丁"。

节 jié 5画 艹部 上下
❶竹节；泛指草、禾茎上生叶的部位或植物枝干相连接的部位▷小麦拔~了｜藕~｜细枝末~｜枝~。❷动物骨骼连接的地方▷骨~｜关~。❸节气▷四时八~｜清明~｜~令。❹具有某种特点的一段时间或一个日子▷季~｜时~｜逢年过~｜春~｜~日。❺互相衔接的事物中的一个段落；整体中的一个部分▷章~｜环~｜脱~｜~目。❻从整体中截取一部分▷~录｜~选｜删~。❼量词，用于分段的事物▷一~甘蔗｜两~烟筒｜三~车厢｜四~课。❽限制；约束▷~制｜~育｜哀调(tiáo)~。❾俭省▷开源~流｜~水~电｜~约｜~省｜~俭。❿礼仪▷礼~。⓫操守▷气~｜名~｜晚~。⓬节奏；节拍▷小~(节拍的段落)。

另见jiē。

劫 jié 7画 力部 左右
❶用暴力强取；抢夺▷歹徒~了一辆车｜趁火打~｜抢~。❷威胁；逼迫▷持人质。❸指灾难▷~难｜浩~。

杰 jié 8画 木部 上下
❶优异的；超群的▷~出

｜~作。❷才能出众的人▷俊~｜豪~。

拮 jié 9画 扌部 左右
[拮据]jiéjū 缺钱；经济情况不好▷手头~。

洁 jié 9画 氵部 左右
❶干净▷清~｜~净｜整~。❷清白▷廉~｜贞~。

结 jié 9画 纟部 左右
❶用条状物打成疙瘩或用这种方法制成物品▷~绳｜~网。❷条状物打成的疙瘩；在彩带上打个~｜死~｜领~。❸凝聚▷河面上~了一层冰｜凝~｜~晶。❹结合；形成某种关系▷~成兄弟｜~为联盟｜~交｜~仇。❺结束；了结▷账还没~｜~业｜~局｜完~。

另见jiē。

捷 jié 11画 扌部 左右
疌：⺕事事疌
❶战胜▷大~｜告~｜~报。❷快；迅速▷~足先登｜敏~。❸近便；方便▷~径｜便~｜直~。☞右边第三画是长横，向右出头；第五画是长竖，一贯到底。

睫 jié 13画 目部 左右
睫毛，眼皮边缘的毛▷迫在眉~。

正字 节(節) 洁(潔) 结(結)

截 jié 14画 佳部 半包围
截截截截截
❶割断▷把钢管~成三段｜~肢｜~取｜~断。❷中途阻拦▷赶快~辆车送病人上医院｜拦~｜堵~｜~获。❸量词,用于从长条形的东西上截取下来的部分▷一~铁丝｜两~木头｜剁成三~。❹到一定期限为止▷~至发稿时为止,中国运动员已取得九枚金牌。

竭 jié 14画 立部 左右
曷:日日日
❶完;尽▷取之不尽,用之不~｜精疲力~｜衰~。❷用尽;全部拿出▷~尽全力｜~诚相见｜~力。❸干枯｜枯~。

姐 jiě 8画 女部 左右
❶同父母(或只同父、只同母)或同辈亲属中年龄比自己大的女子▷三~｜~妹｜堂｜表~。❷对年轻的或年龄跟自己差不多的女子的称呼▷刘三~｜李~。

解 jiě 13画 角部 左右
❶剖开▷~剖。❷离散;分裂▷瓦~｜~散｜~体。❸消除▷~渴｜~闷｜~恨｜~除。❹排泄大小便▷大~｜小~。❺把捆着或系(jì)着的东西打开▷把绳子~开｜~扣子。❻分析;说明▷~说｜~释｜讲｜注~。❼明白;懂了~｜理~。❽分析演算▷这道题不好~｜~题。☞右边是"刀"下加"牛"。
另见 jiè;xiè。

介 jiè 4画 人部 上下
❶处在两者之间▷质量~于优劣之间｜~入。❷使二者发生联系▷~绍。❸使二者发生联系的人或事▷媒~｜中~。❹放在(心里)▷毫不~意。

戒 jiè 7画 戈部 半包围
三开戒戒戒
❶提防▷~骄~躁｜警~｜备~｜~心。❷改掉(不良嗜好)▷~烟｜~赌｜~酒。❸指佛教徒必须遵守的准则;泛指应当戒除的事▷~律｜受~｜杀~。

芥 jiè 7画 艹部 上下
芥菜,草本植物,种子黄色,有辣味,研成粉末叫芥末,可做调味品。芥菜的变种很多,有叶用芥菜(如雪里红),茎用芥菜(如榨菜)和根用芥菜(如大头菜)等,都可以吃。
另见 gài。

届 jiè 8画 尸部 半包围
❶到(预定的时候)▷~时｜~期。❷量词,用于一定时间举行一次的会议或毕业的班

级等▷第一~|本~|历~|应~。☞下边是"由",不要写成"田"或"岜"。

界 jiè 9画 田部 上下
❶地区跟地区相交的地方▷江南、江北以长江为~|~线|国~|交~|分~。❷泛指一定的范围或限度▷外~|眼~|境~|自然~|生物~。❸特指按职业、工作、性别等划定的范围▷教育~|科学~|工商~|妇女~|各~人士。

诚 jiè 9画 讠部 左右
规劝;警告▷告~|劝~|训~。

借 jiè 10画 亻部 左右
❶临时使用别人的财物,一定时间内归还▷跟人~钱|有~有还,再~不难。❷把自己的财物临时给别人使用▷把车~给同学了。❸凭借;利用▷~这个机会谈谈我的意见。❹假托▷~故|~口。

解 jiè 13画 角部 左右
押送▷把犯人~到京城|~送公款。
另见 jiě;xiè。

jīn

巾 jīn 3画 巾部 独体
丨 冂 巾

用来擦洗、包裹或盖东西的小块织物▷手~|围~|枕~|纱~。

斤 jīn 4画 斤部 独体
市制重量单位,10两为1斤,1市斤等于500克。

今 jīn 4画 人部 上下
❶现在;当前▷从~以后|当~|~年|~天。❷现代(跟"古"相对)▷古为~用|古文~译。

金 jīn 8画 金部 上下
❶金属的统称,通常指金、银、铜、铁、锡等▷五~|冶~。❷货币;钱▷拾~不昧|现~|~钱|奖~。❸金属元素,深黄色,有光泽。通称金子或黄金。❹金色的▷~发(fà)|~橘|~灿灿。☞"金"作左偏旁时简化为"钅",第二画是短横,不是点,如"铁""银";用在字的底部仍为"金",如"鉴"。

津 jīn 9画 氵部 左右
❶渡口▷问~(打听渡口,比喻探问)。❷指天津▷~战役|~浦铁路。❸人体或动植物体内的液体;特指唾液▷~液|生~止渴。

筋 jīn 12画 竹部 上下
❶肌腱或骨头上的韧带

正字 诚(誠)

▷伤～动骨｜牛蹄～儿。❷肌肉▷～疲力尽｜腿肚子转(zhuàn)～｜～骨。❸可以看见的皮下静脉血管▷青～。❹像筋的东西▷橡皮～儿｜钢～。

禁 jīn 13画 示部 上下
❶承受；忍受▷～不起考验｜～得住摔打｜～受。❷忍住；控制住(多跟"不"结合)▷不～长叹一声｜情不自～。❸承受得住；耐▷这点钱不～花｜皮鞋比布鞋～穿。☞表示以上意义时不读jìn。
另见jìn。

襟 jīn 18画 衤部 左右
❶上衣或袍子前面的部分▷大～｜对～｜开～。❷指胸怀；抱负▷胸～｜～怀。

仅 jǐn 4画 亻部 左右
只▷～供参考｜破案～用了两天时间｜～收到一封回信。

尽 jǐn 6画 尸部 上下
❶力求达到最大限度▷～先｜～早｜～快。❷表示以某个范围为极限，不要超过▷～着一个月完成｜～着这点钱用。❸把某些人或事物放在最前面▷～着年纪大的人坐｜先～旧衣裳穿。❹最▷～前头｜～底下｜～南边。☞表示以上意义时不读jìn。

另见jìn。

紧 jǐn 10画 糸部 上下
❶物体受到较大的拉力或压力后呈现的状态(跟"松"相对，②同)▷琴弦太～了｜鼓面绷得～～的。❷牢固；固定▷握手中枪｜把螺丝拧～。❸使紧▷～～鞋带。❹空隙小；挨(āi)近▷这鞋我穿着太～｜汽车一辆～跟着一辆。❺紧张▷风声～｜局势很～。❻生活不富裕▷日子过得很～。❼急迫▷任务很～｜不～不慢。

锦 jǐn 13画 钅部 左右
钅：ノ𠂉ᅳ⺄钅
❶用彩线织出的有花纹的丝织品▷～织｜～上添花｜～旗。❷色彩华丽▷～缎｜～鸡。☞跟"绵"(mián)不同。

谨 jǐn 13画 讠部 左右
堇：⺯苩堇
❶慎重小心▷～慎｜～防｜拘～｜勤～。❷表示说话人的郑重或对听话人的恭敬▷～致谢意｜～启｜～赠。☞右下是三横，不是两横。

尽 jìn 6画 尸部 上下
❶完▷用～全身的力气｜想～办法。❷达到极限▷～善～美｜山穷水～｜～头。❸死亡▷同归于～。❹全部使出；发

正字 仅(僅) 尽^{jǐn}(儘) 紧(緊) 锦(錦) 谨(謹) 尽^{jìn}(盡)

挥全部作用▷~心~力|人~其才,物~其用。❺竭力做▷~职|~责。❻全部;所有的▷~人皆知|~数收回。❼完全;都▷屋里~是烟|应有~有。

另见jǐn。

进 jìn 7画 辶部 半包围
❶向前移动(跟"退"相对)▷又~了一步|~退两难|前~|推~|化。❷呈上;奉上▷~言|~献。❸由外边到里边(跟"出"相对)▷队伍~村了|~门|~驻。❹接纳;收入▷~了一批货|~款。❺表示动作由外到里的趋向▷走~大厅|住~新楼|引~新技术。

近 jìn 7画 辶部 半包围
❶距离短(跟"远"相对)▷远处是山,~处是水|离得~|~代。❷关系亲密▷~亲|支|亲~。❸差异小;相似▷似|相~。❹靠近;接近▷平易~人|不~人情。

劲 jìn 7画 力部 左右
❶力气;力量▷小伙子儿真大|用尽全身的~儿。❷效力;作用▷新出的灭蚊灵~儿大|药~儿过了。❸精神;情绪▷干~冲天|~头十足。❹神情;样子▷高兴~儿|瞧这副脏~儿。❺兴致;趣味▷越看越

带~|这电影真没~。☞左边是"圣",不是"圣"。

另见jìng。

晋 jìn 10画 日部 上下
亚:丅丅亚亚
❶向前进;向上升▷~见|~升|~级。❷山西的别称▷~剧。

浸 jìn 10画 氵部 左右
❶泡(在液体里)▷放在水里~一~|~种|~泡。❷(液体)渗入▷露水~湿了衣服|~透|~润。☞统读jìn,不读qīn。

禁 jìn 13画 示部 上下
❶不准许▷严~|赌博|放烟花爆竹|~止|查~。❷不许进行某项活动的法令、规章或习俗▷犯~|违~|解~。❸把人关押起来▷监~|~闭。

另见jīn。

jing

茎 jīng 8画 艹部 上下
植物体的主干部分,上部一般生有叶、花和果实,下部和根连接。一般生在地上,也有的生在地下,成为块茎(如马铃薯)、鳞茎(如洋葱)、球茎(如荸荠)、根状茎(如藕)等地下茎。☞㊀统读jīng,不读jìng。㊁边是"圣",不是"圣"。由"圣"

正字 进(進) 劲(勁) 茎(莖)

京经荆菁惊晶睛梗兢精

京 jīng 8画 亠部 上下
❶国家的首都▷～城｜～师。❷特指我国首都北京▷～津沪渝四市｜～剧。

经 jīng 8画 纟部 左右
❶纺织物纵向的纱线(跟"纬"相对，⑦同)▷～纱｜～线。❷传统的权威性的著作;宣扬宗教教义的重要著作▷四书五～｜～典｜佛～。❸长时间不变的▷～常。❹经营;治理▷～商｜～理。❺经过;经历▷途～上海｜身～百战｜～你一解释，我完全明白了。❻禁(jīn)受;承受▷这个小小的挫折，我还～得住｜～不起。❼地理学上假想的通过地球南北极与赤道成直角的线，在本初子午线以东的称东经，以西的称西经▷～度。

荆 jīng 9画 艹部 左右
❶落叶灌木，枝条坚韧，可以编筐、篮、篱笆等，果实可以做药材。❷古代用荆条做的刑杖▷负～请罪。

菁 jīng 11画 艹部 上下
[蔓菁]mánjīng 见"蔓"。

惊 jīng 11画 忄部 左右
❶骡马因为受到突然的刺激而狂奔不止▷马～了｜～车。❷由于受到突然的刺激而精神紧张或恐惧不安▷～呆了｜胆战心～｜～慌｜受～。❸使受惊;惊动▷～天动地｜打草～蛇｜～扰。

晶 jīng 12画 日部 上下
❶明亮▷～莹｜亮～～。❷指水晶(一种坚硬透明的矿物)▷茶～｜墨～。❸指晶体▷结～。

睛 jīng 13画 目部 左右
眼珠▷目不转～｜画龙点～｜眼～。☞跟"晴"(qíng)不同。

粳 jīng 13画 米部 左右
粳稻，一种生长期较长的矮秆稻子，碾出的米叫粳米，煮熟后黏性较强。

兢 jīng 14画 十部 左右
[兢兢]jīngjīng 小心谨慎▷战战～～｜～～业业。☞由两个"克"组成，不是由两个"竞"(jìng)组成;左边的"克"最后一画要改成竖提(丨)。

精 jīng 14画 米部 左右
❶提炼出来的东西▷酒～｜香～｜～华。❷精神;精力▷聚～会神｜～疲力尽。❸神话传说中的妖怪▷修炼成～｜

正字 经(經) 惊(驚)

白骨～｜妖～。❹经过提纯的或挑选的▷～盐｜～米｜～矿｜～兵。❺完善;最好▷～益求～｜～良｜～美。❻熟练掌握某种学问或技术▷棋下得很～｜～通。❼细致;严密▷～雕细刻｜～密｜～确。❽聪明;能干▷这人很～,骗不了他｜～明强干。

鲸 jīng 16画 鱼部 左右
鲸鱼,生活在海洋中的哺乳动物,外形像鱼,用肺呼吸,胎生,是现在世界上最大的动物。☞统读jīng,不读qíng。

井 jǐng 4画 一部 独体
❶从地面向下挖成的能取水的深洞▷挖～｜打～｜水～。❷形状像井或井架的东西▷矿～｜油～｜天～。❸人口聚居的地方;乡里▷背～离乡。❹整齐;有条理▷～～有条。

阱 jǐng 6画 左阝部 左右
用来防御敌人或捕野兽的陷坑▷陷～。

颈 jǐng 11画 页部 左右
脖子▷～椎｜～项｜长～鹿。☞不读jìng。
另见gěng。

景 jǐng 12画 日部 上下
❶现象;情况▷～象｜情～|前～。❷风景▷雪～|～致｜～色｜～物。❸布景,舞台或摄影场上所布置的景物▷内～|外～。❹剧本的一幕中因布景不同而划分的段落▷第二幕第一～。❺尊敬;佩服▷～慕｜～仰。

憬 jǐng 15画 忄部 左右
[憧憬] chōngjǐng 见"憧"。

警 jǐng 19画 言部 上下
❶告诫;使人注意▷～告｜～钟。❷注意并防备(可能发生的危险)▷～卫｜～备｜～戒。❸(对危险或异常情况)感觉敏锐▷～惕｜～觉｜机～｜～醒。❹指警察▷民～｜武～｜交通～。❺危急的情况或事件▷告～｜火～｜报～。

劲 jìng 7画 力部 左右
强有力▷～敌｜～旅｜强～。☞表示这个意义时不读jìn。
另见jìn。

径 jìng 8画 彳部 左右
❶直达某处的小路;狭窄的道路▷小～｜曲～。❷指直径▷口～｜半～。❸途径;方法▷捷～｜门～。❹直接▷～行处理｜～向有关单位举报。

正字 鲸(鯨) 颈(頸) 劲(勁) 径(徑)

净 jìng 8画 冫部 左右
❶清洁；没有污垢或杂质▷把脸洗~了｜干~｜洁~｜~水｜纯~。❷使清洁▷~~桌面｜~~手。❸尽；一点不剩▷把屋里的东西搬~了｜钱花~了。❹纯；单纯▷除了开销，~赚3万元｜~增｜~重。❺仅仅▷好的都挑完了，~剩下些次的。❻全都▷我们车间~是小伙子｜满院子~是树叶。❼总是▷别一打岔，让人把话说完｜心里着急，~写错字。☞左边不要写成"氵"。

竞 jìng 10画 立部 上下
互相争胜；比赛▷~争｜~选｜~走｜~赛。☞跟"竟"不同。

竟 jìng 11画 立部 上下
❶结束；完毕▷完成前人未~的事业。❷终究；到底▷有志者事~成。❸表示出乎意料，相当于"居然"▷他~敢公开否认事实。☞跟"竞"不同。

敬 jìng 12画 攵部 左右
❶(对人)态度严肃而有礼貌▷~请光临｜~意。❷尊重▷~老爱幼｜~重｜佩~。❸有礼貌地献上(酒、茶等)▷~您一杯｜~酒。

靖 jìng 13画 立部 左右
❶(社会)安定。❷使(秩序)安定；平定(动乱)▷~边。

静 jìng 14画 青部 左右
青 二十主青
❶安定不动(跟"动"相对)▷水面~极了，没有一丝波纹｜~物｜~坐｜~止。❷(内心)安定，使(内心)安定▷心里总~不下来｜镇~｜~下心来。❸没有声音；不出声▷四周~极了｜夜深人~｜寂~｜~默。

境 jìng 14画 土部 左右
❶疆土的边界▷出~｜入~｜国~。❷较大的空间范围；区域▷湘江在湖南~内｜环~。❸所处的环境或状况▷事过~迁｜处~｜家~｜~遇。

镜 jìng 16画 钅部 左右
❶镜子，用来照见形象的器具，多用平面玻璃镀水银制成▷穿衣~｜~框｜明~。❷泛指利用光学原理制成的、可以改善视力或做科学实验的用具▷眼~｜望远~｜显微~｜~头。

jiong

窘 jiǒng 12画 穴部 上下
尹 ⺕尹
❶穷困▷日子过得很~｜生活

竞(競) 镜(鏡)

~迫|~困。❷难堪;为难▷没想到让人给问住了,弄得他非常~|~境|~态。☞统读jiǒng,不读jǔn。

jiu

纠 jiū 5画 纟部 左右
❶集合;聚集(多含贬义)▷~合|~集。❷缠绕▷~结|~缠。❸矫正;改正▷有错必~|~偏|~正。

鸠 jiū 7画 鸟部 左右
鸽子一类的鸟。常见的如斑鸠,羽毛灰褐色,有斑纹,不善于筑巢。

究 jiū 7画 穴部 上下
❶深入探求;钻研▷研~。❷追查▷既往不~|违法必~|追~。☞统读jiū,不读jiù。

赳 jiū 9画 走部 半包围
[赳赳]jiūjiū 形容威武雄壮的样子▷雄~,气昂昂。

揪 jiū 12画 扌部 左右
紧紧抓住;抓住并用力拉▷~住衣襟不放|把他~过来。

九 jiǔ 2画 丿部 独体
丿九
❶数字,八加一的和。❷指多数▷~死一生|~牛一毛。❸时令名,从冬至起每九天为一"九",到九"九"为止,共八十一天▷数(shǔ)~寒天|冬练三~,夏练三伏。☞㊀"九"的大写是"玖"。㊁"九"作左偏旁时,末笔要改成横折提(ㄅ),如"鸠"。

久 jiǔ 3画 丿部 独体
时间长▷很~没见了|年深日~|~经考验|长~|~远。

玖 jiǔ 7画 王部 左右
数字"九"的大写。☞跟"玫"(méi)不同。

灸 jiǔ 7画 火部 上下
中医治疗方法,用艾叶或艾绒烧灼或熏烤人体的穴位▷针~。☞跟"炙"(zhì)不同。

韭 jiǔ 9画 韭部 独体
韭菜,草本植物,叶子细长扁平。叶和花、茎可以吃,种子可以做药材。☞不要简化写成"艽"。

酒 jiǔ 10画 氵部 左右
酉:丆酉西酉
用粮食、水果等经发酵酿制的饮料,有白酒、黄酒、果酒、啤酒等类型。☞不要简化写成"沈"。

旧 jiù 5画 丨部 左右
❶经过长期放置或使用

正字 纠(糾) 鸠(鳩) 旧(舊)

的(跟"新"相对,②同)▷~家具|~衣服|房子太~了。❷过时的;不合时宜的▷思想观念太~|~时代|~制度。❸从前的;曾经有过的▷~居|~事|~交。❹特指老朋友、老交情▷故~|访~|念~。☞跟"归"(guī)不同。

臼 jiù 6画 臼部 独体
臼:ノ丨丨 臼臼臼

❶舂米等用的器具,多用石头或木头制成,圆形,中间凹下▷石~|蒜~子。❷形状像臼的东西▷~齿|脱~。☞跟"白"(bái)不同。由"臼"构成的字有"陷""稻""毁""插""鼠""舅"等。

疚 jiù 8画 疒部 半包围
由于自己的过失而产生不安或惭愧的心情▷内~|负~。☞不读jiū。

救 jiù 11画 攵部 左右
❶采取措施,使灾难或危急情况终止▷~火|~灾|~亡|~急。❷援助,使脱离危险或免遭灾难▷~死扶伤|挽~|营~|拯~。

就 jiù 12画 亠部 左右
尤:一ナ尢

❶接近;凑近▷避难~轻|~近入学|~地取材。❷到▷各~各位|~座|~席。❸开始进入或从事(某种事业)▷~职|~学|~业。❹趁着▷~着这场雨,赶紧把苗补齐|~着进城办事,去大医院看看病。❺表示动作行为很快要发生、已经发生,或两件事紧跟着发生▷别急,我马上~走|他上学以前~认识三百多个字了|一说话~脸红。❻表示肯定或强调的语气▷这里~是我的老家|我知道他不会来的|不去,~不去!|咱俩才抬100斤,人家一个人~挑120斤。❼只;仅▷屋里~剩我一个人|~他一个没有来。❽完成▷功成名~|造~人才。❾副食搭配着主食或酒吃▷咸菜~稀饭|花生米~酒。

舅 jiù 13画 臼部 上下
臼:ノ丨丨 臼臼臼

❶母亲的兄、弟▷~父|大~。❷妻子的兄、弟▷妻~|大~子。

ju

车 jū 4画 车部 独体
一𠂋𠂌车

象棋棋子中的一种。
另见chē。

拘 jū 8画 扌部 左右
❶逮捕；扣押▷～捕｜留～｜～禁。❷约束；限制▷～束｜～谨。❸不知变通▷～泥。

居 jū 8画 尸部 半包围
❶住宿▷分～｜～住｜～民。❷住所▷新～｜故～｜迁～。❸处在(某种位置)▷后来～上｜～高不下｜～中。❹属于(某种情况)；占▷～多｜～少。

驹 jū 8画 马部 左右
❶少壮的马▷千里～。❷初生的马、骡、驴▷小驴～儿｜马～子。

据 jū 11画 扌部 左右
[拮据]jiéjū 见"拮"。
另见jù。

鞠 jū 17画 革部 左右
弯曲▷～躬。☞统读jū，不读jú。

局 jú 7画 尸部 半包围
⺕尸月局
❶拘束；狭窄▷～限｜～促。❷一部分▷～部。❸政府中按业务划分的办事机构▷财政～｜卫生～。❹某些业务机构或商店的名称▷邮电～｜书～。❺量词，某些比赛或赌博一次叫一局▷五～三胜。❻形势；情况▷大～已定｜政～｜时～｜结～败～｜～面｜～势。

菊 jú 11画 艹部 上下
菊花，草本植物，秋季开花，是著名的观赏植物，有的品种可以做药材。☞不读jū。

橘 jú 16画 木部 左右
矛：ㄱㄱ⺋予矛
橘子树，常绿灌木或小乔木，果实叫橘子，是常见的水果。果皮、种子、树叶等都可以做药材。☞不要简化写成"桔"(jié)。

咀 jǔ 8画 口部 左右
含在嘴里细嚼品味▷～嚼。☞不读zǔ。

沮 jǔ 8画 氵部 左右
颓丧；消沉▷神情～丧。☞不读zǔ。

矩 jǔ 9画 矢部 左右
❶木工用来求直角的曲尺▷～尺｜没有规(圆规)～不成方圆。❷方形；特指长方形▷～形。❸规则；法度▷循规蹈～｜守规～(guīju)。☞不读jù。

举 jǔ 9画 丶部 上下
❶向上托；往上抬▷～着火把｜高～红旗｜～棋不定｜重～手。❷动作；行为▷一～一动｜一～成名｜～止｜创～。

正字 驹(駒) 举(舉)

❸发动;兴起▷~兵起义|~行|~办。❹推荐;选拔▷~荐|推~|选~。❺提出;揭示▷~个例子|检~|~报。❻全;整个▷~世闻名|~国上下。

巨 jù 4画 匚部 半包围
一ㄇ巨
大;非常大▷~幅标语|万吨轮|~人|~款|~变|~大。

句 jù 5画 勹部 半包围
❶句子,由词或词组组成,能表达一个完整意思的语言单位▷造~|语~|病~。❷量词,用于言语或诗文▷几~话就说清楚了|两~诗。

拒 jù 7画 扌部 左右
❶抵抗;抵挡▷~腐蚀,永不沾|~敌|~捕|抗~。❷不接受▷来者不~|~不执行|~绝。

具 jù 8画 八部 上下
❶日常生活和生产活动中使用的东西▷炊~|家~|工~|农~|文~。❷有(多用于抽象事物)▷独~特色|别~一格|初~规模|~有。☞㊀中间是三横,不是两横。由"具"构成的字有"俱""惧"等。㊁跟"俱"不同。"家具"不能写作"家俱"。

炬 jù 8画 火部 左右
火把▷火~。

俱 jù 10画 亻部 左右
全;都▷万事~备|面面~到|一应~全。☞跟"具"不同。"万事俱备""面面俱到"等词语中的"俱",不要写作"具"。

剧 jù 10画 刂部 左右
❶厉害;猛烈▷病情加~|~痛|~变|急~。❷戏剧,由演员化装表演故事的一种艺术形式▷话~|演~|一本~|~情。

据 jù 11画 扌部 左右
❶依仗;凭借▷~险固守|~点。❷按照;依照▷我看来|~同名小说改编|~理力争。❸可以用作证明的东西▷凭~|证~|单~|真凭实~。❹占据▷~为己有|盘~|窃~。
另见jū。

距 jù 11画 足部 左右
❶两种事物在时间或空间上相隔;离开▷谢庄~圆明园十里|~今已有几十年。❷相隔的长度▷株~|差~|~离。

惧 jù 11画 忄部 左右
害怕▷临危不~|~怕|恐~|畏~。

正字 剧(劇) 据(據) 惧(懼)

锯 jù 13画 钅部 左右
❶剖开或截断物体的工具,主要部分是具有许多尖齿的薄钢片▷～条｜～齿｜钢～｜电～｜拉～。❷用锯剖开或截断▷～木头｜～钢管。

聚 jù 14画 耳部 上下
聚：一丁歺㐅
会集;集合▷路边～了一群人｜～会｜～餐。☞下边不要写成"豕"。由"聚"构成的字有"骤"等。

juan

捐 juān 10画 扌部 左右
❶献出财物、生命▷～钱｜～献｜～赠｜～助｜为国～躯。❷一种税收▷上～｜车～｜税。☞跟"损"(sǔn)不同。

娟 juān 10画 女部 左右
美好▷～秀。

圈 juān 11画 囗部 包围
❶把家禽、家畜关起来▷把鸡～在笼子里。❷拘禁;关闭▷～在牢里｜成天把自己～在家里不出门。
另见 juàn;quān。

鹃 juān 12画 鸟部 左右
[杜鹃] dùjuān ❶鸟,播种季节昼夜啼叫,捕食昆虫,是益鸟。也说布谷。❷常绿或落叶灌木,春天开红花,可供观赏。也说映山红。

卷 juǎn 8画 㔾部 上下
类：⺍兰㐅
❶把片状的东西弯转成圆筒形或半圆形▷把凉席～起来｜刀刃儿～了｜～铺盖｜～帘子。❷强力裹挟、带动或掀起▷狂风～着巨浪｜马车过后,～起一片尘土｜木材被洪水～走了。❸弯转成的圆筒形的东西▷把行李捆成～儿｜纸～儿｜烟～｜蛋～。❹量词,用于成卷的东西▷一～铺盖｜一～胶卷。☞㈠跟"券"(quàn)不同。㈡下边是"㔾",不是"巳"。由"卷"构成的字有"倦""圈""蜷"等。
另见 juàn。

卷 juàn 8画 㔾部 上下
❶量词,用于书籍的本册或篇章▷第一～｜下～｜～二。❷可以卷(juǎn)起来收藏的书、画;泛指书画▷手不释～｜画～。❸机关里保存的文件▷～宗｜案～。❹考试时写答案的纸▷交～｜阅～｜试～。
另见 juǎn。

倦 juàn 10画 亻部 左右
❶疲劳;劳累▷疲～｜困～。❷懈怠;厌烦▷厌～。

绢 juàn 10画 纟部 左右
一种薄而结实的丝织品▷~花。☞不读juān。

圈 juàn 11画 囗部 包围
饲养家畜或家禽的场所，一般有栏或围墙，有的还有棚▷羊~｜猪~｜肥~。
另见juān；quān。

眷 juàn 11画 目部 上下
❶关心；顾念▷~恋｜~念。❷亲属▷~属｜家~｜亲~。

jue

撅 juē 15画 扌部 左右
❶翘起▷~着尾巴｜~嘴。❷折断▷一根甘蔗~成两截。

决 jué 6画 冫部 左右
夬：フユ夬
❶水冲垮(堤岸)▷~堤｜~口｜溃~。❷破裂▷~裂。❸作出判断；确定▷~定｜~断｜表~｜判~。❹特指执行死刑▷处~｜枪~。❺决定最后胜负▷这场比赛将~出冠亚军｜~战｜~赛｜~胜局。❻果断；坚定▷犹豫不~｜果~｜坚~。❼一定；必定▷不达目的，~不罢休｜~没有别的意思。☞左边不要写成"氵"。

诀 jué 6画 讠部 左右
❶告别；分别(多指不再相见的离别)▷~别｜永~。❷高明的或关键性的方法▷窍｜妙~｜秘~。❸为了便于掌握，根据事物的内容编成的简短顺口、易于记诵的词句▷口~｜歌~。

抉 jué 7画 扌部 左右
选择▷~择。

角 jué 7画 角部 上下
❶戏剧或影视中，演员扮演的剧中人物▷你扮演什么~儿？｜主~｜配~。❷戏曲中根据角色类型划分的类别▷旦~｜丑~。❸泛指演员▷名~。❹较量；竞争▷~斗｜~逐。☞表示以上意义时不读jiǎo。
另见jiǎo。

觉 jué 9画 见部 上下
❶醒悟；明白▷~悟｜~醒｜自~。❷感到▷我~得有点儿冷｜不知不~。❸对外界刺激的感受和辨别▷视~｜听~｜嗅~｜错~｜幻~｜直~。
另见jiào。

绝 jué 9画 纟部 左右
❶断▷~交｜~望｜断~｜隔~。❷穷尽；完了▷手段都

用~了|弹尽粮~。❸(水平、程度)达到极点的▷他的手艺真~|~技|~招|~唱。❹最;特别▷~大多数|~密|~妙。❺没有出路的;无法挽救的▷~境|~路|~症。❻断然;绝对▷~无此事|~不答应。❼死▷悲痛欲~|~命。

倔 jué 10画 亻部 左右
出:ㄴㄧㄩ中出出
[倔强]juéjiàng 性情刚强而又固执▷性格~。
另见juè。

掘 jué 11画 扌部 左右
挖▷~土|~井|发~|挖~|~进。

爵 jué 17画 爪部 上下
❶古代酒器,青铜制成,有三条腿。❷爵位,君主国家贵族封号的等级▷公~|封~。

嚼 jué 20画 口部 左右
意思跟"嚼"(jiáo)相同,用于某些多音节词和成语▷咀~|味同~蜡(形容文章或讲话枯燥乏味)。
另见jiáo;jiào。

倔 juè 10画 亻部 左右
性子耿直,态度生硬▷这老爷子可真~|~脾气|~头~脑。

另见jué。

jun

军 jūn 6画 冖部 上下
❶武装部队▷拥~爱民|参~|海~|~队|~人。❷军队编制单位,在师以上。

均 jūn 7画 土部 左右
❶分布或分配的各部分数量或力量相等▷分配不~|势~力敌|~衡|~匀|平~。❷全都▷各项指标~已达到|历次考试~名列前茅。

君 jūn 7画 口部 半包围
尹:ㄱㅋ尹
❶古代称帝王或诸侯▷~王|~主|国~|~臣。❷对人的敬称▷诸~|李~。

钧 jūn 9画 钅部 左右
古代重量单位,三十斤为一钧▷千~一发|雷霆万~。
☞跟"钓"(diào)"钩"(gōu)不同。

菌 jūn 11画 艹部 上下
❶指细菌,自然界中广泛存在的微生物,有的能引起疾病,有的与工农业生产有密切关系▷杀~|抗~素|无~操作。❷[真菌]zhēnjūn 生物的一大类,靠吸收其他生物的营

正字 军(軍) 钧(鈞)

养为生,与靠叶绿素自己制造营养的植物有明显的区别,因此被认为是属于与动物、植物并列的一大类生物。

俊 jùn 9画 亻部 左右
❶才智超群的人▷~杰。❷才智超群▷英~|有为。❸容貌秀美出众▷长得很~|~秀|~美。☞㊀统读 jùn,不读 zūn。㊁右下是"夂",不是"攵"。

峻 jùn 10画 山部 左右
❶(山)高而陡▷崇山~岭|~峭|险~。❷严厉▷严刑~法|严~。

骏 jùn 10画 马部 左右
好马▷~马。

竣 jùn 12画 立部 左右
完成;结束▷~工。

K

ka

咖 kā 8画 口部 左右
[咖啡]kāfēi 常绿灌木,产在热带,种子炒熟磨成粉,可以做饮料。

卡 kǎ 5画 卜部 上下
❶指卡车,运输货物等的载重汽车▷十轮~。❷指卡片,记录各种事项的专用纸片▷目录~|资料~。❸录音机上放置盒式磁带的仓式装置▷单~录音机。☞表示以上意义时不读 qiǎ。
另见 qiǎ。

kai

开 kāi 4画 一部 独体
❶使关闭或收拢的东西不再闭合(跟"关""闭"相对)▷门~了|~抽屉|~幕|~锁|花儿~了|孔雀~屏。❷解除;除掉▷~禁|~戒|~冻。❸(液体)沸腾▷水~了|~锅了。❹开辟;发掘▷~山|~荒|~采|~发。❺创立;设置▷~工厂|~商店|电视台新~了两个频道。❻起始▷~了个好头|春~|学~|演~|始。❼举行(会议等)▷运动会已经~过了

正字 骏(駿) 开(開)

kāi

~会|召~。❽发动或操纵(车船、机器、枪炮等)▷~飞机|~机器|~炮|~动。❾(连接的东西)分离▷鞋带~了|~缝(fèng)|~胶。❿分项写出;标出(价钱)▷~账单|~药方|~假条|~价太高。⓫支付▷~工资|~销|~支。⓬指按一定比例分开▷三七~(三份对七份)。⓭印刷上用来表示整张纸的若干分之一▷大32~|16~纸。⓮表示动作的趋向或结果等▷把桌子搬~|消息传~了|笑~了|房间太小,住不~。⓯黄金中含纯金量的计量单位(24开为纯金)▷18~的金项链。

揩 kāi 12画 扌部 左右
擦;拭▷~干血迹|~拭|~油(比喻占便宜)。☞统读 kāi,不读 kǎi。

凯 kǎi 8画 几部 左右
军队打了胜仗后所奏的乐曲▷~歌|~旋(胜利归来)。☞左下不要写成"卩"或"己"。

慨 kǎi 12画 忄部 左右
既:忄忄忄忄既
❶非常气愤|愤~。❷感叹▷~叹|感~。☞㊀统读 kǎi,不读 kài。㊁中间不要写成"艮",右边不要写成"无"。

楷 kǎi 13画 木部 左右
比:一 匕 匕 比
❶典范;榜样▷~模。❷楷书,现在通行的汉字手写正体字▷~体|大~|小~。

kan

刊 kān 5画 干部 左右
❶删除;修改▷~误|~正。❷指排印出版▷~行|创~|停~。❸指刊物,定期或不定期发行的出版物,也指在报纸上定期出的专版▷报~|月~|副~|特~。☞左边不要写成"千"。

看 kān 9画 手部 半包围
一 三 手 看
❶守护;照管▷~好大门|~家|~护|~青。❷监视;监管▷把他~起来|~守|~押。
另见 kàn。

勘 kān 11画 力部 左右
甚:其 其 其
❶校(jiào)对;核定▷~误表|校~。❷实地查看;探测▷~察|~测|~探。

堪 kān 12画 土部 左右
❶经得起;受得住▷不~一击|狼狈不~|难~。❷能够;可以▷~当重任|不~设

想。

坎 kǎn 7画 土部 左右
❶地上的土埂或像台阶的东西▷土~儿|田~。❷[坎坷]kǎnkě 道路或土地坑洼不平,比喻不得志▷路面~不平|半生~。

砍 kǎn 9画 石部 左右
❶用刀斧等猛劈▷~树|~杀。❷除掉;削减▷把项目~掉三分之一|体育课不能~。

槛 kǎn 14画 木部 左右
门框下部贴近地面的横木▷门~。

看 kàn 9画 手部 半包围
❶使视线接触人或物▷~报|~电视|走马~花|偷~|观~。❷观察;判断▷~问题要看本质|我~可以,你~怎么样?❸对待▷没拿你当外人|另眼相~。❹料理▷照~。❺表示试一试▷做做~|尝一尝~|想想办法~。❻给人查病治病▷张医生一上午要~十几个病人|~牙。❼表示提醒留意▷多穿点,~着(zháo)凉!|别跑,~摔着!❽探望;访问▷来~~|乡亲们|~朋友|~望。
另见kān。

kang

康 kāng 11画 广部 半包围
隶:⼺⺕⺕隶
❶安乐;生活安定▷~乐|~居工程。❷富裕;丰盛▷国富民~|小~。❸身体强健▷健~|~复。☞"广"里的"隶"第二画向右要出头。由"康"构成的字有"慷""糠"等。

慷 kāng 14画 忄部 左右
[慷慨]kāngkǎi ❶充满正气,情绪激昂▷~就义|陈词~。❷肯出钱出力帮助人▷为人~|~大方。☞统读kāng,不读kǎng。

糠 kāng 17画 米部 左右
❶稻、谷等子实脱下的皮或壳▷吃~咽菜|米~。❷(萝卜等)内部发空,质地变松▷萝卜~了|~心儿。

扛 káng 6画 扌部 左右
用肩膀担着▷~枪|~行李|~活(旧指给地主当长工)。

亢 kàng 4画 亠部 上下
高;过度的▷高~|~奋。

抗 kàng 7画 扌部 左右
❶抵御;抵挡▷~敌|~洪|~震|抵~|顽~。❷不接受;不妥协▷~命|~议|违~。

炕 kàng 8画 火部 左右
北方农村睡觉用的台子,用土坯砌成,内有烟道,可以烧火取暖▷～席｜～洞｜～桌｜火～。☞跟"坑"(kēng)不同。

kao

考 kǎo 6画 耂部 半包围
土耂考考
❶深入细致地观察、调查▷～核｜～察。❷检查▷～绩｜～勤｜～查。❸考试▷他被我～住了｜～数学｜～上了中学。❹仔细地想;研究▷思～｜～虑｜～证。☞下边是"丂",不是"与"。由"考"构成的字有"拷""烤""铐"等。

拷 kǎo 9画 扌部 左右
打;用刑具逼供▷严刑～打｜～问。☞统读kǎo,不读kào。

烤 kǎo 10画 火部 左右
考:土耂考考
❶把东西放在离火近的地方,使变熟或变干▷～肉｜～馒头｜～衣服｜烘～。❷靠近火取暖▷～一～手｜围炉～火。

铐 kào 11画 钅部 左右
❶手铐,戴在犯人手腕上的刑具▷镣～。❷给人戴上手铐▷把犯人～起来。

犒 kào 14画 牛部 左右
牛:丿二牛牛
用酒食慰劳▷～赏｜～劳。

靠 kào 15画 非部 上下
❶(人)倚在别的人或东西上支持身体▷～在奶奶怀里睡着了｜背～着墙｜倚～｜～垫。❷(物体)凭借别的东西支持而立住▷手杖～在桌旁｜把梯子～在墙上。❸挨近▷把车～在路边｜船～码头了｜～拢｜停～。❹依赖▷作业要～自己独立完成｜投～｜～依。❺信赖;信得过▷可～｜牢～｜～不住。

ke

坷 kē 8画 土部 左右
[坷垃]kēla 土块▷把～砸碎｜土～。
另见kě。

苛 kē 8画 艹部 上下
可:一口可
❶繁杂;繁重▷～捐杂税。❷过于琐细严厉▷条件太～,很难接受｜～求｜～刻。

柯 kē 9画 木部 左右
姓

科 kē 9画 禾部 左右
❶条目▷～目。❷学术

正字 铐(銬)

棵 kē 12画 木部 左右
果：日旦果
量词，用于植物等▷一~树|几~草|一~烟。

稞 kē 13画 禾部 左右
[青稞]qīngkē 大麦的变种，产于西藏、青海等地，是藏族人民的主要食粮。

颗 kē 14画 页部 左右
❶小而圆的东西▷~粒。❷量词，多用于小球状或颗粒状的东西▷一~珍珠|几~豆子|五~子弹|一~心。☞"颗"②和"棵"使用范围不同，"棵"多用于植物。

磕 kē 15画 石部 左右
撞在硬的物体上；把东西往硬的物体上碰▷脑袋不小心~到墙上|~掉鞋上的土|~头。

瞌 kē 15画 目部 左右
皿：冂皿皿
困倦想睡觉▷~睡。

蝌 kē 15画 虫部 左右
[蝌蚪]kēdǒu 青蛙一类动物的幼体。黑色，椭圆形，尾巴长，生活在水中。

壳 ké 7画 几部 上下
意思跟"壳"(qiào)相同，用于口语▷鸡蛋~儿|外~儿|贝~儿。☞上边不要写成"土"。
另见qiào。

咳 ké 9画 口部 左右
咳嗽，呼吸器官受到刺激而发出反射动作和声音▷整整~了一夜|百日~。
另见hāi。

可 kě 5画 口部 半包围
一口可
❶表示准许▷许~|认~|不加~否。❷表示可以或能够▷不~忽视|牢不~破|~去~不去。❸表示值得或应该▷北京~游览的地方不少|这出戏~看|~歌~泣|~恼|~怜。❹用在不同类型的句子里，加强不同的语气▷人都走光了，~上哪儿找去呢？|别问我，我~不知道|~把他累坏了！|你要常给家里来信啊！❺可是；但是▷话虽不多，~分量很重|我倒无所谓，~别人不愿意。❻适合▷~心|~口。
另见kè。

坷 kē 8画 土部 左右
[坎坷]kǎnkě 见"坎"。

另见 kē。

渴 kě 12画 氵部 左右
易:日日曷
❶口干想喝水▷半天没喝水，~极了|喝茶解~|饥~。❷比喻十分着急▷~望|~求。

可 kè 5画 口部 半包围
[可汗] kèhán 古代北方某些民族最高统治者的称号。
另见 kě。

克 kè 7画 儿部 上下
❶战胜;攻取▷~敌制胜|攻~。❷制服;抑制▷柔能刚|~制|~服。❸削减▷~扣。❹法定计量单位中的质量单位，1000毫克为1克，1000克为1千克(公斤)。

刻 kè 8画 刂部 左右
❶用小刀雕(花纹、文字等)▷~个图章|~花纹|雕~。❷(待人)冷酷;不厚道▷~薄|尖~|苛~|~毒。❸雕刻的物品▷石~。❹时间单位，15分钟为1刻▷现在是6点3~。❺短暂的时间;时候▷~不容缓|顷~|此~|时~。

客 kè 9画 宀部 上下
❶被邀请的人;来访的人(跟"主"相对，⑥同)▷家里来~了|请~|会~|~人。❷特指旅客▷~车|~机|~店|~运。❸从事某种活动的人▷政~|侠~|刺~。❹外来的;非本地区、本单位、本行业的▷~座教授|~队|~串。❺商业、服务行业称服务对象▷顾~|乘~|游~|旅~。❻在人的思想、观念之外独立存在的▷~体|~观。

课 kè 10画 讠部 左右
❶按规定分段进行的教学活动▷上~|备~|~堂。❷教学活动的时间单位▷上午上4节~|每堂~45分钟|~间。❸按内容性质划分的教学科目▷语文~|专业~。❹教材中一个相对独立的单位▷这本语文教材有30~。

嗑 kè 13画 口部 左右
用上下门牙咬有壳的或硬的东西▷~瓜子儿|老鼠把柜子~了个洞。

ken

肯 kěn 8画 止部 上下
止:丨卜止止
❶同意;许可▷我再三请求，他才~去|首~(点头同意)|~定。❷表示愿意▷~帮助同学|对工作向来不~马虎。

正字 克(剋①~③) 课(課)

kěn

垦 kěn 9画 艮部 上下
艮：フヨ艮艮
❶翻耕土地▷~地｜~田。❷开荒▷开~｜~荒。☞跟"恳"不同。

恳 kěn 10画 艮部 上下
真诚▷诚~｜勤~｜~切｜~求｜~请。☞跟"垦"不同。

啃 kěn 11画 口部 左右
用力从比较硬的东西上一点一点地往下咬▷~玉米｜~骨头◇~书本。

keng

坑 kēng 7画 土部 左右
❶地面上凹陷的地方▷挖个~｜深~｜土~｜水~。❷想办法害人▷把我给~苦了｜~蒙拐骗｜~人｜~害。❸地洞；地道▷矿~｜~井｜~道。☞跟"炕"(kàng)不同。

吭 kēng 7画 口部 左右
发出声音；说话▷问了半天,他一声也不~｜~气。
另见 háng。

kong

空 kōng 8画 穴部 上下
❶里面没有东西▷缸是~的,一点水都没有｜~着手来的｜~车｜~腹｜~虚。❷没有内容,不切实际▷~谈｜~想｜~泛。❸天空▷高~｜晴~｜航~｜领~。❹没有▷~前绝后｜目~一切｜人财两~。❺白白地；徒然▷~高兴一场｜~跑一趟。
另见 kòng。

孔 kǒng 4画 子部 左右
❶窟窿；洞▷无~不入｜毛~｜鼻~｜~穴。❷量词,用于窑洞等有孔的东西▷三~窑洞。

恐 kǒng 10画 心部 上下
❶害怕▷争先~后｜~慌｜~惧。❷使人害怕▷~吓(hè)。❸表示担心或推测▷~有不测｜~不能参加。

空 kòng 8画 穴部 上下
❶使空缺；腾出来▷不会写的字先~着｜两段中间~一行｜把外屋~出来。❷空缺的；没有使用的▷~房｜~地｜~额｜~白。❸没有安排利用的时间、地方▷今天没~儿｜抽~｜得~｜填~。
另见 kōng。

控 kòng 11画 扌部 左右
❶掌握住；操纵▷~制｜遥~。❷告发；揭发▷~告｜~诉｜指~。❸使身体的一部分

失去支撑▷睡觉要枕枕头,不能~着头|椅子太高,把腿都肿了。❹使人的头部朝下,吐出食物或水;使容器口朝下,让里面的液体慢慢流出▷把落水的人救上岸来,先~~肚里的水|把油瓶~干净。

kou

抠 kōu 7画 扌部 左右
区:フヌ区
❶用手指或尖细的东西挖或掏▷把掉在桌子缝里的针~出来|不要~鼻孔。❷雕刻(花纹)▷在镜框上~出花纹来。❸向深处或狭窄的方面钻研▷~字眼儿|~书本儿|死~条文。❹吝啬;不大方▷该花的钱不肯花,真~。☞跟"枢"(shū)不同。

口 kǒu 3画 口部 独体
❶嘴▷病从~入|开~说话|漱~|~技。❷指说话▷~才|~气|~音。❸指人口;家庭成员▷拖家带~|五~之家|户~。❹器物等外面相通的部位▷瓶子~|窗~|袖~|洞~|枪~。❺出入通过的地方▷大门~|胡同~|入~|渡~。❻特指港口▷出~产品|进~。❼(人体或物体表面)破裂的地方▷伤~|裂~|决~|豁~。❽刀、剪、剑等的锋刃▷这把剪子还没开~|刀~。❾量词。a)用于人或牲口▷全家三~人|两~猪。b)用于有口或有刃的器物▷一~井|一~缸|一~铡刀。

叩 kòu 5画 口部 左右
卩:フ卩
❶敲打▷~门。❷磕头▷~头。

扣 kòu 6画 扌部 左右
❶用圈、环一类的东西套住或拢住▷~上纽扣|把门反~上|一环~一环。❷绳结▷绳子~儿|系(jì)一个活~儿。❸纽扣▷领~|风纪~|子母~。❹强制留下;关押▷驾驶证让警察给~了|~留|~押。❺从原有的数量中减去一部分▷~工资|~分|~除|~发。❻减到原价的十分之几叫几扣,也说折▷减价八~(减到原价的80%)|九五~折|~。❼器物口朝下放置;罩住▷茶碗上~个碟子|把鸡~在鸡笼子里|头上~一顶钢盔。❽用力自上而下地掷或击(球)▷主手~球得分|~篮|~杀。

寇 kòu 11画 宀部 上下
攴:卜攴

正字 抠(摳)

❶人侵者;盗匪▷敌~|贼~。
❷敌人入侵▷入~。☞跟"冠"(guàn)不同。

ku

枯 kū 9画 木部 左右
❶草木失去水分▷~草|~树|~萎。❷(河、井等)变干(gān)▷海~石烂|~井|~竭。❸单调;没有趣味▷~燥。

哭 kū 10画 犬部 上下
由于痛苦或激动而流泪出声▷她伤心地~了|号啕大~|痛~|流涕~|~泣。

窟 kū 13画 穴部 上下
出: ⸺中出出
❶洞穴▷狡兔三~|石~。❷指某种人聚集的地方、场所▷匪~|赌~|贫民~。

苦 kǔ 8画 艹部 上下
❶像苦瓜或黄连的味道(跟"甘""甜"相对)▷药很~|酸甜~辣|~胆。❷劳累;艰辛▷~工|劳~|艰~。❸竭力;耐心地~劝|~~相求。❹难过;痛苦▷~日子|孤~伶仃|~恼。❺使痛苦;使难受▷病了这一年多,可~了你了。

库 kù 7画 广部 半包围
车: ⸺车

❶储存大量物品的建筑物▷车~|粮~|水~|仓~|~房。❷特指保管、出纳国家预算资金的机关▷金~|国~。

裤 kù 12画 衤部 左右
裤子,穿在腰部以下的衣服▷短~|棉毛~。

酷 kù 14画 酉部 左右
❶残暴;苛刻▷~刑|残~|冷~。❷极;非常▷~热|~爱|~似。☞左边不是"西"。

kua

夸 kuā 6画 大部 上下
亏: 一二亏
❶说大话▷~下海口|自~|~耀|~张。❷赞扬;赞美▷老师~他学习努力|~赞|~奖。☞第六画是竖折折钩(𠃌),一笔连写,上面不出头。由"夸"构成的字有"垮""挎""胯""跨"等。

垮 kuǎ 9画 土部 左右
❶倒塌;坍塌▷堤坝被洪水冲~了。❷崩溃;溃败▷打~了敌人的进攻|~台。❸(身体)支持不住;病倒▷身体~了|累~了。

挎 kuà 9画 扌部 左右
❶用胳膊钩或挂(东西)

库(庫) 裤(褲) 夸(誇)

▷两人～着胳膊｜～着篮子。❷把东西挂在肩头、腰间▷～着书包｜腰里～着刀｜～包。☞跟"跨"不同，"跨"主要表示同腿、脚有关的动作。

胯 kuà 10画 月部 左右
人体腰部两侧和大腿之间的部分▷～下｜～骨。

跨 kuà 13画 足部 左右
亏：一二亏
❶迈步越过▷向右一～步｜～栏｜～越。❷两腿分开，使物体处在胯下▷～上马背｜小孩子～着根竹竿满院子跑。❸越过一定的界限▷～世纪｜～年度｜～省｜～行业。☞跟"挎"不同，"挎"表示同手、臂有关的动作。

kuai

会 kuài 6画 人部 上下
总合；合计▷～计。
另见 huì。

块 kuài 7画 土部 左右
❶像疙瘩或成团的东西▷土～｜砖头瓦～｜豆腐～根。❷量词。a)用于块状的东西▷一～砖头｜两～豆腐｜三～糖。b)用于某些成块的片状物▷一～布｜两～手绢儿｜一～手表。c)用于货币，相当于"圆"▷两～钱｜三～五毛。

快 kuài 7画 忄部 左右
夬：一ユ夬
❶高兴；喜悦▷人心大～｜愉～｜～乐。❷直爽；直截了当▷心直口～｜办事爽～。❸速度大；迅速（跟"慢"相对）▷跑得～｜～车｜进步很～｜～速。❹锋利（跟"钝"相对）▷这把刀不～｜～刀斩乱麻。❺反应敏捷▷脑子～｜手疾眼～。❻赶紧▷～去做操｜～走吧。❼将要；马上就▷天～黑了｜～写完了｜～8点了，他还没有来。

筷 kuài 13画 竹部 上下
筷子，用竹、木等制作的夹取饭菜等的细长棍儿▷竹～｜象牙～子｜火～子。

kuan

宽 kuān 10画 宀部 上下
❶横向的距离大；面积大（跟"窄"相对）▷河面很～｜～银幕｜～敞｜～广。❷横向的距离▷这块布6尺长，4尺～。❸使开阔；使松缓▷～心｜～几天。❹度量大；不严厉▷～处理｜～厚｜～容。❺富裕▷～打窄用｜～裕。☞下边是"见"，右下角没有一点（丶）。

款 kuǎn 12画 欠部 左右
❶真心实意▷～待｜～

正字 会(會) 块(塊) 宽(寬)

留。❷书画上的题名▷上~|落~。❸规格;样式▷~式|行(háng)~|新~时装。❹法令、规章等分条列举的事项▷第三条第五~|条~。❺指数目较大的钱▷拨~|存~|公~。

kuang

匡 kuāng 6画 匚部 半包围
匡:一王匡
纠正▷~正。☞最后一画是竖折(L),一笔连写。由"匡"构成的字有"诓""筐""框""眶"等。

诓 kuāng 8画 讠部 左右
欺骗▷你别~我|~骗。

筐 kuāng 12画 竹部 上下
用竹篾、柳条、荆条等编成的盛东西的器具▷编个~|土~|菜~|两~苹果。

狂 kuáng 7画 犭部 左右
犭:丿丿犭
❶疯;精神失常▷疯~|发~|~人。❷自高自大▷这个人也太~了|口出~言|~妄。❸毫无拘束地▷~喜|~笑|~饮。❹猛烈▷~风暴雨|~澜|~奔。

旷 kuàng 7画 日部 左右
❶空阔;宽广▷地~人稀

|空~|~野。❷心胸开朗▷心~神怡(心情开朗,精神愉快)。❸荒废;耽误▷~课|~工。

况 kuàng 7画 冫部 左右
❶情形▷近~|盛~|情~|状~。❷[况且]kuàngqiě 表示意思更进一层▷这本书很好,~又便宜,可以买。❸[何况]hékuàng 用反问表示更进一层▷大人都搬不动,~小孩儿呢?

矿 kuàng 8画 石部 左右
❶埋藏在地下的有开采价值的物质▷找~|开~|铁~。❷开采矿石的场所或单位▷在~上干活儿|煤~|以~为家。❸跟采矿有关的事物▷~工|~灯|~井|~业。

框 kuàng 10画 木部 左右
❶安门窗的架子▷门~|窗~。❷器物周边的支架▷玻璃~子|画~|镜~。❸加在器物或文字、图片周围的边▷烈士照片四周有个黑~。❹在文字、图片的四周加上线条▷重要的段落拿红笔~起来。❺约束;限制▷不要被旧的一套~住手脚。☞统读 kuàng,不读 kuāng。

眶 kuàng 11画 目部 左右
眼睛的四周▷热泪盈~|

夺～而出｜眼～。

kui

亏 kuī 3画 一部 上下
一二亏
❶损失；损耗（跟"盈"相对）▷～本儿｜盈～｜～损。❷缺欠；短少▷～秤｜理～。❸使受损失；对不起▷你放心，我～不了你｜～待｜～心。❹幸而▷～他及时发现，不然就糟了｜幸～｜多～。❺"多亏"的反说，表示讥讽、斥责的语气▷这种缺德事，～你做得出来！｜跟孩子呕气，～你还是长辈。☞第三画是竖折折钩（乚），上面不出头。由"亏"构成的字有"污""夸""胯""跨""愕""鄂"等。

盔 kuī 11画 皿部 上下
❶像瓦盆而略深的容器▷瓦～。❷保护头部的帽子，多用金属或硬塑料制成▷～甲｜头～｜钢～。

窥 kuī 13画 穴部 上下
从孔眼、缝隙或暗藏的地方偷看▷～测方向｜～探军情｜～见。☞不读 guī。

葵 kuí 12画 艹部 上下
艹フ刀刀癶癶葵
❶指冬葵、锦葵、蜀葵、秋葵等草本植物。❷蒲葵，常绿乔木，叶子大，可以做扇子等。❸指向日葵▷～花｜～花子。☞上边不要写成"癶"。

魁 kuí 13画 鬼部 半包围
鬼：丿白臼鬥鬼鬼
❶居首位的人或事物▷罪～祸首｜～首｜夺～。❷(身材)高大▷～梧｜～伟。

傀 kuǐ 11画 亻部 左右
[傀儡] kuǐlěi 木偶戏里的木头人；比喻像木偶一样人操纵、摆布的人或组织▷满洲国的皇帝不过是日本人的～｜～政府。☞统读 kuǐ，不读 kuì。

馈 kuì 12画 饣部 左右
❶赠送▷～赠。❷传送(信息)▷反～。

溃 kuì 12画 氵部 左右
贵：口中贵贵
❶大水冲破堤防▷～决｜～堤。❷(军队)被打垮；逃散▷不战自～｜～败｜～退｜击～。❸肌肉腐烂▷～烂。
另见 huì。

愦 kuì 12画 忄部 左右
糊涂▷昏～。

愧 kuì 12画 忄部 左右
因为有缺点、做错事或没尽到责任而感到不安▷问心无

~|不~|羞~|惭~。

kun

坤 kūn 8画 土部 左右
称女性的▷~车|~表。

昆 kūn 8画 日部 上下
笔：⺊ 比 比
❶众多▷~虫。❷[昆仑]kūnlún 山脉名,西起帕米尔高原东部,横贯新疆、西藏,东面延伸到青海境内。

捆 kǔn 10画 扌部 左右
❶用绳子等缠紧▷~铺盖|~绑|~扎。❷捆起来的东西▷捆成一儿大一大~地买葱。❸量词,用于成捆的东西▷一一旧报纸|五~甘蔗。

困 kùn 7画 囗部 包围
❶艰难;穷苦▷~难|~境|~苦|贫~。❷陷入困境难以摆脱▷~在沙漠里|身上一分钱没有,真把我给~住了。❸围困;包围▷乡亲们被大水~在一块高地上|把敌人~在

城里。❹疲乏▷~乏|~倦。❺想睡觉▷~得睁不开眼。

kuo

扩 kuò 6画 扌部 左右
使(范围、规模等)增大▷~大|~张|~建|~音机。

括 kuò 9画 扌部 左右
❶包含;把各方面合在一起▷总~|概~|包~|~号。❷(给文字)加上括号▷把这段话~起来。

阔 kuò 12画 门部 半包围
❶面积大;横的距离大▷海~天空|宽~|广~|辽~。❷富裕;生活奢侈▷这几年~起来了|摆~|~气。❸久远;时间距离长▷~别(长时间不见)。

廓 kuò 13画 广部 半包围
❶广大;空阔▷寥~(高远空阔)。❷清除;使空阔▷~清障碍。❸物体的边缘▷轮~。☞不读guō。

正字 困(睏)⑤ 扩(擴) 阔(闊)

la

垃 lā 8画 土部 左右
[垃圾]lājī 脏土或扔掉的破烂东西▷倒~|~箱。

拉 lā 8画 扌部 左右
❶用力使人或物靠向自己或跟着自己移动▷手~手|把椅子~过来|~车|~网。❷用车运▷~粮食|~我到机场|~脚。❸牵动乐器或发声使发出声音▷~胡琴|~手风琴|~警报。❹带领;牵连▷把队伍~进山里去|一人做事一人当,不要~上别人。❺拖长;使延长▷~长声音|~开距离。❻拉拢;招揽▷~关系|~买卖。❼排泄(大便)▷~屎|~稀。
另见lá。

啦 lā 11画 口部 左右
[啦啦]lālā 拟声词,用在"呼啦啦""哗啦啦""哩哩啦啦"等词语里。
另见la。

拉 lá 8画 扌部 左右
割;划破▷~一块玻璃|手上~了个口子。
另见lā。

喇 lǎ 12画 口部 左右
❶[喇叭]lǎba a)一种金属做的管乐器,吹的一头口小,另一头口大,可以扩大声音 b)形状像喇叭的扩音器▷高音~|汽车~。❷[喇嘛]lǎma 藏传佛教的僧人。☞中间是"束"(shù),不是"束"(cì)。

落 là 12画 艹部 上下
❶跟不上,被丢在后面▷大家齐头并进,谁也没有~下。❷忘记带走;遗漏▷铅笔盒~在家里了|把老师的话一字不~地记下。☞表示以上意义时不读luò。
另见lào;luò。

腊 là 12画 月部 左右
❶指农历十二月▷~月|~八。❷腊月或冬天腌制后风干或熏干的(鱼、肉等)▷~肉|~味。☞跟"蜡"不同。

蜡 là 14画 虫部 左右
❶动、植物或矿物所产生的一种油质,有蜂蜡、白蜡、石蜡等,可以用来防湿、密封、做蜡烛。❷指蜡烛,用蜡或其他油脂制成的照明的东西▷点一支~。

正字 腊(臘) 蜡(蠟)

辣 là 14画 辛部 左右
束：一丆丆亍束
❶辣椒、蒜、姜等具有的刺激性的味道▷这道菜太~了｜~酱｜辛~。❷辣味刺激▷吃了点辣椒,~得满头是汗｜~舌头。❸凶恶;狠毒▷手段真~｜~毒｜~。

啦 la 11画 口部 左右
"了"(le)和"啊"(a)的合音词,放在句子末尾,兼有"了"和"啊"的功能▷你回来~?｜作业做完~。
另见lā。

lai

来 lái 7画 一部 独体
一ㄅ平来
❶从别的地方到说话人这里(跟"去"或"往"相对)▷客人都~了｜~北京｜~信了｜~往。❷未来的;以后的(时间)▷~年｜~日｜将~。❸从过去到说话时为止的一段时间▷多年~｜近~｜自古以~。❹(事情、问题等)来到;发生▷麻烦~了也不用急。❺表示要做某事或来做某事▷你去弹琴,我~唱歌｜老师看望大家~了。❻做某个动作(代替意义具体的动词)▷你搬不动,我~吧｜唱得好,再~一个。❼表示动作的趋向▷开~一辆车｜找几本书~｜一觉醒~已是早晨8点。❽表示大概的数量▷二十~岁｜二里~地。

莱 lái 10画 艹部 上下
古代指丛生的野草。

赖 lài 13画 贝部 左右
❶依靠;仗恃▷依~｜信~。❷蛮不讲理▷耍~｜撒~｜~皮。❸坏▷不分好~｜唱得不~。❹该走而不肯走▷别人都走了,他还~着不走。❺抵赖,不承认错误或不承担责任▷证据俱在,~是~不掉的｜~账。❻诬赖,硬说别人有过错▷明明是你忘了,还~人家。❼责备;怪罪▷成绩不好不能~别人,只怪自己学习不努力。
☞左边不要写成"束"(cì)。由"赖"构成的字有"癞""懒"等。

癞 lài 18画 疒部 半包围
❶一种头癣,痊愈后留下疤痕,不再长头发。❷皮毛脱落或表面凹凸不平,像生了癞的▷~皮狗｜~蛤蟆｜~瓜。

lan

兰 lán 5画 丷部 上下
丷兰兰兰
❶兰花,草本植物,叶子丛生,多细长,花味清香,可供观赏或制作香料。❷指某些观赏花

正字 来(來) 莱(萊) 赖(賴) 癞(癩) 兰(蘭)

木,如兰草、玉兰、米兰等。☞㊀跟"蓝""篮"不同。"蓝"指像晴天天空那样的颜色,"篮"指篮子。㊁不要写成上"艹"下"二"。由"兰"构成的字有"拦""栏""烂"等。

拦 lán 8画 扌部 左右
❶不让通过;遮挡▷~汽车|~着一道铁丝网|阻~。❷对着▷~腰斩断。

栏 lán 9画 木部 左右
❶栏杆,用来拦挡的东西▷木~|桥~|井~|栅~。❷养家畜的圈(juàn)▷存~头数|牛~。❸表格里划分项目的格子▷全表共七~|第一~。❹书刊报纸上用线条等隔开的部分,也指按内容、性质划分的各部分▷上下两~|通~标题|专~|~目。❺张贴布告、报纸等的固定装置▷布告~|报~。❻拦在跑道上供跨跃用的体育器材;使用这种器材的体育项目▷跨~|高~。

婪 lán 11画 女部 上下
贪;不满足▷贪~。

蓝 lán 13画 艹部 上下
❶蓼(liǎo)蓝,草本植物,叶子可提制蓝色染料▷青出于~。❷像晴天天空那样的颜色▷~衣服|天~。☞跟"兰" "篮"不同。

澜 lán 15画 氵部 左右
柬:一一一一
大波浪▷波~壮阔|力挽狂~。

篮 lán 16画 竹部 上下
❶篮子,竹篾、柳条等编成的盛东西的用具,有提梁▷竹~|花~|菜~子。❷篮球架上的带网铁圈▷投~|~板球。❸指篮球或篮球队▷~坛|~~。☞跟"兰""蓝"不同。

览 lǎn 9画 见部 上下
观看▷浏~|展~|阅~。☞上边不要写成"い"。由"览"构成的字有"揽""缆""榄"等。

揽 lǎn 12画 扌部 左右
❶握住;把持▷独~大权。❷把人或事物吸引到自己这边或自己身上来▷~买卖|把责任~过来|延~人才|招~。❸围抱;搂▷把孩子紧紧~在怀里。❹用手或绳子等聚拢松散的东西▷装完车要用绳子~一下。

缆 lǎn 12画 纟部 左右
❶多股拧成的粗绳或铁索,多用来拴船▷~绳|船~。❷多股组成的像绳子的东西▷电~|光~。

正字 拦(攔) 栏(欄) 蓝(藍) 澜(瀾) 篮(籃) 览(覽) 揽(攬) 缆(纜)

榄

lǎn 13画 木部 左右

[橄榄]gǎnlǎn 见"橄"。

懒

lǎn 16画 忄部 左右

❶不勤快;不爱劳动(跟"勤"相对)▷这人太~,不愿干活｜~惰｜~汉｜偷~。❷疲乏;打不起精神▷这两天身上发~,没精神｜~洋洋｜伸~腰。❸表示厌烦或不愿意(做某事)▷~得搭理他｜~得管闲事。

烂

làn 9画 火部 左右

❶食物熟透后十分松软▷肉炖得很~｜面条不要煮得太~。❷某些东西吸水后变得松软▷纸泡~了｜~泥。❸动物、植物变质变坏▷葡萄放~了｜臭鱼~虾｜溃~｜腐~。❹残破▷鞋穿~了｜破衣~衫。❺混乱▷~摊子｜一本~账。❻表示程度极深▷背得~熟｜~醉如泥。

滥

làn 13画 氵部 左右

❶(江河湖泊的水)漫出来▷泛~。❷过度;没有约束▷~用职权｜乱砍~伐｜狂轰~炸。❸空洞而不切实际▷陈词~调。

lang

郎

láng 8画 右阝部 左右

良:`丶ㄱㅋ阝良良`

❶古代官名▷侍~｜员外~。❷旧时女子称情人或丈夫▷情~｜~君。❸敬称对方的儿子▷令~。❹称年轻人或从事某些职业的人▷女~｜放牛~｜货~。☞左边不要写成"艮"。由"郎"构成的字还有"廊""榔""螂"等。

狼

láng 10画 犭部 左右

良:`丶ㄱㅋ阝良良`

哺乳动物,形状像狗,耳朵直立,尾巴下垂,性情凶残,伤害人畜。

琅

láng 11画 王部 左右

[琅琅]lángláng 拟声词,模拟响亮的读书声▷书声~。☞统读láng,不读lǎng。

廊

láng 11画 广部 半包围

屋檐下的过道;室外有顶的过道▷前~后厦｜走~｜长~。

榔

láng 12画 木部 左右

[榔头]lángtou 敲打用的工具;锤子。

螂

láng 14画 虫部 左右

良:`丶ㄱㅋ阝良`

[螳螂]tángláng 见"螳"。

朗

lǎng 10画 月部 左右

❶明亮;光线充足▷晴~｜爽~｜明~。❷声音清晰响亮

正字 榄(欖) 懒(懶) 烂(爛) 滥(濫)

▷~读|~诵。

浪 làng 10画 氵部 左右
良：丶㇇ヨ阝阝良
❶水波▷风平~静|波~|~花|~头。❷像波浪一样起伏的东西▷麦~|热~|气~。❸不受约束;放纵▷放~|~费。

lao

捞 lāo 10画 扌部 左右
❶从液体里取出(东西)▷~鱼|~面条|打~|捕~。❷用不正当的手段取得▷趁机~一把|~外快。☞统读lāo,不读láo。

劳 láo 7画 艹部 上下
一艹艹艼劳
❶辛苦;累(lèi)▷辛~|~累|疲~。❷使辛苦▷~心|~神|~民伤财。❸烦劳(请别人做事时的客套话)▷~驾|有~。❹功绩▷功~|~绩。❺用言语或实物慰问▷慰~|~军。❻劳动▷不~而获|多~多得|~务。

牢 láo 7画 宀部 上下
❶养牲畜的圈栏▷亡羊补~(比喻事后补救)。❷监禁囚犯的地方▷坐~|监~|~房。❸结实;坚固▷把钉子钉~一点|~不可破|~固。❹稳

妥▷办事~靠。

唠 láo 10画 口部 左右
[唠叨]láodao 没完没了地说▷老奶奶又~开了。

老 lǎo 6画 老部 半包围
土耂耂老
❶年纪大(跟"少""幼"相对)▷人~心不~|~奶奶。❷年纪大的人▷敬~院|尊~爱幼|一家~小。❸老练;富有经验的▷~手|~于世故。❹历时长久的(跟"新"相对),❺同)▷这种酒牌子很~|~朋友|~字号。❺陈旧的;过时的▷这件衣服样式太~了|~脑筋。❻原来的▷~地方|~脾气|~毛病。❼(蔬菜)生长时间过长或(食物)加工过了火候而不好吃(跟"嫩"相对)▷豆角长~了|肉炒~了,咬不动。❽一直;经常▷山村的空气~这么新鲜|他做作业~问人。❾附在某些动植物名称、姓氏、排行前面▷~鼠|~虎|~李|~大。❿很▷岁数不~小了|这条街~长~长的|~早。⓫排行最末的▷~儿子|~舅。☞下边不要写成"匕"。

佬 lǎo 8画 亻部 左右
称成年男子(含轻视意)▷阔~。

正字 捞(撈) 劳(勞) 唠(嘮)

姥 lǎo 9画 女部 左右
[姥姥]lǎolao 外祖母。

络 lào 9画 纟部 左右
[络子]làozi ❶用线编结成的网袋。❷绕纱、线的器具。
另见luò。

烙 lào 10画 火部 左右
各:ノク夂各
❶熨烫,使衣物平整,或在物体上留下标记▷~衣服|~花|~印。❷把面食放在铛、锅上烤熟▷~饼。
另见luò。

涝 lào 10画 氵部 左右
❶雨水过多,淹了庄稼(跟"旱"相对)▷庄稼~了|旱~保收。❷田里积存的雨水▷排~。

落 lào 12画 艹部 上下
意思跟"落"(luò)①②⑥相同,多用于口语▷价格有涨有~|等~~汗再走|~色(shǎi)|~枕|~不是|~埋怨。
另见là;luò。

酪 lào 13画 酉部 左右
酉:一丌西西酉
❶用牛、羊、马的奶制成的半凝固状的食品▷奶~。❷用植物果实做的糊状食品▷山楂~|杏仁~。

le

乐 lè 5画 丿部 独体
一二乐乐
❶快活;欢喜▷~极生悲|~园|欢~|快~。❷令人快乐的事▷找~|取~。❸很高兴(做某事)▷喜闻~见|津津~道。❹笑▷~得合不上嘴。
另见yuè。

勒 lè 11画 革部 左右
革:艹芏革
❶拉紧缰绳不让牲口前进▷悬崖~马。❷强迫▷~令|~索。
另见lēi。

了 le 2画 一部 独体
❶用在句子中间,表示它前面的动作或变化已经完成▷这个月只晴~三天|等他来~我再走。❷用在句子末尾,表示出现某种新情况或发生某种变化▷小王来信~|天快亮~|要是不走就见到他~。❸用在句尾或句中停顿的地方,表示劝阻、命令或感叹的语气▷好~,不要说话~|别打架~|太棒~。
另见liǎo。

lei

勒 lēi 11画 革部 左右
用绳子等缠住或套住后

正字 络(絡) 涝(澇) 乐(樂)

用力拉紧▷得喘不出气来｜~紧裤腰带。
另见lěi。

累 léi 11画 田部 上下
[累赘]léizhuì a)多余▷文章的结尾显得~。b)多余的事物▷赶上阴天,草帽反而成了~。
另见lěi;lèi。

雷 léi 13画 雨部 上下
❶阴雨天气云层放电时发出的巨大响声▷打~了｜电闪~鸣｜~雨｜春~。❷指某些能爆炸的武器▷地~｜鱼~。

擂 léi 16画 扌部 左右
敲(鼓)▷~鼓｜自吹自~。
另见lèi。

垒 lěi 9画 土部 上下
❶军队驻地的围墙和防御工事▷两军对~｜深沟高~｜堡~。❷用砖、石、泥土等砌或筑▷~墙｜~锅台。

累 lěi 11画 田部 上下
❶堆积;积聚▷日积月~｜成千~万｜积~｜~计。❷连续;连接▷连篇~牍｜长年~月。❸牵连▷牵~｜连~。
另见léi;lèi。

磊 lěi 15画 石部 上下
[磊落]lěiluò 光明正大▷光明~。

蕾 lěi 16画 艹部 上下
快要开放的花朵;花骨朵▷花~｜蓓~。☞统读lěi,不读léi。

儡 lěi 17画 亻部 左右
[傀儡]kuǐlěi 见"傀"。

肋 lèi 6画 月部 左右
人和某些动物胸部的两侧▷两~｜左~｜~骨。

泪 lèi 8画 氵部 左右
眼泪,眼睛里分泌的无色透明的液体▷流~｜热~盈眶｜~水｜~珠。

类 lèi 9画 米部 上下
❶种;相同或相似事物归成的集体▷把藏书分成三大~,六小~｜种~｜~别｜~型。❷像;相似▷~人猿｜画虎不成反~犬｜~似。☞下边是"大",不是"犬"。

累 lèi 11画 田部 上下
❶疲乏▷今天~坏了｜劳~。❷使疲乏▷这孩子真~人｜慢慢干,别~着您。❸操劳▷~了一辈子,晚年该享福了。
另见léi;lěi。

擂 lèi 16画 扌部 左右
擂台,古代比武的台子▷打~｜~主。

正字 垒(壘) 累(纍)① 类(類)

另见 léi。

leng

棱 léng 12画 木部 左右
夊：⼂⼃⼹夂夊
❶物体上不同方向的两个平面相连接的部分▷桌子~儿|有~有角|三~镜。❷物体表面凸起的条状物▷搓板都没~了|冰~|瓦~。

楞 léng 13画 木部 左右
同"棱"(léng)。现在通常写作"棱"。

冷 lěng 7画 冫部 左右
❶温度很低；感觉温度低（跟"热"相对）▷天气很~|寒~|~气|你~不~? ❷刻薄；不热情▷~嘲热讽|~淡|~酷。❸不热闹；不繁华▷~寂~~清清。❹偏僻；少见的▷~僻。❺意外的；突然的▷~枪|~不防。❻不受欢迎的；很少人过问的▷~门儿|~货。

愣 lèng 12画 忄部 左右
❶发呆▷听了这话，他~住了|发~。❷鲁莽；冒失▷这小伙子~得很|一头~脑。

li

哩 lī 10画 口部 左右
里：丨冂曰甲里

[哩哩啦啦] līlilālā 形容零零散散或断断续续的样子▷这雨~的，真烦人|人们~地来到会场。

厘 lí 9画 厂部 半包围
❶市制计量单位。a)长度单位，10毫为1厘，10厘为1分。b)地积单位，10厘为1分。❷利率单位，年利率1厘是本金的1/100，月利率1厘是本金的1/1000。

狸 lí 10画 犭部 左右
[狸猫] límāo 豹猫，哺乳动物，形状像家猫，性凶猛，吃鸟、鼠等。

离 lí 10画 亠部 上下
亠离离离
❶分开；分别▷这孩子~不开妈妈|悲欢~合|~别|分~。❷背叛；不合▷众叛亲~|~心~德。❸缺少▷~了科学文化，现代化就不可能实现。❹相隔；相距▷她家~公园不远|~上课还有半小时。☞下边不要写成"内"。由"离"构成的字有"漓""璃""篱"等。

梨 lí 11画 木部 上下
落叶乔木，开白花，果实也叫梨，是常见的水果。☞右上不要写成"勹"。

正字 离(離)

犁 lí 11画 牛部 上下
❶耕田的农具，用畜力或机器牵引。❷用犁耕地▷～田。

鹂 lí 12画 鸟部 左右
丽:冂丽丽
[黄鹂]huánglí 鸟，鸣声清脆好听，是常见的观赏鸟。也说黄莺、黄鸟。

蜊 lí 13画 虫部 左右
虫:口中虫
[蛤蜊]géli 见"蛤"。

漓 lí 13画 氵部 左右
❶漓江，水名，在广西。❷[淋漓]línlí 形容湿淋淋往下滴的样子▷大汗～。

璃 lí 14画 王部 左右
❶[玻璃]bōli 见"玻"。❷[琉璃]liúli 见"琉"。

黎 lí 15画 氺部 上下
氺:亅丿氺
❶众多▷～民百姓。❷接近▷～明。☞下边不要写成"水"。

篱 lí 16画 竹部 上下
篱笆，用竹子、树枝等编成的起隔离作用的东西，围在房屋、场地周围。

礼 lǐ 5画 礻部 左右
❶为表示敬意、庆祝或纪念而举行的仪式▷祭～|婚～|丧～|典～|～堂。❷我国古代制定的行为准则和道德规范▷～义廉耻|封建～教。❸表示尊敬的态度或言语、动作▷赔～|道歉|给老师敬个～|～节|军～。❹为表示尊敬、庆贺或感谢而赠送的物品▷送了一份厚～|不吃请，不受～|～品|～物。

李 lǐ 7画 木部 上下
李子树，落叶乔木，花白色，果实叫李子，黄色或紫红色，可以吃，果仁、根皮可以做药材。

里 lǐ 7画 里部 独体
曰甲里
❶许多人家聚居的地方▷邻～|～巷。❷家乡▷故～|乡～。❸市制长度单位，150丈为1市里，1市里等于500米。❹衣服被褥等的内层；纺织品的反面(跟"面"相对)▷被～|这种布不容易分出～儿和面儿。❺一定的界限以内；内部(跟"外"相对)▷～三层，外三层|～院。
另见li。

理 lǐ 11画 王部 左右
❶治理；管理▷食宿自～|～财|料～|护～。❷对别人的言行作出表示▷置之不～|

正字 鹂(鸝) 漓(灕①) 篱(籬) 礼(禮)

鲤力历厉立吏丽励

鲤 lǐ 15画 鱼部 左右
鲤鱼,体侧扁形,嘴边有一至两对须,生活在淡水底层,肉可吃,是重要的淡水鱼类。

力 lì 2画 力部 独体
フ力
❶力气▷身强~壮|体~|畜(chù)~。❷人体器官的功能▷听~|脑~|想象~|生命~。❸事物的功能▷火~|水~|药~|财~|战斗~。❹尽力;竭力▷~求上进|据理~争。

历 lì 4画 厂部 半包围
❶经过▷~时三年|~尽千辛万苦|~程。❷亲身经历的事▷简~|阅~|来~。❸过去的各个或各次▷~年|~代|~次|~届。❹用年月日计算时间的方法▷阴~|阳~|公~|~法。❺记录年月日和时令、季节的书、表、册页等▷日~|年~|挂~|台~。☞跟"厉"不同。由"历"构成的字有"雳""沥"等。

厉 lì 5画 厂部 半包围
万:厂万
❶猛烈;严肃▷雷~风行|声色俱~|严~。❷严格▷~行节约。☞跟"历"不同。

立 lì 5画 立部 独体
❶直着身子,两脚着地或踩在物体上;物体竖直放着▷坐~不安|门口~着旗杆|站~|~足。❷使直立;竖起▷把旗杆~起来|横眉~目。❸成立;设立▷成家~业|~案|建~。❹订立;制定▷~字据|~规矩|~法。❺直立的▷~柱|~柜。❻生存;存在▷独~自主|势不两~。❼即刻;马上▷当机~断|~刻|~即。☞"立"作左偏旁时,末笔横要改成提(一),如"站""端"。

吏 lì 6画 一部 独体
古代称官员和在官府里当差的人▷贪官污~|官~。☞跟"史"(shǐ)不同。

丽 lì 7画 一部 上下
丁丽丽
漂亮;好看▷风和日~|美~|秀~|富~。☞上边是一长横,不是两短横。

励 lì 7画 力部 左右
鼓舞;劝勉▷鼓~|奖~|

正字 鲤(鯉) 历(歷①~③,曆④⑤) 厉(厲) 丽(麗) 励(勵)

激~｜勉~。

利 lì 7画 禾部 左右
❶器物头尖或刃薄,容易刺进或切入物体;快(跟"钝"相对)▷~刃｜~剑｜锐~｜锋~。❷顺利,没有或很少遇到困难▷出师不~｜便~｜吉~｜失~。❸好处(跟"害"或"弊"相对)有~无害｜兴~除弊｜福~｜~益。❹生产、交易或存款等获得的本钱以外的钱▷一本万~｜薄~多销｜~息。❺使得到好处▷~国~民｜毫不~己,专门~人。

沥 lì 7画 氵部 左右
液体一滴一滴地落下▷呕心~血。

例 lì 8画 亻部 左右
❶从前有过的,可以用来比照或依据的事物▷史无前~｜先~｜惯~｜范~。❷可以用来说明问题的类似的事物▷举~｜事~｜~证｜~题。❸标准或规则▷体~｜条~｜凡~。❹按照规定进行的▷~行公事｜~会｜~假。☞不读liè。

隶 lì 8画 隶部 独体
彐肀肀隶隶
❶附属于主人,没有人身自由的人;泛指社会地位低下被差使的人▷奴~｜仆~。❷附属;从属

▷~属。❸旧时衙门里当差的人▷皂~｜~卒。❹汉字字体的一种▷~书。☞上边是"彐",第二画向右要出头。由"隶"构成的字如"康""慷""糠"等。

荔 lì 9画 艹部 上下
[荔枝]lìzhī 常绿乔木,果实也叫荔枝,成熟时外壳紫红色,果肉白色,汁多味甜,是我国南方的特产。

俐 lì 9画 亻部 左右
[伶俐]línglì 见"伶"。

莉 lì 10画 艹部 上下
[茉莉]mòlì 见"茉"。

栗 lì 10画 覀部 上下
❶栗子树,落叶乔木,果实叫栗子,包在带刺的壳内,可以吃。❷因为害怕或寒冷而抖▷不寒而~｜战~。☞跟"粟"(sù)"票"(piào)不同。"粟"下半是"米",指谷子。"票"下半是"示",指作为凭证的纸片。

砾 lì 10画 石部 左右
碎石块;碎块▷~石｜砂~｜瓦~。☞不读lè。

粒 lì 11画 米部 左右
❶像米一样细小的一颗颗的东西▷谷~｜盐~｜颗~。❷量词,用于颗粒状的东西▷

正字 沥(瀝) 隶(隸) 砾(礫)

一~粮食|几~子弹。

霹 lì 12画 雨部 上下
[霹雳]pīlì 见"霹"。

痢 lì 12画 疒部 半包围
痢疾,一种肠道传染病,症状是腹痛、腹泻,粪便中带脓、血或黏液。

里 lǐ 7画 里部 独体
曰甲里
❶表示在一定的处所、时间、范围、方向之内▷房间~|假期~|手~|朝斜~拉。❷附在"这""那""哪"等词后面,表示地方▷这~|那~|哪~。

另见 lǐ。

lia

俩 liǎ 9画 亻部 左右
❶"两""个"的合音词▷买~馒头|兄弟~|他们~。❷指不多的几个▷就来这么~人|挣了~钱儿。☞"俩"后面不能再接"个"或其他量词。

另见 liǎng。

lian

连 lián 7画 辶部 半包围
ナ产车连
❶互相接着,不断开▷骨肉相~|藕断丝~|~接|~续。❷

一个接一个地▷~喊了几声|~开三天会。❸表示包括在内▷~你一共三个人|香蕉不能~皮吃。❹表示强调▷我都不好意思|激动得~话都说不出来。❺军队编制单位,在营以下,排以上。☞"连"和"联"不同。"连"侧重相接,"联"侧重相合。"连日""连年""连续""连接""牵连"的"连"不能写作"联";"联合""联邦""联欢""对联""三联单"的"联"不能写作"连"。

怜 lián 8画 忄部 左右
❶对不幸的人表示同情▷同病相~|可~|~悯。❷爱▷爱~。

帘 lián 8画 穴部 上下
❶旧时店铺门前作标志的旗帜▷酒~。❷用布、竹子等做的遮盖用的东西▷门~|窗~|草~子|苇~◇眼~。

莲 lián 10画 艹部 上下
水生草本植物,地下茎叫藕,叶子叫荷叶,子实叫莲子。藕和莲子可以吃,莲子、荷叶等可以做药材。也说芙蓉、荷花等。

联 lián 12画 耳部 左右
耳:一丁丌耳
❶接续不断▷~运|蝉~。❷联

正字 雳(靂) 里(裏) 俩(倆) 连(連) 怜(憐) 帘(簾)② 莲(蓮) 联(聯)

合,结合在一起▷~欢|~盟|~络|~系。❸对联▷上~儿|春~|挽~。☞参见"连"的提示。

廉 lián 13画 广部 半包围
兼:䒑䒑兼
❶不贪污受贿;不损公肥私▷~洁|清~|~正。❷价钱低▷~价销售|物美价~|低~。

鲢 lián 15画 鱼部 左右
鲢鱼,鳞细,腹部银灰色,是我国主要的淡水养殖鱼类。

镰 lián 18画 钅部 左右
镰刀,割庄稼或草的农具▷开~。

敛 liǎn 11画 攵部 左右
❶聚集;征收▷清洁费~齐了|横征暴~。❷收起;约束▷收~。☞㊀统读liǎn,不读liàn。㊁右边不要写成"欠"。

脸 liǎn 11画 月部 左右
❶面孔;从额到下巴的部分▷~上有块疤|洗~|~色|~庞。❷面子▷没~见人|丢~|~赏。❸脸上的表情▷~说变就变|愁眉苦~|翻~。❹某些物体的前部▷门~儿|鞋~儿。

练 liàn 8画 纟部 左右
东:一𠂉车东
❶白色的丝绢▷彩~。❷反复学习,以求纯熟▷~本领|~功|~习|训~。❸经验多,见识广▷熟~|老~|干~。☞右边的"东"第三画是横折钩(乛)。

炼 liàn 9画 火部 左右
❶用加热等方法提高纯度或性能▷~钢|~油|锤~|冶~|提~|锻~。❷仔细推敲使字句简洁精当▷~字|~句。☞㊀右边不是"东"。㊁"炼"和"练"不同,"练"的常用义是练习、纯熟,"练习""训练""操练""老练""熟练"等的"练"不能写作"炼"。

恋 liàn 10画 心部 上下
亦:亠亣亦
❶念念不忘;不忍舍弃或分离▷~家|留~|依~|~~不舍。❷男女相爱▷~爱|初~。☞上边不要写成"亦"。由"亦"构成的字有"变""弯""峦""孪""蛮"等。

链 liàn 12画 钅部 左右
连:𠂇𠃊车连
❶链子,用金属环连接成的像绳索的东西▷铁~|~条|项~。❷像链子的东西▷拉~。

liang

良 liáng 7画 丶部 独体
𠁼彐自良

正字 鲢(鰱) 敛(斂) 脸(臉) 练(練) 炼(煉) 恋(戀) 链(鏈)

❶好▷~辰美景|~田|~好优~|善~。❷很▷~久|用心~苦。☞"良"作左偏旁时,要改写成"𡚥",如"郎""朗"等。

凉 liáng 10画 冫部 左右
❶温度较低;微寒(比"冷"的程度浅)▷天~了|冬暖夏~|~快|~爽|~菜。❷悲伤▷悲~。❸冷落;不热闹▷荒~|苍~|凄~。❹防暑避热用的▷~棚|~席|~鞋。
另见 liàng。

梁 liáng 11画 木部 上下
𣲖:㇇刀刀𣲖
❶桥▷桥~。❷架在墙上或柱子上起支撑作用的横木▷房~|栋~|横~。❸物体或身体上凸起或成弧形的部分▷山~|鼻~|茶壶~儿。☞右上不要写成"刃"。

量 liáng 12画 日部 上下
里:冂日甲里
❶用器具测定轻重、长短、大小、多少等▷~体重|用尺~布|~血压|~具|测~。❷估计▷估~(gūliang)|端~(duānliang)。
另见 liàng。

粮 liáng 13画 米部 左右
❶粮食,可食用的谷类、豆类和薯类等▷这里买~很方便|细~|商品~。❷作为农业税的粮食▷钱~|公~。

梁 liáng 13画 米部 上下
𣲖:㇇刀刀𣲖
[高粱]gāoliáng 粮食作物,茎秆高,子粒可以吃,也可以酿酒。☞跟"梁"不同。"粱"是粮食作物,下边是"米";"梁"同建筑有关,下边是"木"。

两 liǎng 7画 一部 独体
丆两
❶数字,一个加一个是两个。常用于成双的事物、量词或"半""千""万""亿"前▷~手抓|~扇门|~张纸|~半儿|~千元|~亿人口。❷双方▷~败俱伤|势不~立|~可。❸表示不定的数目,大致相当于"几"▷多呆~天|说~句话就走。❹市制重量单位,10钱为1两,10两为1斤,1市两等于50克。

俩 liǎng 9画 亻部 左右
[伎俩]jìliǎng 见"伎"。
另见 liǎ。

亮 liàng 9画 亠部 上下
❶光线充足;有光泽▷灯~得刺眼|铜壶擦得真~|~光|明~。❷发出亮光▷屋里着灯|天刚~。❸光线▷山洞里一点~儿也没有。❹声音大

正字 粮(糧) 两(兩) 俩(倆)

而且清脆▷嗓音真~|洪~|响~。❺明白;清楚▷打开窗户说~话|心明眼~。❻摆在明处;显露出来▷把底牌~出来|~相。

凉 liàng 10画 冫部 左右
把热东西放一会儿,使温度降低▷饭~一会儿再吃|~点凉(liáng)开水。
另见liáng。

谅 liàng 10画 讠部 左右
❶体察并同情别人▷体~|原~|~解。❷预料;估计▷~他也不敢。

辆 liàng 11画 车部 左右
量词,用于车类▷一~汽车|两~坦克。

量 liàng 12画 日部 上下
❶古代指斗、升一类计量(liáng)体积的器物▷度~衡。❷指能容纳的限度▷饭~|酒~|胆~|度~。❸指数量▷保质保~|产~|雨~|信息~。❹估计▷~力而行|~体裁衣。
另见liáng。

晾 liàng 12画 日部 左右
把东西放在阳光下或阴凉通风处使干▷~衣服|~干菜|~晒。

liáo

撩 liáo 15画 扌部 左右
辨: 六六字寮
❶把垂下的东西掀起来▷~起长袍|往上~了~头发。❷用手舀水由下往上洒▷蹲在河边,往脸上~了几把河水。☞右上不要写成"大"。由"寮"构成的字还有"僚""嘹""缭""燎""潦""镣""瞭"等。
另见liáo。

辽 liáo 5画 辶部 半包围
远▷~远|~阔。

疗 liáo 7画 疒部 半包围
医治▷医~|治~|~养。

聊 liáo 11画 耳部 左右
卯: 𠂉 𠄌 卩卯
❶姑且;暂且▷~备一格|~以自慰。❷略微;稍微▷~胜于无|~表谢意。❸依赖;依靠民不~生(百姓没有赖以生存的条件)|无~(精神空虚无所寄托)。❹闲谈▷~起来没完|~天儿。☞右边不要写成"卯"(ǔng)。

僚 liáo 14画 亻部 左右
官吏▷官~|同~(旧指同在一起做官的人)。

正字 谅(諒) 辆(輛) 辽(遼) 疗(療)

寥 liáo 14画 宀部 上下
❶空旷高远▷~廓。❷寂静▷寂~。❸稀少；稀疏▷~~无几|~落。

撩 liáo 15画 扌部 左右
挑逗▷春色~人|~逗。
另见liāo。

嘹 liáo 15画 口部 左右
[嘹亮]liáoliàng（声音）清脆响亮▷歌声~。

潦 liáo 15画 氵部 左右
❶[潦草]liáocǎo（做事）不认真；（字迹）不工整▷敷衍~|字迹~。❷[潦倒]liáodǎo意志消沉；不得志▷一生|穷困~。

缭 liáo 15画 纟部 左右
❶缠绕；围绕▷~绕|~乱。❷用针线斜着缝(féng)▷随便~上几针。

燎 liáo 16画 火部 左右
烧；烫▷星火~原|~泡。
另见liǎo。

了 liǎo 2画 一部 独体
❶完结；结束▷又~了(le)一桩心事|没完没~|敷衍~事|~结。❷跟"得"或"不"合用，表示可能或不可能▷干得~|去得~|这病好不~。❸知道得很清楚▷~如指掌|一目~然|明~|~解。
另见le。

燎 liǎo 16画 火部 左右
靠近火而被烧焦▷头发让火苗~了一大片|烟熏火~。
另见liáo。

料 liào 10画 米部 左右
斗：⺊⺈㇀
❶推测；估计▷没~到你会来|~事如神|预~|~想。❷处理；照看▷~理|照~。❸能够用来制造成品或半成品的东西▷偷工减~|木~|衣~|材~|废~。❹具有某种特定用途的物品▷饮~|调~|饲~|肥~|燃~|电~|颜~|涂~。❺可供参考或用作依据的材料▷史~|资~|笑~。

撂 liào 14画 扌部 左右
搁下；扔下▷把行李~在地上|~下工作不管。

瞭 liào 17画 目部 左右
寮：⺊⺈㇀寮
从高处向远处看▷~望。"瞭望"不能写作"了望"。

镣 liào 17画 钅部 左右
套在犯人脚腕上的刑具▷脚~|~铐。

lie

咧 liē 9画 口部 左右
[咧咧]liēliē 用在"骂骂咧咧"(指在说话中夹杂着骂人的话)"大大咧咧"(形容随随便便,满不在意)等词语里。
另见liě。

咧 liě 9画 口部 左右
张开嘴,嘴角向两边伸展▷~着大嘴哭开了。
另见liē。

裂 liě 12画 衣部 上下
朝两边分开;敞开▷麻袋缝儿~开了|没系扣子,~着怀。
另见liè。

列 liè 6画 歹部 左右
歹:歹歹
❶按一定顺序排放或站位▷~出清单|~队欢迎|陈~|罗~。❷排成的行▷队~|序~|行~。❸各;众▷~位|~国|~强。❹类▷不在讨论之~。❺量词,用于成列的东西▷一~火车。❻安排;归入▷~入议事日程|~为重点项目。

劣 liè 6画 力部 上下
低下;坏(跟"优"相对)▷~等|~势|低~|恶~|优~。

☞㊀统读liè,不读lüè。㊁上边的一竖不带钩。

烈 liè 10画 灬部 上下
❶猛烈;强烈▷~火|~日|~性炸药|兴高采~|热~。❷刚强;正直▷他是个~性子|刚~。❸为正义事业而牺牲的人▷先~|~属。

猎 liè 11画 犭部 左右
❶捕捉禽兽▷打~|渔~|~人。❷夺取;追求▷~取高额利润|~奇。

裂 liè 12画 衣部 上下
整体被破开或分离▷西瓜摔~了|四分五~|破~|分~。
另见liě。

lin

拎 līn 8画 扌部 左右
用手提(东西)▷~着水桶|~着一篮子菜。☞不读līng。

邻 lín 7画 右阝部 左右
❶挨在一起住的人家▷街坊四~|左~右舍|~里。❷位置接近▷~近|~居|~国。

林 lín 8画 木部 左右
❶连成片的树木或竹子▷防护~|树~|竹~|森~。❷培育和保护森林的生产事业

正字 猎(獵) 邻(鄰)

▷~业｜农~牧副渔。❸比喻聚集在一起的同类事物或人▷石~｜碑~｜艺~。

临 lín 9画 ｜部 左右
❶从高处往下看▷居高~下。❷从上面到下面去；来到▷光~｜降~｜来~｜大难头｜身~其境。❸面对着；靠近▷~街的铺面｜如~大敌。❹将要；快要▷~行｜~产｜~别｜~终。❺对照着字或画模仿▷~帖｜~画｜~摹。☛左边是一短一长两竖，不是一竖一撇。

淋 lín 11画 氵部 左右
液体落在东西上；使液体落在东西上▷小心~了雨｜日晒雨~｜~浴。
另见 lìn。

琳 lín 12画 王部 左右
[琳琅]línláng 美玉，比喻珍贵华美的东西▷~满目。

粼 lín 14画 米部 左右
[粼粼]línlín 水清澈明净的样子▷波光~。

磷 lín 17画 石部 左右
非金属元素，常见的有白磷(有毒)和红磷(无毒)，可以用于军事、医疗和制造化肥。

鳞 lín 20画 鱼部 左右
舛：夕夕歹舛

❶鱼、爬行动物和少数哺乳动物身体表面小而硬的薄片，对身体有保护作用。❷形状像鳞的▷~茎｜遍体~伤。

凛 lín 15画 冫部 左右
❶寒冷▷寒风~~。❷形容威武严肃，使人敬畏的样子▷威风~~｜大义~然。☛左边不要写成"氵"。

檩 lín 17画 木部 左右
架在房梁上或山墙上用来托住椽子或屋面板的横木。

吝 lìn 7画 文部 上下
舍不得拿出(自己的财物或力量)；小气▷~啬｜~惜。

赁 lìn 10画 贝部 上下
租用；出租▷~了两间房子｜自己住正房，厢房~给别人｜租~｜出~。

淋 lìn 11画 氵部 左右
过滤▷把药渣~出来再喝｜过~。
另见 lín。

蹸 lìn 21画 足部 左右
隹：亻仁仨佳
[蹂蹸]róulìn 用脚乱踩乱踏，比喻用暴力欺压、残害▷惨遭~｜~人权。☛右下"门"里不

要写成"佳"。

ling

〇 líng
表示数的空位,同"零",用于书面▷三～一医院|二～五号通告。

伶 líng 7画 亻部 左右
❶旧指戏曲演员▷名～。❷[伶俐]líng lì 聪明;灵巧▷聪明～|口齿～。

灵 líng 7画 彐部 上下
❶指神仙,也指灵魂或精神▷神～|在天之～|心～。❷跟死人有关的事物▷～堂|～车|～位|守～。❸特别有效;能够应验▷这种药治ز疾最～|天气预报还挺～|～验。❹聪明;机敏▷脑瓜真～|心～手巧|机～。❺活动迅速;反应快▷腿脚不～了|周转不～|～便|～通。☞上边不要写成"彐"。

玲 líng 9画 王部 左右
[玲珑] líng lóng ❶(器物)细致精巧▷小巧～。❷(人)灵活敏捷▷娇小～。

铃 líng 10画 钅部 左右
钅:ノ𠂉𠂉钅钅
❶铃铛,金属制成的响器,多是球形或半球形▷～响了|电～|车～|摇～。❷形状像铃铛的东西▷哑～|杠～。

凌 líng 10画 冫部 左右
❶冰▷冰～。❷升高;超越▷～空而过|壮志～云|～驾。❸欺压;侵犯▷盛气～人|欺～|～辱。❹接近▷～晨。

陵 líng 10画 左阝部 左右
夌:土𠂊夂夌夌
❶土山▷丘～|山～。❷帝王的坟墓,现在也指领袖或烈士的坟墓▷明十三～|中山～|烈士～园。☞右下不是"夂"。由"夌"构成的字还有"凌""菱""棱"等。

菱 líng 11画 艹部 上下
菱角,草本植物,生在河湖池沼中,叶片三角形,果实也叫菱角,果肉可以吃。

蛉 líng 11画 虫部 左右
[白蛉] bái líng 昆虫,比蚊子小,雌的吸食人畜的血液,能传播黑热病。

翎 líng 11画 羽部 左右
鸟翅膀和尾巴上又长又硬的毛▷雁～|～毛|野鸡～子。

羚 líng 11画 羊部 左右
羚羊,形状像山羊,四肢细长,有的羚羊角可以做药材。

正字 灵(靈) 铃(鈴)

零 líng 13画 雨部 上下

❶花叶枯落▷~落｜飘~｜凋~。❷分散的；细碎的（跟"整"相对）▷化整为~｜~件｜~售｜~散｜~碎。❸不够一定单位的零碎数量；整数以外的尾数▷一千挂~儿｜~头｜~数。❹放在两个数量之间，表示单位较高的量下附有单位较低的量▷九点~五分｜一年~十天。❺表示没有数量▷九减九等于~。❻表示数的空位，也写作"〇"▷一百~八将｜三~六号房间。❼表示某些量度的计算起点▷~下五摄氏度｜~点二十分。☞不要简化写成"另"。

龄 líng 13画 齿部 左右

❶岁数▷年~｜适~｜老~｜超~。❷年数；年限▷工~｜党~｜树~。☞不要简化写成"令"。

令 líng 5画 人部 上下

纸张计量单位，机器制造的整张纸500张为1令。

另见lìng。

岭 lǐng 8画 山部 左右

❶有路可通山顶的山峰▷翻山越~｜山~｜分水~。❷高大的山脉▷秦~｜大兴安~。

领 lǐng 11画 页部 左右

❶脖子▷~巾｜~带。❷衣服上围绕脖子的部分▷~扣｜硬~｜~口。❸要点；纲要▷要~｜纲~。❹拥有；管辖▷土~｜~域｜占~。❺引导；带领▷~孩子去公园｜~航｜~路。❻量词，用于长袍、席子等▷一~道袍｜三~席。❼接受；领取（发给的东西）▷~教｜~情｜~奖｜~工资。❽了解（含义）▷~会｜~悟。

另 lìng 5画 口部 上下

❶指所说范围以外的（人或事）▷~一个人｜~案｜~册。❷表示在所说的范围以外（做某事）▷~想办法｜~立门户。☞"零件""零售""零散""零碎"的"零"不要简化写成"另"。

令 lìng 5画 人部 上下

❶发出命令▷电~各地参照执行｜通~全国。❷上级发布的命令▷军~如山｜法~｜指~。❸季节；某个季节的气候和自然现象等▷时~｜当~｜夏~。❹使；让▷~人羡慕｜利~智昏。❺古代某些政府部门的长官▷县~。☞"令"作左偏旁时，第二画捺（㇏）要改写成点（丶），如"邻""翎""领"。

正字 龄(齡) 岭(嶺) 领(領)

另见lǐng。

liu

溜 liū 13画 氵部 左右
❶在平面上滑行或从上滑动▷~冰|从滑梯上~下来。❷偷偷走掉▷留神别让小偷~了。❸光滑;平滑▷光~|滑~。

另见liù。

刘 liú 6画 文部 左右
姓。

浏 liú 9画 氵部 左右
[浏览]liúlǎn 大致看一下;泛泛地阅读▷~市容|这种书~一下就可以了。

留 liú 10画 田部 上下
❶停在某个地方或位置;不离开▷~一个人~在家里|~任|~级|停~|逗~。❷不让离去▷~客人多住几天|挽~|收~。❸保存;不丢弃▷~底稿|~一个名额|保~。❹不用尽或不带走;遗留▷~下几块钱|房子是祖上~下的|~言|残~。❺注意力集中在某个方面▷~心|~意|~神。❻特指居留外国求学▷~学|~美。☞上边是"卯"的变形"㐬",左半不要漏一点(丶)。由"留"构成的字有"馏""溜""榴""瘤""遛"等。

流 liú 10画 氵部 左右
❶水或其他液体移动▷水向东~|泪~满面|血~不止|~淌。❷没有固定方向地移动▷~通|~动|~浪|~弹(dàn)|~星。❸传下来;传播▷~芳百世|~传|~毒|~行。❹水道中的流水▷顺~而下|水~|激~。❺像水流一样移动的东西▷气~|电~。❻指江河水离开源头以后的部分(跟"源"相对)▷源远~长|中~。❼分支;派别;等级▷三教九~|~派|二~作品|三~演员。❽像流水那样顺畅▷~畅|~利。

琉 liú 11画 王部 左右
[琉璃]liúli 指用釉料涂在缸、盆、砖瓦半成品的表面烧制而成的玻璃质表层,有绿、蓝、金黄等颜色▷~砖|~瓦。

硫 liú 12画 石部 左右
非金属元素,浅黄色,在工业和医药上有广泛用途。通称硫磺。

馏 liú 13画 饣部 左右
蒸馏,加热使液体变成蒸气后再凝结成纯净的液体。

另见liù。

榴 liú 14画 木部 左右
石榴,落叶灌木或小乔

正字 刘(劉) 浏(瀏) 馏(餾)

木,一般开红花。果实也叫石榴,球形,内包很多种子,可以吃。

瘤 liú 15画 疒部 半包围
瘤子,人或动植物体由于细胞增生而形成的疙瘩▷肿~|肉~|毒~|根~。

柳 liǔ 9画 木部 左右
卯:𠃌丿𠃌卩
柳树,落叶乔木或灌木,枝条柔韧,种子上有白毛一样的东西,随风飞散,叫柳絮。枝条可以用来编织器具。☞右边不要写成"卬"(áng)。

六 liù 4画 亠部 上下
数字,五加一的和。☞"六"的大写是"陆"。

陆 liù 7画 左阝部 左右
数字"六"的大写。
另见lù。

碌 liù 13画 石部 左右
[碌碡]liùzhou 轧谷物或压平场地用的圆柱形石制农具。
另见lù。

遛 liù 13画 辶部 半包围
❶慢步走;随便走走▷~大街|出去~~。❷牵着牲畜或提着鸟笼慢步走▷~马|~鸟。

馏 liù 13画 饣部 左右
把凉了的熟食蒸热▷~了几个馒头。
另见liú。

溜 liù 13画 氵部 左右
❶房檐上流下的雨水。❷量词,用于成排或成条的事物▷几个人排成一~|靠墙是一~书柜|一~烟似的跑了。❸填满或封住缝隙▷用水泥~墙缝|拿纸把窗户缝~上。
另见liū。

long

隆 lōng 11画 左阝部 左右
拟声词,用在"轰隆""咕隆""黑咕隆咚"等词语里。☞右下是"一"下加"生",不要缺一横。
另见lóng。

龙 lóng 5画 龙部 独体
尤龙龙
❶传说中的神异动物,身体长,有鳞、爪,能上天入水,兴云降雨▷~的传人|画~点睛|~飞凤舞。❷封建时代用作帝王的象征,也指属于帝王的东西▷~颜|~袍|~床。❸形状像龙或有龙的图形的东西▷排成长~|火~|水~|~舟。❹指远古某些巨大的爬行动物▷恐

正字 陆(陸) 馏(餾) 龙(龍)

|翼手~。

咙 lóng 8画 口部 左右
[喉咙]hóulóng 嗓子,包括咽部和喉部。

珑 lóng 9画 王部 左右
[玲珑]línglóng 见"玲"。

胧 lóng 9画 月部 左右
[朦胧]ménglóng 见"朦"。

眬 lóng 10画 目部 左右
[蒙眬]ménglóng 见"蒙"。

聋 lóng 11画 龙部 上下
听不见或听不清声音▷耳朵完全~了|~子。

笼 lóng 11画 竹部 上下
❶用竹篾、木条等制成的器具,用来关鸟兽或装东西▷鸟~|木~。❷指笼屉,蒸食物的炊具▷小~包子。
另见 lǒng。

隆 lóng 11画 左阝部 左右
❶盛大;兴盛▷~重|兴~。❷鼓起来▷~起。❸程度深▷~冬。☞右下是"一"下加"生"。
另见 lōng。

窿 lóng 16画 穴部 上下
[窟窿]kūlong 孔;洞▷袜子上烧了个~|~眼儿|冰~。

陇 lǒng 7画 左阝部 左右
甘肃的别称▷~海铁路。

拢 lǒng 8画 扌部 左右
❶聚合在一起▷笑得嘴都合不~|两人谈不~|聚~|收~|拉~。❷停靠;靠近▷~岸|靠~。❸总计▷把账——~|~共|~归~。❹梳理(头发)▷~~头发。☞跟"扰"(rǎo)不同。

垄 lǒng 8画 龙部 上下
❶田地里略微高起的小路;土埂▷白薯~|~沟。❷农作物的行(háng)或行间空地▷缺苗断~|宽~密植。

笼 lǒng 11画 竹部 上下
❶像笼(lóng)子似地从上到下盖住▷晨雾~住了山城|~罩。❷大箱子▷箱~。
另见 lóng。

弄 lòng 7画 王部 上下
南方有些地区指小巷▷~堂|里~。
另见 nòng。

lou

搂 lōu 12画 扌部 左右
❶用手或工具把东西向自己面前聚集▷~柴火|~树叶|用耙子~地。❷搜刮(财物)▷大把大把地~钱。

正字 咙(嚨) 珑(瓏) 胧(朧) 眬(矓) 聋(聾) 笼^{lóng}(籠) 陇(隴) 拢(攏) 垄(壟) 笼^{lǒng}(籠) 搂(摟)

另见 lǒu。

娄 lóu 9画 米部 上下
(某些瓜类)因过熟而变坏▷西瓜～了。

喽 lóu 12画 口部 左右
[喽啰]lóuluó 旧指强盗的部下,现在多指坏人的爪牙▷犯罪团伙里的小～。
另见 lou。

楼 lóu 13画 木部 左右
❶两层或两层以上的房屋▷盖～|～房。❷某些下面有通道的建筑▷门～|～牌。❸用于某些店铺的名称▷茶～|酒～。❹量词,指楼房的一层▷他家住二～,不用乘电梯。

搂 lǒu 12画 扌部 左右
❶两臂合抱;用胳膊拢着▷把孩子～在怀里|小红～着姐姐的腰。❷量词,用于两臂合抱那么粗的东西▷门前的杨树有一～粗了。
另见 lōu。

篓 lǒu 15画 竹部 上下
用竹篾、荆条等编成的盛东西的器具▷鱼～|字纸～|一～油。

陋 lòu 8画 左阝部 左右

❶狭小;不华丽▷～室|～巷。❷缺少见识;浅薄▷孤～寡闻|浅～。❸不文明的;不好的▷～俗|陈规～习。❹难看;粗劣▷丑～|因～就简|粗～。☞右边是"L"加"丙",不是"匚"加"内"。

漏 lòu 14画 氵部 左右
❶东西从孔、缝中滴下、透出或掉出▷盆里的水～光了|煤气管～气|口袋破了,米不停地往下～。❷没保守住秘密;泄露▷没～过半个字|走～消息。❸因为疏忽而缺少或脱落▷说～的请大家补充|挂一～万|脱～。

露 lòu 21画 雨部 上下
意思跟"露"(lù)❸相同,多用于口语▷衣服破得～肉了|～着胳膊|～相|～脸|～馅儿|～一手|泄～|走～。
另见 lù。

喽 lou 12画 口部 左右
表示提醒注意的语气▷开饭～|天快黑～,赶紧走!
另见 lóu。

lu

卢 lú 5画 卜部 上下
卜卢与与卢
姓。☞跟"户"(hù)不同。由

"卢"构成的字有"颅"等。

芦 lú 7画 艹部 上下
芦苇，草本植物，地下有向四处横生的粗壮的茎。生长在池沼、河岸或路边。茎秆可以编席、造纸，根可以做药材。☞下边不要写成"卢"。
另见lǔ。

庐 lú 7画 广部 半包围
简陋的小屋▷茅～|草～|～舍。☞里边不要写成"卢"。

炉 lú 8画 火部 左右
炉子，做饭、烧水、取暖、冶炼等用的器具或设备▷火～|电～|锅～|熔～|～灶。

颅 lú 11画 页部 左右
头的上部，也指头▷～骨|头～。☞左边不要写成"户"。

芦 lǔ 7画 艹部 上下
[油葫芦]yóuhulu 昆虫，像蟋蟀而略大，危害农作物。
另见lú。

卤 lǔ 7画 卤部 上下
❶盐卤，熬盐剩下的黑色液体，味苦有毒，可以使豆浆凝结成豆腐。❷用盐水或酱油加调料煮▷～鸡|～味。❸浓稠的菜汤▷打～面。

虏 lǔ 8画 虍部 半包围
虍：⺊⺊⼷⼷虏虏

❶在战场上活捉▷～获。❷打仗时活捉的敌人▷抓俘～。☞统读lǔ，不读luǒ。

鲁 lǔ 12画 鱼部 上下
❶冒失；粗野▷～莽|粗～。❷山东的别称▷～菜。

陆 lù 7画 左阝部 左右
❶高出水面的地面▷地|大～|登～|～军。❷指陆地上的路(相对"水路"而言)▷水～交通|～运。
另见liù。

录 lù 8画 彐部 上下
⺕：⼃⼅⺕

❶记载；誊写▷记～|抄～|摘～。❷记载言行、事物的文字材料▷目～|语～|通讯～|见闻～。❸选取；任用▷取～|用。❹用仪器记录(声音或图像)▷～音|～像。☞上边不要写成"⺕"，下边不要写成"水"。由"录"构成的字有"绿""碌""氯"等。

赂 lù 10画 贝部 左右
用财物买通别人▷贿～。

鹿 lù 11画 鹿部 半包围
广庐声庐庐鹿

哺乳动物，一般雄的头上有角，四肢细长，尾巴短，性温顺，善于奔跑。

正字 芦lú(蘆) 庐(廬) 炉(爐) 颅(顱) 芦lǔ(蘆) 卤(鹵①,滷②③) 虏(虜) 鲁(魯) 陆(陸) 录(錄) 赂(賂)

绿

lǜ 11画 纟部 左右
意思跟"绿"(lǜ)相同，用于"绿林""鸭绿江"等词语。
另见lǜ。

碌

lù 13画 石部 左右
❶平凡；平常▷庸～｜～无为。❷繁忙▷忙～｜劳～。
另见liù。

路

lù 13画 足部 左右
❶地面上供人或车马通行的部分；通道▷道～｜公～｜马～｜陆～｜水～。❷道路的距离▷～很近｜几里～｜山高～远。❸途径▷生～｜门～｜～子。❹条理▷思～｜纹～。❺方面；地区▷西～军｜各～人马｜外～人。❻类型；等次▷大～货｜一～货色｜二三～角色。❼量词，用于队列，相当于"排""行"▷六～纵队｜排成两～。
☞右上不要写成"夂"。

漉

lù 14画 氵部 左右
[湿漉漉]shīlùlù 形容非常潮湿▷屋里太潮，被子老是～的。

戮

lù 15画 戈部 左右
戈：一七戈戈
杀▷杀～。

鹭

lù 18画 鸟部 上下
鸟：ク乌鸟鸟

水鸟，颈和腿都很长，常见的有白鹭、苍鹭。

露

lù 21画 雨部 上下
❶露水，接近地面的水蒸气夜间遇冷凝结在物体上的水珠▷～珠｜雨～。❷在房屋外面，没有遮盖▷～宿｜～营｜～天。❸显出；表现出▷不～声色｜暴～｜流～。❹用花、叶、果实、药材等制成的饮料或化妆品▷果子～｜～酒｜花～水。
另见lòu。

lǘ

驴

lǘ 7画 马部 左右
哺乳动物，像马而小，耳朵和脸部都较长，毛灰褐色。家驴可以用来拉车、骑乘、驮东西。驴皮可以熬胶，做药材。

吕

lǚ 6画 口部 上下
姓。☞中间没有一撇。由"吕"构成的字有"侣""铝"等。

侣

lǚ 8画 亻部 左右
伙伴；同伴▷伴～。

捋

lǚ 10画 扌部 左右
用手顺着长条状物向一头抹过去▷～胡子｜摘下黄瓜～了几下就吃。
另见luō。

旅 lǚ 10画 方部 左右
㐃：𠂉𠂉𠂉𠂉𠂉

❶军队编制单位,在师以下,团或营以上。❷指军队▷军~|劲~。❸离家居留在外地▷行~|途~|客~|~日侨胞。☞右下不要写成"氏"。

铝 lǚ 11画 钅部 左右
金属元素,银白色,能导电导热。可以制作高压电缆、日用器皿等,铝合金可以制造飞机、火箭、汽车。

屡 lǚ 12画 尸部 半包围
多次;不止一次▷一次三番|~教不改|~战~胜。

缕 lǚ 12画 纟部 左右
❶线▷千丝万~。❷有条理;详详细细▷条分~析(形容分析细致而有条理)|~述。❸量词,用于细长而轻柔的东西▷一~丝线|几~青烟|一~白云。☞不读lóu。

履 lǚ 15画 尸部 半包围
❶踩;走▷如~薄冰(好像踩在薄冰上,比喻非常小心谨慎)。❷鞋▷西装革~。❸实践;实行▷~行|~约。☞不读fù。

律 lǜ 9画 彳部 左右
❶古代测定和校正音高的标准▷音~|乐(yuè)~。❷法则;规章▷法~|规~|纪~|定~。❸约束▷严于~己。

虑 lǜ 10画 虍部 半包围
❶思考;想▷深思熟~|考~|思~。❷担心▷忧~|顾~。

率 lǜ 11画 十部 上下
玄玄㓁㓁率

两个相关数量间的比▷增长~|圆周~|出勤~|利~|功~。

另见 shuài。

绿 lǜ 11画 纟部 左右
像夏天的草和树叶的颜色▷花红柳~|~灯|~豆|碧~。

另见 lù。

氯 lǜ 12画 气部 半包围
非金属元素,浅黄绿色气体,有臭味,有毒,可以制造漂白粉、农药等。

滤 lǜ 13画 氵部 左右
使液体或气体通过沙子、纱布等,除去杂质▷过~|~纸|~器。

luan

峦 luán 9画 山部 上下
亦：亠亣亦

小而尖的山;山峰▷山~起伏

正字 铝(鋁) 屡(屢) 缕(縷) 虑(慮) 绿(綠) 滤(濾) 峦(巒)

孪 luán 9画 子部 上下
一胎双生▷~生姐妹。

卵 luǎn 7画 丿部 左右
ㄣㄣ卵卵
雌性生殖细胞;特指某些动物的蛋▷产~|~生|鸟~|蛔虫~。

乱 luàn 7画 舌部 左右
❶毫无秩序;没有条理▷一团~麻|~成了一锅粥|紊~|杂~。❷动荡不安;战乱▷天下大~|兵慌马~。❸烦躁不安▷心里很~|心烦意~|慌~。❹不加限制地;随便▷~花钱|~出主意|胡言~语。

lüe

掠 lüè 11画 扌部 左右
❶抢;夺▷一夺|~取。❷很快地擦过或拂过▷海鸥~过水面|炮弹~过夜空。☞不读lüě或liáng。

略 lüè 11画 田部 左右
❶夺取;掠夺▷侵~。❷计谋;规划▷胆~|策~|战~。❸大概情况▷概~|事~|传(zhuàn)~。❹简单▷该详就详,该~就~|~写|简~|粗~。❺省去▷省~|删~。❻

稍微▷~加分析|~有进步。

lun

抡 lūn 7画 扌部 左右
(手臂)使劲挥动▷~起拳头就打|~大锤。☞跟"枪"(qiāng)不同。

仑 lún 4画 人部 上下
[昆仑] kūnlún 见"昆"。☞跟"仓"(cāng)不同。"仑"下边是"匕","仓"下边是"㔾"。由"仑"构成的字有"论""伦""沦""抡""轮"等;由"仓"构成的字有"苍""沧""抢""枪""舱"等。

伦 lún 6画 亻部 左右
❶同类▷不~不类|荒谬绝~。❷伦理,人与人之间的各种道德准则和相互关系▷人~|~常|天~之乐。❸条理▷语无~次。

沦 lún 7画 氵部 左右
❶落到水里,比喻陷入(不幸或罪恶的境地)▷~为殖民地|~落|~陷。❷丧亡;消失▷~亡|~丧。☞跟"沧"(cāng)不同。

纶 lún 7画 纟部 左右
❶钓鱼用的丝线▷垂~。❷指某些合成纤维▷涤~|锦

轮 lún 8画 车部 左右
车：一ナ芒车车
❶车辆或机械上能转动的圆形部件▷车～|～胎|齿～|涡～机。❷依照次序替换▷～换|～流|～休。❸像轮子的东西▷耳～|年～。❹指轮船▷海～|客～。❺量词。a)用于太阳和圆月▷一～红日|一～明月。b)用于循环的事物或动作▷首～|影院|循环赛进行了三～。

论 lùn 6画 讠部 左右
❶讲说；说明▷议～|讨～|辩～|～文。❷衡量；评定▷～功行赏|～处(chǔ)|～罪。❸按照；就……(来说)▷～斤卖|～钟点儿收费|～下棋,他数第一。❹谈论；看待▷相提并～|一概而～。❺说明道理的言论或文章▷舆～|公～|长篇大～。

luo

㨄 luō 10画 扌部 左右
㨄：一才扌㨄㨄
用手握住(条状物)向一头滑动▷～起袖子|～树叶。
另见lǚ。

啰 luō 11画 口部 左右
[啰唆]luōsuō ❶说话絮絮叨叨,重复颠倒▷他讲话太～。❷使人感到麻烦▷～事儿|在你们这里办事可真～。☞不要简化写成"罗"。
另见luó。

罗 luó 8画 罒部 上下
❶捕鸟的网▷～网|天～地网。❷搜集；包含▷网～|搜～|包～万象。❸一种质地轻软,表面有纹眼的丝织品▷绫～绸缎。❹一种密孔筛子▷面磨(mò)好后要过一遍～|～面。❺用罗筛▷～面。❻排列；分布▷～列|星～棋布。

萝 luó 11画 艹部 上下
❶指某些爬蔓植物▷女～|藤～。❷[萝卜]luóbo草本植物,主根也叫萝卜,圆柱形或球形,可以吃,种子可以做药材。☞不要写成"箩"。

锣 luó 11画 口部 左右
[喽啰]lóuluó 见"喽"。
另见luō。

逻 luó 11画 辶部 半包围
❶巡查▷巡～。❷[逻辑]luóji 研究思维的形式和规律的科学,也指客观的规律性▷形式～|不合～。

锣 luó 13画 钅部 左右
一种铜制的圆形打击乐

正字 轮(輪) 论(論) 啰luō(囉) 罗(羅) 萝(蘿) 啰luó(囉) 逻(邏) 锣(鑼)

器▷~鼓喧天|敲~打鼓。

箩 luó 14画 竹部 上下
竹编的盛东西器具,大多是方底圆口▷~筐。☞跟"萝"不同。

骡 luó 14画 马部 左右
骡子,哺乳动物,驴和马交配所生的杂种,耐劳,抗病力及适应性强,拉力大而能持久。

螺 luó 17画 虫部 左右
❶软体动物,体外包着锥形、纺锤形硬壳,壳上有回旋形纹理。❷像螺一样有回旋形纹理的(东西)▷~纹|~母|~丝。

裸 luǒ 13画 衤部 左右
衤:㇇㇇㇇㇇㇇
暴露出来,没有遮盖▷~露|~体。

洛 luò 9画 氵部 左右
洛河,水名。a)发源于陕西北部,流入渭河。也说北洛河。b)发源于陕西南部,流经河南入黄河。也说南洛河。

骆 luò 9画 马部 左右
各:′ㇴ夂各
[骆驼]luòtuo 哺乳动物,身体高大,背上有一个或两个驼峰,耐饥渴高温,能负重在沙漠中长途行走。

络 luò 9画 纟部 左右
❶像网一样的东西▷丝瓜~|网~|脉~。❷用网状物兜住或罩住▷用发网~住头发◇笼~。❸缠绕▷~丝|~纱。
另见lào。

烙 luò 10画 火部 左右
[炮烙]páoluò 古代一种酷刑。☞不读páogé。
另见lào。

落 luò 12画 艹部 上下
❶掉下来▷树叶~了|~泪。❷下降;使下降▷潮涨潮~|降~|把窗帘~下来|~幕。❸掉在里边、后面或外边▷~水|~伍|~榜。❹由兴盛转向衰败▷衰~|破~|没(mò)~。❺归属▷重担~在我们的肩上|大权旁~。❻得到▷~下好名声|~空。❼止息;停留▷脚~|话音未~。❽留下;写下▷不~痕迹|~款|~账。❾停留的地方▷下~|着(zháo)~。❿(人)聚居的地方▷村~|院~。
另见là;lào。

摞 luò 14画 扌部 左右
❶一个压着一个地往上放▷把砖~起来。❷量词,用于摞起来的东西▷一~草帽。

正字 箩(籮) 骡(騾) 骆(駱) 络(絡)

M

ma

妈 mā 6画 女部 左右
❶母亲▷爹~。❷对长辈或年长的已婚女性的称呼▷大~(伯母)|姑~|舅~|王大~。

抹 mā 8画 扌部 左右
❶擦▷把桌子~一~|~布。❷用手按着向某一方向移动▷从手腕上~下一副镯子|往后~一~头发。☞右边不要写成"未"。

另见mǒ;mò。

麻 má 11画 麻部 半包围
❶草本植物,有大麻、黄麻、亚麻等。茎皮纤维也叫麻,可以制绳索、麻袋,也可以织布。❷指芝麻(zhīma)▷~油|~酱。❸表面不光滑的或有碎斑点的▷~子|~雀|~蝇。❹身体某部分轻度失去知觉,或产生像虫蚁爬过那样不舒服的感觉▷手脚~木|腿压~了|~酥酥的。❺某些食物带有的使舌头发木的味道▷这菜又~又辣|~辣豆腐。☞"麻"在字的上边时,第三画撇要改写成长撇,如"磨""摩""糜""靡"等。

蟆 má 16画 虫部 左右
[蛤蟆]háma 见"蛤"。

马 mǎ 3画 马部 独体
フ马马
❶哺乳动物,四肢强健,有蹄善跑,性温驯而敏捷,可以用来乘骑、拉车或耕地。❷大▷~勺|~蜂|~蝇。☞"马"作左偏旁时,末笔横要改写为提(一),如"骄""骑""驴""骗"。

吗 mǎ 6画 口部 左右
[吗啡]mǎfēi 由鸦片制成的白色粉末,有毒,医药上用作镇痛剂。

另见ma。

玛 mǎ 7画 王部 左右
[玛瑙]mǎnǎo 矿物,有花纹,坚硬耐磨,可以用作仪表轴承、研磨用具、装饰品等。

码 mǎ 8画 石部 左右
❶表示数目的符号▷号~|页~|邮政编~。❷计算数目的用具▷筹~。❸量词,用于事情▷两~事。❹一个压一个往上放▷把白菜~整齐|~放。

正字 妈(媽) 马(馬) 吗(嗎) 玛(瑪) 码(碼)

蚂 mǎ 9画 虫部 左右
❶[蚂蟥]mǎhuáng 环节动物,体狭长,后端有吸盘,生活在水田和沼泽里,吸食人、畜血液。❷[蚂蚁]mǎyǐ 昆虫,多在地下筑巢,成群穴居。

骂 mà 9画 马部 上下
❶用粗话、恶语侮辱人▷~人|~街|辱~|谩~。❷用严厉的话训人▷他爸~他不争气|责~。

吗 ma 6画 口部 左右
用在句子末尾,表示疑问或反问的语气▷你去过上海~?|你这么做对得起老师~?
另见 mǎ。

嘛 ma 14画 口部 左右
❶表示理应如此▷有意见就提~|热了就把外衣脱了~。❷表示期望或劝阻▷动作快一点~!|不让你去,就别去~!❸用在句中停顿的地方,引起对方注意下文▷学生~,主要任务就是学习。

mai

埋 mái 10画 土部 左右
❶用土等盖住▷把萝卜~在土里|掩~|~葬。❷藏;隐蔽▷~伏|隐姓~名|没(mò)人才。
另见 mán。

买 mǎi 6画 一部 独体
一 フ 了 买 买
❶用钱换取实物;购进(跟"卖"相对)▷~房子|~衣服|~主。❷用财物拉拢▷收~人心|~通。

迈 mài 6画 辶部 半包围
❶跨步;抬腿向前走▷~开大步|~过小水沟|向前进。❷年老▷年~|老~。❸英里(用于机动车行车时速)▷1小时跑80~。☞"迈"是英里的音译词,不是公里。

麦 mài 7画 麦部 上下
二 丰 圭 麦
麦子,草本植物,有小麦、大麦、黑麦、燕麦等多种。子实磨成面粉后可以吃。☞"麦"作左偏旁时,末笔捺要改成点(丶),如"麸"。

卖 mài 8画 十部 上下
❶用实物换钱;售出(跟"买"相对)▷~菜|把车~了|拍~。❷用劳动、技艺等换取钱财▷~苦力|~艺|~唱。❸出卖国家、民族或他人利益以达到个人目的▷~身投靠|~国投敌。❹尽量使出来▷~力气|~命。❺故意显示自己;炫

正字 蚂(螞) 骂(罵) 吗(嗎) 买(買) 迈(邁) 麦(麥) 卖(賣)

耀▷倚老～老|～乖|～弄。☞上边不要写成"士"或"土"。

脉 mài 9画 月部 左右
❶分布在人和动物体内的血管▷动～|静～。❷脉搏▷诊～。❸像血管那样成系统的事物▷一～相承|山～|叶～。

另见mò。

man

埋 mán 10画 土部 左右
[埋怨]mányuàn 因为不称心而对人或事物表示不满▷自己没干好,还老～别人|自己不用功,就别～考题太难。☞表示以上意义时不读mái。

另见mái。

蛮 mán 12画 虫部 上下
❶古代称我国南方的民族▷南～。❷粗野凶狠,不讲道理▷～横(hèng)|野～|～不讲理。❸鲁莽▷～干。☞上边不要写成"亦"。

蔓 mán 14画 艹部 上下
[蔓菁]mánjing 草本植物,块根也叫蔓菁,可以吃。

另见màn;wàn。

馒 mán 14画 饣部 左右
[馒头]mántou 一种用发面蒸成的食品,不带馅儿。

瞒 mán 15画 目部 左右
隐藏实情,不让人知道▷什么事都～不过他|欺上～下|～哄(hǒng)|隐～。

满 mǎn 13画 氵部 左右
❶里面充实,没有余地▷客～|肥猪一圈|一车装不～。❷感到已经足够▷心～意足|～意|～足。❸骄傲▷自～。❹达到一定限度▷不～周岁|限期已～。❺整个;完全▷～身是血|～口答应|～不是那么回事|～不在乎。

曼 màn 11画 日部 上下
❶长;远▷～延(连绵不断)。❷柔美;柔和▷轻歌～舞。

谩 màn 13画 讠部 左右
对人无礼▷～骂。

蔓 màn 14画 艹部 上下
❶草本植物的细长柔软、不能挺立的枝茎▷～草|枝～。❷滋生;扩展▷～延(像蔓草一样不断向周围扩展延伸)。

另见mán;wàn。

幔 màn 14画 巾部 左右
挂在屋里用来遮挡的布、纱等▷窗～|纱～|～帐。

正字 蛮(蠻) 馒(饅) 瞒(瞞) 满(滿) 谩(謾)

漫 màn 14画 氵部 左右
❶遍布；充满▷～山遍野｜～天大雪｜弥～。❷水过满而外流▷杯子里的水～出来了。❸随意；无拘无束▷～游｜～谈｜～步｜散～。❹长；远▷长夜～～｜～长。

慢 màn 14画 忄部 左右
❶对人没有礼貌▷～待｜傲～｜怠～。❷速度低；延续的时间长（跟"快"相对）▷走～些｜这表～五分钟｜～车｜～腾腾。

mang

芒 máng 6画 艹部 上下
❶某些谷类种子外壳上的细刺▷麦～。❷某些像芒的东西▷光～｜锋～。

忙 máng 6画 忄部 左右
❶事情多，没有空闲（跟"闲"相对）▷～得没空回家｜农～｜～繁～。❷急着去做（某事）▷～工作｜～着回家｜急～｜匆～。

盲 máng 8画 目部 上下
❶眼睛看不见东西▷～人｜夜～。❷比喻对某些事物不认识或分辨不清▷色～｜文～｜～法｜～动｜～从。

氓 máng 8画 氏部 左右
[流氓] liúmáng ❶指不务正业、为非作歹的人。❷指卑鄙下流的行为▷耍～。

茫 máng 9画 艹部 上下
❶十分广阔，看不到边▷天海～～｜～无边际。❷不清晰；不明白▷前途～然。

莽 mǎng 10画 艹部 上下
犬：大犬
❶茂密的草▷草～。❷粗鲁；冒失▷～撞｜鲁～。☞中间是"犬"，不是"大"。

蟒 mǎng 16画 虫部 左右
一种无毒的大蛇，背部有黄褐色斑纹，多生活在热带近水的森林里。

mao

猫 māo 11画 犭部 左右
犭：丿丿丶
哺乳动物，瞳孔的大小随光线强弱而变化，脚掌有肉垫，行走时没有声响，善于捉老鼠。
另见 máo。

毛 máo 4画 毛部 独体
❶人和动植物皮上生的细丝状的东西▷眉～｜寒～｜猪～｜鸡～｜桃～。❷小；细微▷～细血管｜～～雨。❸角，1圆

钱的 1/10 ▷一~钱|~票。❹物体上长的丝状霉菌▷经过一夏天，衣服都长~了。❺不纯净的▷~利|~重。❻粗糙；没有加工的▷~布|~坯|~样。❼粗率；不细心▷~手脚|~糙。❽惊慌；害怕▷半夜走山路，心里发~。

矛 máo 5画 矛部 上下
矛：⼀⼀⼸予矛
古代兵器，在长杆的一头装有金属枪头▷长~|~头。☞跟"予"(yǔ)不同。由"矛"构成的字有"茅""柔""揉""蹂"等。

茅 máo 8画 艹部 上下
茅草，草本植物，地下有长的根状茎。全草可以喂牲畜、造纸；根茎叫茅根，可以做药材。

猫 máo 11画 犭部 左右
弯(腰)▷~着腰跑过去。
另见 māo。

锚 máo 13画 钅部 左右
铁制的停船用具，一头有钩爪，另一头通过绳索或铁链跟船身相连，停泊时抛入水底或岸边，使船稳定▷起~|抛~。

卯 mǎo 5画 卩部 左右
卯：⼀⼸⼱卯

地支的第四位。参见"支"⑦。

铆 mǎo 10画 钅部 左右
⼀⼸⼱卯
❶用特制的金属钉把金属板或其他器件连接起来▷铁板~得不结实|~接|~钉。❷集中(力量)▷~足了劲儿。☞右边不要写成"卬"。

茂 mào 8画 艹部 上下
❶(草木)繁盛▷根深叶~|~密。❷丰盛美好▷声情并~。☞下边是"戊"(wù)，不是"戍"(shù)。

冒 mào 9画 冂部 上下
❶顶着；不顾(危险)▷顶风~雪|~着敌人的炮火|~险。❷触犯▷~犯。❸轻率；莽撞▷~失|~昧|~进。❹用假的充当真的▷~名顶替|认|假~。❺(液体或气体)往外涌或漏出来▷地沟往上~水|浑身~汗|~烟|~气。☞上边不要写成"曰"(yuē)，"冂"跟中间的"二"左右不相连。

贸 mào 9画 贝部 上下
❶交易▷~易|财|外~。❷轻率；鲁莽▷~然从事。

帽 mào 12画 巾部 左右
❶帽子，戴在头上的用品▷草~|鸭舌~|安全~|礼~|

正字 锚(錨) 铆(鉚) 贸(貿)

❷像帽子的东西▷笔～｜螺丝～。☞右上不是"曰""囗"跟"二"左右不相连。

貌 mào 14画 豸部 左右
豸：⺈⺈⺈⺈豸豸
❶相貌▷容～｜品～｜美～。❷外表的形象;样子▷～合心不合｜外～｜礼～。❸事物的外观▷全～｜概～｜祖国新～。☞右边不要简化写成"儿"。

me

么 me 3画 丿部 独体
附在某些词的后面▷这～｜那～｜怎～｜什～｜多～。☞跟"幺"(yāo)不同。

mei

没 méi 7画 氵部 左右
❶没有;不存在▷手里～钱｜街上～车。❷不到(某个数量等)▷用了～两天就坏了｜这间屋子肯定～10平米。❸不如▷弟弟～哥哥高｜谁都～他跑得快。❹不曾▷老师～来｜衣服～干。☞右上是"几",不带钩。

另见 mò。

玫 méi 8画 王部 左右
[玫瑰] méigui 落叶灌木,枝上带尖刺,开紫红色或白色花,香味很浓,可供观赏。☞跟"玖"(jiǔ)不同。

枚 méi 8画 木部 左右
量词,多用于较小的成片的东西▷两～奖章｜三～邮票。

眉 méi 9画 目部 半包围
尸：⼂⼁⼁尸
❶生在眼眶上缘的毛▷～清目秀｜～毛｜描～。❷书页上端空白的地方▷书～｜～批。

莓 méi 10画 艹部 上下
灌木或草本植物,常见的是草莓,果实可以吃,也可以酿酒。

梅 méi 11画 木部 左右
落叶乔木,早春开花,气味清香,可供观赏,果实叫梅子,味道很酸,可以吃。

媒 méi 12画 女部 左右
❶介绍婚姻的人▷大～｜做～。❷介绍婚姻▷～婆｜～人。❸使双方发生联系的人或事物▷传～｜～介。

楣 méi 13画 木部 左右
门框上方的横木▷门～。

煤 méi 13画 火部 左右
煤炭,黑色固体矿产,是重要的燃料和化工原料。

霉 méi 15画 雨部 上下
❶东西受潮变色变质▷~烂|发~。❷霉菌,真菌的一类。种类很多,如使衣物发霉的黑霉,制造青霉素的青霉等。

糜 méi 17画 麻部 半包围
糜子,草本植物,形状像黍子。子实也叫糜子,磨粉后可以制作食品。
另见mí。

每 měi 7画 母部 上下
ㄈ亠勾每每每
❶指全体中的任何一个▷~组三人|~一事物都有自己的特点。❷表示同一动作有规律地反复出现▷~隔一星期进城一次|~到暑假,他都回老家。

美 měi 9画 羊部 上下
❶好看(跟"丑"相对)▷长得很~|景色~|~丽|俊~。❷使事物变美▷~容|~发(fà)。❸好的;令人满意的▷物~价廉|~味|~德。❹指美洲或美国▷北~|欧~|~元|~籍华人。

妹 mèi 8画 女部 左右
❶同父母(或只同父、只同母)而比自己年龄小的女子▷兄~|姐~。❷亲属中同辈而比自己年龄小的女子▷堂~|表~。

昧 mèi 9画 日部 左右
❶糊涂;无知▷愚~|蒙~。❷隐藏;违背▷拾金不~|不要~着良心说话。

媚 mèi 12画 女部 左右
女 女¹ 妒 妒 妒
❶故意讨人喜爱;巴结▷~外|献~|~态。❷可爱;美好▷妩~|娇~|春光明~。

men

闷 mēn 7画 门部 半包围
❶空气不流通,使人不舒服▷天气又~又热|这屋子没有窗户,太~。❷封盖严实,不让透气▷盖上锅盖再~一会儿|茶~一~才好喝。❸待在家里不出门▷不要一个人老~在家里。❹声音低沉▷他说话一声~气的|这把胡琴声音发~。❺不说话;不张扬▷~头儿干。
另见mèn。

门 mén 3画 门部 独体
丶门门
❶建筑物或交通工具等的出入口,也指安装在出入口可以开关的装置▷在院墙上开个~|车~|玻璃~|防盗~。❷器物上可以开关的部分;形状或作用像门的东西▷冰箱的~坏了|柜~儿

炉～儿|闸～|球～|电～|油～。❸事物的类别▷分～别类|五花八～|专～。❹量词。a)用于功课、科学技术等▷三～课程|一～技术。b)用于亲戚、婚事等▷一～亲戚|这～亲事。c)用于火炮▷两～大炮|一～迫击炮。❺途径;诀窍▷～路|窍～儿。

闷 mèn 7画 门部 半包围
❶心烦;不痛快▷心里～得慌|烦～|～～不乐。❷封闭的;不透气的▷～罐子车。
另见mēn。

们 men 5画 亻部 左右
附在指人的词后面,表示多数▷我～|咱～|孩子～|同学～。☞㈠"们"一般不用在指东西的词后面,修辞上的拟人手法除外。㈡一个词加"们"以后,前面就不能再加表示数量的词语,例如不说"三个工人们""几个学生们"。

meng

蒙 mēng 13画 艹部 上下
艹艹芦芦蒙
❶哄骗▷你别～我|～骗。❷胡乱猜测▷他不知道,尽瞎～|～对了,不能算本事。❸糊涂;不清楚▷一上台就～了,不知道该说什么好|～头转向。❹

昏迷▷被人打～了。☞下边是"一"下加"豕"。由"蒙"构成的字有"檬""朦"等。
另见méng;měng。

萌 méng 11画 艹部 上下
❶(草木)发芽▷～芽|～发。❷开始发生▷～生|～动。

蒙 méng 13画 艹部 上下
❶覆盖▷用布～着眼睛。❷遭受▷～冤|～难(nàn)。❸隐瞒;遮盖真相▷哄～|混～。❹不懂事理;没有文化▷～昧|启～。❺雨点又小又密▷～～细雨。❻[蒙眬]ménglóng 两眼半睁半闭,看东西模糊不清▷睡眼～|蒙蒙眬眬地快要睡着了。
另见mēng;měng。

盟 méng 13画 皿部 上下
❶国家或政治集团之间联合起来▷～约|～国。❷发誓;宣誓▷对天～誓。❸依据一定的信约结成的联合组织▷同～|联～|加～。❹内蒙古自治区下属的一级行政区域的名称,管辖若干市、县、旗▷呼伦贝尔～|锡林郭勒～。

檬 méng 17画 木部 左右
[柠檬]níngméng 见"柠"。

朦 méng 17画 月部 左右
[朦胧]ménglóng ❶月光

正字 闷(悶) 们(們) 蒙méng(矇) 蒙méng(濛⑤,曚⑥)

猛 měng 11画 犭部 左右
①凶暴▷~虎|~兽|凶~。②力量大；气势壮▷用力过~|风势很~|~将|勇|~|烈。③突然；忽然▷~地站了起来|~醒|~不防。

蒙 měng 13画 艹部 上下
用于"蒙古""内蒙古"等词中。
另见 mēng；méng。

锰 měng 13画 钅部 左右
金属元素，银白色，又硬又脆，用于制造特种钢和合金。

孟 mèng 8画 子部 上下
农历每个季节的头一个月▷~春(春季的第一个月)|~冬(冬季的第一个月)。

梦 mèng 11画 夕部 上下
①睡着以后，大脑受外界和体内的弱刺激而产生的幻象▷做~|夜长~多|~乡。②做梦▷~见一个小朋友。③比喻幻想▷~想|~幻。

mi

咪 mī 9画 口部 左右
[咪咪]mīmī 拟声词，模拟猫叫的声音▷小猫~叫。

眯 mī 11画 目部 左右
①眼皮略微合上而不全闭▷~着眼笑|眼睛~成一条缝儿。②短时间地闭眼养神▷在床上~了一会儿。
另见 mí。

弥 mí 8画 弓部 左右
①满，遍▷~天大谎|~漫。②填；补▷~合|~补。③更加▷意志~坚|欲盖~彰(想要掩盖真相，反而更加显露)。

迷 mí 9画 辶部 半包围
①分辨不清▷~了路|失方向|~惑|昏~。②对某人或某事物特别喜爱▷~上了小说|~恋|沉~。③过分喜爱某种事物的人▷影~|戏~|球~。④使人分辨不清或陶醉▷财~心窍|景色~人。

眯 mí 11画 目部 左右
灰沙等细小的东西进入眼睛，使眼暂时不能睁开或看不清东西▷灰尘~了眼。
另见 mī。

谜 mí 11画 讠部 左右
①暗射事物或文字等让人猜测的隐语▷~语|~底|灯~|~猜。②比喻难以理解或还没有弄清的问题▷大自然中还有不少没有解开的~|~团。

正字 锰(錳) 梦(夢) 弥(彌) 谜(謎)

糜 mí 17画 麻部 半包围
❶腐烂▷～烂。❷浪费▷～费。
另见méi。

米 mǐ 6画 米部 独体
❶某些植物去掉皮壳的种子,特指稻谷等去壳后的子实▷小～|高粱～|花生～|稻～。❷像米粒的东西▷虾～|海～。❸法定计量单位中的长度单位,100厘米为一米,1千米(公里)等于2市里。☞"米"作左偏旁时,末笔捺要改写成点(丶),如"粗""糕""粉""粒""料"。

靡 mǐ 19画 麻部 半包围
倒下▷风～一时|披～(草木随风倒下,比喻军队溃散)。

觅 mì 8画 爪部 上下
寻找▷～食|寻～。

泌 mì 8画 氵部 左右
必:心必必必
液体由细孔排出▷分～|～尿。
另见bì。

秘 mì 10画 禾部 左右
不公开的;叫人摸不透的▷～诀|～方|～密|～神～。
另见bì。

密 mì 11画 宀部 上下
❶隐蔽的;不公开的▷～件|～码|～谈|～谋。❷隐蔽的、不公开的事物▷告～|保～。❸间隔小,距离近(跟"稀""疏"相对)▷雨点越来越～|稠～|～度。❹关系亲;感情深▷～切|亲～|～友。❺细致;精细▷细～|精～。☞跟"蜜"不同。

蜜 mì 14画 宀部 上下
虫:口中虫
❶蜂蜜,蜜蜂采集花的甜汁而酿成的黄白色黏稠液体▷采～|酿～。❷像蜜一样甜的▷～柑|～桃。❸比喻甜美▷甜言～语|甜～。☞跟"密"不同。

mian

眠 mián 10画 目部 左右
❶睡▷安～|睡～。❷指某些动物在一段较长时间内不吃不动▷冬～|蚕～。

绵 mián 11画 纟部 左右
❶接连不断▷～延|连～。❷指丝绵▷～里藏针。❸柔软;薄弱▷～软|～薄(指自己薄弱的能力)。☞跟"棉"不同。

棉 mián 12画 木部 左右
❶棉花,草本或灌木。果

正字 觅(覓) 绵(綿)

实里边的纤维也叫棉花,可以纺纱、絮被褥等;种子可以榨油。❷木棉,也叫攀枝花,落叶乔木,木材可以作包装箱板,果实内的纤维可以做枕心或褥、垫的填料。

免 miǎn 7画 ⺈部 上下
⺈⺈免免

❶除去;取消▷~职|~费|~税|~除罢~。❷避开▷在所难~|~疫|避~。❸不要;不可▷闲人~进。☞㊀第六画是长撇,不要断成一竖一撇。由"免"构成的字有"晚""挽""勉""娩""冕"等。㊁跟"兔"(tù)不同。

勉 miǎn 9画 力部 半包围
❶努力;尽最大力量▷~力而为|勤~。❷鼓励;使努力▷共~|自~|~励。❸力量不足或心里不愿意,但仍尽力去做▷~为其难|~强(qiǎng)。

娩 miǎn 10画 女部 左右
妇女生孩子▷分~。☞统读miǎn,不读wǎn。

冕 miǎn 11画 冂部 上下
古代帝王、诸侯等戴的礼帽;特指王冠▷加~|冠~堂皇|卫~。☞上边是"冃",不是"曰"。

缅 miǎn 12画 纟部 左右
遥远▷~怀|~想。

腼 miǎn 13画 月部 左右
[腼腆]miǎntiǎn 害羞;不自然▷说话很~。

面 miàn 9画 面部 独体
丆丌而面面

❶脸▷汗流满~|~孔|~庞。❷当面,在面前或面对面▷~谈|~商|~试。❸事物的部位▷~~俱到|独当一~|正反两~。❹附在表示方位的词后面,相当于"边"▷下~|里~|后~|西~|右~。❺物体的表面▷水~|地~|镜~|墙~。❻东西露在外面的一层或纺织品的正面(跟"里"相对)▷缎子~儿的棉袄|被~|印花的这边是~儿,没印花的那边是里儿。❼量词。a)用于会面的次数▷以前见过几~。b)用于带有平面的东西▷两~锦旗|一~镜子。❽小麦或其他谷物的种子磨成的粉▷白~|荞麦~|~粉。❾像面粉的东西▷药~儿|胡椒~儿|粉笔~儿。❿指面条▷挂~|切~|方便~。

miao

苗 miáo 8画 艹部 上下
❶初生的幼小植物;某些

正字 缅(緬) 面(麵❽~❿)

蔬菜的嫩茎、叶▷这块地的~没出齐｜麦~｜树~｜育~｜蒜~｜豌豆~。❷某些初生的饲养动物▷鱼~。❸像苗的东西▷火~｜灯~。❹指疫苗▷牛痘~｜卡介~。

描 miáo 11画 扌部 左右
❶照着原样画或写▷照原图~下来｜~绘｜~画。❷重复涂抹使颜色加重或改变形状▷~眉毛｜把这一捺~粗些。

瞄 miáo 13画 目部 左右
目光集中在一个目标上；注视▷拿眼偷偷地~着他｜端起枪，~准靶子。

秒 miǎo 9画 禾部 左右
计量单位名称。❶时间，60秒为1分，60分为1小时。❷弧或角，经度或纬度，60秒为1分，60分为1度。

渺 miǎo 12画 氵部 左右
❶大水辽阔无边▷烟波浩~。❷[渺茫] miǎománg 因为遥远而模糊不清；难以预测▷音信~｜前途~。❸微小▷~小。

藐 miǎo 17画 艹部 上下
小▷~视(小看人)。☞"貌"的右边不要简化写成"儿"。

妙 miào 7画 女部 左右
❶美好▷~不可言｜情况不~｜~龄｜美~。❷神奇；奥秘▷神机~算｜灵丹~药｜~计｜微~｜精~｜奥~。

庙 miào 8画 广部 半包围
❶供奉祖先、神佛或历史名人的建筑▷家~｜寺~｜山神~｜孔~｜岳王~。❷庙会，在寺庙里面或附近举办的贸易和文化娱乐活动▷赶~｜逛~。

mie

灭 miè 5画 一部 上下
❶停止燃烧或发光▷炉子~了｜灯~了｜熄~。❷使熄灭▷~灯｜~火器。❸不再存在；使不再存在▷自生自~｜物质不~｜杀人~口｜~种。

蔑 miè 14画 艹部 上下
成：𠂉戍成成
❶小；轻微▷~视｜轻~。❷造谣毁坏别人的名誉▷诬~。☞下边是"戍"，不是"戊"或"戌"。

篾 miè 17画 竹部 上下
劈成条状的薄竹片，也指苇子秆或高粱秆劈下的条状皮，用来编制器物▷竹~。

正字 庙(廟) 灭(滅) 蔑(衊)

min

民 mín 5画 一部 独体
フコ尸民
❶人民,社会基本成员▷为国为~|~众|国~|公~。❷民间▷~歌|~俗|~情。❸某个民族的人▷汉~|回~|藏~。❹从事某种工作的人▷农~|牧~|渔~。❺非军人;非军事的▷军~一家|~用航空。

岷 mín 8画 山部 左右
岷山,山名,在四川和甘肃交界处。

皿 mǐn 5画 皿部 独体
冂皿皿
[器皿]qìmǐn 指碗、碟、杯、盆、盘一类日常用具。

抿 mǐn 8画 扌部 左右
(嘴唇、翅膀等)略微闭上▷~着嘴笑|小鸟~了~翅膀。

闽 mǐn 9画 门部 半包围
❶闽江,水名,在福建。❷福建的别称▷~南|~剧|~语。☞统读mǐn,不读mín。

悯 mǐn 10画 忄部 左右
哀怜;同情▷怜~。

敏 mǐn 11画 攵部 左右
❶反应快;灵活▷~捷|灵~|~感。❷聪明▷聪~。

ming

名 míng 6画 夕部 上下
❶名字,人或事物的称呼▷她~叫春兰|签~|书~|地~|命~|~单。❷名字叫▷她姓张,~春兰。❸名义,做某事时用来作为依据的名称或说法▷~正言顺|~为考察,实为旅游。❹声誉▷赫赫有~|不求~利|出~|著~。❺著名的▷~人|~医|~画|~牌产品。❻量词,用于人▷两~代表|学生40~。

明 míng 8画 日部 左右
❶亮(跟"暗"相对,⑤同)▷月~星稀|~珠|鲜~|~亮。❷(从当前算起的)第二(年、日)▷~年|~天。❸清楚;明白▷爱憎~|说~|简~|~快。❹懂得;了解▷不~真相|深~大义。❺公开的;显露的▷有话~说|~争暗斗|~码标价。❻视力▷双目失~。❼视力好;有眼光▷眼~手快|精~|高~|~智。

鸣 míng 8画 口部 左右
鸟、冂勹勺鸟鸟
❶(鸟、兽、昆虫)叫▷鸡~狗吠|鹿~|蝉~|~禽。❷发出声响;使发出声响▷电闪雷~|耳~|~枪|~笛。❸表达(见解、感情)▷百家争~|~冤叫屈

正字 闽(閩) 悯(憫) 鸣(鳴)

铭 míng 11画 钅部 左右
❶古代一种文体▷《陋室～》|墓志～|座右～。❷在器物上刻字；比喻深深记住▷刻骨～心|～记。

螟 míng 16画 虫部 左右
螟虫，螟蛾的幼虫。多数生活在农作物的茎秆中，危害农作物。☞右上不是"宀"，右下是"六"不是"大"。

命 mìng 8画 人部 上下
❶上级对下级发出指示▷～舰队返航。❷上级对下级发出的指示▷奉～转移|原地待～|遵～。❸命运▷听天由～|～中注定。❹生命；寿命▷人～关天|长～|救～|丧～。❺给予或确定（名称、题目等）▷～名|～题。

miu

谬 miù 13画 讠部 左右
错误；不合情理▷～论|荒～|～误。☞统读miù，不读niù。

mo

摸 mō 13画 扌部 左右
❶用手接触或抚摩▷～他的脸|桌面不平，你～～看。❷用手从里边拿出▷下水～鱼|从口袋儿里～出一张票。❸探求；试着做或了解▷刚～出一点门道|～底。❹在黑暗中活动▷半夜～进敌人的据点|～黑儿走路。☞统读mō，不读māo或mó。

馍 mó 13画 钅部 左右
钅:ノㄣ钅
某些地区指饼类食物，特指馒头▷羊肉泡～|白面～～。

摹 mó 14画 艹部 上下
照着现成的样子写或画；模仿▷临～|描～。

模 mó 14画 木部 左右
❶标准；规范▷楷～|～型|～范。❷照着现成的样子做▷～仿|～拟。❸指模范人物▷劳～|英～。
另见mú。

膜 mó 14画 月部 左右
❶细胞表面或动、植物体内一层很薄的组织▷细胞～|耳～|骨～|竹～。❷像膜一样的东西▷塑料薄～。

摩 mó 15画 麻部 半包围
❶物体与物体紧密接触并来回移动▷～擦。❷用手按着来回移动▷抚～|按～。❸

正字 铭(銘) 谬(謬) 馍(饃)

研究;探求▷观～|揣～。

磨 mó 16画 麻部 半包围
❶用磨具加工玉石等材料▷琢～(雕刻并打磨)。❷摩擦▷鞋底～破了|手上～出趼子|～刀|打～。❸因时间久而逐渐消失▷～灭。❹消耗(时间);拖延▷～洋工。❺折磨;纠缠▷这病把他～得不成样子了|难(nàn)～|软～硬泡。
另见mò。

蘑 mó 19画 艹部 上下
蘑菇,可以吃的一类真菌,形状像伞,常见的有口蘑、松蘑。

魔 mó 20画 麻部 半包围
❶宗教或神话传说中能迷惑人、害人的鬼怪▷～鬼|妖～|恶～。❷比喻害人的东西或邪恶势力▷病～|混世～王。❸神奇的;变幻难测的▷～力|～术。

抹 mǒ 8画 扌部 左右
❶涂上;搽▷～雪花膏|～糨糊|涂～。❷涂掉;除去▷从名单上～掉几个名字|～杀。❸擦拭▷吃过饭把嘴一～就走了|～眼泪。☞右边不要写成"未"。
另见mā;mò。

末 mò 5画 一部 独体
一 丄 未 末
❶树梢;事物的尖端▷～梢|秋毫之～。❷事物的最后部分;尽头(跟"始"相对)▷20世纪～|周～|秋～|始～|～尾。❸最后的▷最～一名|～班车|～日|～代。❹次要的、非根本的事物;事物次要的一面(跟"本"相对)▷舍本逐～|本～倒置。❺碎屑;细粉▷茶叶～|粉笔～|药～|锯～。☞跟"未"(wèi)不同。由"末"构成的字有"抹""沫""茉"等。

没 mò 7画 氵部 左右
❶沉下▷沉～。❷隐藏;消失▷出～无常|神出鬼～|隐～。❸把财物收归公有▷～收|～罚。❹漫过或高过(人或物)▷水深～顶|野草高得～过羊群。☞右上是"几",不带钩。
另见méi。

抹 mò 8画 扌部 左右
❶用泥、灰等涂在物体的表面并弄平▷～墙|～水泥地。❷擦着边绕过▷拐弯～角。
另见mā;mǒ。

茉 mò 8画 艹部 上下
[茉莉]mòlì 常绿攀援灌木,花也叫茉莉,白色,香味很浓,可以熏制茶叶,也可以提取

沫 mò 8画 氵部 左右
❶液体形成的聚集在一起的小泡▷这牙膏不起~|肥皂~|泡~。❷唾液▷唾~。

陌 mò 8画 左阝画 左右
❶田间东西向的小路;泛指田间小路▷~路|巷~|~头杨柳。❷[陌生]mòshēng 生疏;不熟悉▷~人。

脉 mò 9画 月部 左右
[脉脉]mòmò 形容用眼神表达情意的样子▷~地注视着远去的亲人|~含情。
另见mài。

莫 mò 10画 艹部 上下
❶不▷望尘~及|变化~测。❷不要;不可▷闲人~入。

漠 mò 13画 氵部 左右
❶地面全被沙覆盖,干燥缺水,植物稀少的地区▷沙~。❷冷淡;不经心▷~不关心|冷~|~视。

寞 mò 13画 宀部 上下
寂静;冷落▷寂~。

墨 mò 15画 黑部 上下
黑:罒甲罒黑
❶写字绘画用的文具,多为松烟等制成的黑色块状物,也指用墨研成的汁▷~太浓|研~|~盒|~汁。❷黑色或近于黑色的▷~镜|~绿|~菊。❸指写字、绘画或印刷用的某些颜料▷蓝~水|油~。

默 mò 16画 黑部 左右
❶不说话;不出声▷沉~|~读|~许。❷凭记忆写出(读过的文字)▷~生字|~写。

磨 mò 16画 麻部 半包围
❶碾碎粮食的工具,多由上下两扇圆石盘组成▷石~|电~|~盘。❷用磨磨碎▷麦子|~豆腐。
另见mó。

mou

牟 móu 6画 厶部 上下
牛:丿亠牛
谋取▷~利|~取。

谋 móu 11画 讠部 左右
❶想主意;策划▷~划|图~|密~|参~|合~。❷主意;计策▷足智多~|计~|智~|阴~。❸设法找到或取得▷为人民~幸福|另~出路|~求。❹商量▷不~而合。

某 mǒu 9画 甘部 上下
❶代指特定的人或事物(不知道名称或知道名称而不说出)▷邻居李~|这是~~经

理的意见。❷代指不确定的人或事物▷~人|~日|~些把柄|~所学校。❸代替自己或别人的名字▷赴汤蹈火,赵~在所不辞|请转告孙~,我的忍耐是有限度的。

mu

模 mú 14画 木部 左右
❶把材料压制或浇灌成形的工具▷铅~|木~|铜~|~子。❷形状;样子▷~样。
另见mó。

母 mǔ 5画 母部 独体
乚口口母母
❶妈妈▷~女|慈~|家~。❷亲属中的长辈女子▷祖~|伯~|婆~|姨~|岳~。❸禽兽中雌性的(跟"公"相对)▷~牛|~鸡。❹指一凸一凹或一小一大配套的两件东西中凹的或大的一件▷螺~|子~扣。❺最初的或能产生出其他事物的东西▷酒~|字~。

牡 mǔ 7画 牛部 左右
牛:ノ一十牛
[牡丹]mǔdan 落叶灌木,花也叫牡丹,大而美丽,是我国著名的观赏植物。

亩 mǔ 7画 亠部 上下
市制土地面积计量单位,10分为1亩,1亩约等于667平方米。

拇 mǔ 8画 扌部 左右
手或脚的第一个指头;特指手的第一个指头▷~指。

姆 mǔ 8画 女部 左右
[保姆]bǎomǔ 受人雇用照看小孩或做家务劳动的妇女。

木 mù 4画 木部 独体
❶树▷十年树(栽培)~,百年树人|林~|树~|花~|果~。❷木头;木料▷槐~|松~。❸用木头制成的▷~箱|~器。❹局部感觉不灵或丧失▷手指头冻~了|脑袋发~。☞"木"作左偏旁时,第四画的捺(㇏)要改写成点(丶),如"杨""松"。

目 mù 5画 目部 独体
❶眼睛▷眉清~秀|耳闻~睹|~光|闭~|注~。❷看▷一~了然。❸项目,大项下分成的小项▷要~|细~。❹目录,按一定顺序列出的内容名称▷书~|剧~|账~|节~。❺名称;标题▷名~|题~。

沐 mù 7画 氵部 左右
洗头发;洗▷~浴。

牧 mù 8画 牛部 左右
牛:ノ一十牛

正字 亩(畝)

放养牲畜▷~马|~童|~场|畜(xù)~。

募 mù 12画 艹部 上下
广泛征集▷~捐|~集|招~。☞下边不要写成"刀"。

墓 mù 13画 艹部 上下
埋葬死人的地方▷烈士~|坟~|~地|~碑。

幕 mù 13画 艹部 上下
❶覆盖或悬挂的大幅布、绸等;帐篷▷帐~|~布|银~|开~。❷戏剧中的一个段落▷第一~第一场|五~大型歌剧。

睦 mù 13画 目部 左右
相处得好;亲近▷和~|~邻。☞不读lù。

慕 mù 14画 艹部 上下
小:小小小
❶敬仰;喜爱▷羡~|仰~|~名。❷思念;依恋▷思~|爱~。☞下边是"小"("心"的变形),跟"幕""暮""墓""募"不同。

暮 mù 14画 艹部 上下
❶日落的时候▷朝思~想|~色。❷(时间)临近终了;晚▷~春三月|岁~|~年。

穆 mù 16画 禾部 左右
恭敬;严肃▷肃~|静~。

N

na

拿 ná 10画 手部 上下
❶用手握住或抓取;搬▷手里~着书|给我一杯水来|把箱子~走。❷捕捉;夺取▷捉~|~获|把敌人的据点一下~来。❸装出或做出(某种姿态、样子)▷~架子|你要~出当哥哥的样子来。❹取得▷~了四枚金牌|~名次。❺掌握▷~权|~不准。❻用▷~斧子砍|~鼻子闻|~大话吓唬人。❼把;对▷别~我当傻瓜|故意~他开玩笑。

哪 nǎ 9画 口部 左右
❶表示疑问,要求在同类事物中确认某一个▷分不清~是对,~是错|~位还有不同意见?|你喜欢~几种花色?❷指任何一个▷~~双鞋也不合适|~件质量好买~件。❸指不

确定的一个▷~天有空儿我得进趟城。❹表示反问▷天底下~有这样的好事？☞在口语里，"哪"①-③单用时说nǎ，后面跟着量词或数词加量词时常说něi。

另见na。

那 nà 6画 右阝部 左右
那：丁彐月那
❶指比较远的人或事物（跟"这"相对，②同）▷~女孩|~张桌子|~天|~一次。❷代替比较远的人或事物▷~是谁的书包？|~是刚买来的书|干这干~，总不闲着。❸连接上文，说明结果▷既然来了，~就多呆两天吧|如果你同意，~我马上就去。☞在口语里，"那"①②单用时说nà，后面跟着量词或数词加量词时常说nèi。

呐 nà 7画 口部 左右
[呐喊]nàhǎn 大声喊叫▷~助威|摇旗~。

纳 nà 7画 纟部 左右
❶放进；接受▷闭门不~|出~|采~|容~。❷交付▷~税|缴~。❸细密地缝▷~鞋底。

钠 nà 9画 钅部 左右
金属元素，它的化合物如食盐、碱等，用处很大。

娜 nà 9画 女部 左右
音译用字，多用于女性的名字，如"安娜""戴安娜"。

捺 nà 11画 扌部 左右
❶按；抑制▷按~不住心头的怒火。❷汉字的笔画，形状是"㇏"。

哪 na 9画 口部 左右
"啊"(a)受前面一个字韵尾n的影响产生音变而采用的不同写法▷大家快点儿干(gàn)~。

另见nǎ。

nai

乃 nǎi 2画 丿部 独体
乃乃
❶是；就是▷失败~成功之母。❷就；于是▷登至山顶，~稍事休息|事已至此，~顺水推舟。

奶 nǎi 5画 女部 左右
❶乳房▷~头|~罩。❷乳汁；乳制品▷喂~|吃~|~油。❸用自己的乳汁喂养(孩子)▷她正在~孩子呢|这孩子是她给~大的。❹指婴儿时期的▷~牙|~名。

奈 nài 8画 大部 上下
对付；处置▷~何(怎样对付；怎么办)|无~(没有办

正字 纳(納) 钠(鈉)

耐 nài 9画 而部 左右
承受得住;能忍受▷这种布~磨|~火材料|~久|~用|忍~|~心|~性|~烦。

nan

男 nán 7画 田部 上下
❶人类两性之一(跟"女"相对)▷~女老少|~老师|~子|~生。❷儿子▷生~育女。

南 nán 9画 十部 上下
十亠南南
❶四个基本方向之一,早晨面对太阳时右手的一边(跟"北"相对)▷从这里往~走|长江以~|坐北朝~|~面。❷指中国南方▷~味|~式|~货。

难 nán 10画 又部 左右
隹:亻广广伫隹隹
❶不容易做的;困难(跟"易"相对)▷这道题太~|很~完成|~点|~关。❷使感到困难▷~不倒我们。❸令人感到不好▷~看|~听|~吃|~受。
另见nàn。

难 nàn 10画 又部 左右
❶重大的不幸;灾难▷排~解纷|遇~|~民。❷质问;责问▷非~|责~|刁~。
另见nán。

nang

囊 náng 22画 一部 上下
讠:一廾廾
❶口袋▷探~取物|皮~|~括。❷像口袋的东西▷胆~|毛~。

nao

挠 náo 9画 扌部 左右
尧:一七尤尧
❶阻止▷阻~。❷(用手指)轻轻地抓;搔▷伤口刚长好,千万别~|抓耳~腮|~痒。❸弯曲;比喻屈服▷百折不~|不屈不~。☞右上不要写成"戈"。

恼 nǎo 9画 忄部 左右
囟:丿ㄅ文区囟
❶愤怒;生气▷一句话把他说~了|~怒|~恨|~火。❷烦闷;苦闷▷苦~|烦~|懊~。

脑 nǎo 10画 月部 左右
❶人和脊椎动物神经系统的主要部分,主管全身的感觉、运动、思维和记忆。❷指头部▷探头探~|摇头晃~。❸指思维、记忆等方面的能力▷要学会动手动~。❹像脑浆的东西▷豆腐~。

正字 难^{nán}(難) 难^{nàn}(難) 挠(撓) 恼(惱) 脑(腦)

瑙 nǎo 13画 王部 左右
[玛瑙] mǎnǎo 见"玛"。
☞右边不要简化写成"囟"。

闹 nào 8画 门部 半包围
❶人多声音杂▷~市区|~嚷嚷|喧~。❷吵嚷;争吵▷连吵带~|又哭又~|两人~得不可开交。❸搅扰;扰乱▷大~天宫|~事。❹发作;发生(不好的事情)▷~情绪|~病|~灾荒|~别扭。❺戏耍;耍笑▷~着玩儿|打打~~。❻搞;弄▷~不明白|两个人~不到一块儿。

ne

呢 ne 8画 口部 左右
❶用在疑问句的末尾,加强语气▷这可怎么办~?|大家都去,你~?|你们去不去~?❷用在陈述句的末尾,加重肯定的语气▷路还远着~|这才是真本事~|我正做作业~。❸用在句子中间,表示停顿▷我~,从来不喝酒|你要是不信~,我也没有办法。
另见 ní。

nei

馁 něi 10画 饣部 左右
❶饿▷冻~(又冷又饿)。

❷丧失勇气▷胜不骄,败不~|气~|自~。

内 nèi 4画 门部 独体
内:门内
❶里面(跟"外"相对)▷禁止入~|~外|室~|~衣|~情。❷指内脏或心里▷~伤|~疚(因为做错事而心里不安)。

nen

嫩 nèn 14画 女部 左右
❶初生而柔弱的(跟"老"相对,②同)▷细皮~肉|~韭菜|鲜~|娇~。❷食物烹调的时间短,软而好嚼▷把猪肝炒~点。❸(颜色)浅▷~黄|~绿。☞㊀统读 nèn,不读 nùn。㊁右边不是"欠"。

neng

能 néng 10画 厶部 左右
匕:丿匕
❶本领;才干▷各尽所~|逞~|无~|低~|才~|智~。❷有才干的▷~工巧匠|~人|~手。❸表示有能力或善于做某事▷腿受伤了,不~走路|~写会画|~歌善舞。❹表示有可能▷看这天气~下雨吗?|这事他不~不知道吧。❺应该;可以▷考试时不~交头接耳|

他怎么～不交作业呢？☞右边不是两个"七"。

ni

妮 nī 8画 女部 左右
女孩子。

尼 ní 5画 尸部 半包围
㇇㇇尸尸尼
在寺庙里修行的女佛教徒▷～姑｜僧～。☞下边不要写成"七"。由"尼"构成的字有"呢""泥""昵"等。

呢 ní 8画 口部 左右
呢子，一种比较厚密的毛织品▷制服～｜～绒｜～大衣。
另见 ne。

泥 ní 8画 氵部 左右
❶水跟土的混合物▷踩了一脚～｜污～｜浊水～塘｜～土｜～泞。❷像泥一样的东西▷枣～｜印～｜土豆～。
另见 nì。

霓 ní 16画 雨部 上下
雨后出现在虹外侧的弧形光环，颜色比虹暗淡。

拟 nǐ 7画 扌部 左右
❶相比较；仿照▷比～｜模～。❷打算；准备▷～于近日离京。❸设计；起草▷～方案｜～稿｜～定｜～草～。

你 nǐ 7画 亻部 左右
❶称谈话的对方▷～好｜我见过～｜～的书包。❷泛指任何人，包括说话人自己▷要想成绩好，那～就得努力学习｜他那认真劲儿真叫～佩服。❸跟"我"或"他"配合使用，代表许多人▷～一句，我一句｜～推我，我推～，谁也不肯去。❹你们，用于集体单位之间▷～厂｜～院｜～班｜～方。

泥 nì 8画 氵部 左右
❶用泥、灰等涂抹▷把窗户缝～严｜墙是新～的。❷固执；死板▷拘～。
另见 ní。

昵 nì 9画 日部 左右
亲近；亲热▷亲～｜～称。
☞跟"呢"不同。

逆 nì 9画 辶部 半包围
䒑䒑屰逆
❶向反方向(活动)▷倒行～施｜～流而上｜～行｜～转(zhuǎn)。❷方向相反的；不顺的▷～序｜～定理｜～境。❸抵触；不顺从▷忠言～耳｜～反｜～子。❹背叛▷叛～。

匿 nì 10画 匚部 半包围
艹著匿
隐藏；瞒着▷销声～迹｜隐～｜

正字 拟(擬)

藏~|~名信。☞第十画是竖折(乚),一笔连写。

腻 nì 13画 月部 左右
贰:贡贰贰
❶食物中脂肪多▷肥~|油~|焦熘肉片肥而不~。❷因为过多而使人厌烦▷这歌都让人听~了|水果总也吃不~|~烦。❸光润;细致▷滑~|细~。❹又黏又滑▷抹布上全是油泥,摸着发~。☞右上是"弍",不是"戈"。

溺 nì 13画 氵部 左右
❶淹没在水里▷~水。❷过分;没有节制▷~爱。

nian

拈 niān 8画 扌部 左右
用手指头夹或捏取▷从口袋里一出两枚硬币|信手~来。☞统读niān,不读niǎn。

蔫 niān 14画 艹部 上下
芇茬茬蔫蔫
❶植物的花、果、叶等因为缺水而萎缩▷花刚开几天就~了。❷比喻没精打采▷他这几天可~了,是不是病了? ❸不活泼▷别看他人~,干起活儿来却挺麻利|~脾气。☞下边不要写成"与"。

年 nián 6画 丿部 独体
亠仁느年
❶一年中庄稼的收成▷~景|~成。❷地球环绕太阳运行一周的时间▷每~一次|三~五载|闰~|~历|~产量。❸岁数▷~富力强|~纪|~龄。❹人一生中按年龄划分的阶段▷幼~|少~|青~|中~|老~。❺时期▷早~|近~|清朝末~。❻年节,农历新的一年开始的那天及其前后的几天▷过~|拜~|~货。

鲇 nián 13画 鱼部 左右
鲇鱼,头大嘴宽,体表多黏液,没有鳞,可以吃。

黏 nián 17画 黍部 左右
氺:丨丿乀
能把一种东西粘(zhān)连在另一种东西上的性质▷这胶水~得很|糨糊不~|~液|~性。

捻 niǎn 11画 扌部 左右
❶用手指搓或转动▷~线|把煤油灯~亮。❷用布、纸等搓成的像线、绳一样的东西▷灯~|纸~儿|药~子。

撵 niǎn 15画 扌部 左右
车:一𠃋车车
❶赶人离开;驱逐▷怎么说也~不走他|终于被人~出来了。

正字 腻(腻) 鲇(鲇) 辇(辇)

❷追赶▷他刚走,接~得上。

碾 niǎn 15画 石部 左右
❶碾子,轧碎谷物或给谷物去皮的工具;泛指滚压或研磨的工具▷石~|水~|汽~。❷用碾子等滚轧▷~米|~药。☞不读zhǎn。

念 niàn 8画 心部 上下
❶惦记;常常想▷想~|怀~|挂~|~旧。❷想法或打算▷一~之差|杂~。❸出声地读▷把信~给奶奶听。❹指上学▷~小学二年级|~大学。☞上边是"今",不是"令"。

niang

娘 niáng 10画 女部 左右
❶母亲▷爹~。❷称长一辈的或年长的已婚女性▷婶~|姨~|大~。❸年轻女子▷姑~。

酿 niàng 14画 酉部 左右
❶利用发酵作用制造▷~酒|~造。❷慢慢形成▷成大祸|酝~。❸蜜蜂做蜜▷~蜜。☞㈠统读niàng,不读ràng。㈡不要简化写成"酊"。

niao

鸟 niǎo 5画 鸟部 独体
ノ勹勺鸟鸟

脊椎动物,卵生,全身有羽毛,长翅膀,一般能飞。鹰、燕、鸡、驼鸟等都是鸟类动物。☞㈠跟"乌"(wū)不同,不要缺一点(丶)。㈡"鸟"作左偏旁时,末笔横要改写成提(一),如"鸵";在下或作右偏旁时不改,如"莺""鹅""鸭"。

尿 niào 7画 尸部 半包围
フ尸尸尸尿
❶人或动物从肾脏滤出,由尿道排出的液体▷屁滚~流|撒~。❷撒尿▷~尿|~床。
另见suī。

nie

捏 niē 10画 扌部 左右
❶用拇指和其他指头夹住▷~着鼻子|手哆嗦得~不住筷子。❷用手指把泥、面做成某种形状▷~面人儿|~橡皮泥|~饺子。❸假造;虚构▷~造。❹握▷~紧拳头|~一把汗。☞右下不是"工"。

聂 niè 10画 耳部 上下
姓。

镊 niè 15画 钅部 左右
镊子,拔除毛发、细刺或夹取细小东西的用具。

孽 niè 19画 艹部 上下
❶妖怪▷妖~。❷祸害;

正字 酿(釀) 鸟(鳥) 聂(聶) 镊(鑷)

罪恶▷造～|作～|冤～|罪～|～种。

nin

您 nín 11画 心部 上下
"你"的敬称▷老师,～好|这是～的报|二位里面请|～几位到这边来。☞用于多数时,一般不说"您们"。

ning

宁 níng 5画 宀部 上下
❶安定▷心绪不～|安～|～静。❷南京的别称▷沪～铁路。
另见nìng。

拧 níng 8画 扌部 左右
❶两手握住物体的两头,分别向相反方向旋转▷～毛巾|～掉萝卜缨子。❷用手夹挤住皮肉使劲转动▷不要～孩子的耳朵。
另见nǐng;nìng。

咛 níng 8画 口部 左右
[叮咛]dīngníng 反复嘱咐▷千～,万嘱咐。

狞 níng 8画 犭部 左右
(面目)凶恶可怕▷～笑。

柠 níng 9画 木部 左右
[柠檬]níngméng 常绿小乔木,果实也叫柠檬,椭圆形或卵圆形,味道极酸,可以做饮料。

凝 níng 16画 冫部 左右
❶凝结,液体变成固体,气体变成液体▷天太冷,猪油～住了|～固|～聚|混～土。❷聚集;集中▷～神|～视|～思。

拧 nǐng 8画 扌部 左右
❶用力把物体向一个方向旋转▷～螺丝|水龙头没～紧|把瓶盖～开。❷颠倒;错▷把"事半功倍"说成"事倍功半",满～!❸别扭;对立▷两人合不到一块儿,越说越～。
另见níng;nìng。

宁 nìng 5画 宀部 上下
表示比较后作出的选择,相当于"宁可"▷～死不屈|～缺勿滥。
另见níng。

拧 nìng 8画 扌部 左右
倔强▷脾气～|有股子～劲儿。
另见níng;nǐng。

泞 nìng 8画 氵部 左右
烂泥▷泥～。

正字 宁níng(寧) 拧níng(擰) 咛(嚀) 狞(獰) 柠(檬) 拧nǐng(擰)
宁nìng(寧) 拧nìng(擰) 泞(濘)

niu

妞 niū 7画 女部 左右
女孩子▷小~子|大~儿。

牛 niú 4画 牛部 独体
⺧⺧牛
❶哺乳动物,吃草,反刍,力气大,能耕田或拉车,肉、奶可以吃,角、皮、骨可以制作器物。常见的有黄牛、水牛、牦牛等。❷比喻倔强、固执▷犯~脾气|耍~性子。☞"牛"作左偏旁时,第二横改成提,笔顺也要改成⺧⺧牛,如"牡""物""牲""牧""特"。

扭 niǔ 7画 扌部 左右
丑:乛丁丑丑
❶拧(nǐng);拧伤(筋骨)▷~断一根树枝|强~的瓜不甜|~了脚脖子。❷掉转方向▷~过脸去|~头就走|~转。❸身体摇摆▷走起路来一~一~的|~秧歌。❹揪住▷两个人~成一团|~打|~送。

纽 niǔ 7画 纟部 左右
❶某些物体上可以提起或系挂的部分▷秤~|印~。❷衣扣▷~扣。❸连结;联系▷~带。❹事物的关键▷枢~。

钮 niǔ 9画 钅部 左右
器物上起开关、转动或调节作用的部件▷电~|旋~|按~。

拗 niù 8画 扌部 左右
幼:乚幺幻幼
固执;不顺从▷这孩子脾气太~|谁也~不过他|执~。☞右边不要写成"幻"。
另见 ào。

nong

农 nóng 6画 丶部 独体
一ナ农
❶种田;种庄稼▷~民|~具|~时|~田。❷种田的事;农业▷务~|~林牧副渔。❸从事农业生产的人▷老~|菜~。

浓 nóng 9画 氵部 左右
❶稠密;含某种成分多(跟"淡"相对)▷茶太~了|云~|~度。❷颜色重▷~绿色|~艳。❸深厚▷兴趣不~|感情~厚。

脓 nóng 10画 月部 左右
皮肉发炎腐烂后生成的黄白色或黄绿色黏液▷伤口流~了|化~|~肿。☞统读 nóng,不读 néng。

弄 nòng 7画 廾部 上下
❶手里拿着玩▷摆~。❷搞;做;办▷肚子饿了,快~

正字 纽(紐) 钮(鈕) 农(農) 浓(濃) 脓(膿)

饭|把人都~糊涂了|玩具被我~坏了|这事儿怎么~呀! ❸耍弄;玩弄▷~巧成拙|~假成真|捉~|愚~。

另见lòng。

nu

奴 nú 5画 女部 左右
❶受人压迫和役唤,没有人身自由的人▷~隶|农~|仆。❷当做奴隶一样(看待)▷~役。❸对有某种特点的人的蔑称▷洋~|守财~。

努 nǔ 7画 力部 上下
❶尽量使出(力气)▷再~一把力|~力。❷用力鼓出;凸出▷朝他直~嘴|眼珠向外~着。❸因用力太猛,使身体内部受伤▷不小心~了腰。

怒 nù 9画 心部 上下
❶气势强盛、猛烈▷百花~放|狂风~号|~潮。❷气愤;生气▷~气冲冲|发~|恼~。

nü

女 nǚ 3画 女部 独体
ㄑ女女
❸❶人类两性之一(跟"男"相对)▷男~老幼|少~|妇~|~同学。❷女儿▷子~|儿~。☞"女"作左偏旁时写成"女",如"妇""好""妈""姑"。

nuan

暖 nuǎn 13画 日部 左右
爱:爫冖𠂇严爱
❶不冷也不太热▷立春以后,一天比一天~了|风和日~|温~|~和|~洋洋。❷使变热▷把酒~上|快进屋~一~身子。☞右边不要写成"爱"。

nüe

疟 nüè 8画 疒部 半包围
ㄟ:匚ㄟ
疟疾,急性传染病,症状是发冷发热,热后大量出汗,头痛口渴,浑身无力。也说疟子(yàozi)。☞里边是"ㄟ",不是"ㄟ"。

另见yào。

虐 nüè 9画 虍部 半包围
ㄟ:匚ㄟ
凶狠残暴▷暴~|~待。

nuo

挪 nuó 9画 扌部 左右
那:丨ヨ阝那
❶移动位置▷把床往外~一~|~~地方|~动|~开。❷移用,把本应用在别的方面的钱、

正字 疟(瘧)

物拿来使用▷~用公款|~借。

诺 nuò 10画 讠部 左右
答应;应允▷~言|许~|承~。☞不读ruò。

懦 nuò 17画 忄部 左右
胆小怕事;软弱无能▷~夫|怯~|~弱。☞不读rú。

糯 nuò 20画 米部 左右
煮熟后黏性强的(米)▷~米(江米)。

O

ou

区 ōu 4画 匚部 半包围
姓。
另见qū。

讴 ōu 6画 讠部 左右
歌唱;歌颂▷~歌。

欧 ōu 8画 欠部 左右
指欧洲▷西~|~美。

殴 ōu 8画 殳部 左右
击;打▷~打|斗~。☞㊀统读ōu,不读ǒu。㊁跟"欧"不同。

鸥 ōu 9画 鸟部 左右
水鸟,善飞翔,能游水,羽毛多为白色,生活在海边,常见的有海鸥、燕鸥、银鸥。

呕 ǒu 7画 口部 左右
吐(tù)▷~血|~吐|~心沥血。☞统读ǒu,不读ōu。

偶 ǒu 11画 亻部 左右
禺:㇑冂禺禺
❶木雕或泥塑的人像▷木~|~像。❷双;成双成对的(跟"奇jī"相对)▷~数|对~。❸指夫妻或夫妻中的一方▷配~|佳~|丧~。❹不是必然的;不经常的▷~发事件|~合|~尔|~然。

藕 ǒu 18画 艹部 上下
耒:㇐㇐丰耒耒
莲的地下茎。长形,肥大有节,里面有许多管状的小孔,折断后有丝。可以吃,也可以加工成藕粉。

沤 òu 7画 氵部 左右
(汗、水等)长时间地浸泡▷汗水把衣服~烂了|~麻。

怄 òu 7画 忄部 左右
生闷气;闹别扭▷不要跟小朋友~气。

正字 诺(諾) 区(區) 讴(謳) 欧(歐) 殴(毆) 鸥(鷗) 呕(嘔) 沤(漚) 怄(慪)

P

pa

趴 pā 9画 足部 左右
❶胸腹朝下卧着▷～在床上|鸡～在窝里。❷身体向前靠在物体上▷～在桌子上睡着了。

啪 pā 11画 口部 左右
拟声词,模拟枪声、掌声、东西撞击声等▷～,远处传来一声枪响|～的一声,杯子掉在地上了。

扒 pá 5画 扌部 左右
❶用手或耙子等使东西聚拢或分散▷～草|～土。❷从别人身上窃取(财物)▷钱包让小偷～走了|～窃|～手。
另见bā。

杷 pá 8画 木部 左右
巴:フコフ巴
[枇杷]pípá 见"枇"。

爬 pá 8画 爪部 半包围
❶人胸腹朝下,手脚并用向前移动;昆虫、爬行动物向前移动▷孩子刚会～|乌龟～得很慢|～行。❷抓着东西往上去;攀登▷～树|～竿|～山。

耙 pá 10画 耒部 左右
耒:三丰丰耒
❶农具,长柄一头有齿,用来平整土地或聚拢、散开谷物等▷钉～|竹～。❷用耙操作▷土|把稻草～成一堆|把麦子堆～开。
另见bà。

琶 pá 12画 王部 上下
王:三干王
[琵琶]pípá 见"琵"。

帕 pà 8画 巾部 左右
擦手、脸或包头用的纺织品▷手～|头～。

怕 pà 8画 忄部 左右
❶害怕,感到恐惧、发慌▷不～苦|惧～|可～。❷担心▷我～你忘了,才提醒你一句。❸表示担心或估计▷老太太这一病,～是不行了|这孩子～有十二三岁了。❹承受不住▷瓦罐子～摔|病人～受凉。

pai

拍 pāi 8画 扌部 左右
❶用手掌或较薄的东西打▷～掉身上的雪|～桌子|～

苍蝇。❷拍打的用具▷球~子|苍蝇~儿。❸音乐的节奏▷慢了半~|合~|打~子。❹发出▷~电报。❺摄(影)▷~照片|~电影|~摄。

排 pái 11画 扌部 左右
非:｜刂丨非
❶除去;消除▷把水~出去|~涝|~泄|~除|~斥。❷按顺序站位或摆放▷~成单行|~名次|安~|编~。❸排成的横队▷前~|后~|第三~。❹用竹、木并排连成的水上交通运输工具,也指为便于水运而扎成排的竹木▷木~|竹~。❺军队编制单位,在连以下,班以上。❻指排球或排球队▷男~|女~。❼量词,用于成行的人或事物▷一~房子|两~椅子。❽戏剧、舞蹈等上演前,演员逐段练习▷~了一出新戏|彩~|~练|~演。
另见pǎi。

徘 pái 11画 彳部 左右
[徘徊]páihuái ❶在一个地方走来走去▷在岸边独自~。❷拿不定主意▷~不定。❸在某个范围内上下浮动▷亩产量在800公斤左右~。

牌 pái 12画 片部 左右
卑:白白卑卑
❶张贴布告、广告或作标志的板▷布告~|广告~|招~|门~。❷一种文娱用品▷打~|麻将~|扑克~。❸企业为自己的产品取的专用名称▷名~|老~|冒~货。☞右边"卑"字第六画是竖撇,不要断成一竖一撇。

迫 pǎi 8画 辶部 半包围
[迫击炮]pǎijīpào 一种从炮筒口装炮弹的近射程火炮。
另见pò。

排 pǎi 11画 扌部 左右
[排子车]pǎizichē 没有车箱的人力搬运车。
另见pái。

派 pài 9画 氵部 左右
辰:丆厂厂辰辰
❶指主张、风格一致的人群▷两~意见不合|流~|学~|程~唱腔。❷人的作风;样子▷气~|~头儿|为人正~。❸分配;派遣▷~活儿|~车|~代表|摊~|指~。❹量词,用于景色、语言等▷一~春光|一~欣欣向荣的景象|一~胡言。☞右边不要写成"𧘇"或"瓜"。

湃 pài 12画 氵部 左右
[澎湃]péngpài 见"澎"。
☞㈠统读pài,不读bài。㈡右边

pan

番 pān 12画 釆部 上下
釆：丿ㅁ乎乎釆
[番禺] pānyú 地名,在广东。
☞上边不是"采"。
另见 fān。

潘 pān 15画 氵部 左右
姓。

攀 pān 19画 手部 上下
樊：木 棥 棥樊
❶抓住东西往上爬▷～登。❷拉拢;牵连拉扯▷高～｜～亲｜～谈｜～扯。

胖 pán 9画 月部 左右
宽舒;舒坦▷心广体～。
☞表示这个意义时不读 pàng。
另见 pàng。

盘 pán 11画 舟部 上下
舟：丿凢丹舟
❶盘子,浅底的盛东西的餐具,比碟子大▷茶～｜托～｜大拼～。❷环绕;旋转▷把头发～起来｜～腿坐着｜～山公路｜～绕。❸逐个或反复清查▷～点｜～问｜～查。❹砌(灶、炕)▷～灶｜～炕。❺像盘子的东西▷磨(mò)～｜棋～｜脸～。❻量词。a)用于盘旋缠绕着的东西▷一～蚊香｜一～铁丝。b)用于棋类、球类比赛▷下～棋｜第一～第二局。

判 pàn 7画 刂部 左右
❶分开;分辨▷～别｜明～｜～断。❷裁定;评定▷～罚点球｜～卷子｜裁～｜评～。❸法院对案件作出裁决▷～了两年徒刑｜～案｜审～。

盼 pàn 9画 目部 左右
❶看▷左顾右～。❷期望;希望▷早就～着开学了｜～望｜～头儿。

叛 pàn 9画 丶部 左右
背离自己的一方,投靠敌对一方▷～国｜～徒｜背～｜～变。

畔 pàn 10画 田部 左右
❶田地的边界▷田～。❷旁边;附近▷江～｜路～｜耳～。☞统读 pàn,不读 bàn。

pang

乓 pāng 6画 丶部 独体
丘：厂厂斤丘
拟声词,模拟打枪或碰撞、崩裂的声音▷枪声～～地响个不停｜大门～的一下撞开了｜～的一声,热水瓶摔得粉碎。☞统读 pāng,不读 bāng。

正字 盘(盤)

膀 pāng 14画 月部 左右
浮肿▷他得了肾炎,脸都~了|~肿。
另见bǎng;páng。

彷 páng 7画 彳部 左右
[彷徨]pánghuáng 在一个地方来回走,不知往哪里去;犹豫不决▷在歧路~|~不定。

庞 páng 8画 广部 半包围
❶(形体或数量)极大▷~大|~然大物。❷杂乱▷~杂。❸脸盘▷面~。

旁 páng 10画 方部 上下
方:亠宀方
❶边;侧▷小河~|袖手~观|~听|~门。❷其他的;别的▷~的事不要管|~人|~证。❸汉字的偏旁▷言字~|竖心~。

膀 páng 14画 月部 左右
[膀胱]pángguāng 储存尿的器官,下边通尿道。
另见bǎng;pāng。

磅 páng 15画 石部 左右
[磅礴]pángbó (气势)盛大▷这篇宣言气势~。
另见bàng。

螃 páng 16画 虫部 左右
[螃蟹]pángxiè 甲壳动物,全身有壳,有五对足,前面一对像钳子,横着爬,肉可以吃。

胖 pàng 9画 月部 左右
(人体)肉厚,含脂肪多(跟"瘦"相对)▷小孩儿很~|肥~|~娃娃。
另见pán。

pao

抛 pāo 7画 扌部 左右
❶投;扔▷把鲜花一向观众|~砖引玉|~锚。❷舍弃;甩下▷~头颅,洒热血|把对手~在后面|~弃。

泡 pāo 8画 氵部 左右
包:勹勹匀包
❶鼓起而又松软的东西▷肿眼~|豆腐~。❷量词,用于屎、尿▷撒~尿|拉一~屎。☞右下是"巳",不是"巴""己"或"巳"。
另见pào。

刨 páo 7画 刂部 左右
❶挖;掘▷~坑|~白薯|~树根。❷减掉;除去▷~去他还有三个人。
另见bào。

咆 páo 8画 口部 左右
[咆哮]páoxiào (猛兽)大声叫;比喻人暴怒喊叫,大水奔腾轰鸣▷老虎~|气得他~如雷|黄河在~。

狍 páo 8画 犭部 左右
狍子,鹿的一种,雄的有角。肉可以吃。

炮 páo 9画 火部 左右
加工中药的一种方法,把生药放到高温铁锅中急炒,使焦黄爆裂▷~制。
另见bāo;pào。

袍 páo 10画 衤部 左右
有大襟的中式长衣▷长~|棉~|皮~子。

跑 pǎo 12画 足部 左右
❶人或动物用腿脚快速向前移动,脚掌可以同时离开地面▷兔子~得真快|奔~|~步。❷走;去▷在家里待不住,老往外~|最近到上海~了一趟。❸为了某种事务而奔走▷~买卖|~材料。❹逃走;溜走▷别让敌人~了|逃~。❺丢掉;失去▷帽子让风刮~了|到手的买卖,~不了。❻泄漏;挥发▷轮胎~气|汽油~光了。

泡 pào 8画 氵部 左右
❶液体中或液体表层出现的气体小圆球或半圆球▷水里直冒~|肥皂~|~沫。❷像泡的东西▷脚上磨起了~|电灯~|燎~。❸较长时间地放在液体里▷衣服用水一一~再洗|茶~好了。❹较长时间待在某个地方;故意消磨时间▷整天~在球场上|~病号。
另见pāo。

炮 pào 9画 火部 左右
❶口径大,能用炸药发射弹头的重型武器▷高射~|~火|礼~。❷指爆竹▷鞭~。❸爆破土石时,装了炸药的凿眼▷打眼放~。
另见bāo;páo。

pei

呸 pēi 8画 口部 左右
表示看不起或斥责▷~!亏你说得出这种不知羞耻的话。

胚 pēi 9画 月部 左右
刚刚发育的动、植物幼体▷~胎|~芽。☞㊀不读péi。㊁右边是"丕"(pī)不是"不"。

陪 péi 10画 左阝部 左右
❶随同做伴▷~大娘聊天儿|~伴。❷从旁协助▷~审。

培 péi 11画 土部 左右
❶给植物或其他物体的根基加土,起保护、加固的作用▷给小树~土|把河堤~厚。❷培养;培育▷~训|代~。

péi – péng

赔 péi 12画 贝部 左右
❶因为使别人受到损失而给予补偿▷损坏公物要~|~款|~偿|退~。❷经营亏损(跟"赚"相对)▷不~不赚,刚够本|~钱买卖。❸向人道歉或认错▷~礼|~罪|~不是。

沛 pèi 7画 氵部 左右
市:一广市
丰盛;充足▷精力充~。☞右边是"市"(fú,四画),不是"市"(shì,五画)。由"市"构成的字还有"肺"等。

佩 pèi 8画 亻部 左右
❶(把东西)挂在身上▷胸前~着奖章|腰~宝剑|~带。❷敬仰;心悦诚服▷~服|钦~|敬~。

配 pèi 10画 酉部 左右
酉:一一 一酉酉酉
❶丈夫或妻子,多指妻子▷~偶|元~|继~。❷结婚▷婚~|许~。❸(动物)交合▷~种|交~。❹调和或拼合▷~颜色|~药|~制|调(tiáo)~。❺分派;安排▷分~|支~|~备|~置。❻把缺少的东西补上▷把班干部~齐|~零件|~钥匙。❼陪衬;衬托▷红花还得绿叶~|~乐诗朗诵|~角(jué)。❽够得上;相当▷只有这种人才~~当干部|年貌相~|般~。☞右边不是"巳"或"己"。

pen

喷 pēn 12画 口部 左右
贲:十 寺 产 贲
(液体、气体、粉末等)受到压力而冲射出来▷油井~油了|~气式飞机|~泉|~洒|~射。
另见pèn。

盆 pén 9画 皿部 上下
盛东西或洗东西的用具▷脸~|饭~|花~|瓦~|搪瓷~。

喷 pèn 12画 口部 左右
[喷香]pènxiāng 香气浓▷~的茉莉花。
另见pēn。

peng

砰 pēng 10画 石部 左右
拟声词,模拟撞击或爆裂的声音▷屋门~地关上了|暖水瓶~的一声炸了。☞不读píng。

烹 pēng 11画 灬部 上下
煮;烧制饭菜▷~饪|~调(tiáo)。☞上边不要写成"享"。

朋 péng 8画 月部 左右
友人,彼此要好的人▷高

~满座|亲~好友|~友。

彭 péng 12画 彡部 左右
姓。☞左上不是"土"。

棚 péng 12画 木部 左右
❶棚子,遮蔽风雨、日光的设备,用竹木等搭成架子,上面盖着席、布等▷草~|天~|凉~。❷简陋的小房子▷工~|牲口~|自行车~|防震~。

蓬 péng 13画 艹部 上下
❶飞蓬,草本植物,叶子像柳叶,花随风飞扬。❷松散开;散乱▷~着头|~松。

硼 péng 13画 石部 左右
非金属元素,广泛应用于工业、农业和医药等方面。

鹏 péng 13画 鸟部 左右
古代传说中最大的鸟▷大~展翅|~程万里。

澎 péng 15画 氵部 左右
❶[澎湃]péngpài 形容大浪互相撞击;比喻气势雄伟▷江水奔腾~|热情~。❷[澎湖列岛]pénghúlièdǎo 中国群岛名,在台湾海峡。

篷 péng 16画 竹部 上下
❶用竹木、帆布等制成的遮蔽风雨的东西▷船~|敞卡车|帐~。❷特指船帆▷扯起~来。☞跟"蓬"(péng)不同。

膨 péng 16画 月部 左右
胀;体积变大▷~胀|~松|~体纱。

捧 pěng 11画 扌部 左右
❶两手托着▷~着鲜花|~一把土|~腹大笑。❷量词,用于双手可以捧得下的东西一~瓜子|一~水果糖。❸奉承别人;吹嘘别人▷又吹又~场。

碰 pèng 13画 石部 左右
❶撞击▷头~到门框上|~杯|~撞。❷偶然遇见;正好赶上▷在公园~上一位老朋友|最近~到几件不顺心的事。❸接触;试探▷事情不一定能成,我先去~一~|~运气|~机会。

pi

批 pī 7画 扌部 左右
比:一 丨 上 比 比
❶对下级的文件、别人的文章、作业等写下意见或评语▷这个文件需要局长~|~准|~改|~示|审~。❷对文章、作业写的评语▷在文章后面加了一个~|眉~|夹~。❸对不妥的或错误的言论、行为等提出否定的意见▷让老师~了一通|

~评｜~判｜~驳。❹大宗的；大量的▷~发｜~购｜~量生产。❺量词,用于数量较多的货物或人▷一一~彩电｜第二~学生。

坯 pī 8画 土部 左右
❶还没有人窑烧制的砖瓦、陶瓷等的半成品▷砖~｜土~。❷特指土坯▷打~｜脱~。❸泛指半成品▷毛~｜~布。☞㊀统读pī,不读pēi。㊁右边是"丕"(pī),不是"不"。

披 pī 8画 扌部 左右
❶分开▷~荆斩棘。❷打开;散开▷~阅｜~露｜~头散发。❸盖或搭在肩背上▷~着大衣｜~肩◇~星戴月。☞统读pī,不读pēi。

劈 pī 15画 刀部 上下
❶(用刀斧等)向下破开;砍▷~木头｜一~两半。❷(竹木等)裂开▷木板~了｜钢笔尖摔~了。❸正对着(人的头、脸、胸)▷大雨~头浇下来｜~脸。
另见pǐ。

霹 pī 21画 雨部 上下
[霹雳]pīlì 来势猛、响声大的雷▷晴天~。

皮 pí 5画 皮部 独体
皮:ㄧ厂广皮

❶动植物体表面的一层组织▷蛇~｜树~｜表~｜肤~。❷加工过的兽皮▷~革｜~鞋｜~袄。❸有韧性;不脆▷糖~｜花生米都~了。❹指橡胶▷胶~｜橡~｜~筋。❺物体的表面▷地~｜水~儿。❻包在外面的东西▷饺子~儿｜书~｜封~。❼薄片状的物品▷铁~｜粉~儿。❽顽皮;淘气▷这小家伙真~,一会儿也不老实｜调(tiáo)~。☞"皮"作左偏旁时,末笔捺要改成点,如"颇"。

枇 pí 8画 木部 左右
比:ㄧㄅㄅ比
[枇杷]pípá 常绿小乔木,果实也叫枇杷,球形,橙黄色,味甜,可以吃。

疲 pí 10画 疒部 半包围
身体感觉累▷精~力尽｜~倦｜~劳｜~惫。

啤 pí 11画 口部 左右
卑:自自卑卑
[啤酒]píjiǔ 用大麦芽加啤酒花制成的低度酒,有泡沫和特殊的香味。

琵 pí 12画 比部 上下
比:ㄧㄅㄅ比
[琵琶]pípá 弹拨乐器,下部长圆形,上有长柄,有四根弦。

脾 pí 12画 月部 左右
脾脏,人和高等动物贮藏血液的内脏,具有过滤血液、调节血量等功能。

匹 pǐ 4画 匚部 半包围
一丌匹
❶比得上;相当▷~敌|~配。❷单独的▷~夫|单枪~马。❸量词。a)用于马、骡等▷一~马|三~骡子。b)用于整卷的布、绸子等▷两~绸子。☞统读pǐ,不读pī。

痞 pǐ 12画 疒部 半包围
❶中医指肚子里可以摸到的硬块。❷流氓;无赖▷地~|~子。

劈 pǐ 15画 刀部 上下
❶分开;分▷把绳子~成三股|把腿~开。❷使离开原来的物体;撕扯下来▷~高粱叶|~萝卜缨子。
另见pī。

癖 pǐ 18画 疒部 半包围
积久成习的嗜好▷好洁成~|~好|怪~。

屁 pì 7画 尸部 半包围
从肛门排出的臭气▷放~|~滚尿流。

辟 pì 13画 辛部 左右
❶开拓;开发▷开天地

|开~。❷透彻▷精~|透~。❸批驳▷~谣。
另见bì。

僻 pì 15画 亻部 左右
❶离中心地区远▷穷乡~壤|偏~|~静。❷不常见的;罕用的▷~字|生~|冷~。❸脾气古怪,不好相处▷怪~|孤~。

譬 pì 20画 言部 上下
打比方;比喻▷~如。☞统读pì,不读pǐ。

pian

片 piān 4画 片部 独体
丿丿广片
意思跟"片"(piàn)❷❹相同,用于口语中"片子""相片儿""唱片儿""画片儿""影片儿""故事片儿"等词。
另见piàn。

偏 piān 11画 亻部 左右
扁：亠亼户肩肩扁
❶歪;斜(跟"正"相对)▷太阳~西了|球踢~了|~北风。❷不公正;只注重一方▷~心眼儿|~听~信|~爱|~见。❸离开正确的方向或正常的标准▷~离|~差(chā)|题目~难|气温~高。❹远离中心的;不常见的▷~远|~僻|~题|~

方。❺表示跟某种意愿或常情相反▷不叫我去,我~去|~不凑巧|~~。

篇 piān 15画 竹部 上下
❶结构完整的文章▷~章结构。❷写着或印着文字等的单张纸▷歌~儿|单~|讲义。❸量词,用于纸张、书页或文章等▷五~稿纸|刚翻了两~儿就发现三个错字|三~文章。

翩 piān 15画 羽部 左右
[翩翩]piānpiān 形容轻快地舞动的样子▷~起舞。

便 pián 9画 亻部 左右
[便宜]piányi ❶好处;不该得到的利益▷贪小~|得~卖乖。❷使得到好处▷决不能~他们。❸价钱低▷这地方水果~|~货。
另见biàn。

片 piàn 4画 片部 独体
片:丿丿广片
❶零星的;简短的▷~言只字|~刻。❷扁平而薄的东西▷照~|眼镜~|雪~|名~|药~。❸量词。a)用于薄片状的东西▷两~儿面包|三~儿药|天上飘着几~白云。b)用于具有相同景象又连在一起的地面或水面等▷一~草地|一~汪洋。c)用于景色、声音、心意等▷一~

~丰收景象|一~嘈杂声|一~好心。❹指影片▷故事~|科教~。❺整体中的一小部分或地区内划分出来的较小地区▷分~包干|这是管咱们这~儿的民警|~段。☞右下是"𠃌"(一画),不是"丁"(两画)。
另见piān。

骗 piàn 12画 马部 左右
扁: 𠃍 𠃍 户 肩 肩 扁
❶用假话或欺诈手段使人相信、上当▷你~不了我|哄~|欺~|~子。❷用欺骗的手段取得▷~钱|~东西。

piao

漂 piāo 14画 氵部 左右
浮在液体表面;浮在水面上随着水流、风向移动▷排骨汤上~着一层油花|小船随风~出好几里|~浮|~流。
另见piǎo;piào。

飘 piāo 15画 风部 左右
随风摆动或飞舞▷彩旗迎风~|~来一股清香|~扬|~舞。

朴 piáo 6画 木部 左右
姓。☞这个意义不读pǔ。
另见pǔ。

瓢 piáo 16画 瓜部 左右
瓜:丿厂瓜瓜

用老熟的葫芦或鲍(páo)瓜对半剖开制成的器具,用来舀水或撮取水面等▷舀了两～水｜～泼大雨。☞右边是"瓜",不是"爪"。

漂 piǎo 14画 氵部 左右
❶用水冲洗▷用肥皂洗过的衣服要在清水里～几遍｜～洗。❷用化学药剂使纤维或纺织品等变成白色▷这布～过以后真白｜～白｜～染。

另见piāo;piào。

瞟 piǎo 16画 目部 左右
斜着眼睛看▷偷偷地拿眼～着他｜～了他一眼。

票 piào 11画 覀部 上下
❶印刷或手写的作为凭证的纸片▷车～｜邮～｜电影～据。❷纸币▷零～｜毛～｜钞～。☞跟"栗"(lì)不同。

漂 piào 14画 氵部 左右
[漂亮] piàoliang ❶好看;美丽▷这孩子长得真～｜～的时装。❷出色▷任务完成得真～｜一场～的歼灭战。

另见piāo;piǎo。

pie

撇 piē 14画 扌部 左右
撇:丶丿丿丿

❶丢下;抛弃▷～下一儿一女｜早把这件事～在脑后了｜～开。❷取出液体表面漂浮的东西▷煮肉时要随时～沫子。

另见piě。

撇 piě 14画 扌部 左右
❶汉字的笔画,形状是"丿"。❷量词,用于像撇的东西▷留着两～胡子。❸平着向前扔▷～瓦片。❹向外倾斜▷这孩子走路,两脚老向外～着。❺下唇向前伸,嘴角向下倾斜,表示轻视或不高兴▷他一边听着,一边～嘴｜嘴一～就哭了。

另见piē。

pin

拼 pīn 9画 扌部 左右
并:丶丷兰并

❶合在一起▷～图案｜～版｜～音｜～凑。❷不顾惜;豁出去▷～体力｜～命｜～搏。

贫 pín 8画 贝部 上下
❶穷(跟"富"相对)▷～民｜～穷｜～困。❷缺乏▷～血｜经验～乏。❸说话絮叨可厌▷这个人嘴真～｜耍～嘴。☞跟"贪"(tān)不同,上边不是"今"。

频 pín 13画 页部 左右
❶多次;屡次▷尿～｜～

pǐn – píng

繁|捷报～传|～～招手。❷频率▷调(tiáo)～|高～|一道～。☞左下不要写成"少"。

品 pǐn 9画 口部 上下
❶(众多的)东西；(各种)物件▷物～|商～|样～|半成～。❷事物的种类、等级▷种～|～级。❸德行；品质▷学兼优|人～|～德|～行。❹辨别好坏；评定▷～评|～尝|～味。

聘 pìn 13画 耳部 左右
❶请人担任某个职务或参加某项工作▷他为语文老师|解～|应～|～书。❷女子出嫁▷～闺女|出～。☞右上是"由"，右下是"丂"，末笔不出头。

ping

乒 pīng 6画 丿部 独体
丘：厂仄斤丘
❶拟声词，模拟打枪、东西碰撞等的声音▷枪声～～地响了一夜|窗户被风吹得～～作响。❷指乒乓球▷～坛老将|世～赛。☞统读pīng，不读bīng。

平 píng 5画 一部 独体
亠平
❶表面没有高低凹凸；不倾斜▷桌面很～|让病人躺～|～坦|～放。❷使变平▷～操场。❸高低相等或不相上下▷河水快跟河堤一样～了|～辈|～等|～局。❹均等；公正▷公～|～分|～摊。❺安定▷风浪静|～安|～稳。❻用武力镇压▷～乱|～叛。❼一般的；经常的▷～淡|～民|～日|～常。❽平声，普通话四声中的第一声(阴平)、第二声(阳平)。

评 píng 7画 讠部 左右
❶议论或判定▷～论|～语|～分|～选|批～。❷评论的话或文章▷得到群众的好～|～短|～书|～～。

坪 píng 8画 土部 左右
平坦的场地▷草～|停机～。

苹 píng 8画 艹部 上下
[苹果]píngguǒ 落叶乔木，果实也叫苹果，味甜可口，是常见的水果。

凭 píng 8画 几部 上下
❶依靠；依赖▷干好干坏全～你的本事了。❷表示凭借▷～票入场|～经验判断。❸证据▷不足为～|真～实据|文～|～据。❹任凭；不论▷～你怎么劝，他也不听。

屏 píng 9画 尸部 半包围
❶指屏风，室内挡风或隔断视线用的家具▷画～|彩～。

正字　评(評)　苹(蘋)　凭(憑)

❷字画的条幅,通常以四幅或八幅为一组▷四扇~。❸遮挡▷~蔽|~障。
另见bīng。

瓶 píng 10画 瓦部 左右
瓦:一丆瓦瓦
用陶土、瓷土、石英为原料制成的口小肚儿大的容器,多用来装液体▷花~|酒~子|~~罐罐。

萍 píng 11画 艹部 上下
浮萍,草本植物,叶子浮在水面,可以做饲料、绿肥,也可以做药材。

po

坡 pō 8画 土部 左右
皮:一厂广皮
❶地势倾斜的地方▷黄土~|山~|高~。❷倾斜▷把木板~着放|~度。

泊 pō 8画 氵部 左右
湖▷湖~|水~|◇倒在血~中。
另见bó。

泼 pō 8画 氵部 左右
发:一ナ发发
❶把液体用力向外洒开▷不要把污水~在街上|~水。❷蛮不讲理;凶▷撒~|~妇。

颇 pō 11画 皮部 左右
❶偏;不正▷偏~。❷很▷~为省力|~感兴趣。☞统读pō,不读pǒ。

婆 pó 11画 女部 上下
❶称奶奶辈的或年老的妇女▷外~|老太~|老~~。❷丈夫的母亲▷~家|~媳。

笸 pǒ 11画 竹部 上下
[笸箩] pǒluo 用竹篾或柳条编成的盛东西的器具。

迫 pò 8画 辶部 半包围
❶接近;逼近▷~在眉睫|~近。❷压制;压服▷被~投降|~不得已|压~|逼~|强~。❸急切;急促▷~不及待|从容不~|紧~|~切。
另见pǎi。

破 pò 10画 石部 左右
皮:一厂广皮
❶损坏;使损坏▷把窗户纸捅~了|~碎|牢不可~|~坏。❷打败;攻克▷大~敌军|~~。❸除掉;消除▷~旧立新|~除迷信。❹超出(原有的格局、限制、纪录等);不遵守(原有的规定等)▷~世界纪录|亩产~千斤|~例|~格。❺使受到损失;花费▷~财|~费。❻使分开;劈开▷势如~竹|~门

而入|~冰船。❼把整的换成零的▷~点零钱|一百元的大票~不开。❽揭穿;使现出真相▷~案|说~|识~|侦~。❾不完整的;破烂的▷~书包|~大衣|住两间~房。

粕 pò 11画 米部 左右
[糟粕]zāopò 酿酒、榨油剩下的渣滓,比喻没有价值的东西▷弃其~,取其精华。

魄 pò 14画 白部 左右
❶迷信指依附于人身上,人死后可以继续存在的精神▷失魂落~|魂飞~散|魂~。❷精神;精力;胆识▷惊心动~|体~|气~|~力。

pou

剖 pōu 10画 刂部 左右
❶切开;破开▷~腹|解~|~面。❷分析▷~明事理|~析。☞统读pōu,不读pāo。

pu

仆 pū 4画 亻部 左右
向前倒下▷前~后继。
另见pú。

扑 pū 5画 扌部 左右
❶拍打▷鸟儿~着翅膀|往脸上~粉|~蝇|~灭。❷身体猛力向前冲,伏在人身或物体上▷孩子一头~在妈妈怀里|饿虎~食。❸(气体等)直冲▷冷风~面|香气~鼻。❹把全部精力用到(某方面)▷一心~在工作上|把心都~在孩子身上了。

铺 pū 12画 钅部 左右
甫:丆百甫甫
把东西展开或摊平▷~褥子|~平道路|~轨|~展。
另见pù。

仆 pú 4画 亻部 左右
❶被雇到家里做杂事、供役使的人(跟"主"相对)▷女~|~人|~从。❷[仆仆]pú pú 形容旅途劳顿的样子▷风尘~~。☞㊀不读pǔ。㊁"风尘仆仆"的"仆",不要写成"扑"。
另见pū。

匍 pú 9画 勹部 半包围
[匍匐]púfú 爬行;趴着▷~前进|俘虏们~在地,乞求饶命。

菩 pú 11画 艹部 上下
[菩萨]púsà 佛教指修行到一定程度,地位仅次于佛的人。

脯 pú 11画 月部 左右
胸部▷挺着胸~|鸡~

正字 扑(撲) 铺(鋪) 仆pú(僕)

子。

另见 fú。

葡 pú 12画 艹部 上下
[葡萄]pútáo 藤本植物，浆果也叫葡萄，圆形或长圆形，可以吃，也可以酿酒。

蒲 pú 13画 艹部 上下
香蒲，也叫蒲草，草本植物，叶子和茎可以编蒲席、蒲包、蒲扇、蒲团，花穗的绒毛可以做枕心。

朴 pǔ 6画 木部 左右
纯真的，没有经过修饰的▷～实｜～素｜淳～。☞跟"扑"(pū)不同。

另见 piáo。

圃 pǔ 10画 囗部 包围
种植蔬菜、花草、树苗的园地▷菜～｜花～｜苗～。

浦 pǔ 10画 氵部 左右
甫：丆甫甫甫
水边，也指河流入海的地方，多用于地名▷～口（在江苏）｜乍(zhà)～（在浙江）。

普 pǔ 12画 日部 上下
亚：丌亚亚
广泛；全面▷～天同庆｜～查｜～选｜～及｜～遍｜～通。

谱 pǔ 14画 讠部 左右
❶根据事物的类别或系统编成的表、书或画成的图▷年～｜菜～｜画～｜棋～。❷用符号记录下来的音乐作品；记载音符的表册▷乐～｜曲～｜五线～｜简～。❸作曲；为歌词配曲▷把这首诗～成歌曲｜～曲。❹做事的标准或大致的打算；把握▷心里一点～儿也没有｜离～｜没准～。❺显示的身份或派头▷他的～儿可真不小｜摆～。

蹼 pǔ 19画 足部 左右
业：丨业业
青蛙、乌龟、鸭子等动物脚趾间的皮膜，便于划水。

铺 pù 12画 钅部 左右
❶小商店▷药～｜杂货～｜～面店～。❷用木板搭的床；泛指床▷床～｜上～｜卧～｜～位。❸古代的驿站，多用于地名▷沙河～。

另见 pū。

堡 pù 12画 土部 上下
同铺③，用于地名▷十里～｜三十里～。

另见 bǎo；bǔ。

瀑 pù 18画 氵部 左右
瀑布，从悬崖或河床的陡坡倾泻下来的水流▷飞～。☞㊀不读 pú。㊁右下不要写成"水"。

正字 朴(樸) 谱(譜) 铺(鋪)

Q

qi

七 qī 2画 一部 独体
数字,六加一的和。☞"七"的大写是"柒"。

沏 qī 7画 氵部 左右
用开水冲泡▷~茶|~奶粉。☞中间是"七",不是"㇀"或"乇"。

妻 qī 8画 女部 上下
妻:一ㄱㄱ亖妻
男子的配偶(跟"夫"相对)▷夫~|~子。

柒 qī 9画 木部 上下
数字"七"的大写。☞右上是"七",不是"匕"。

栖 qī 10画 木部 左右
停留;居住▷~息|~身|水陆两~。

凄 qī 10画 冫部 左右
❶寒冷▷风雨~~。❷悲伤▷~婉|~切。❸寂寞;冷落▷~清。

戚 qī 11画 戈部 半包围
厂厂㦮戚戚戚
❶哀愁;悲伤▷休~相关|悲~。❷跟自己家庭有婚姻关系的人或人家▷亲~。☞统读qī,不读qì。

期 qī 12画 月部 左右
❶预定的时间▷定~|限~|按~|过~。❷指一段时间▷假~|学~|初~|生长~。❸量词,用于分期的事物▷两~培训班|本刊第三~。❹等待;盼望▷~待|~望。

欺 qī 12画 欠部 左右
❶骗▷自~~人|~诈|~骗。❷压迫;侮辱▷仗势~人|~软怕硬|~压|~负。

喊 qī 14画 口部 左右
[喊喊喳喳] qīqīchāchā 拟声词,模拟细碎杂乱的说话声▷窗外有人在~地议论着什么。

漆 qī 14画 氵部 左右
氺:㇀亅㇀㇏
❶漆树,落叶乔木,树皮里有乳汁,可以做涂料。❷用漆树汁或其他树脂制成的涂料,涂在器物上可以形成美观的保护膜▷家具还没有涂~|清~。❸涂漆▷~家具。☞右下不要写成"水"。

齐 qí 6画 齐部 上下
❶长短、大小等一致;整齐▷麦苗长得很~|参差(cēncī)不~。❷达到一样的高度▷~腰深的水。❸一致;使一致▷心不一|~心协力|~头并进。❹一起;同时▷百鸟~鸣|双管~下|~唱。❺全;完备▷人来~了|~备|~全。☞下边是一撇一竖,不是两竖。由"齐"构成的字有"济""剂""挤""荠"等。

其 qí 8画 八部 上下
❶那个;那样▷确有~人|有~父必有~子。❷他(她、它)的;他(她、它)们的▷人尽~才,物尽~用|名副~实。❸他(她、它);他(她、它)们▷促~早日实现。

奇 qí 8画 大部 上下
可:一口可
❶不同一般的;希罕▷~形怪状|~迹|~特|~异。❷出人意料的▷~遇|~兵|~计。❸觉得奇怪▷不足为~|惊~。
另见jī。

歧 qí 8画 止部 左右
❶岔(路);由大路分出来的(小道)▷~路|~途(比喻错误的道路)。❷不一致;有差异▷~义|~视。☞左边是"止",不是"山"。

祈 qí 8画 礻部 左右
❶向神佛求福▷~祷。❷请求▷~求。☞左边不是"衤"。

荠 qí 9画 艹部 上下
[荸荠]bíqi 见"荸"。
另见jì。

脐 qí 10画 月部 左右
肚脐,脐带(胎儿肚子中间跟母体的胎盘相连接的管子)脱落形成的凹陷。

畦 qí 11画 田部 左右
由田埂分成的整齐的小块田地▷种了两~萝卜|菜~。

崎 qí 11画 山部 左右
[崎岖]qíqū 山路不平▷~的小路|~不平。

骑 qí 11画 马部 左右
❶两腿左右分开跨坐▷~马|~自行车。❷供人骑的马或其他牲畜▷坐~。❸指骑兵▷轻~|铁~。☞统读qí,不读jì。

琪 qí 12画 王部 左右
美玉。

棋 qí 12画 木部 左右
❶棋类,文体项目的一类▷下~|象~|和~。❷指棋子

正字 齐(齊) 荠(薺) 脐(臍) 骑(騎)

▷举～不定|星罗～布。

旗 qí 14画 方部 左右
❶旗子▷升～|国～|彩～。❷内蒙古自治区的行政区划单位,相当于县。

鳍 qí 18画 鱼部 左右
鱼或其他水生脊椎动物的运动器官。鱼类的鳍包括背鳍、胸鳍、腹鳍、臀鳍和尾鳍。

乞 qǐ 3画 丿部 上下
请求对方给予;讨▷～求|～讨|～丐。☞跟"气"(qì)不同。

岂 qǐ 6画 山部 上下
表示反问,相当于"哪""怎么"▷～有此理|～敢|～止。☞下边不要写成"巳"或"已"。

企 qǐ 6画 人部 上下
希望;盼望▷～望|～盼|～求|～图。

启 qǐ 7画 户部 半包围
户:㇏⺋㇇口户
❶开;打开▷～封|～齿(开口)|某某～(写在信封上,表示由某人拆信)。❷开导;教导▷～蒙|～发|～示(启发)|～发。❸开始▷～动|～程。❹陈述;报告▷～事。☞"启示"跟"启事"不同,为了说明某事而公开张贴的文字应该用"启事"。

起 qǐ 10画 走部 半包围
走:ㅗ十丰走
❶由躺而坐;由坐而站▷～床|～立。❷升起▷大～大落|～伏不平。❸长出▷～鸡皮疙瘩|～痱子。❹发生;开始▷～风|～火|～飞|～跑|从今天～。❺建立;兴建▷～了三栋楼|白手～家。❻拟定▷～草|～外号|～名。❼量词。a)次;件▷出了一～事故|这样的案件每年总有几～。b)群;批▷看热闹的人一～接着一～|货分三～运出。❽取出▷～钉子|～货|～圈(juàn)。❾表示能承受▷买不～|经得～考验。☞右上不要写成"巳"或"已"。

绮 qǐ 11画 纟部 左右
可:一口可
古代指有花纹的丝织品。

气 qì 4画 气部 独体
❶没有固定的形状和体积,能流动散布的物体;特指空气▷氧～|煤～|水蒸～|～压|给自行车打～。❷指阴晴冷暖等自然现象▷天～|～象|～候|秋高～爽。❸呼吸时出入的气▷喘～|～息。❹生气;使生气▷～哭了|故意～我|～愤|～恼|～人。❺恼怒的情绪▷怒～冲冲|怄～|消消～。❻气

正字 鳍(鰭) 岂(豈) 启(啓) 绮(綺) 气(氣)

味▷香~｜臭~｜腥~｜臊~。❼精神;气势▷一鼓作~｜~壮山河｜勇~｜志~｜~节。❽作风;习气▷书生~｜孩子~｜土~｜娇~。☞跟"乞"(qǐ)不同。

迄 qì 6画 辶部 半包围
❶到;至▷自古~今。❷一直▷~未成功｜~无音信。

弃 qì 7画 廾部 上下
舍(shě)去;扔掉▷~暗投明｜~权｜舍~｜抛~。☞下边不要写成一横两竖。

汽 qì 7画 氵部 左右
液体或固体受热变成的气体;特指水蒸气▷~船｜~笛｜~灯。☞右边是"气",不是"乞"。

泣 qì 8画 氵部 左右
无声或低声地哭▷~不成声｜哭~｜抽~。

契 qì 9画 大部 上下
❶证明买卖、租赁、借贷等关系的凭据▷地~｜卖身~｜~约｜~据。❷符合;投合▷合~｜默~。☞左上是"丰",一竖上下都出头。

砌 qì 9画 石部 左右
用泥、灰等把砖、石等粘合垒起▷~炉灶｜~墙｜堆~。☞中间不要写成"七"或"土"。

器 qì 16画 口部 特殊
❶用具;容~｜武~｜陶~｜~皿。❷指人的气度或才干▷~量｜~宇。❸看得起;重视▷~重。❹指器官,生物体中具有某种独立生理机能的部分▷呼吸~｜脏~。☞中间是"犬",不是"大"。

qia

掐 qiā 11画 扌部 左右
白:ノ ㄏ ㄏ ㄏㄏ 白
❶用指甲按▷~一~头皮可以止头痛｜~人中。❷用指甲切断;截断▷~一朵花｜把电话~了。❸用手的虎口使劲卡住▷~住敌人的脖子｜双手~腰。☞右边是"臽"(xiàn),不是"臼"(yǎo)。由"臽"构成的字还有"陷""馅""焰"等。

卡 qiǎ 5画 卜部 上下
丨 上 卡
❶夹在中间不能活动▷骨头~在嗓子里。❷夹东西的器具▷发~｜皮带~。❸设在交通要道或险要地段的岗哨或检查站▷哨~｜关~。❹控制或阻拦▷厂长对各项开支~得很紧｜检查站~住了走私的车辆。❺用手的虎口紧紧按住▷~脖子。
另见kǎ。

洽 qià 9画 氵部 左右
❶和谐；协调一致▷感情融~。❷跟人商量以求得协调▷接~|~商|~谈。

恰 qià 9画 忄部 左右
❶适当；合适▷~当。❷正；正好▷~如其分|~~相反|~好|~巧。☞跟"洽"不同。"接洽""融洽"的"洽"，不能写作"恰"。

qian

千 qiān 3画 丿部 独体
❶数字，十个一百。❷表示很多▷~锤百炼|成~上万|一落~丈|气象万~。☞数字"千"的大写是"仟"。

仟 qiān 5画 亻部 左右
数字"千"的大写。

迁 qiān 6画 辶部 半包围
❶（住所等）搬到别处▷~居|~移|搬~。❷变动；转变▷事过境~|变~。

牵 qiān 9画 大部 上下
❶拉；领着向前▷阿姨~着小朋友的手|~马|~动。❷连带；牵扯上▷~连|~涉|~累。❸挂念；惦记▷~挂|~念。

铅 qiān 10画 钅部 左右
❶金属元素，青灰色，有毒，可以制造铅字、蓄电池、防腐材料等。❷用石墨或加颜料的黏土制成的笔心▷~笔。☞右上是"几"，不带钩。

谦 qiān 12画 讠部 左右
兼：兰䒑兼兼
虚心；不自满▷~虚|~让。

签 qiān 13画 竹部 上下
❶在文件或单据上写上姓名、文字或画上记号▷~名|~字|~到|~押。❷上面有文字、符号的细竹片，用来算命、赌博等▷求~|抽~。❸一头尖的细竹木棍▷竹~|牙~儿。❹作为标志用的小条儿▷标~|行李~|书~。☞统读qiān，不读qiàn。

前 qián 9画 丷部 上下
❶朝对面的方向走▷勇往直~|停滞不~。❷人面对的方向或房屋正门所对的方向（跟"后"相对，⑤同）▷往~走|房~屋后。❸过去的；从前的▷史无~例|~功尽弃|~几年|~人|~妻。❹未来；将来▷~程|~景。❺次序在先的▷~十名|~两节课。

虔 qián 10画 虍部 半包围
虍：⺈𠂆虍虍
恭敬而有诚意▷~诚。

正字 迁(遷) 牵(牽) 铅(鉛) 谦(謙) 签(簽,籤)

钱 qián 10画 钅部 左右
戋：一戋戋

❶ 古代用铜铸造的扁圆形货币 ▷ 一文～｜铜～。❷ 指货币 ▷ 10元～｜零～｜找～。❸ 费用；款子 ▷ 先吃饭后交～｜书～｜房～。❹ 市制重量单位，10钱为1两，1市钱等于5克。

钳 qián 10画 钅部 左右
❶ 用来夹住或夹断东西的金属工具 ▷ 老虎～｜尖嘴～｜台～。❷ 夹住；限制 ▷ ～制。

乾 qián 11画 十部 左右
[乾坤] qiánkūn 代指天地、阴阳等 ▷ 扭转～。☞ 右边是"乞"，不是"气"。

潜 qián 15画 氵部 左右
❶ 深入水中 ▷ ～泳｜～水｜～艇。❷ 隐藏；不露在外面 ▷ ～伏｜～藏。❸ 秘密地 ▷ ～逃。☞ 统读qián，不读qiǎn。

黔 qián 16画 黑部 左右
❶ 黑色 ▷ ～首（古代指老百姓）。❷ 贵州的别称 ▷ ～驴技穷｜～剧。

浅 qiǎn 8画 氵部 左右
❶ 上下或里外之间的距离小（跟"深"相对）▷ 坑挖得太～｜水～｜屋子进深太～。❷ 学问、见识不多 ▷ 才疏学～｜肤～｜～薄。❸ 简明易懂 ▷ 深入～出｜～显｜～易。❹ 颜色淡 ▷ 色～｜～蓝。❺ 离开始的时间短 ▷ 资历～｜共事的日子～。❻ 感情不深 ▷ 交情～｜缘分～。❼ 分量轻；程度低 ▷ 害人不～。

遣 qiǎn 13画 辶部 半包围
目：丨尸目

❶ 派出去；使离去 ▷ 调兵～将｜派～｜差（chāi）～｜～送。❷ 排除；发泄 ▷ 排～｜消～。☞ 跟"遗"(yí)不同，"辶"右上不是"贵"。

谴 qiǎn 15画 讠部 左右
责备；斥责 ▷ ～责。

欠 qiàn 4画 欠部 上下
❶ 困倦时不由自主地张嘴深吸气，再呼出 ▷ ～伸（打哈欠，伸懒腰）。❷ 不足；缺乏 ▷ ～考虑｜～妥｜～缺。❸ 借了没有还，该给的没有给 ▷ ～账｜拖～｜～亏。❹ 上身或脚稍微抬起 ▷ ～了～身子｜一～脚就够着了。

纤 qiàn 6画 纟部 左右
拉船前进的绳子 ▷ 拉～｜～夫。

另见xiān。

茜 qiàn 9画 艹部 上下
西：冂西西

茜草,草本植物,根可以做红色染料,也可以做药材。
另见xī。

堑 qiàn 11画 土部 上下
车:一七车车
防御用的壕沟▷天~(天然的隔断交通的大沟,多指长江)。

嵌 qiàn 12画 山部 上下
把东西卡进较大东西的凹陷里▷戒指上|着宝石|镶~。

歉 qiàn 14画 欠部 左右
兼:䒑兼兼
❶农作物收成不好▷~收|~年。❷觉得对不住别人▷~疚|~意|道~|抱~。

qiang

抢 qiāng 7画 扌部 左右
碰;撞▷呼天~地。
另见qiǎng。

呛 qiāng 7画 口部 左右
仓:𠂉人今仓
食物或水进入气管引起咳嗽并突然喷出▷慢慢吃,别~着|游泳时~了点儿水。
另见qiàng。

枪 qiāng 8画 木部 左右
❶旧时兵器,有长柄,顶端有金属尖头▷蛇矛|~红缨~。❷发射子弹的武器▷手~|步~|机关~。❸性能或形状像枪的器械▷水~|电子~|焊~。

腔 qiāng 12画 月部 左右
❶动物体内或物体中的空心部分▷腹~|胸~|口~|炉~。❷曲调;唱腔▷梆子~|字正~圆。❸说话的声音、语气等▷京~|学生~|打官~。

强 qiáng 12画 弓部 左右
❶健壮;力量大(跟"弱"相对)▷~劳力|~国|~健|富~。❷使健壮;使强大▷~身|~心剂|自~不息。❸粗暴;蛮横▷~暴|~盗|~权。❹用强力(做)▷~渡|~攻|~制|~行。❺标准高;程度高▷很~的求知欲|上进心~。❻好;优越▷生活一年比一年~。❼用在分数或小数后面,表示比这个数略多一些▷2/3~|20%~。☞右上是"口",不是"厶"。
另见jiàng;qiǎng。

墙 qiáng 14画 土部 左右
啬:一+㐭产啬
用土、石、砖等筑成的承架房顶或隔断内外的建筑物▷城~|院~|围~|隔断~。

蔷 qiáng 14画 艹部 上下
[蔷薇]qiángwēi 落叶灌木,枝上有刺,夏初开花,色彩鲜艳,有香味,可供观赏。

正字 堑(塹) 抢(搶) 呛(嗆) 枪(槍) 墙(牆) 蔷(薔)

抢

qiǎng 7画 扌部 左右

❶把不属于自己的东西强行夺过来▷他把我的书～走了|～夺|～劫。❷争先▷～占高地|～购|～嘴。❸抓紧时间(做)▷抗洪～险|～救|～收。❹刮去(物体表层);擦伤▷磨剪子～菜刀|胳膊肘～掉了一块皮。

另见qiāng。

强

qiǎng 12画 弓部 左右

❶迫使▷～人所难|～迫。❷勉强▷牵～附会|～辩。☞表示以上意义时不读qiáng。

另见jiàng;qiáng。

呛

qiàng 7画 口部 左右

因刺激性的气体进入鼻孔、喉咙等而感到难受▷辣椒味儿～人|油烟真～嗓子。

另见qiāng。

qiao

悄

qiāo 10画 忄部 左右

[悄悄]qiāoqiāo ❶声音很小或没有声音▷在他耳边～说了几句话|静～。❷(行动)不惊动人或不愿别人知道▷～地溜走了|他～地自修了大学课程。

另见qiǎo。

雀

qiāo 11画 小部 上下

ᅩ小少乒乒雀雀

[雀子]qiāozi 雀(què)斑,脸部出现褐色小斑点的皮肤病。

另见què。

跷

qiāo 13画 足部 左右

尧:一七戈尧

❶抬起(腿);竖起(指头)▷着腿|～起大拇指。❷只用脚尖着地▷～起脚才能看得见。❸指高跷,传统戏曲、民间艺术中,供表演者绑在小腿上的有踏脚装置的木棍▷踩高～|～工。☞右上不要写成"戈"。

锹

qiāo 14画 钅部 左右

铁锹,挖土或铲东西的铁制工具。

敲

qiāo 14画 高部 左右

❶击打▷～鼓|～门。❷指敲竹杠,用欺骗手段抬高价格或倚仗势力索取财物▷让人～了一笔钱|～诈。☞右边不要写成"支"。

乔

qiáo 6画 丿部 上下

❶高▷～木|～迁。❷作假▷～装打扮。☞上边是"夭"(yāo),下边是一撇一竖。由"乔"构成的字有"侨""荞""桥""骄""轿"等。

正字 抢(搶) 呛(嗆) 跷(蹺) 锹(鍬) 乔(喬)

侨 qiáo 8画 亻部 左右
❶寄居国外▷～居|～胞|～民。❷寄居国外的人▷华～|外～|～汇。

荞 qiáo 9画 艹部 上下
[荞麦]qiáomài 粮食作物,茎绿中带红,开白色或淡红色小花。子实也叫荞麦,磨粉后可以吃。

桥 qiáo 10画 木部 左右
横跨河、沟、道路,连接两边以便通行的建筑物▷小木～|石拱～|立交～|天～|～梁。

翘 qiáo 12画 羽部 半包围
尧：一七戈尧
抬起(头)▷～首|～望。☞左上是"戈",不是"戈"。
另见qiào。

憔 qiáo 15画 忄部 左右
隹：亻亻亻亻亻
[憔悴]qiáocuì 瘦弱,面色不好▷面色～。

瞧 qiáo 17画 目部 左右
❶看▷让我～～|字太小,～不见|～病。❷看望;访问▷去医院～病人|～朋友。

巧 qiǎo 5画 工部 左右
❶手艺高;动作灵敏▷手艺～|心灵手～。❷精妙;神妙▷～计|精～|～妙。❸虚假;不实在▷花言～语。❹正好(碰上机会)▷他俩生日相同,真是太～了|恰～|～遇|～合。

悄 qiǎo 10画 忄部 左右
没有声音或声音很低▷～然无声。
另见qiāo。

壳 qiào 7画 几部 上下
物体外面的坚硬的表皮▷甲～|果～|地～|外～。
另见ké。

俏 qiào 9画 亻部 左右
❶相貌好看;漂亮▷长得挺～|～丽|俊～。❷货物招人喜爱,销路好▷这批水果卖得很～|～货。

峭 qiào 10画 山部 左右
山势又高又陡▷悬崖～壁|陡～。

窍 qiào 10画 穴部 上下
❶窟窿;特指人体器官上的孔▷七～流血。❷比喻事情的关键▷～门|诀～。

翘 qiào 12画 羽部 半包围
物体的一头向上扬起▷小辫儿往上～|～尾巴。
另见qiáo。

撬 qiào 15画 扌部 左右
用棍棒等一头插入缝隙中,用力挑起或拨开▷～石头

正字 侨(僑) 荞(蕎) 桥(橋) 翘^{qiáo}(翹) 壳(殼) 窍(竅) 翘^{qiào}(翹)

~门|~锁。

鞘 qiào 16画 革部 左右
革:⺿䒑革
装刀剑的硬套▷刀出~|剑~。

qie

切 qiē 4画 刀部 左右
❶用刀从上往下割;分割▷~西瓜|~除。❷使断开;隔断▷~断敌人的退路。☞左边是"七",不是"土"
另见qiè。

茄 qié 8画 ⺿部 上下
茄子,草本植物,果实也叫茄子,多为球形或长圆形,是常见的蔬菜。
另见jiā。

且 qiě 5画 丨部 独体
❶表示先做某事,别的事暂时不管,相当于"暂且"▷价钱多少~不谈,首先要保证质量|得过~过。❷表示并列关系,相当于"而且""又……又……"▷水流既深~急。

切 qiè 4画 刀部 左右
土 切切
❶两个物体互相摩擦▷咬牙~齿。❷靠近;接近▷~身利益|亲~。❸紧迫▷求胜心~|迫~|急~。❹相合;符合▷不~

实际|~题|~合。❺务必;必须▷写文章~忌说空话|~记。☞左边是"七",不是"土"。
另见qiē。

怯 qiè 8画 忄部 左右
心虚;害怕▷胆~|~场|~懦。☞统读qiè,不读què。

窃 qiè 9画 穴部 上下
❶偷▷盗~|偷~|失~。❷偷偷地;暗中▷~听|~笑。☞左下是"七",不是"土"。

qin

钦 qīn 9画 钅部 左右
❶敬重▷~佩。❷表示皇帝亲自(派遣或做)▷~差(chāi)|~定|~赐。

侵 qīn 9画 亻部 左右
(外来的敌人或有害的事物)进入内部并造成危害▷入|~犯|~害|~占。☞统读qīn,不读qǐn。

亲 qīn 9画 立部 上下
❶关系近;感情深(跟"疏"相对)▷~爱|~密|~近。❷指父母,也单指父或母▷双~|母~。❸泛指有血统关系或婚姻关系的人▷沾~带故|~属|~戚。❹指婚姻▷结~|定~|提~|~事。❺特指新娘

正字 窃(竊) 钦(欽) 亲(親)

▷娶～|迎～。❻血缘关系最近的▷～爹|～哥俩。❼用唇、脸接触,表示亲爱▷搂着孩子～了又～|～吻。❽表示动作行为是自己发出的,相当于"亲自"或"用自己的"▷～临|～历|～手|～口。

另见qīng。

芹 qín 7画 艹部 上下
芹菜,草本植物,有特殊香味。茎和叶可以吃,全株和果实可以做药材。

秦 qín 10画 禾部 上下
陕西的别称▷～腔。

琴 qín 12画 王部 上下
❶古琴,弦乐器,琴身狭长,有五根弦或七根弦,用拨子弹奏。❷某些乐器的统称▷钢～|风～|提～|胡～|口～。

禽 qín 12画 人部 上下
离:𠆢文禸离离
鸟类的统称▷家～|～兽。
下边不要写成"内"或"内"。

勤 qín 13画 力部 左右
堇:艹𦰩堇堇
❶做事努力,不偷懒▷～快|～劳|～奋。❷指事务工作▷外～|～务|后～。❸指按规定时间上下班的工作▷出～|考～|执～|全～。❹经常;次数多▷

～洗澡常换衣|～来～往。

擒 qín 15画 扌部 左右
捕;捉▷束手被～|～拿|～获。

寝 qǐn 13画 宀部 上下
❶睡觉▷废～忘食|～室。❷睡觉的地方▷就～。

qīng

青 qīng 8画 青部 上下
丰:二丰丰
❶颜色。a)蓝色▷～天。b)绿色▷～草|～苗|～菜。c)黑色▷～布|～丝(黑头发)。❷指青年▷～工|老、中、～结合。

轻 qīng 9画 车部 左右
车:一𠃊车车
❶重量小(跟"重"相对)▷这箱子分量不～|～而易举。❷不笨重;灵巧▷～装前进|～骑|～便|～巧。❸没有负担;轻松▷无事一身～|～闲|～音乐。❹不重要;不贵重▷责任～|礼物～。❺认为不重要;不重视▷～敌|～生|～蔑。❻不庄重;不严肃▷～薄|～浮|～狂。❼不慎重;随随便便▷～举妄动|～信|～率。❽程度浅;数量少▷病得不～|～伤|年纪～。❾用力不猛▷～～一点,别碰坏了|～～一推就倒了。

右边不要写成"圣"。

氢 qīng 9画 气部 半包围
非金属元素,无色无臭无味气体,是已知元素中最轻的。工业上用途很广。

倾 qīng 10画 亻部 左右
❶不正;斜▷头向前~|~斜。❷偏向;趋向▷左~|~向。❸倒塌▷~覆。❹使器物歪斜翻转,全部倒出里面的东西▷~倒(dào)垃圾|~盆大雨。❺用尽(力量);全部拿出▷~吐|~诉|~销。❻全▷~城出动。☞统读qīng,不读qǐng。

卿 qīng 10画 卩部 左右
卯:フヨ卯
❶古代高级官名▷~相|上~。❷古代表示亲切的称呼,用于君称臣或朋友、夫妻之间互称。☞左边不是"乡"。

清 qīng 11画 氵部 左右
❶(液体或气体)透明纯净,没有杂质(跟"浊"相对)▷~水|~泉|~澈。❷单纯,没有掺杂或配合的东西▷~唱|~一色|~茶招待。❸使纯洁;使干净▷~除|~洗。❹清楚;明白▷把情况弄~|分~|~晰。❺查点;结清▷~——人数|~账|~理。❻公正廉洁▷~廉|~正|~官。❼寂静▷~静|冷~。

蜻 qīng 14画 虫部 左右
[蜻蜓]qīngtíng 昆虫,身体细长,有两对翅,生活在水边,捕食蚊子等小飞虫,是益虫。

情 qíng 11画 忄部 左右
❶外界刺激引发的心理反应▷~不自禁|激~|感~|~绪。❷道理;常情▷合~合理|通~达理|人~世故。❸样子;状况▷病~|灾~|~景|形~|~况。❹男女相爱的感情▷谈~说爱|爱~。❺情分;面子▷~面|说~|求~|讲~。

晴 qíng 12画 日部 左右
天空无云或少云▷雨过天~|多云转~|~朗。

擎 qíng 16画 手部 上下
举;向上托住▷高~红旗|~天柱。☞不读jìng。

顷 qǐng 8画 匕部 左右
❶市制面积单位,100亩为1顷,1顷等于6.6667公顷。❷很短的时间▷少~|~刻。

请 qǐng 10画 讠部 左右
❶提出要求,希望实现▷~您明天来一趟|~求|~教|

~假。❷邀请;聘请▷~医生|~教员|~客。❸用于请求对方做某事,表示尊敬▷~进|~别误会|~让一让。

庆 qìng 6画 广部 半包围
广:广广
❶祝贺▷~丰收|欢~|~祝。❷值得祝贺的事和日子▷八十大~|婚~|国~|校~。❸吉祥;幸福▷吉~话|喜~事。

亲 qìng 9画 立部 上下
[亲家]qìngjia ❶由于子女相婚配结成的亲戚▷儿女~。❷夫妻双方父母之间的互称▷~母。
另见qīn。

qiong

穷 qióng 7画 穴部 上下
❶尽;完▷无~无尽|理屈词~|~尽。❷表示程度极高▷~凶极恶。❸彻底;极力▷~追猛打|~究。❹贫困;缺少钱财▷家里很~|贫~|~苦。❺边远;偏僻▷~乡僻壤|~巷。

琼 qióng 12画 王部 左右
❶美玉。❷精美的;美好的▷~楼玉宇(华丽的房屋)|~浆(美酒)。❸海南的别称▷~剧。

qiu

丘 qiū 5画 丿部 独体
厂ｒ丘丘
小山;土堆▷山~|沙~|~陵地带。

秋 qiū 9画 禾部 左右
❶庄稼成熟的季节▷麦~|大~。❷四季的第三季▷春夏~冬。❸指一年▷一日不见,如隔三~|千~万代。❹指特定的某个时期▷危急存亡之~|多事之~。❺秋天成熟的庄稼▷收~|护~。❻[秋千]qiūqiān 运动和游戏的器具,悬挂的两根长绳下端拴一块板,人坐或踩在板上前后摆动。

蚯 qiū 11画 虫部 左右
[蚯蚓]qiūyǐn 环节动物,生活在土壤中,能使土壤疏松、肥沃。

仇 qiú 4画 亻部 左右
姓。☞作姓氏用不读chóu。
另见chóu。

囚 qiú 5画 囗部 包围
❶关押▷~禁|~车|~犯。❷被囚禁的人▷死~。

求 qiú 7画 一部 独体
一十才求求

正字 庆(慶) 亲(親) 穷(窮) 琼(瓊)

❶想办法得到▷不~名,不~利|~学|寻~|追~|征~。❷恳请;乞求▷~人办事|~援|~情|~饶。❸要求▷精益~精。❹需要▷供大于~|需~。

泅 qiú 8画 氵部 左右
游水▷~水|武装~渡。

酋 qiú 9画 丷部 上下
酋:丷西西酋
部落的首领▷~长。

球 qiú 11画 王部 左右
求:十寸求求
❶由中心点到表面各点的距离都相等的立体▷~面|~体。❷球形的东西▷煤~|卫生~|眼~。❸指地球▷东半~|全~。❹指球形体育用品和球类运动▷皮~|足~|赛~|迷~。

裘 qiú 13画 衣部 上下
毛皮做的衣服▷~皮大衣。

qu

区 qū 4画 匚部 半包围
ㄱㄨ区
❶陆地、水面或空中的一定范围▷山~|禁渔~|自然保护~|居民~|灾~。❷分别;划分▷~别|~分。❸行政区划单位,如民族自治区、地区、市辖区、特区等。☞里边不是"乂"。由"区"构成的字有"抠""欧""鸥""躯""驱"等。
另见 ōu。

曲 qū 6画 丨部 独体
冂日曲曲
❶弯(跟"直"相对)▷~线|弯~|~折。❷不公正;不正确▷是非~直|歪~|~解。❸酿酒或做酱时引起发酵的东西,用曲霉和大麦、大豆、麸皮等制成▷酒~|大~。
另见 qǔ。

岖 qū 7画 山部 左右
[崎岖]qíqū 见"崎"。

驱 qū 7画 马部 左右
❶赶牲畜;赶车▷扬鞭~马|~车。❷赶走▷~寒|逐~|~除|~散。❸快跑▷长~直入|并驾齐~。❹迫使▷~使。

屈 qū 8画 尸部 半包围
出:乛凵中出出
❶弯曲(跟"伸"相对);使弯曲▷能~能伸|~指可数|~膝降。❷服从;使服从▷宁死不~|~服|~从。❸冤枉▷受~|冤~。❹(理)亏▷理~词穷。

蛆 qū 11画 虫部 左右
苍蝇的幼虫,白色,生在粪便、动物尸体和腐烂的东西

qū – quān

躯 qū 11画 身部 左右
身：'丨门身身
身体▷为国捐~|~体|身~。

趋 qū 12画 走部 半包围
走：土丰走
❶追求；迎合▷~名逐利|~炎附势。❷向某个方向发展▷大势所~|日~缓和|~向。

蛐 qū 12画 虫部 左右
[蛐蛐儿]qūqur 蟋蟀。

渠 qú 11画 木部 上下
巨：一彐巨
人工开凿的水沟、河道▷水到~成|河~|沟~。

曲 qū 6画 丨部 独体
❶古代一种韵文▷元~。❷歌曲▷高歌一~|《义勇军进行~》。❸歌谱▷为这首诗谱~|作~。
另见qū。

取 qǔ 8画 耳部 左右
耳：一丁工耳
❶拿；去拿应属于自己的东西▷~报纸|~汇款|领~。❷获得；招致▷~乐|~暖|自~灭亡。❸选取▷~景|~材|录~。

娶 qǔ 11画 女部 上下
把女子接到家里成婚(跟"嫁"相对)▷~媳妇|~妻。

去 qù 5画 土部 上下
❶离开；失掉▷~世|~职|大势已~。❷除掉；减掉▷绳子太长，得~掉一截|~粗取精。❸以往的▷~冬今春|~年。❹离开说话人这里到别的地方(跟"来"相对)▷~商场买东西|~向|~处。❺表示后面的动作是前面动作的目的▷拿着锄头~锄地。❻表示动作行为的持续或趋向等▷随他说~|一眼看~|朝大门外跑~|火车向远方驶~。❼去声，普通话四声中的第四声。

趣 qù 15画 走部 半包围
走：土丰走
❶意向；志向▷旨~|志~。❷趣味，使人感到愉快或有兴味的特性▷自讨没~|有~|乐~|风~。❸使人感到愉快或有兴味的▷~闻|~事。☞统读qù，不读qǔ。

quan

圈 quān 11画 囗部 包围
❶环形；环形的东西▷圆~|包围~|花~|救生~。❷比喻特定的范围或领域▷生活~|文化~。❸画圈做记号▷把不认识的字~出来|~点。

正字 躯(軀) 趋(趨)

❹围起来▷现场已用绳子～住了。

另见juān；juàn。

权 quán 6画 木部 左右
❶衡量；比较▷～衡利弊。❷权力,职责范围内支配的力量▷手中有～｜掌～｜当～｜职～。❸权利,可以行使的权力和应该享受的利益▷选举～｜发言～｜弃～。

全 quán 6画 人部 上下
❶完整；齐备；不缺少任何一部分▷人都到～了｜残缺不～｜十～十美｜齐～。❷使完整无缺或不受损害▷两～其美｜成～｜保～。❸整个的；全体的▷～世界｜～神贯注｜～部｜～面。❹表示没有例外,相当于"都"▷我们～是少先队员｜话～让他说完了。❺表示程度上百分之百,相当于"完全"▷～新的衬衫｜～不顾个人安危。

泉 quán 9画 白部 上下
水：丿 才 才 水
涌出地面的地下水▷温～｜矿～｜泪如～涌。

拳 quán 10画 手部 上下
关：丷 兰 关
❶拳头,五指向内弯曲合拢的手▷握～｜摩～擦掌｜挥～｜～击。❷弯曲▷～曲的头发。❸拳术,徒手的武术▷太极～｜打～。

痊 quán 11画 疒部 半包围
病好了▷～愈。

蜷 quán 14画 虫部 左右
虫：口中虫
(肢体)弯曲▷～起腿来｜小猫～成一团睡觉。

犬 quǎn 4画 犬部 独体
狗,哺乳动物,听觉和嗅觉十分灵敏,有的品种可以训练成猎犬、警犬。

劝 quàn 4画 又部 左右
❶勉励；鼓励▷～勉。❷说服,讲道理使人听从▷大家都～他别去｜～解｜～说｜～阻。

券 quàn 8画 刀部 上下
作为凭证的纸片；票据▷国库～｜奖～｜入场～。☞❶不读juàn。❷跟"卷"(juàn)不同,"奖券""国库券""入场券"的"券"不要写成"卷"。

另见xuàn。

que

缺 quē 10画 缶部 左右
缶：𠂉午缶
❶残破；不完整▷完整无～｜残～不全｜～口。❷缺少；不足▷

正字 权(權) 劝(勸)

桌子~了一条腿|医少药|欠~|~乏。❸不完善▷~点。❹该到而没有到▷~席|~勤。

瘸 qué 16画 疒部 半包围
肉：冂肉
腿脚有毛病，走路时身体不能保持平衡▷走路一~一拐|~子。

却 què 7画 卩部 左右
卩：丿卩
❶向后退▷退~。❷推辞；拒绝▷盛情难~|推~。❸表示结果，相当于"去""掉"▷了(liǎo)~一桩心事|忘~|失~|冷~。❹表示轻微的转折▷话虽不多，~很有分量|我对他很好，他~不理我。☞右边不要写成"阝"。

雀 què 11画 小部 上下
⺍⺌⺍⺌⺌雀雀
麻雀，多栖息在有人居住的地方，吃植物的果实或种子，也吃昆虫。☞由"小"和"隹"合成，右上不可缺一点。
另见 qiāo。

确 què 12画 石部 左右
❶坚决；坚定▷~认|~定|~信。❷符合实际的；真实的▷千真万~|准~|明~|~切。

鹊 què 13画 鸟部 左右
鸟：ʼ ㇉ 勹 鸟鸟
喜鹊，上体羽毛黑褐色，其余为白色，尾巴长，叫声响亮。

qun

裙 qún 12画 衤部 左右
❶裙子，一种围在腰部遮蔽下体的服装，没有裤腿▷连衣~|短~。❷形状或作用像裙子的东西▷围~|墙~。

群 qún 13画 羊部 左右
❶聚集在一起的许多人或物▷成~结队|人~|羊~|楼~。❷成群的；众多的▷~岛|~山|~居|~集。❸指众多的人▷~起响应|~情激奋|武艺超~。❹量词，用于成群的人或物▷一~人|一~羊。

正字 确(確) 鹊(鵲)

R

ran

然 rán 12画 灬部 上下
❶这样；那样▷不～|当～|所以～。❷附在某些词的后面，表示事物或动作的状态▷忽～|突～|偶～|显～|飘飘～。❸对；正确▷不以为～。❹[然而] rán'ér 表示转折▷试验虽然失败，～他们并不灰心。

燃 rán 16画 火部 左右
❶烧▷死灰复～|～烧|～料|点～。❷引火点燃▷～香|～放鞭炮。

染 rǎn 9画 木部 上下
❶给纺织品等上色▷～布|～衣服|印～。❷沾上；传上▷一尘不～|～病|沾～|传～|污～。☞右上不要写成"丸"。

rang

嚷 rāng 20画 口部 左右
吐：二井吐
[嚷嚷] rāngrang ❶吵闹▷大家乱～|小声点，千万别～。❷声张；传扬▷这事可别～出去。

☞右边是"襄"（xiāng），不要写成"良"或"上"。由"襄"构成的字还有"壤""攘""瓤"等。
另见 rǎng。

瓤 ráng 22画 瓜部 左右
❶瓜果的肉或瓣▷西瓜～|橘子～|红～|沙～。❷指包在里面的东西▷信～|秫秸～。

壤 rǎng 20画 土部 左右
农：彳亻农
❶适合种植的疏松的泥土▷沃～|红～|土～。❷大地▷天之别|霄～。❸地区▷穷乡僻～|接～（两个地区相连接）。

攘 rǎng 20画 扌部 左右
排斥；除掉▷～除|～外（抵御外患）。

嚷 rǎng 20画 口部 左右
❶大声喊叫▷别～，大家都在看书呢|大～大叫。❷争吵▷气得我跟他～了一顿。
另见 rāng。

让 ràng 5画 讠部 左右
❶把方便或好处留给别人▷你推我～，谁也不肯先坐|～步|～路|退～。❷把东西、

正字　让（讓）

权利等转给别人▷～出一间屋子给亲戚住｜～位｜转～｜出～。❸邀请；请客人(饮酒、用茶等)▷把客人～到房里｜～茶。❹容许；使▷不能～事态发展下去｜来晚了，～您久等了。❺被▷饭都～他吃光了｜～人打了一顿。

rao

饶 ráo 9画 饣部 左右
尧：一七戈尧
❶多；富足▷富～。❷额外添上▷买十个～一个。❸宽恕；该处罚而免去处罚▷～你这次，下次不许再犯｜～恕｜～命｜求～。☞右上不要写成"戈"。

扰 rǎo 7画 扌部 左右
打搅，使混乱或不安宁▷～民｜～乱｜搅～｜打～。☞右边是"尤"，不是"龙"。

绕 rào 9画 纟部 左右
尧：一七戈尧
❶缠▷把线～成团。❷围着中心转(zhuàn)动▷～着操场跑步｜～圈子｜围～｜环～。❸走弯路▷从旁边～过去｜～道而行｜～远。❹问题纠缠在一起，弄不清楚▷你把我～糊涂了｜一时～住了，没弄明白。☞㊀统读rào，不读rǎo。㊁右上不要写成"戈"。

re

惹 rě 12画 心部 上下
❶招引；挑逗▷～麻烦｜～火烧身｜～祸招～。❷触犯▷一句话把他～翻了｜～不起。

热 rè 10画 灬部 上下
❶温度高；感觉温度高(跟"冷"相对)▷天太～｜你穿得那么厚，～不～？｜～水｜炎～。❷使温度升高▷把汤药～一～再喝。❸情意深厚、强烈▷～心肠｜～烈｜～爱｜亲～。❹吸引人的▷～门儿｜～点。❺一个时期内最吸引人的现象▷气功～｜旅游～｜足球～。❻繁华；兴盛▷～闹｜～潮。

ren

人 rén 2画 人部 独体
❶能制造并使用工具，能使用语言交际的高等动物▷街上有许多～｜男～｜～类｜～民。❷指某种人▷证明～｜猎～｜军～｜外国～。❸指成年人▷长大成～。❹指别人▷舍己救～｜助～为乐｜诚恳待～。❺指每个人或一般人▷～手一册｜～所共知。❻指人的品质、名声▷王老师～很正直｜丢～｜现眼。

❼指人的身体▷上课要好好听讲,不要~在心不在。

壬 rén 4画 丿部 独体
二千壬

天干的第九位。参见"干"(gān)④。☞下边是"士",不是"土"。由"壬"构成的字有"任""饪"等。

仁 rén 4画 亻部 左右
❶对人友爱,有同情心▷~爱│~慈。❷果核或果壳里的东西▷杏~│核桃~│花生~◇虾~儿。

任 rén 6画 亻部 左右
姓。
另见rèn。

忍 rěn 7画 心部 上下
❶强压住感觉或情绪而不表现出来;耐着性子▷~着疼痛│~让│容~│~耐。❷能硬着心肠(对待惨痛的事)▷惨不~睹│~心。❸狠毒▷残~。

刃 rèn 3画 刀部 独体
丁刀刃

❶刀口▷这把刀卷了~│剑两面都有~│~刀。❷指刀剑等▷利~│白~战。

认 rèn 4画 讠部 左右
❶识别;分辨▷这是什么字,你帮我一一~│~不出来│辨~│~领。❷承认;同意或肯定▷~错│~罪│默~│~可│~命。❸建立或明确某种关系▷~了一门干亲│贼作父。

任 rèn 6画 亻部 左右
❶担负;担当▷~劳~怨│~厂长│~职│~教。❷职责;职务▷以天下为己~│~重道远│上~│卸~。❸派人担当职务▷委~│~命│~用。❹量词,用于任职的次数▷做过几~县长│第一~总统。❺放纵;听凭▷放~自流│~其自然│~人宰割│~意│~性│~凭。
另见rén。

纫 rèn 6画 纟部 左右
❶把线穿过针眼▷~上根线│~针。❷缝▷缝~。

韧 rèn 7画 韦部 左右
又软又结实,不容易断裂(跟"脆"相对)▷柔~│坚~│~带│~性。☞右边是"刃",不是"刀"。

饪 rèn 7画 饣部 左右
做饭菜▷烹~。

reng

扔 rēng 5画 扌部 左右
乃:乃乃

❶挥动手臂,使拿着的东西离

正字 认(認) 纫(紉) 韧(韌) 饪(飪)

开手;投掷▷把球~给我|~手榴弹。❷丢弃;抛弃▷把果皮~进垃圾箱|不能把工作一下不管。☞统读réng,不读rěng。

仍 réng 4画 亻部 左右
表示某种情况持续不变,或中断、变动后又恢复原状▷夜深了,爸爸~在工作|失败多次~不灰心|~然。

ri

日 rì 4画 日部 独体
❶太阳▷旭~东升|~落西山|~光|烈~。❷白天(跟"夜"相对)▷夜以继~|~班|~场。❸一昼夜;天▷1年365~|事隔多~,想不起来了|今~|明~。❹每天;一天天▷~新月异|~积月累|蒸蒸~上。❺指某一天或某一段时间▷生~|节~|往~|夏~。

rong

戎 róng 6画 戈部 半包围
二 于 戎 戎
军队;军事▷从~(参军)|~装(军装)。

茸 róng 9画 艹部 上下
❶(草初生时)又细又软▷草地上绿~~一片。❷(毛)浓密细软▷~毛。❸指鹿茸,雄鹿的嫩角(带有茸毛)▷参(shēn,人参)~。☞㊀不读ěr。㊁跟"耸"(sǒng)不同。

荣 róng 9画 艹部 上下
❶草木繁盛▷欣欣向~。❷光荣;光彩▷引以为~|~誉|~耀。❸兴盛▷繁~。

绒 róng 9画 纟部 左右
三 于 戎 戎
❶又细又软的短毛▷~毛|鸭~|驼~。❷面上有一层细毛的厚实的纺织品▷灯心~|长毛~|呢~|绸缎。

容 róng 10画 宀部 上下
❶盛(chéng);包含▷这个教室能~50人|~器|~量|~纳。❷对人宽大;谅解▷情理难~|决不~情|~忍|宽~。❸允许▷不~我解释|刻不~缓(一刻也不允许耽误)|~许。❹相貌;神色▷~貌|~颜|仪~|笑~|病~。❺事物的样子▷市~|军~|阵~。

蓉 róng 13画 艹部 上下
❶[芙蓉]fúróng 见"芙"。
❷四川成都的别称。

溶 róng 13画 氵部 左右
溶解,物质在液体里化开▷油漆不~于水|~液。☞跟"熔""融"意义不同。

正字 荣(榮) 绒(絨)

榕 róng 14画 木部 左右
❶榕树,常绿乔木,生长在热带和亚热带,木材轻软,可以做器具。❷福州市的别称。

熔 róng 14画 火部 左右
熔化,固体在高温下变为液体▷~炉|~铸。☞跟"融"意义不同。"熔"指固体受热变成液体,"融"特指冰雪等受热变成液体。

融 róng 16画 鬲部 左右
❶冰雪等受热化成水▷冰~成了水|~化|消~。❷几种不同的东西合为一体或调配在一起▷~会贯通|水乳交~|~合|~洽。☞跟"熔""溶"意义不同。

冗 rǒng 4画 冖部 上下
放着没用的;多余的▷~员|~长(cháng)。☞不读yōng或yǒng。

rou

柔 róu 9画 矛部 上下
矛:㇇㇇㇇矛矛
❶软;不硬▷~软|~弱|~韧。❷温和(跟"刚"相对)▷~和|~顺|温~。

揉 róu 12画 扌部 左右
❶用手反复擦、搓;按摩▷~眼睛|衣服不太脏,~两把就行|腰扭了,找大夫——~。❷团弄▷~面|~胶泥。

蹂 róu 16画 足部 左右
蹂;踏▷~躏(乱踩乱踏,比喻用暴力欺压、摧残)。

肉 ròu 6画 肉部 半包围
冂肉
❶人或动物体内被皮包着的柔软物质▷他不爱吃~|皮开~绽|~体|肌~|猪~。❷果实里面可以吃的部分▷这种瓜皮薄~厚|果~|桂圆~。

ru

如 rú 6画 女部 左右
❶符合;依照▷~期完成|~实汇报|~意。❷好像;同……一样▷几十年~一日|胆小~鼠|~同|犹~。❸如果;假如▷~有不同意见,请及时提出。❹比得上;赶得上(只用于否定)▷今年收成不~去年|牛马不~。❺表示举例▷不少欧洲国家都参加了这次会议,~法、英、德等|例~|比~。

儒 rú 16画 亻部 左右
❶旧指教书或读书的人▷~生|~医。❷春秋、战国时期以孔子、孟子为代表的一个学派▷~家。

蠕 rú 20画 虫部 左右
像蚯蚓那样爬行▷～动。☞统读rú,不读rǔ。

乳 rǔ 8画 ㄣ部 左右
❶乳房,分泌奶汁的器官▷双～｜～罩。❷奶汁▷水～交融｜哺～｜～牛｜白色。❸像奶汁的东西▷豆～(豆浆)｜～胶｜腐～。❹生下不久的;幼小的▷～燕｜～鸭｜～牙。

辱 rǔ 10画 辰部 上下
辰:丆厂厈辰
❶可耻的事情▷奇耻大～｜耻～｜屈～。❷使受到耻辱▷丧权～国｜侮～｜～骂。☞上边"辰"的第二画撇不把"寸"包进去,但由"辱"构成的"褥"字,右上"辰"的第二画要把"寸"包进去。

入 rù 2画 入部 独体
❶从外边到里边;进(跟"出"相对)▷病从口～｜由浅深｜侵～｜～门｜～场。❷放进;收进▷～库｜～窨｜纳～。❸参加(某种组织)▷～伍｜～学。❹合乎;合于▷～情～理｜穿着(zhuó)～时。

褥 rù 15画 衤部 左右
床上铺的垫子,多用布裹着棉花制成▷～被～｜皮～子｜～单儿。☞右边"辰"的第二画撇延长。

ruan

软 ruǎn 8画 车部 左右
❶柔软,物体受到外力以后容易变形(跟"硬"相对)▷面和(huó)～了｜保险丝比铁丝～｜～糖｜～席｜松～。❷没有气力▷两腿发～。❸不坚决;不强硬▷耳根子～｜心～｜硬的不行,他就来～的。❹质量差;力量弱▷货色～｜工夫～｜领导班子～一点。

rui

蕊 ruǐ 15画 艹部 上下
花蕊,植物的生殖器官,雌的能长出果实。☞跟"芯"(xīn)不同。

锐 ruì 12画 钅部 左右
❶(刀锋)又尖又快(跟"钝"相对)▷～利｜尖～。❷旺盛的气势;勇往直前的劲头儿▷养精蓄～｜～不可当(dāng)｜～气。❸快速;急剧▷～减｜～增。

瑞 ruì 13画 王部 左右
❶预兆;特指吉祥的预兆▷祥～(好的预兆)。❷吉祥的▷～雪兆丰年。

正字 软(軟) 锐(銳)

run

闰 rùn 7画 门部 半包围
地球绕太阳一周的时间是365天5小时48分46秒,公历把一年定成365天,所余的时间约每四年积累成一天,加在2月里;农历把一年定成354天或355天,所余的时间约每三年积累成一个月,加在某一年里。这种办法在历法上叫做闰。

润 rùn 10画 氵部 左右
❶潮湿;不干燥▷~泽|湿~。❷使不干燥▷~一—喉咙|把笔在砚台上~了一|浸~。❸细腻光滑;有光泽▷珠圆玉~|滑~|光~。❹利益;好处▷利~。

ruo

若 ruò 8画 艹部 上下
❶像;好像▷大智~愚|~有~无|旁~无人。❷如果;假如▷~理论~不与实际相联系,就是空洞的理论。

弱 ruò 10画 弓部 左右
❶力量小;实力差(跟"强"相对,❷❺同)▷强将手下无~兵|不甘示~|~国|~项。❷体质差;力气小▷年老体~|瘦~|衰~。❸年纪小▷老病残~。❹性格软弱▷怯~|脆~。❺用在分数或小数后面,表示比这个数略少一些▷2/3~|20%~。

S

sa

撒 sā 15画 扌部 左右
❶放出;张开▷打开鸡窝,把鸡~出来|~手|~网。❷尽力使出;表现出▷~野|~泼|~娇。☞右边不是"夂"。
另见sǎ。

洒 sǎ 9画 氵部 左右
西:冂西西
❶把水散布在地上▷扫地要先~水|~扫。❷散落▷饭粒~了一地。

撒 sǎ 15画 扌部 左右
❶分散地扔出▷~种|化肥|~播。❷分散地落下▷

正字 闰(閏) 润(潤) 洒(灑)

瓜子~了一地|把油碰~了。

另见sā。

飒 sà 9画 立部 左右
[飒飒]sàsà 拟声词，模拟风声、雨声等▷秋风~|寒雨~。

萨 sà 11画 艹部 上下
[菩萨]púsà 见"菩"。☞不读sā。

sai

腮 sāi 13画 月部 左右
心：心心心
脸面下半部的两边。也说腮帮子。

塞 sāi 13画 宀部 上上
丼：二丼丼
❶堵住▷把耗子洞~住。❷把东西填入或胡乱放入▷瓷器装箱，要~上些刨花|抽屉里~满了东西。❸堵住容器口或孔洞的东西▷软木~|耳~。☞"塞"①②只能单用，不能同其他词组合成词。"堵塞""闭塞""阻塞""淤塞"等多音节词中的"塞"，读sè。

另见sài；sè。

塞 sài 13画 宀部 上下
边界上险要的地方▷要~|关~|边~。

另见sāi；sè。

赛 sài 14画 宀部 上下
❶比较高低、强弱▷~跑|~篮球|比~|竞~|~场。❷比得上；胜过▷一个~一个|萝卜~梨。❸指比赛活动▷足球~|田径~。☞不要简化写成"宷"。

san

三 sān 3画 一部 独体
❶数字，二加一的和。❷表示多数或多次▷~番五次|~令五申|再~。☞"三"的大写是"叁"。

叁 sān 8画 厶部 上下
数字"三"的大写。☞跟"参"（cān）不同。

伞 sǎn 6画 人部 上下
八个伞伞
❶遮挡雨水或阳光的用具▷打~|雨~|阳~|折叠~。❷形状像伞的东西▷灯~|降落~。

散 sǎn 12画 攵部 左右
❶分开的；零碎的▷一盘~沙|~兵游勇|~装|~碎。❷药粉▷丸~|膏丹丸~|避瘟~。❸松开；分散（sàn）▷包袱~了|~架|松~|~漫。

另见sàn。

正字 飒(颯) 萨(薩) 赛(賽) 伞(傘)

散 sàn 12画 攵部 左右
❶聚在一起的人或物分开▷会议还没~|烟消云~|离~|~伙。❷分散到各处▷~布|~发|~播。❸排遣;解除▷~心|~闷。
另见sǎn。

sang

丧 sāng 8画 十部 上下
十中央声丧
跟人死有关的事▷治~|报~|~服。☞下边不要写成"衣"。
另见sàng。

桑 sāng 10画 木部 上下
落叶乔木,叶子可以喂蚕,果实可以生吃或酿酒,枝条皮可以造纸。☞上边三个"又"字的捺(㇏)都变成点(丶)。

搡 sǎng 13画 扌部 左右
用力猛推▷叫人~了个跟头|连推带~。

嗓 sǎng 13画 口部 左右
❶喉咙▷~音|~子哑了。❷指嗓音,声带发出的声音▷哑~|尖~|~门儿。

丧 sàng 8画 十部 上下
❶失去;丢掉▷~尽天良|~权辱国|~失|~命。❷不得意;情绪低落▷沮~|懊~。

另见sāng。

sao

搔 sāo 12画 扌部 左右
叉:又叉
用指甲或别的东西抓挠▷~头皮|隔靴~痒(比喻没有抓住要害)。☞右边是"蚤",不是"蚤"。

骚 sāo 12画 马部 左右
虫:口中虫
❶扰乱▷~扰|~动|~乱。❷举动轻浮,行为放荡▷风~|~货。

臊 sāo 17画 月部 左右
像尿那样难闻的腥臭气味▷又~又臭|~气|腥~。
另见sào。

扫 sǎo 6画 扌部 左右
❶用笤帚等清除尘土和垃圾▷~炕|~地|打~。❷清除;消除▷~雷|~盲|~荡。❸迅速掠过▷~射|~描|~视。☞右边不要写成"彐"。
另见sào。

嫂 sǎo 12画 女部 左右
叟:ᶠ 臼臼申叟
❶哥哥的妻子▷二~|表~。❷称跟自己年龄差不多的已婚妇女▷李大~|刘~。☞右上

正字　丧sāng(喪)　丧sàng(喪)　骚(騷)　扫(掃)

"白"字中间一竖上下要出头。

扫 sào 6画 扌部 左右
[扫帚]sàozhou 比笤帚大的扫地工具,多用竹枝扎成。
另见sǎo。

臊 sào 17画 月部 左右
害羞;难为情▷～红了脸|没羞没～|害～。
另见sāo。

se

色 sè 6画 色部 上下
巴:ㄱㄲㄗ巴
❶面部的气色、表情▷面不改～|和颜悦～。❷景象;情景▷景～|暮～|月～。❸种类▷各～各样|货～齐备|各～人等。❹颜色▷黄～|五光十～|～彩。❺女子的美好容貌▷姿～。❻物品(多指金银)的成分▷成～。
另见shǎi。

涩 sè 10画 氵部 左右
刃:ㄌ刀刃
❶不光滑;不滑润▷摸着发～|两眼干～|滞～|枯～。❷舌头感到麻木▷这柿子特别～|苦～。❸不自然;不流畅▷羞～|晦～|艰～。

啬 sè 11画 十部 上下
小气;应当用的财物舍不得用▷吝～。

瑟 sè 13画 王部 上下
必:心心必必
❶古代一种像琴的弦乐器▷琴～。❷[瑟瑟]sèsè 拟声词,模拟微风等轻细的声音▷秋风～。

塞 sè 13画 宀部 上下
𡚇:三井𡚇
意思跟"塞"(sāi)①相同,只用于成语和多音节词▷茅～顿开|堵～|闭～|阻～|淤～。
另见sāi;sài。

sen

森 sēn 12画 木部 上下
❶树木多▷～林|松柏～～。❷阴暗▷阴～。☞㈠统读sēn,不读shēn。㈡通常情况下,一个字里右边如果有两个捺(丶),其中一个必须改成点(丶),"森"字例外,上边和下右"木"字的一捺都不改。

seng

僧 sēng 14画 亻部 左右
曾:丷丷㐄曾
和尚,在寺庙里修行的男佛教徒▷落发为～|～人|～侣。☞右边中间不要写成"田"。

正字 扫(掃) 涩(澀) 啬(嗇)

sha

杀 shā 6画 木部 上下
❶强使人或动物结束生命▷～人｜～猪｜～伤｜～害。❷搏斗；战斗▷～出一条血路｜～人敌群。❸消除；削减▷～一～他的威风｜～价。☛下边不要写成"木"。

杉 shā 7画 木部 左右
意思跟"杉"(shān)相同，用于"杉篙""杉木"等词。
另见shān。

沙 shā 7画 氵部 左右
少：丨丷小少
❶细碎的石粒▷飞～走石｜～土｜～漠｜～滩。❷颗粒小而松散像沙的东西▷豆～｜蚕～(蚕屎)。❸嗓音发哑▷喊得声音都有点～了｜～哑。☛右边"少"中间一竖不带钩。

纱 shā 7画 纟部 左右
❶用棉花、麻等纺成的细丝，可以合成线或织成布▷纺～｜棉～。❷用纱织成的稀疏的织物▷～巾｜～布｜～窗～。

刹 shā 8画 刂部 左右
使车辆、机器等停止运行▷～车｜～闸◇～住这股歪风。☛左下不要写成"木"。

砂 shā 9画 石部 左右
❶细碎的石粒▷～布｜～纸｜～轮｜～岩。❷像砂的东西▷～矿～。☛"砂"①跟"沙"①意思相同，但在"砂布""砂纸""砂轮""砂岩"等词中通常写成"砂"。

煞 shā 13画 灬部 上下
❶结束；止住▷把话～｜～尾｜～账。❷勒紧▷把口袋～紧｜～一～腰带。☛左边"⺕"中间一横向右不出头。
另见shà。

鲨 shā 15画 鱼部 上下
鲨鱼，牙锋利，性凶猛，生活在海洋中。肉可以吃，鳍和唇是名贵食品，肝可制鱼肝油。

啥 shá 11画 口部 左右
什么(用于某些地区)▷你干～去？｜～时候了？｜要有～。☛统读shá，不读shà。

傻 shǎ 13画 亻部 左右
❶智力低下；笨▷一点也不～｜装～｜吓～了。❷心眼死；不灵活▷～等了半天｜要巧干，不能～干。☛右下不要写成"夂"。

厦 shà 12画 厂部 半包围
厂：一厂

正字 杀(殺) 纱(紗) 鲨(鯊)

大房子;大楼▷高楼大～。☞上边不要写成"广"。
另见xià。

煞 shà 13画 灬部 上下
❶迷信的人指凶神▷凶神恶～|满脸～气。❷很;极|脸气得～白|～费苦心。
另见shā。

霎 shà 16画 雨部 上下
极短的时间▷～时|一～。

shai

筛 shāi 12画 竹部 上下
❶筛子,用竹条或铁丝等编成的器具,底上有很多孔,用来淘汰细碎的东西。❷用筛子过东西▷把米～干净|～沙子。☞左下不是两竖。

色 shǎi 6画 色部 上下
巴:ㄱㄱㄱ巴
意思跟"色"(sè)❹相同,用于口语▷掉～|套～|上～|落(lào)～。
另见sè。

晒 shài 10画 日部 左右
❶太阳照射▷～得我头晕眼花。❷把东西放在太阳光下使它干燥;人或物在阳光下吸收光和热▷～衣服|～～太阳。

shan

山 shān 3画 山部 独体
丨山山
❶地面上由土、石形成的巨大而高耸的部分▷村子四周都是～|火～|～峰|～区。❷像山的东西▷冰～|～房～(人字形屋顶的房屋两侧的墙)。❸供蚕吐丝做茧的设备▷蚕上～了|蚕～。

杉 shān 7画 木部 左右
常绿乔木,树干高而直,木材可用于建筑和制作家具。
另见shā。

删 shān 7画 刂部 左右
册:刖册
去掉(某些字句)▷这段话应该～掉|～繁就简|～改|～节。

苫 shān 8画 艹部 上下
草编的盖或垫东西的用具▷草～子。
另见shàn。

衫 shān 8画 衤部 左右
❶单层的上衣▷汗～|衬～|羊毛～。❷泛指衣服▷破衣烂～|长～|夹克～。

姗 shān 8画 女部 左右
[姗姗]shānshān 形容走路缓慢从容▷～来迟。

正字 筛(篩) 晒(曬)

珊 shān 9画 王部 左右
[珊瑚] shānhú 珊瑚虫（海里一种腔肠动物）骨骼的聚集体,有的形状像树枝,鲜艳美观,可以供观赏。

舢 shān 9画 舟部 左右
[舢板] shānbǎn 一种用桨划行的小船。

扇 shān 10画 户部 半包围
户：`丶丆户`
摇动扇子一类的东西使空气加速流动▷～扇(shàn)子。
另见shàn。

煽 shān 14画 火部 左右
鼓动(别人做不该做的事)▷～动｜～惑。

膻 shān 17画 月部 左右
像羊身上的那种气味▷～气｜腥～。

闪 shǎn 5画 门部 半包围
❶迅速侧身避开▷赶紧～到一边｜躲～｜～开。❷突然显现或时隐时现▷灯光一～｜电～雷鸣｜～念｜～耀。❸闪电,阴雨天气云层放电时发出的光▷打～。❹动作过猛而扭伤▷小心别～了腰。☛包围或半包围结构里边的"人"字末笔要写成点(、)。

陕 shǎn 8画 左阝部 左右
指陕西▷～北。

苫 shàn 8画 艹部 上下
(用席、布等)遮盖▷用席把粮食～上｜～布。
另见shān。

单 shàn 8画 丷部 上下
姓。
另见chán；dān。

扇 shàn 10画 户部 半包围
羽：`丁习羽羽`
❶能摇动或转动生风的用具,多为薄片状▷纸～｜折～｜电～｜排风～。❷用来遮挡的板状或片状物▷门～｜隔～｜窗～。❸量词,用于门窗等▷一～门｜两～窗子。
另见shān。

善 shàn 12画 羊部 上下
`䒑羊䒑䒑善`
❶良好▷多多益～｜改～｜完～。❷善良;心地好(跟"恶"相对,③同)▷性～｜慈～｜和～。❸善行;善事▷改恶从～｜行～。❹友好;和睦▷友～｜亲～。❺在某方面有专长;擅长▷～交际｜能歌～舞。❻容易产生▷～变｜多愁～感。❼好好地;妥善地▷～自珍重｜～罢甘休。☛"口"上不要写成

缮 shàn 15画 纟部 左右
❶修补好▷修～。❷工整地抄写▷～写。

擅 shàn 16画 扌部 左右
❶超越权限自作主张▷～离职守｜～自处理。❷在某方面有专长▷不～辞令｜～长。☞右下是"旦",不是"且"。

膳 shàn 16画 月部 左右
饭食▷用～｜～食。

赡 shàn 17画 贝部 左右
供给;供养▷～养父母。☞不读zhān。

shang

伤 shāng 6画 亻部 左右
亻 仁 伤 伤 伤
❶身体或物体受到的损害▷腿上有～｜内～｜虫～。❷损害▷～了胳膊｜～了自尊心｜～天害理。❸悲哀;忧愁▷～心｜悲～｜忧～。❹受某种侵害而得病▷～风｜～寒｜～湿止痛膏。❺因饮食过度而感到厌烦▷吃肉吃～了。

商 shāng 11画 亠部 上下
❶以买卖货物为职业的人▷皮货～｜富～｜客～｜～贩。❷买卖商品的活动▷经～｜～务｜～店。❸讨论;交换意见▷～谈｜～讨｜～议｜磋～。❹算术中除法运算的得数,如10被2除的商是5。☞下边"冂"里不要写成"古"。

墒 shāng 14画 土部 左右
土壤的湿度▷抢～｜保～｜～情。

上 shǎng 3画 卜部 独体
上声,普通话四声中的第三声。
另见shàng;shang。

晌 shǎng 10画 日部 左右
❶正午或正午前后▷～午｜吃～饭｜歇～。❷指一天内的一段时间,也指一个白天▷前半～｜晚半～｜半～。☞跟"响"(xiǎng)不同。

赏 shǎng 12画 贝部 上下
❶赐给;奖励(跟"罚"相对)▷～他一笔钱｜～罚分明｜奖～。❷赐给或奖励的东西▷悬～｜有～｜领～。❸宣扬;称赞▷识～｜赞～。❹观赏;欣赏▷～月｜～花｜～析。☞跟"尝"(cháng)不同。

上 shàng 3画 卜部 独体
❶高处;位置在高处的(跟"下"相对)▷往～走｜高高

正字 缮(繕) 赡(贍) 伤(傷) 赏(賞)

在~|~游|~层|~肢。❷时间或顺序在前的▷~半年|~回|~集。❸等级或质量较高的▷~级|~将|~等。❹从低处到高处;登▷~山|~楼|~台。❺向前进▷迎着困难~|一拥而~。❻呈献;奉上▷~茶|~菜|~税|~供。❼去;往▷~天津|~学校|~街。❽达到(一定的数量或程度)▷人均收入~千元|~了岁数|~档次。❾增补;添加▷~货|~煤|~膘。❿记载;登载▷他的事迹~了报了|~账。⓫安装;拧紧▷~刺刀|~玻璃|~发条|~螺丝。⓬涂;抹▷~漆|~色(shǎi)|~药。⓭按规定的时间活动▷~夜班|~操|~课。

另见shǎng;shang。

尚 shàng 8画 ⺌部 上下
⺌:⼁⼃⺌
❶崇高▷高~。❷推崇;注重▷崇~|~武(注重军事或武术)。❸还(hái)▷~好|~未成年。

上 shang 3画 卜部 独体
❶表示动作达到了目标或已经开始并继续下去▷住~了新房|当~了模范|大家又聊~了|吃完饭就忙~了。❷表示事物的范围或方面▷会~|课堂~|书本~|思想~|实际~。

另见shǎng;shàng。

裳 shang 14画 衣部 上下
衣:丶一亠才衤衣
[衣裳]yīshang 衣服。

shao

捎 shāo 10画 扌部 左右
⺌:⼁⼃⺌
顺便带东西或传话▷托人~点东西|~口信|~脚。

另见shào。

烧 shāo 10画 火部 左右
尧:一七戈尧
❶使东西着火▷火盆里~着炭|焚~|燃~。❷加热使物体起变化▷~水|~饭|~砖|~炭。❸做饭菜,也指一种烹饪方法▷~得一手好菜|~鸡|~茄子。❹因病体温增高▷病人~到39℃多。❺比正常体温高的体温▷~退了|发高~。☞右上不要写成"戈"。

梢 shāo 11画 木部 左右
树枝或长条形东西较细的一头▷树~|眉~|辫~。☞跟"稍""捎"不同。

稍 shāo 12画 禾部 左右
表示数量不多、程度不深

勺芍少绍捎哨奢赊 sháo-shē

勺 sháo 3画 勺部 独体
勹勺
有把(bà)儿的舀东西的厨具▷用～舀饭|汤～|炒～|马～。☞跟"匀"(yún)不同。

芍 sháo 6画 艹部 上下
[芍药]sháoyào 草本植物,花大而美丽,像牡丹,是著名的观赏植物。

少 shǎo 4画 小部 独体
丨ㄐ小少
❶数量小(跟"多"相对,②同)▷收入不多,花销不～|稀～|～数|～量。❷短缺▷这种事可～不了他|必不可～。❸丢失▷书包找回来了,里面的东西一件没～。☞上边一竖不带钩。由"少"构成的字有"沙""砂""纱""省"等。
另见shào。

少 shào 4画 小部 独体
❶年纪轻(跟"老"相对)▷～男～女|～年|～壮。❷旧时称有钱有势人家的儿子▷阔～|恶～。❸同级军衔中较低的▷～将|～校|～尉。
另见shǎo。

绍 shào 8画 纟部 左右
刀:刀刀
[介绍]jièshào 使双方认识或发生联系▷～工作|～信。

捎 shào 10画 扌部 左右
❶(牲畜、车辆等)稍向后退▷把马车往后～～。❷(颜色)减退▷'～色(shǎi)。
另见shāo。

哨 shào 10画 口部 左右
❶巡逻;警戒▷～探|巡～。❷为警戒、巡逻而设的岗位,也指执行这种任务的士兵▷瞭望～|岗～|～兵|～所。❸哨子,一种可以吹出像鸟叫声的器物▷比赛开始的～声响了|吹～。

she

奢 shē 11画 大部 上下
者:土耂者
❶大手大脚乱花钱;享受过度(跟"俭"相对)▷～侈|～华。❷过分的▷～望。

赊 shē 11画 贝部 左右
买卖货物时延期付款或收款▷货款先～着,月底还清|～欠|～购。☞右边不要写成"余"。

正字 绍(紹) 赊(賒)

舌 shé 6画 舌部 上下

❶舌头,人和某些动物口中辨别滋味、帮助咀嚼和发音的器官。❷形状像舌头的东西▷帽~|火~。☞第一画不要写成横。由"舌"构成的字有"敌""适""括""话""活"等。

折 shé 7画 扌部 左右

❶断▷铅笔~了。❷亏损▷做买卖~了本儿|~耗。☞跟"拆"(chāi)不同。

另见zhē;zhé。

蛇 shé 11画 虫部 左右
匕:ノ匕

爬行动物,身体圆筒形,细长,舌头细长分叉。有的有毒。

舍 shě 8画 人部 上下

放弃;丢下▷~近求远|依依不~|取~|~弃。☞下边不要写成"舌"。

另见shè。

设 shè 6画 讠部 左右

❶摆放;安置▷陈~|摆~|架~。❷建立;开办▷这个机构是新~的|~立|建~|开~。❸筹划;考虑▷~法|建筑~计。❹假定;假想▷~身处(chǔ)地|~想。☞右上是"几",不带钩。

社 shè 7画 礻部 左右

指某些团体、机构等▷集会结~|诗~|报~|出版~|旅~。

舍 shè 8画 人部 上下

❶居住的房屋;住所▷校~|宿~。❷称自己的家或比自己小的亲属,表示谦虚▷寒~|~侄|~弟|~亲。❸饲养家畜的圈▷鸡~|猪~。

另见shě。

射 shè 10画 身部 左右
寸:寸寸

❶借助冲力或弹力迅速发出(箭、子弹等)▷~箭|扫~|~门。❷液体受压通过小孔迅速喷出▷喷~|注~。❸(话里的意思)指向▷影~|暗~。❹发出(光、热、电波等)▷光芒四~|反~。

涉 shè 10画 氵部 左右
步:⺊止⺊止步

❶徒步过水;从水上经过▷跋山~水|远~重洋。❷经历▷~险。❸关连;牵连▷~及|外~|~嫌。☞右下不要写成"少"。

赦 shè 11画 赤部 左右
赤:十亍赤

减轻或免除刑罚▷~罪|大~|

正字 舍shě(捨) 设(設)

~免。

摄 shè 13画 扌部 左右
耳：一 丆 耳
❶吸取▷~取｜~食｜~影。❷指摄影▷~制｜拍~。☞统读shè，不读niè或zhé。

shei

谁 shéi 10画 讠部 左右
隹：亻 亻 伫 伫 隹
❶什么人；哪个人▷~来做报告？｜去旅游的都有~？ ❷表示任何人，无论什么人▷~也不知道该干什么｜不论~都得去｜~准备好~发言。❸表示没有一个人▷~能比得上你呀！☞又音shuí。在古诗文中一般读shuí。

shen

申 shēn 5画 丨部 独体
曰申
❶陈述；说明▷三令五~｜~请｜~辩｜~述｜~冤｜~雪。❷地支的第九位。参见"支"⑦。

伸 shēn 7画 亻部 左右
舒展开或向一定方向延展▷把腿一直｜小路~向远方｜~展｜~缩。

身 shēn 7画 身部 独体
丿 冂 肎 身
❶人或动物的躯体▷~高 1.2 米｜~体｜~材。❷物体的主体或主干部分▷机~｜车~｜船~。❸自身；本人▷~为班长，应当带头守纪律｜以~作则。❹生命；一生▷舍~救人｜奋不顾~｜终~｜~后。❺品德；才能▷修~养性｜~手不凡。❻社会地位▷~败名裂｜~份｜出~。❼量词，用于衣服▷买了两~衣服。☞"身"作左偏旁时，中间一撇向右不出头，如"射""躯"。

呻 shēn 8画 口部 左右
[呻吟] shēnyín 因为痛苦而发出哼哼的声音▷伤员躺在地上~着｜无病~。

参 shēn 8画 厶部 上下
指人参，草本植物，有肥大的肉质根，可以做药材。
另见 cān；cēn。

绅 shēn 8画 纟部 左右
绅士，旧时指地方上有势力、有地位的人▷乡~｜豪~｜土豪劣~。

深 shēn 11画 氵部 左右
❶从上到下或从外到里的距离大(跟"浅"相对，③—⑥

同)▷河水很~|挖一个~坑|~耕|~山老林。❷从上到下或从外到里的距离;深度▷井水有一丈多|纵~|进~。❸(道理、含义等)不易理解▷这篇文章很~,要反复体会|~入浅出。❹深入;深刻▷想得很~|~思熟虑|影响~远。❺(感情)深厚;(关系)密切▷~情|~交。❻(颜色)浓▷~蓝|穿~色衣服。❼经历的时间久▷夜~了|年~日久|~秋。❽很;十分▷~知|~怕|~信不疑。

什 shén 4画 亻部 左右
[什么]shénme ❶表示疑问▷这是~?|她是你的~人?❷指不确定的事物▷随便吃点~|~困难也吓不倒我们|你要~样的就买~样的。❸表示惊讶或不满▷~!都8点了,要迟到了!|看~电视,还不快做功课。❹表示列举不尽▷~花呀、草呀,种了一院子|桌上摆满了苹果、橘子、香蕉~的。
另见 shí。

神 shén 9画 礻部 左右
❶古代传说和宗教中指天地万物的创造者和统治者,或能力超人,可以长生不老的人物▷求~拜佛|~仙|~灵。❷特别神奇的;极其高超的▷~机妙算|~医|~效|~妙。❸指人的精神或注意力▷全~贯注|出~|愣~。❹人的表情和所显示的内心状态▷~色|~态|~采。

沈 shěn 7画 氵部 左右
[沈阳]shěnyáng 地名,在辽宁。

审 shěn 8画 宀部 上下
❶仔细地观察;考查▷~稿|~察|~定。❷精细;周密▷~慎|精~。❸问案子▷~案|~判|候~|公~。

婶 shěn 11画 女部 左右
❶叔叔的妻子▷~子|~母。❷称跟父母同辈而年龄比较小的已婚妇女▷张~|李二~。

肾 shèn 8画 月部 上下
肾脏,人和高等动物的主要排泄器官。

甚 shèn 9画 一部 独体
甚其甚
❶厉害;严重▷欺人太~。❷很;非常▷反映~佳|来宾~多。

渗 shèn 11画 氵部 左右
液体逐渐透入或漏出▷水~到地里去了|额角上~出

正字 沈(瀋) 审(審) 婶(嬸) 肾(腎) 渗(滲)

慎 shèn 13画 忄部 左右
小心；不大意 ▷ 谨小~微｜~重｜谨~｜不~。

sheng

升 shēng 4画 丿部 独体
❶向上或向高处移动（跟"降"相对，②同）▷ 太阳~起来了｜~旗｜上~｜回~。❷（级别）提高 ▷ ~级｜~格｜晋~。❸量粮食的器具，容量是斗的1/10。❹市制容量单位，10合(gě)为1升，10升为1斗，1市升等于法定容量单位1升。❺法定容量单位，1000毫升为1升。

生 shēng 5画 生部 独体
𠂉 𠂉 牛 生
❶生物体长出 ▷ ~根发芽｜荆棘丛~｜小蝌蚪已经~了脚｜野~｜~长。❷人和动物生产 ▷ ~孩子｜~育。❸出生 ▷ ~于北京｜1978年~人｜诞~。❹读书人；学生 ▷ 书~｜考~｜女~｜研究~。❺产生；发生 ▷ 熟能~巧｜无事~非｜~病｜~锈｜~财。❻活着；生存（跟"死"相对）▷ 出~人死｜~还｜永~。❼生命；一辈子 ▷ 有~之年｜丧~｜一~｜前半~｜毕~。❽有生命力的；活的 ▷ ~物｜~猪。❾（食物）没有做熟的；（果实）没有成熟的 ▷ 夹~饭｜~鸡蛋｜~瓜。❿没有加工、锻制或训练的 ▷ ~石灰｜~铁｜~荒地｜~马驹。⓫不熟悉 ▷ 人~地不熟｜~人｜~字｜~僻。⓬生硬；勉强 ▷ ~搬硬套｜~拉硬拽｜~造词语。☞"生"作左偏旁时，末笔横要改成提（一），如"甥"。

声 shēng 7画 士部 上下
尸 : 乛 尸 声
❶声音，物体振动发出的音响 ▷ 说话小点~｜雷~｜歌~｜~响。❷发出声音；宣扬 ▷ 不~不响｜~称｜~讨｜~张。❸名誉；威望 ▷ 名~｜~誉｜~望。❹声母，一个汉字音节开头的辅音。❺声调，字音的高低升降。❻量词，用于发出声音的次数 ▷ 哭了几~｜一~枪响。☞上边是"士"，不是"土"。

牲 shēng 9画 牛部 左右
牜 : 𠂉 𠂉 牛
家畜 ▷ ~口｜~畜。

笙 shēng 11画 竹部 上下
我国传统的吹奏乐器，由许多长短不齐的带簧的竹管组成。

甥 shēng 12画 生部 左右
姐姐或妹妹的子女 ▷ 外

正字 声(聲)

~|外~女。

绳 shéng 11画 纟部 左右
❶绳子,用两股以上丝、棉、麻纤维或草、棕等拧成的成条的东西▷把衣服晾到~上|麻~|草~|钢丝~。❷标准;规矩▷准~。❸约束;制裁▷~之以法(用法律来制裁)。

省 shěng 9画 小部 上下
❶减少;免除▷这道工序不能~|~略。❷节约(跟"费"相对)▷~时间|~工|~料|~钱。❸简略▷~略|~写。❹我国地方行政区划单位,直属中央政府▷山东~|~辖市|~会。☞上边一竖不带钩。

另见 xǐng。

圣 shèng 5画 又部 上下
❶品格最高尚,智慧最高超▷~明|~人。❷品格最高尚、智慧最高超的人;在某方面有极高成就的人▷~贤|诗~|棋~。❸最崇高;最庄严▷神~|~洁|~地。❹君主时代尊称帝王▷~上|~旨。❺宗教徒尊称所崇拜信仰的人或事物▷~诞|~经。

胜 shèng 9画 月部 左右
❶能承担;经得住▷能~任教学工作|不~其烦。❷尽▷不可~数|不~枚举。❸在斗争或竞赛中压倒或超过对方(跟"负""败"相对)▷这场比赛他们~了|主队五比一大~客队。❹超过▷事实~于雄辩|~过。❺优美的;美好的▷~地|~会。❻优美的地方或境界▷名~|引人入~。☞统读 shèng,不读 shēng。

盛 shèng 11画 皿部 上下
成:厂厂成成成
❶兴旺;繁荣(跟"衰"相对)▷由~转衰|兴~|~繁。❷充足;丰富▷丰~|~产|~装。❸大;隆重▷~名|~誉|~会|~典|~况。❹范围广;普遍▷~行|~传。❺深厚;强烈▷~情|~意|年年有~气。☞上边是"成",下边是"皿",不要写成半包围结构。

另见 chéng。

剩 shèng 12画 刂部 左右
乘:千千乖乖乘
余下;留下▷一分钱也没~|只~下他一个人|~余|过~。

shī

尸 shī 3画 尸部 独体
フコ尸
人或动物死后的躯体▷死~|僵~|~首。

正字 绳(繩) 圣(聖) 胜(勝)

shī–shí

失 shī 5画 丿部 独体

❶原有的没有了;丢掉,(跟"得"相对)▷～去信心｜得不偿～｜～效｜丧～｜丢～。❷找不着▷～踪｜迷～方向。❸没有控制住▷～言｜～手｜～足｜～声痛哭。❹改变(常态)▷～常｜～色｜～态。❺没有达到(愿望、目的)▷～意｜～望。❻违背;背离▷～信｜～约｜～实。❼过错▷过～｜～误。

师 shī 6画 丨部 左右
丨丿广𠂊师

❶军队编制单位,在军以下,旅或团以上。❷军队▷出～不利｜百万雄～。❸传授知识或技艺的人▷教～｜～傅｜～生。❹掌握专门知识或技艺的人▷工程～｜医～｜技～｜魔术～。❺对和尚、尼姑、道士的尊称▷禅～｜法～。☞左边不要写成两竖。

诗 shī 8画 讠部 左右

文学的一种体裁,语言精练,节奏鲜明,大多数押韵。

虱 shī 8画 一部 半包围
乁虱

虱子,昆虫,寄生在人、畜身上,吸食血液,能传播疾病。

狮 shī 9画 犭部 左右

狮子,哺乳动物,雄狮头大脸阔,颈部有长毛。产于非洲和亚洲西部。

施 shī 9画 方部 左右
也:ㄧ丨也

❶给▷～礼｜～恩。❷把自己的财物送给穷人或出家人▷舍～｜～主。❸(把某些东西)加在物体上▷～肥。❹实行;施展▷倒行逆～｜实～｜～行｜～工。

湿 shī 12画 氵部 左右
业:丨丨业业

沾了水的;含水分的(跟"干"相对)▷窗户淋～了｜墙刚抹好,还～着呢｜～润｜潮～。

十 shí 2画 十部 独体

❶数字,九加一的和。❷表示达到极点▷～全～美｜～足｜～分。☞"十"的大写是"拾"。

什 shí 4画 亻部 左右

各种各样的;混杂的▷～物｜～锦。

另见 shén。

石 shí 5画 石部 独体

岩石,构成地壳的主要成分▷花岗～｜大理～｜矿～｜～头｜～匠。

另见 dàn。

正字 师(師) 诗(詩) 狮(獅) 湿(濕)

时 shí 7画 日部 左右
寸:寸寸

❶季节;时令▷四~八节|不误农~|应~食品。❷时间;岁月▷~过境迁|等候多~|~差(chā)|~钟。❸某一段时间;规定的时间▷古~|平~|战~|过~不候|按~完成|准~到达。❹小时,时间单位,1小时是1昼夜的1/24▷上午9~|~速80千米。❺当前的;目前的▷~事|~局|~务|~价。❻一时的;适时的▷~机|~运|~装。❼常常;经常▷~有出现。❽有时▷~松~紧|~有~无。

识 shí 7画 讠部 左右
❶知道;认得▷~字|~货|认~|~别。❷知识;见识▷常~|学~|才~|胆~。☞不读shì。
另见zhì。

实 shí 8画 宀部 上下
❶里面是满的,没有空隙▷乒乓球是空心的,垒球是~心的|充~|坚~。❷具体的;实际存在的▷~惠|~力|~效。❸真诚▷~话~说|~心~意|诚~|老~。❹实际▷名存~亡|事~|史~。❺果实;种子▷开花结~|子~。☞末

笔不是捺(㇏)。

拾 shí 9画 扌部 左右
❶从地下拿起来;捡取▷~柴火|路不~遗|~金不昧|~取。❷数字"十"的大写。

食 shí 9画 食部 上下
❶吃的东西▷丰衣足~|主~|猪~|鸡~。❷吃;吃饭▷吞~|饮~|蚕~|绝~|~堂。❸日月部分或全部被遮住▷日~|月~。❹供食用的▷~盐|~油|~物|~品。☞下边"良"字的末笔捺要改写成点(、)。"食"作左偏旁时改写成"饣"(三画),如"饭""饮""蚀"。"食"在字的下边仍作"食",如"餐"。

蚀 shí 9画 饣部 左右
饣:ノ㇇㇒

损伤;亏缺▷侵~|腐~|~本。☞左边第二画是横钩(乛),第三画是竖提(亅)。

史 shǐ 5画 丨部 独体
历史,自然界或人类社会以往的发展进程,也指个人或事物的发展过程▷社会发展~|青年运动~|发家~|~料|~实。

矢 shǐ 5画 矢部 独体
箭▷有的(dì)放~(对准

正字 时(時) 识(識) 实(實) 蚀(蝕)

靶子射箭，比喻言行目标明确）▷弓～。☞㊀跟"失"（shī）不同。㊁"矢"作左偏旁时，末笔要改写成点，如"短""矮"。

使 shǐ 8画 亻部 左右
吏：一口旦吏
❶派；打发人办事▷支～｜差(chāi)～｜～唤。❷让；令▷他的才干～我佩服｜～大家感到意外。❸用；使用▷借我笔～～｜～劲。❹派往外国办事的人▷大～｜特～｜～节｜～馆。

始 shǐ 8画 女部 左右
❶事物发生的最初阶段（跟"终"相对）▷有～有终｜创～｜～末。❷开头；开始▷这种现象～于年初｜周而复～。

驶 shǐ 8画 马部 左右
❶(车马等)快跑▷汽车向远处～去｜疾～。❷操纵(车船等)行进▷驾～。

屎 shǐ 9画 尸部 半包围
尸：一ㄱ尸
❶粪，从肛门排泄出来的东西▷拉～｜端～倒尿。❷眼睛、耳朵里分泌的东西▷眼～｜耳～。

士 shì 3画 士部 独体
❶古代指读书人▷名～｜寒～。❷对人的美称▷有识之～｜烈～｜勇～｜女～。❸对某

些专业人员的称呼▷院～｜护～｜助产～。❹指军人▷将～｜～兵｜～卒。❺军衔名，在尉官以下▷上～｜中～｜下～。

氏 shì 4画 氏部 独体
一厂F氏
❶姓▷王～兄弟。❷对历史上有影响的人物的称呼▷神农～｜摄～温度计。☞跟"氐"（dī）不同。

示 shì 5画 示部 上下
把事物摆出来给人看，让人知道▷出～｜提～｜启～｜～范｜～意。☞㊀"启示"和"启事"不同。"启示"意思是启发，"启事"是面向公众说明某项事情的文字。㊁"示"作左偏旁时改写为"礻"，如"礼""社""祝"。

世 shì 5画 一部 独体
一廿廿世
❶父子相承而形成的辈分，一世就是一代▷第十～孙｜～代相传｜～～代代。❷人的一生▷今生今～｜永～不忘。❸时代▷当～｜近～。❹天下；社会▷举～闻名｜～间｜问～｜～逝。

市 shì 5画 亠部 上下
❶做买卖的场所▷上～｜菜～｜夜～｜～场。❷人口密集，工商业和文化事业发达的地方▷城～｜都～｜～区｜～民。

正字 驶(駛)

❸行政区划单位，有直辖市和省(或自治区)辖市等▷北京～|合肥～|拉萨～。❹属于市制的(度量衡单位)▷～尺|～斤|～里|～亩。☞跟"巿"(fú)不同。"巿"字上面是"丶"，五画。"市"中间一竖贯串上下，四画。

式 shì 6画 弋部 半包围
式:工式式

❶规格▷法～|格～。❷样式▷老～织布机|新～|洋～|形～。❸仪式；典礼▷阅兵～|闭幕～|结业～。❹自然科学中表明某种规律的一组符号▷方程～|公～|算～。☞右上是"弋"，不是"戈"。由"式"构成的字有"试""拭"等。

似 shì 6画 亻部 左右
[似的]shìde 表示跟某种事物或情况相像▷淋得落汤鸡～|看起来很轻松～。
另见sì。

势 shì 8画 力部 上下
丸:丿九丸

❶在政治、经济或军事等方面的力量▷有权有～|仗～欺人|权～。❷事物显示出的力量▷声～|气～|火～|风～。❸自然界的外表形貌▷山～|地～。❹人的姿态、样子▷装腔作～|手～|姿～|架～。❺发展的状况或趋向▷局～|形～|趋～。

事 shì 8画 一部 独体
事:一事

❶事情▷找你有点～|好人好～|天下大～。❷职业；工作▷想在城里找点～儿干干。❸意外的灾祸；事故▷街上出～了|平安无～。❹从事；做▷大～宣传|不～生产。❺责任；关系▷没你的～，快走开。

侍 shì 8画 亻部 左右
(在尊长身边)陪伴；伺候▷～从|～卫|～奉|～服。☞跟"待"(dài)不同。

饰 shì 8画 饣部 左右
❶修整装点，使整齐美观▷修～|妆～|～物。❷用来装饰的东西▷首～|服～。❸掩盖(缺点或过错)▷掩～。❹扮演▷在剧中～猪八戒|～演。☞右边是"布"，不是"布"。

试 shì 8画 讠部 左右
式:工式式

❶非正式地做▷这些方法我都～过|尝～|～验|～用。❷用一定的方法考查知识或技能▷口～|考～|～题。

视 shì 8画 礻部 左右
❶看▷目不斜～|注～|～觉。❷观察；考察▷～察|巡

正字 势(勢) 饰(飾) 试(試) 视(視)

拭 shì 9画 扌部 左右
擦▷~泪|~目以待。

柿 shì 9画 木部 左右
柿树,落叶乔木,果实叫柿子,脱涩后甘甜,可以生吃,也可以制作柿饼、柿酒等。

是 shì 9画 日部 上下
疋:丁下疋
❶联系两种事物。a)表示判断▷《红楼梦》的作者~曹雪芹|我~三年级学生|这本书~我的。b)表示解释或描述▷今年又~丰年|刘老师~近视眼。c)表示存在▷沿街~一排商店|屋子里全~人。❷正确(跟"非"相对)▷你说得~|自以为~|似~而非。❸指正确的或肯定的结论▷实事求~|各行其~。❹表示答应▷~,我明白了|~,我马上就去。

适 shì 9画 辶部 半包围
舌适
❶符合▷削足~履|~用|~合|~龄。❷恰好▷~得其反|~值中秋佳节。❸舒服▷身体不~|舒~。

恃 shì 9画 忄部 左右
仗着;依赖▷有~无恐|仗~。

室 shì 9画 宀部 上下
❶房间;屋子▷教~|卧~|会议~。❷家族;家属▷王~|家~。❸机关、团体等内部的工作单位▷教研~|资料~|收发~。☞统读shì,不读shǐ。

逝 shì 10画 辶部 半包围
❶消失▷流~|消~。❷死亡▷病~。

释 shì 12画 釆部 左右
❶放走(关押的人)▷保~|~放。❷解除;消散▷疑|消~。❸解说;详细说明▷义|解~|注~。❹放开;放下▷爱不~手|如~重负。❺指佛教创始人释迦牟尼(shìjiāmóuní),也指佛教▷~门|~宗|~教。

嗜 shì 13画 口部 左右
耂:一耂耂耂
极端爱好▷~酒|~好。

誓 shì 14画 言部 上下
❶发誓,表示决心依照约定或所说的话去做▷~不两立|~师|~言|~约。❷发誓时表示决心的话▷宣~|起~。

匙 shi 11画 匕部 半包围
匕:ノ匕
[钥匙]yàoshi 见"钥"。

另见chí。

殖 shi 12画 歹部 左右
[骨殖]gǔshi 尸骨。
另见zhí。

shou

收 shōu 6画 攵部 左右
❶把散开的东西聚合到一起;把东西放到适当的地方▷把摊在桌上的书～起来|院子里晾的衣服忘～了|拾～集。❷获得(利益)▷～益|～入|～支平衡。❸收割(农作物)▷～麦子|抢～|秋～|～成。❹收取;收回▷～税|～房租|～费|～复。❺接受;容纳▷来信～到|～徒弟|～留|～容|～养。❻约束▷玩野了,不住心|连忙～住脚步|～敛。❼结束▷～工|～兵|～场。☞右边不是"夂"。

熟 shóu 15画 灬部 上下
丸:丿九丸
意思跟"熟"(shú)相同,多用于口语。
另见shú。

手 shǒu 4画 手部 独体
❶人体上肢手腕以下的部分▷赤～空拳|～忙脚乱|握～|招～。❷小巧的;便于携带或使用的▷～册|～枪|～炉|～机。❸亲手写的;亲手▷～稿|～迹|～令|～笔|～抄|～书。❹指本领或手段▷心灵～巧|心狠～辣|下毒～。❺掌握某种技术或做某种事的人▷棋～|歌～|多面～|神枪～|水～|打～|凶～|助～|新～。❻量词。a)用于技术、本领等▷露两～|留一～|烧一～好菜。b)用于经手的次数▷第一～材料|二～货。

守 shǒu 6画 宀部 上下
❶保持,使维持原状不变化▷～秘密|保～|～旧。❷依照;不违犯▷～规矩|～法|～信。❸保护;防卫▷坚～阵地|～卫|镇～|把～。❹看护;守候▷在家～着病人|看～|～护。❺靠近▷～着大山不怕没柴烧。

首 shǒu 9画 首部 上下
❶头▷昂～阔步|斩～|～饰。❷领头的人;头领▷～长|祸～|魁～。❸首先;最早▷～倡|～创。❹第一▷～届|～次。❺最高的▷～都|～要|～席代表。❻出头检举罪行▷自～|出～。❼量词,用于诗词、歌曲等▷一～诗|两～民歌。

寿

寿 shòu 7画 寸部 上下
三声寿
❶活得长久；年纪大▷人～年丰｜福～双全｜～星。❷年岁；生命▷～比南山｜长～｜～命。❸生日▷做～｜祝～｜～礼｜～辰。❹与死人有关的(东西)▷～衣｜～材。

受 shòu 8画 爪部 上下
❶接受；得到▷～教育｜～表扬｜～贿｜享～。❷遭到(不幸或损害)▷～折磨｜～灾｜～罪｜～苦。❸忍受▷～不了｜又饿又累，真够人～的。

授 shòu 11画 扌部 左右
❶交给；交付▷～奖｜～旗｜～权｜～衔。❷把学问、技艺等教给别人▷讲～｜函～｜～课。

售 shòu 11画 隹部 上下
隹：亻佇佳佳
卖▷票已～完｜～货｜销～｜零～｜出～。☞上边不要写成"隹"。

兽 shòu 11画 丷部 上下
❶指有四条腿、浑身长毛的哺乳动物▷飞禽走～｜禽～｜野～。❷野蛮；下流；残忍▷～性｜～行。

瘦 shòu 14画 疒部 半包围
叟：𢆉𢆉𢆉臾叟

❶肌肉不丰满；脂肪少(跟"胖"相对)▷他最近～了｜面黄肌～｜～弱｜～小。❷指食用肉不肥▷这块肉挺～｜～肉馅。❸(衣服等)窄小，不肥大▷裤子太～｜穿在脚上肥～正合适。☞"叟"上边是"臼"中间加一竖，上下出头。由"叟"构成的字还有"搜""傻""飕""嗖""艘"等。

shu

书 shū 4画 一部 独体
乛𠃍书书
❶写字；记载▷大～特～｜～写｜～法。❷汉字的字体▷草～｜楷～。❸装订成册的著作▷～籍｜教科～｜图～｜读～。❹文件▷文～｜说明～｜证～｜申请～。❺信件▷家～｜～信。

抒 shū 7画 扌部 左右
表达；发表▷各～己见｜～情｜～怀。☞右边是"予"，不是"矛"。

枢 shū 8画 木部 左右
区：𠃍㐅区
事物的中心部分或关键部分▷交通～纽｜神经中～。

叔 shū 8画 又部 左右
❶丈夫的弟弟▷小～子。
❷父亲的弟弟▷～伯｜～父。
❸称呼跟父亲辈分相同而年纪

正字 寿(壽) 兽(獸) 书(書) 枢(樞)

比父亲小的男子▷表~|王~~。

殊 shū 10画 歹部 左右
❶不相同的▷悬~(相差很远)。❷特别的▷特~。☞统读shū,不读chū。

梳 shū 11画 木部 左右
❶梳子,整理头发的用具。❷用梳子整理头发▷把头~一~|~妆打扮|~辫子。☞右上不是"亡"。

淑 shū 11画 氵部 左右
善良;美好▷~女|贤~。

舒 shū 12画 人部 左右
❶伸展;宽松▷~筋活血|~心。❷缓慢;从容▷~缓。❸轻松愉快▷~服|~畅|~适|~坦。☞㊀"舍"作左偏旁时,捺要改写成点。㊁右边是"予",不是"矛"。

疏 shū 12画 疋部 左右
疋:⸝ 𠃍 𠃌 疋 疋
❶除去阻塞,使畅通▷浚|~通。❷使从密变稀▷~散。❸物体之间距离远或空隙大(跟"密"相对)▷稀~|~密不匀。❹关系不亲密▷亲~|远近远。❺不熟悉;不熟练▷生~|荒~。❻粗心大意▷~忽|~漏。☞右上不是"亡"。

输 shū 13画 车部 左右
❶运送;传送▷~出|~液|~送|运~。❷失败(跟"赢"相对)▷赌~了|~了两个球。

蔬 shū 15画 艹部 上下
蔬菜,可以当副食的植物和真菌,一般都是人工栽培的。☞统读shū,不读sū。

秫 shú 10画 禾部 左右
术:木术
黏高粱;泛指高粱▷~米|~秸。

赎 shú 12画 贝部 左右
❶用财物换回人身自由或抵押品▷把房子~回来|当(dàng)|~身。❷用钱财或功绩抵消罪过▷立功~罪。☞右上不要写成"土"或"士"。

塾 shú 14画 土部 上下
旧时家族内或民间办的学校▷家~|私~。

熟 shú 15画 灬部 上下
丸:丿九丸
❶食物烧煮到可以吃的程度(跟"生"相对,❷—❺同)▷饭~了|~肉|~食。❷植物的果实长成了▷葡萄~了|成~。❸经过加工或治理的▷~铁|~皮子|~土。❹熟悉,因经常

正字 输(輸) 赎(贖)

暑黍属署蜀鼠数薯曙术 shǔ–shù

接触而知道或记得很清楚的▷这一带我很～|～识|～人|面～。❺有经验，不生疏▷能生巧|～手|～练纯。❻程度深▷他睡得很～|深思～虑。

另见shóu。

暑 shǔ 12画 日部 上下
❶炎热(跟"寒"相对)▷～天|～热。❷炎热的季节▷寒来～往|～假。☞跟"署"不同。

黍 shǔ 12画 黍部 上下
氺：丿丬氺
黍子，粮食作物，子实淡黄色，去皮后叫黄米，性黏。☞下边不要写成"水"。

属 shǔ 12画 尸部 半包围
禹：㇇甲甹禹
❶从属；受管辖▷我们学校～省里直接领导|直～|附～。❷归属|胜利～于人民|恐龙～爬行动物。❸是▷纯～虚构|查明～实。❹用十二属相记生年▷姐姐～兔，弟弟～马。❺类别▷金～|非金～。❻亲属▷家～|军～|烈～|眷～。☞下边不要写成"内"。由"属"构成的字有"嘱""瞩"等。

署 shǔ 13画 罒部 上下
❶布置；安排▷部～。❷处理公务的地方▷官～|公～|

行～。❸签(名)；题(名)▷签～|～名。☞跟"暑"不同。

蜀 shǔ 13画 罒部 上下
四川的别称▷～锦|～绣。

鼠 shǔ 13画 鼠部 上下
臼：丆广丆臼臼
老鼠，哺乳动物，体小尾长，繁殖力强，常盗食粮食，破坏器物，能传播鼠疫等疾病。

数 shǔ 13画 攵部 左右
❶查点(数目)；一个一个地计算▷～一～有多少人|从一～到十。❷跟同类比较最突出▷同学中～他最小|要说种菜，还得～老孙。❸一一举出▷～说|～落|历～。

另见shù。

薯 shǔ 16画 艹部 上下
甘薯、马铃薯、木薯等农作物的统称。

曙 shǔ 17画 日部 左右
天刚亮的时候▷～光|～色。☞右边不要写成"暑"。

术 shù 5画 木部 独体
❶方法；手段▷战～|算～|权～|手～。❷技艺；学问▷医～|美～|技～|学～。

另见zhú。

正字 属(屬) 数(數) 术(術)

戍 shù 6画 戈部 半包围
厂戊戍戍
军队驻守▷卫~|~守边疆。☞跟"戊"(wù)"戌"(xū)不同。

束 shù 7画 一部 独体
一一一一一束
❶捆绑;限制▷腰~皮带|~发(fà)|管~|约~。❷捆在一起或聚集成条状的东西▷花~|光~。❸量词,用于捆起来的东西▷一~鲜花|一~箭。☞㊀不读sù。㊁跟"束"(cì)不同。由"束"构成的字有"赖""漱""速"等。

述 shù 8画 辶部 半包围
叙说;陈述▷口~|叙~|~说。

树 shù 9画 木部 左右
❶种植;培养▷十年~木,百年~人。❷树立;建立▷~雄心,立壮志|~碑立传|建~。❸树木,木本植物的统称▷~林|松~|~植。

竖 shù 9画 立部 上下
❶立起;直立▷把旗杆~起来|~起大拇指|~立。❷直立在地面上的(跟"横"相对,③同)▷~井|~琴。❸上下或前后方向的▷对联要~着写|~排|~线。❹汉字的笔画,形状是"丨"。☞上左不要写成一竖一撇。

恕 shù 10画 心部 上下
原谅;不计较(别人的过错)▷~我直言|~罪|宽~|饶~。

庶 shù 11画 广部 半包围
广庐庶
❶多▷富~|~务。❷平民▷~民|黎~。

数 shù 13画 攵部 左右
❶数目▷您要多少,说个~吧|人~|岁~|字~。❷几;几个▷~人|~次|~年。
另见 shǔ。

墅 shù 14画 土部 上下
里:旦甲里
别墅,供休养游乐用的园林房屋,一般建在郊外或风景区。☞不读yě。

漱 shù 14画 氵部 左右
含着水荡洗口腔▷~口|洗~。☞㊀统读shù,不读sù。㊁右边不是"夂"。

shuā

刷 shuā 8画 刂部 左右
尸:フヲ尸
❶刷子,用毛、金属丝等制成的清洗用具▷牙~|板~|棕~|

钢丝~。❷用刷子涂抹或清洗▷~油漆|~墙|~牙|~锅|~洗。❸经过选择除去差的▷头一轮比赛就被~掉了。❹拟声词,模拟迅速擦过或撞击的声音▷小汽车~地开了过去|树叶被风吹得~~响。

耍 shuǎ 9画 而部 上下
女:ㄥ女女
❶玩;游戏▷玩~。❷捉弄▷他把大伙儿~了|~弄|~笑。❸摆弄着玩;表演▷~刀弄棒|~龙灯。❹施展;卖弄▷~花招|~手腕|~滑头|~嘴皮子。☞跟"要"(yào)不同,上边不是"西"。

shuai

衰 shuāi 10画 亠部 上下
由强变弱▷未老先~|兴(xīng)~|~弱|~退|~败。☞跟"哀""衷"不同。

摔 shuāi 14画 扌部 左右
❶用力往下扔▷把书~在桌上。❷从高处落下▷从梯子上~下来。❸因掉下而损坏▷小心别把碗~了。❹跌倒▷~了个跟头|~跤。

甩 shuǎi 5画 门部 半包围
❶(胳膊等)向下摆动;抡▷~胳膊|把鞭子一~。❷挥

动胳膊往外扔▷~石头子儿。❸抛开;抛弃▷~掉了盯梢的|别把他一人~在后面。

帅 shuài 5画 巾部 左右
❶军队的最高将领▷元~|统~|将(jiàng)~。❷漂亮;神气▷小伙子长得真~|字写得挺~。☞左边不是两竖。

率 shuài 11画 十部 上下
玄冫率率
❶带领▷教练~队前往参赛|~领|统~。❷榜样▷表~。❸不仔细慎重▷粗~|草~|轻~。❹直爽▷坦~|直~。
另见lǜ。

蟀 shuài 17画 虫部 左右
[蟋蟀]xīshuài 见"蟋"。

shuan

闩 shuān 4画 门部 半包围
门:丶门门
插门的棍子▷门~。

拴 shuān 9画 扌部 左右
用绳子等系(jì)住▷把马~在树上|~船。☞跟"栓"不同。

栓 shuān 10画 木部 左右
❶器物上用作开关的部件▷枪~|消火~。❷塞子;形状或作用像塞子的东西▷瓶~

|血~|~塞(sè)|~剂。☞不读quán。

涮 shuàn 11画 氵部 左右
❶摇动着冲洗▷在池子里~~手|把瓶子~一~。❷把食物从滚水里过一下便取出来吃▷~羊肉|~锅子。☞不读shuā。

shuang

双 shuāng 4画 又部 左右
❶两个的;两种的(跟"单"相对,②同)▷~手|~方|~层|~职工|教学科研~丰收。❷双数的,成倍的▷~日|~周|~号|~料|~份。❸量词,用于左右对称的某些肢体、器官或成对使用的东西▷一~眼睛|一~球鞋|两~筷子。

霜 shuāng 17画 雨部 上下
❶空气中的水蒸气遇冷在地面或物体上结成的白色冰晶▷下~了|冰~|~冻。❷像霜的东西▷葡萄上挂着一层|柿~|盐~。

爽 shuǎng 11画 大部 特殊
爽爽爽
❶清亮;明朗▷秋高气~|清~。❷性格开朗;直率▷豪~|直~|~快。❸舒适;畅快▷身体不~|人逢喜事精神~。

shui

水 shuǐ 4画 水部 独体
丨刁水水
❶无色、无臭、无味的液体。❷河流▷汉~|赤~。❸泛指一切水域(跟"陆"相对)▷陆两栖|三面环~|跋山涉~。❹指某些含水或像水的液体▷血~|药~|花露~|铁~奔流。❺量词,用于洗涤的次数▷这件衣服刚洗过一~就掉色了。

说 shuì 9画 讠部 左右
说服别人同意自己的主张▷游~|~客。
另见shuō。

税 shuì 12画 禾部 左右
政府按规定征收的钱或实物▷偷~漏~|所得~|捐|纳~|上~。

睡 shuì 13画 目部 左右
垂:千千乖垂
睡觉,闭上眼睛,大脑处于休息状态▷~了一下午|酣~|入~|~意。

shun

吮 shǔn 7画 口部 左右
用嘴吸▷~吸。☞不读yǔn。

正字 双(雙) 说(說)

顺 shùn 9画 页部 左右
❶依从▷别什么事都~着孩子｜孝~｜归~｜~从。❷朝同一方向(跟"逆"相对)▷流而下｜~风。❸有条理;通畅▷文从字~｜通~。❹使有秩序或有条理▷把这堆竹竿~一~,不要乱放｜这段文字还得一~。❺顺利;顺畅▷日子过得挺~｜~当｜~境。❻适合▷~了他的心｜看着不~眼。❼沿着;趁便▷~河边往北走｜路看看小王｜~手牵羊｜~口答应。☞第一画是竖撇不是竖。

舜 shùn 12画 爪部 上下
传说中上古的帝王。

瞬 shùn 17画 目部 左右
眼珠转动;眨眼▷转~｜一~间｜~时。

shuo

说 shuō 9画 讠部 左右
❶用言语表达意思;讲▷~~心里话｜~故事｜解~明｜~理。❷主张;道理▷自圆其~｜著书立~｜学~。❸劝告;责备▷挨~了｜我~了他一顿。❹说合;介绍▷~媒。
另见 shuì。

烁 shuò 9画 火部 左右
光亮▷繁星闪~。

硕 shuò 11画 石部 左右
大▷~果累累｜丰~｜~大。☞统读shuò,不读shí。

si

司 sī 5画 一部 半包围
门司
❶掌管;主持▷~令｜~仪｜~炉｜~机。❷中央机关部以下一级的行政部门▷外交部亚洲~｜财政部人事~。

丝 sī 5画 一部 上下
❶蚕吐出来的又细又长的东西,是织绸缎的原料▷蚕~｜~织品｜~线。❷泛指又细又长的东西▷粉~｜铜~｜土豆~。❸表示极少的量▷一毫不差｜一~微笑｜一~不苟。☞上边不要写成两个"幺"。

私 sī 7画 禾部 左右
❶属于个人或个人之间的;非官方或集体的(跟"公"相对,②同)▷~事｜~情｜~交｜~产。❷个人;个人的事▷有公而忘~｜公~兼顾。❸只为自己的▷~心｜~念｜自~。❹不公开的;不合法的▷~话｜~货｜~盐。❺暗地里;私下▷~访｜~了(liǎo)｜~吞。

思 sī 9画 田部 上下
心:心心心

正字 顺(順) 说(說) 烁(爍) 硕(碩) 丝(絲)

❶想;认真考虑▷~前想后|沉~|~考|~虑。❷挂念;想念▷朝~暮想|~乡|~念。❸心情;想法▷哀~|文~。

斯 sī 12画 斤部 左右
这个;这里▷~人|~时|生于~,长于~。

撕 sī 15画 扌部 左右
扯开;剥开▷把报纸~破了|把邮票~下来|~毁。

嘶 sī 15画 口部 左右
❶(马)叫▷马~。❷沙哑▷声~力竭|~哑。

死 sǐ 6画 歹部 半包围
❶生物丧失生命(跟"活""生"相对)▷人~了|花枯~了|~活|~尸。❷不顾性命;拼死▷~战|~守阵地。❸坚决▷~不悔改|~心塌地。❹不能活动的;不再改变的▷把门钉~了|把时间定~|~扣儿。❺无法调和的▷~对头|~敌。❻不能通过;不流通▷把漏洞堵~|~胡同|~水。❼不灵活;死板▷~脑筋|~心眼儿|~规矩。❽表示程度达到极点▷高兴~了|桌子~沉~沉的。☞右下是"匕",不是"七"。

巳 sì 3画 己部 独体
地支的第六位。参见"支"⑦。☞跟"已"(yǐ)"己"(jǐ)不同。由"巳"构成的字有"祀""巷"等。

四 sì 5画 囗部 包围
数字,三加一的和。☞"四"的大写是"肆"。

寺 sì 6画 土部 上下
寸:寸寸
❶佛教的庙▷少林~|~院|庙。❷伊斯兰教礼拜、讲经的地方▷清真~。☞上边不是"土"。

似 sì 6画 亻部 左右
❶像▷如花~玉|~是而非|类|~相。❷仿佛;好像▷~曾相识|~懂非懂。❸表示超过▷日子一天好~一天|身体一年强~一年。☞"似的"的"似"读shì,不读sì。
另见shì。

伺 sì 7画 亻部 左右
司:冂司
❶暗中侦察▷窥~|~探。❷守候▷~机而动。
另见cì。

饲 sì 8画 饣部 左右
喂养(动物)▷~料|~养。

肆 sì 13画 长部 左右
镸:⺊⺁镸

❶毫无顾忌,任意胡来▷～意妄为|放～。❷数字"四"的大写。☞右边"亐"的中间一横向右要出头。

song

松 sōng 8画 木部 左右
❶松树,常绿乔木,树皮多为鳞片状,种子叫松子,可以吃,木材和松脂用途很广。❷不紧密;不紧张(跟"紧"相对)▷行李捆得太～,容易散|螺丝～了|懈～|～散。❸使不紧;放开▷～劲|～心|～绑|～手。❹用猪、鸡、鱼等的肉做成的绒毛状或颗粒状的酥软食品▷肉～|鱼～。

耸 sǒng 10画 耳部 上下
耳：一丁耳
❶使人害怕;惊动▷～人听闻|危言～听。❷高高地立起▷高～入云|～立。❸抬高或前移▷～了～肩膀。

讼 sòng 6画 讠部 左右
打官司▷诉～。

宋 sòng 7画 宀部 上下
姓。

送 sòng 9画 辶部 半包围
❶陪着人一起到目的地或走一段路▷～孩子上学|～别|～行。❷赠给▷～你一支笔|～礼。❸运去;带给▷～货上门|～信|运～。❹没有价值地付出;丧失▷～命|～死|断～|葬～。

诵 sòng 9画 讠部 左右
❶出声地念;朗读▷朗～|～读|背～。❷述说;夸奖▷传～|称～。

颂 sòng 10画 页部 左右
❶赞扬▷歌功～德|歌～|～扬|～词。❷以颂扬为内容的诗文、歌曲等▷《祖国～》|《黄河～》。

sou

搜 sōu 12画 扌部 左右
叟：𠂉𦥑又叟
❶仔细寻找、检查(犯罪的人或违禁的东西)▷～身|～查|～捕。❷寻求▷～寻|～罗|～集。☞右上"臼"字中间一竖上下都出头。

嗖 sōu 12画 口部 左右
拟声词,模拟物体迅速通过的声音▷子弹～～地从头上飞过。

馊 sōu 12画 饣部 左右
食物变质发出酸臭的味道▷饭～了。

正字 松(鬆②~④) 耸(聳) 讼(訟) 诵(誦) 颂(頌) 馊(餿)

飕 sōu 13画 风部 半包围
拟声词,模拟风吹过的声音▷凉风~~地吹来。

艘 sōu 15画 舟部 左右
量词,用于船只▷两~船|一~航空母舰。☞不读sǒu。

嗽 sòu 14画 口部 左右
[咳嗽]késou 见"咳"。☞中间是"束"(shù),不是"朿"(cì)。

擞 sǒu 16画 扌部 左右
[抖擞]dǒusǒu 振作▷~精神。

SU

苏 sū 7画 艹部 上下
办:丁力力办
❶从昏迷中醒过来▷复~|~醒。❷指江苏或苏州▷~北|~杭|~绣。

酥 sū 12画 酉部 左右
酉:丆酉酉酉
❶用面粉、油、糖等做的一种松脆的食品▷桃~|杏仁~。❷松脆;松软▷这点心很~|墙皮都~了|~脆。❸(身体)无力,发软▷累得浑身都~了。

俗 sú 9画 亻部 左右
❶社会上的风气、习惯▷移风易~|民~|风~|习~。❷粗俗;不高雅▷这个名字太~|庸~|~气|~套。❸大众的;通行的▷~语|~名|通~。❹佛教称尘世间或不出家做僧尼的人▷还~|断了~念|僧~。

诉 sù 7画 讠部 左右
❶说出来让人知道;陈述▷~不完的深仇大恨|~苦|陈~|告~。❷向法院控告▷~状|~讼|起~|上~。

肃 sù 8画 肀部 独体
≡肀肃肃
❶恭敬▷~立|~然起敬。❷庄重;严肃▷~穆|~静。❸清除▷~清。☞上边"肀"的中间一横向右要出头;下边中间不是"米"。

素 sù 10画 糸部 上下
主:三丰主
❶本色;白色▷~服|~丝。❷色彩单纯的▷~雅|~净。❸基本的;不加修饰的▷~质|~材|朴~。❹构成事物的基本成分▷元~|要~|因~。❺平时的▷~日|~常|平~。❻一向;向来▷~不相识|~来。❼指蔬菜、瓜果等没有荤腥的食物(跟"荤"相对)▷吃~|荤~搭配。

正字 飕(颼) 擞(擻) 苏(蘇) 诉(訴) 肃(肅)

速 sù 10画 辶部 半包围
束速
❶快▷~记|~效|迅~|急~。
❷指快慢的程度▷时~|车~|风~。

宿 sù 11画 宀部 上下
❶夜晚住下;过夜▷住~|~舍|~营。❷平素的;一向就有的▷~怨|~疾(老毛病)。
另见xiǔ;xiù。

粟 sù 12画 覀部 上下
米:丷䒑米
谷子,粮食作物,子实去壳后叫小米。☞跟"栗"(lì)不同。

塑 sù 13画 土部 上下
❶用泥土、石膏、铜等制作人或物的形象▷~一尊半身像|~造|~像。❷指塑料▷全~家具。☞统读sù,不读suò。

溯 sù 13画 氵部 左右
朔:䒑䒑䒑䒑
❶逆流而上▷~江而上。❷从现在向过去推求;回想▷上~|追~|回~。

suan

酸 suān 14画 酉部 左右
酉:覀覀覀覀
❶像醋的味道或气味▷这杏~|~枣|~菜。❷悲痛;难过

▷心~|悲~。❸身上轻微疼痛,没有力气▷腰~腿疼|浑身~懒。❹一类水溶液有酸味的物质,如硫酸、盐酸等。

蒜 suàn 13画 艹部 上下
草本植物,地下茎有辣味,可以做调料和药材。

算 suàn 14画 竹部 上下
❶计数;用数学方法从已知数推求未知数▷能写会~|~~这道题|~账|预~。❷筹划▷打~|~计|盘~。❸称得上;当作▷身体还~结实|这一堆就~三斤吧。❹表示不再进行或不再计较▷~了,不用去了|~了,不必追究了。❺算数;承认有效▷说话~话|不能说了不~。☞下边不要写成一横两竖。

sui

尿 suī 7画 尸部 半包围
水:亅丿水水
意思跟"尿"(niào)①相同,用于口语▷尿(niào)了一泡~。
另见niào。

虽 suī 9画 口部 上下
虫:口中虫
❶虽然▷办法~好,却很难实施|天气~冷,冬泳队员却毫不在意。❷即使▷拼死抗敌,~

虽(雖)

败犹荣。☞统读suī,不读suí。

随 suí 11画 左阝部 左右
❶跟着▷生产发展了,生活水平也～着提高了|彩旗～风飘扬|～机应变|～从|～后|～即。❷顺便▷～手关门。❸依从;顺从▷入乡～俗|客～主便|～和。❹任凭;由着▷去不去～你|～便|～意。❺不论什么(时间、地点)▷～时|～地|～处。

遂 suí 12画 辶部 半包围
意思跟"遂"(suì)❷相同,只用于"半身不遂"一词。
另见suì。

髓 suí 21画 骨部 左右
❶骨髓,充满在骨头内腔中的柔软组织。❷身体内像骨髓的东西▷脑～|脊～。❸比喻精华部分▷精～。☞㊀统读suǐ,不读suí。㊁右上角是"左",下边是"月",跟"随"字不同。

岁 suì 6画 山部 上下
山:|屮山
❶年▷～末|～月。❷表示年龄的单位▷六～上学|过年又长了一～|～数。☞下边不是"夕"。

祟 suì 10画 示部 上下
出:凵凵中出

迷信的人认为鬼神带来的灾害;借指不光明正大的行为▷作～|鬼鬼～～。☞跟"崇"(chóng)不同。

遂 suì 12画 辶部 半包围
❶完成;成功▷功成名～|未～。❷称心;如愿▷～心如意|～愿|顺～。☞跟"逐"(zhú)不同。
另见suí。

碎 suì 13画 石部 左右
❶物件破裂成小片或小块▷玻璃～了|打～|摔～|破～。❷使破碎▷粉身～骨|石机。❸零星的;不完整的▷～砖头|纸片零～|琐～。❹指说话絮叨、啰唆▷嘴～|闲言～语。

隧 suì 14画 左阝部 左右
在地下或在山里挖成的通道▷～道|～洞。☞统读suì,不读suí。

穗 suì 17画 禾部 左右
惠:㠯叀惠
❶稻、麦等粮食作物生在茎秆顶上的花或果实▷高粱～|麦～|抽～|吐～。❷用丝线等扎成的、挂起来下垂的装饰品▷灯笼～儿|剑把儿上拴着一条红～子。❸广州的别称。

正字 随(随) 岁(歲)

sun

孙 sūn 6画 子部 左右
❶儿子的子女▷子~|~子|~女。❷跟孙子同辈的亲属▷外~|侄~。❸孙子以下的各代▷曾(zēng)~|玄~。

损 sǔn 10画 扌部 左右
❶减少;丧失▷~兵折将|亏~|~失。❷使受到损失▷~人利己|~公肥私。❸用尖酸刻薄的话挖苦人▷瞧他太狂了,我就~了他几句。❹尖刻;恶毒▷这人说话太~|这一招真够~的。❺损坏▷破~|残~|污~。☞跟"捐"(juān)不同。

笋 sǔn 10画 竹部 上下
尹:ㄱㅋ尹
❶竹笋,刚从土里长出的竹子的嫩芽,可以吃。❷嫩的;幼小的▷~鸡|~鸭。☞下边是"尹",中间一横向右要出头。

suo

唆 suō 10画 口部 左右
指使或挑动(别人去做坏事)▷~使|教~|调(tiáo)~。

梭 suō 11画 木部 左右
梭子,织布机上用来牵引纬线使它同经线交织的工具,形状像枣核。

嗦 suō 13画 口部 左右
[哆嗦]duōsuō 见"哆"。

缩 suō 14画 纟部 左右
❶由大变小或由长变短;收缩▷这种布一下水就~|热胀冷~|收~|伸~。❷没伸开或伸开了又收回去;不伸出▷~着脖子|~手~脚。❸后退▷畏~不前|退~。❹节省;减少▷节衣~食|紧~|~编。

所 suǒ 8画 户部 左右
❶地方;处所▷场~|住~|哨~。❷放在表示动作的词前面,代表接受动作的事物▷~见~闻|~读的书|~注意的都是小事。❸跟"为"(wéi)合用,表示被动▷为实践~证明|不要为假象~迷惑。❹量词。a)用于房屋▷一~楼房。b)用于学校、医院等▷三~大专院校|一~医院。❺某些机关或机构的名称▷派出~|研究~|储蓄~|招待~。

索 suǒ 10画 十部 上下
❶粗绳子▷绳~|绞~|铁~桥。❷搜求;找▷搜~|探~|摸~|思~。❸讨取;要▷~取|~要|~还。☞统读suǒ,不读suò。

正字 孙(孫) 损(損) 缩(縮)

唢

唢 suǒ 10画 口部 左右
[唢呐]suǒnà 管乐器,形状像喇叭,管身正面有七个孔,背面一个孔,发音响亮。

琐 suǒ 11画 王部 左右
零碎;细小▷~事|~闻|~碎|~细。

锁 suǒ 12画 钅部 左右
❶用铁环互相勾连而成的链子▷~链|拉~|连~。❷加在门、箱等上面使人不能随便打开的器具▷门~|暗~|密码~。❸用锁关住▷紧屋门|把保险柜~好|~车。❹封闭▷封~|闭关~国。❺缝纫方法,针脚很密,用于缝衣服边缘或扣眼▷~扣眼|~边。☞跟"销"(xiāo)不同。

T

ta

他 tā 5画 亻部 左右
也:ㄣ ㄜ 也
❶指另外的;别的▷~人|~乡|~日|其~。❷称自己和对方以外的某个人▷~是你表哥吗?|~跟我同班。☞一般只用来指男性,但在性别不明或没有必要区分性别时也用"他"。

它 tā 5画 宀部 上下
匕: ノ 匕
代指动物或事物▷这狗不咬人,别怕~|~的功能多着呢!

她 tā 6画 女部 左右
❶称自己和对方以外的某个女性▷~是我母亲|我跟~哥哥是同学。❷称祖国、国旗等,表示尊重和敬爱▷祖国啊,~永远连着我的心。

塌 tā 13画 土部 左右
羽: 丁 习 羽
❶(建筑物等)倒下;下沉▷土墙~了|倒~|~方|~陷。❷凹陷▷~鼻梁。❸稳定;安稳▷~下心来。

踏 tā 15画 足部 左右
[踏实]tāshi ❶(态度)切实;不浮躁▷学习~|工作~。❷(情绪)稳定▷问题没解决,心里老不~。
另见tà。

塔 tǎ 12画 土部 左右
❶佛教的一种多层尖顶建筑物▷宝~|佛~。❷像塔

的建筑物▷金字~|电视~|水~|灯~。

拓 tà 8画 扌部 左右
把石碑、器物上的文字、图形印在纸上▷碑文~下来|~印。

另见tuò。

榻 tà 14画 木部 左右
床▷卧~|病~|下~。

踏 tà 15画 足部 左右
❶用脚踩▷~一脚|~空了|践~|~青◇~上工作岗位。❷到实地(查看)▷~看|~访。

另见tā。

蹋 tà 17画 足部 左右
[糟蹋]zāota 浪费;损坏▷不要~粮食|这场雹子~了不少庄稼。

tai

苔 tāi 8画 艹部 上下
舌苔,舌头表面上的一层滑腻物质,可以反映人的健康状况,是中医诊断病情的依据之一。

另见tái。

胎 tāi 9画 月部 左右
❶人和哺乳动物母体内怀着的幼体▷~儿|怀~|胚~。❷量词,用于怀孕或生育的次数▷头~|一~下了五只小猫。❸某些东西的粗坯或内瓤▷泥~菩萨|铜~|棉花~。❹车带▷轮~|外~。

台 tái 5画 厶部 上下
❶高而平的建筑▷亭~楼阁|瞭望~|观礼~。❷器物的底座▷灯~|蜡~。❸公共场所内高出地面的设施,用于表演或发表演说等▷上~领奖|舞~|讲~。❹像台的东西井~|窗~|写字~|柜~|手术~。❺量词。a)用于戏剧、演出等▷一~戏|一~晚会。b)用于机器设备等▷一~拖拉机|两~洗衣机。❻指台湾▷港~地区|~胞。❼[台风]tái-fēng 发生在太平洋西部海洋上的一种热带气旋,中心周围风力在12级以上,同时伴有暴雨,夏秋两季常侵袭中国南方。

抬 tái 8画 扌部 左右
❶举起▷把手~起来|~高。❷几个人共同用手提或肩扛▷把床~到里屋|~担架。

苔 tái 8画 艹部 上下
苔藓植物,根、茎、叶之间的区别不明显,有绿、青、紫等色,多长在阴暗潮湿的地方。

另见tāi。

正字 台(臺,榻④,颱⑦)

太 tài 4画 大部 独体

❶极大;最高▷~空。❷称比自己高两辈以上的▷~姥姥|~老师。❸表示程度极高或程度过了头▷这本书~好了|~感谢你了|文章~长了。❹用在"不"后,减弱否定程度,使语气委婉▷不~好|不~满意。

汰 tài 7画 氵部 左右

去掉差的、不合适的▷优胜劣~|淘~。

态 tài 8画 心部 上下

❶形状;样子▷姿~|神~|液~|形~。❷情况▷事~|动~。

泰 tài 10画 水部 上下

氺:亅丿乚丿氺
安定;平安▷国~民安|康~。
☞下边不要写成"水"。

tan

坍 tān 7画 土部 左右

丹:丿冂冂丹
倒塌▷山墙~了|~塌。

贪 tān 8画 贝部 上下

❶一心追求(财物及其他东西);不知足▷~财|~便宜|~生怕死|~玩|~睡。❷利用职务上的便利非法取得财物▷~赃枉法|~官污吏|~污。

摊 tān 13画 扌部 左右

隹:亻亻亻隹
❶铺开;摆开▷把地图~在桌子上|~牌|~鸡蛋。❷分担▷这笔费用,我~六成,你~四成|分~|~派。❸碰上;遇到▷倒霉的事都让我~上了。❹设在路边、广场上的无铺面的售货处▷摆地~儿|~位|~贩。❺量词,用于摊开的液体或糊状物▷一~血|一~牛屎。

滩 tān 13画 氵部 左右

❶水浅石多、水流很急的地方▷急流险~。❷水边的淤积平地▷海~|沙~。

瘫 tān 15画 疒部 半包围

疒:广广疒
❶瘫痪,身体的一部分完全或不完全地丧失活动能力▷得了脑血栓,成天~在床上|偏~。❷肢体绵软无力,难以动弹▷累得一回家就~在床上了。

坛 tán 7画 土部 左右

❶土、石等筑成的高台,古代用于举行祭祀、誓师等重大典礼▷天~|祭~|登~拜将。❷用土堆成的种花的平台▷花~。❸指文艺或体育界▷文~|影~|体~。❹讲学或发表言论的地方▷讲~|论~。❺坛子,一种肚大口小的陶器

正字 态(態) 贪(貪) 摊(攤) 滩(灘) 瘫(癱) 坛(壇,罎⑤)

▷～～罐罐|一～酒。

昙 tán 8画 日部 上下
[昙花]tánhuā 常绿灌木,开白色大花,香味浓烈,几小时就凋谢。常用"昙花一现"比喻事物一出现很快就消失。

谈 tán 10画 讠部 左右
❶说出;对话;讨论▷～一～心里话|交～|～了半天也没达成协议。❷言论;话语▷奇～怪论|老生常～|美～|笑～。

弹 tán 11画 弓部 左右
弓:フ¬弓
❶物体受力后变形,失去外力后又恢复原状▷～力|～性|～簧。❷利用弹性作用发射▷～射。❸用手指头的弹力触击物体▷把纸上的灰尘～掉。❹用手指或工具拨弄或敲打乐器▷～钢琴|～吉他。❺利用弓弦的振动使纤维变松软▷～棉花|～羊毛。
另见dàn。

痰 tán 13画 疒部 半包围
疒:丶亠广疒
肺和气管里分泌出的一种黏液。

谭 tán 14画 讠部 左右
姓。☞右上不要写成"西"。

潭 tán 15画 氵部 左右
深水池▷深～|龙～虎穴。

檀 tán 17画 木部 左右
乔木,包括黄檀、青檀、香檀、紫檀等。木材坚韧,其中香檀木极香,紫檀木很名贵。☞右下是"旦",不是"且"。

忐 tǎn 7画 心部 上下
[忐忑]tǎntè 心神不定▷～不安。

坦 tǎn 8画 土部 左右
❶平而宽阔▷～途|平～。❷比喻胸怀宽广,心境平定▷襟怀～荡|舒～|～然。❸直爽;不隐瞒▷～率|～白。

袒 tǎn 10画 衤部 左右
❶脱掉或敞开上衣,露出身体的一部分▷～胸露怀|～露。❷有意保护错误思想行为▷偏～|～护。

毯 tǎn 12画 毛部 半包围
毯子,可以铺、盖或作装饰用的纺织品,比较厚实▷毛～|线～|地～|挂～。

叹 tàn 5画 口部 左右
❶因悲伤忧闷而呼出长气并发出声音▷～了一口气|唉声～气。❷赞美▷赞～|～赏。

正字 昙(曇) 谈(談) 弹(彈) 谭(譚) 叹(嘆)

炭 tàn 9画 山部 上下
❶木炭,一种用木材烧制的黑色燃料▷~火盆|火锅~。❷指煤▷煤~|焦~。

探 tàn 11画 扌部 左右
❶把手伸进去摸取▷~囊取物|~取。❷深入寻求▷~矿|~险|~测。❸暗中考察或打听▷刺~|窥~|打~。❹打探情报的人▷密~|坐~。❺看望;访问▷~亲|~病|~望。❻伸出(头或上身)▷~出身子同车下的人握手|~头|~脑。

碳 tàn 14画 石部 左右
非金属元素,是构成有机物的主要成分,在工业和医药上用途很广。

tang

汤 tāng 6画 氵部 左右
㐅:㐅㐅㐅
❶热水;开水▷赴~蹈火|落~鸡|~锅。❷中草药加水煎出的药液▷~剂。❸汁多菜少的菜肴;食物煮后所得的汁液▷三鲜~|绿豆~|鸡~。❹古代指温泉,现多用于地名▷~泉|小~山(在北京)。

趟 tāng 15画 走部 半包围
❶从浅水或草地里走过

正字 汤(湯)

去▷~水过河|在草地里~出一条路来。❷用犁、锄等翻地除草▷~地。☞不要写成"淌"。
另见tàng。

唐 táng 10画 广部 半包围
户广广庐庐唐
(言谈等)虚夸,不切实际▷荒~。☞第五画一横向右要出头。由"唐"构成的字有"塘""搪""糖"等。

堂 táng 11画 土部 上下
㐅|㐅㐅
❶正房▷欢聚一~|~屋。❷旧时官府审案办事的地方▷公~|升~。❸专为某种活动用的房屋▷礼~|课~|食~。❹堂房,同祖父、同曾祖或更远的父系亲属▷~兄弟|~姐妹。❺量词,用于分节的课▷上午上了四~课。

棠 táng 12画 木部 上下
❶即杜梨,也叫棠梨,落叶乔木,多用来嫁接梨树。❷[海棠]hǎitáng 落叶小乔木,开白色或粉红色花,果实也叫海棠,可以吃。

塘 táng 13画 土部 左右
❶池子▷池~|鱼~|荷~。❷堤岸▷海~|河~。❸坑状的设施▷洗澡~|火~。

搪 táng 13画 扌部 左右
❶挡▷用手一一，架住歹徒的胳膊｜～风｜～饥。❷应付;敷衍▷～塞(sè)。❸(把泥或涂料)涂抹(在炉子或金属坯胎上)▷～炉子｜～瓷。

膛 táng 15画 月部 左右
❶胸背之间的体腔，里面有心肺等器官▷开～｜胸～。❷器物的中空的部分▷枪～｜炉～。

糖 táng 16画 米部 左右
❶从甘蔗、甜菜、米、麦等植物中提炼出来的有甜味的东西，包括红糖、白糖、冰糖、麦芽糖等。❷糖制的食品▷奶～｜水果～。❸碳水化合物，人体内产生热能的主要物质。

螳 táng 17画 虫部 左右
虫:口中虫
指螳螂，昆虫，头三角形，前足像镰刀，捕食害虫▷～臂当车。

倘 tǎng 10画 亻部 左右
假使;如果▷～有闪失，后果严重｜～若｜～使。

淌 tǎng 11画 氵部 左右
向下流▷～眼泪｜流～。

躺 tǎng 15画 身部 左右
身:亻门身身
身体平卧▷在床上～着◇把梯子～着放。

烫 tàng 10画 火部 上下
❶被高温物体烧痛或烧伤▷手上～了一个泡｜～伤。❷用高温使物体升温或起变化▷～酒｜～发(fà)。❸温度很高▷水太～｜滚～的开水。

趟 tàng 15画 走部 半包围
走:土卡走
量词,用于来往的次数▷来过两～｜跟我走一～｜一天有十几～汽车开往天津。
另见 tāng。

tao

叨 tāo 5画 口部 左右
受到(别人的好处)▷～光｜～教｜～扰。☞跟"叼"(diāo)不同。
另见 dāo;dáo。

涛 tāo 10画 氵部 左右
❶大浪▷波～汹涌｜惊～骇浪。❷像波涛的声音▷松～｜林～。☞统读 tāo,不读 táo。

绦 tāo 10画 纟部 左右
绦子,用丝线编织的带子▷丝～。

掏 tāo 11画 扌部 左右
匋:勹句匋
❶挖▷在墙上～一个洞。❷伸进

去取;往外拿▷~耳朵|~口袋|~出钥匙◇把心里话~出来。

滔 tāo 13画 氵部 左右
臽:′ ⺈ ⺈ ⺈⺈臽
大水漫流▷浊浪~天。■右边是"臽"(yào),不是"舀"。

逃 táo 9画 辶部 半包围
兆:丿 丬 丬兆
❶迅速离开对自己不利的环境▷~出虎口|~跑|~犯|潜~。❷躲避▷什么事都~不过他的眼睛|~税|~学。

桃 táo 10画 木部 左右
兆:丿 丬 丬兆
❶桃树,落叶乔木,花色艳丽,可供观赏,果实也叫桃,是常见的水果。❷形状像桃的东西▷棉~。

陶 táo 10画 左阝部 左右
匋:勹匋匋
❶用黏土烧制的器物▷~瓷|彩~|~器。❷比喻教育、培养▷~冶|熏~。❸喜悦;快乐▷~然|~醉|乐~。

萄 táo 11画 艹部 上下
[葡萄]pútáo 见"葡"。

啕 táo 11画 口部 左右
[号啕]háotáo 形容大哭的样子▷~大哭。

淘 táo 11画 氵部 左右
❶用水荡洗,除去颗粒状东西里的杂质▷~米|~金|~汰。❷从深处舀出▷~缸|~井|~茅坑。❸顽皮▷这孩子真~|~气。

讨 tǎo 5画 讠部 左右
❶出兵攻打▷~伐|征~。❷公开谴责▷声~|申~。❸研究;商议▷探~|商~|~论。❹索要;请求▷~债|~教。❺招惹▷~人喜欢|~人嫌|~厌。

套 tào 10画 大部 上下
县:一厂县
❶罩在物体外面的东西▷给沙发做个~儿|手~|笔~。❷罩在物体外面▷把笔帽~上|~袖|~裤。❸互相重叠或衔接▷~色|~印|亲上~亲|~种(zhòng)|~间。❹装在衣被里面的棉絮▷棉花~子|被~。❺同类事物组合成的整体▷成~设备|整~家具|不配~。❻沿用已久的规矩、办法▷老一~|俗~。❼模仿;沿用▷~公式|生搬硬~。❽量词,用于成套的事物▷两~衣服|三~课本|一~设备。❾用绳子等结成的环扣▷挽个~儿|大车~|拉~。❿用绳具拴或捕捉▷~

正字 讨(討)

车|～牲口|～住一只狼。⑪笼络;拉拢▷～近乎|～交情。⑫使人上当的诡计▷给我们下了个～儿|圈～。⑬骗取;用不正当的手段购买▷拿话～他|汇～|～购。☞下边不要写成"长"。

te

忑 tè 7画 心部 上下
[忐忑]tǎntè 见"忐"。

特 tè 10画 牛部 左右
牛:⺧牜牛
❶不同于一般的;独有的▷～色|～产|～点|奇～|～殊。❷专门;特地▷～此声明|～作如下规定|～派|～约。❸指特务(tèwu)▷匪～|敌～。

teng

疼 téng 10画 疒部 半包围
疒:⼀广广
❶伤、病等引起的极不舒服的感觉▷肚子～|～痛。❷关怀;喜爱▷妈妈最～儿子|～爱。

腾 téng 13画 月部 左右
❶上升▷～空|飞～|～达。❷跳;奔驰▷～越|欢～|奔～。❸上下左右翻动▷沸～|翻～。❹表示动作反复延续▷倒(dǎo)～|闹～|折(zhē)～

～。❺使空出来▷～出手来|～房。

誊 téng 13画 言部 上下
关:⺍关
照底稿或原文抄写▷稿子太乱,要～一遍|～写|～清。

藤 téng 18画 艹部 上下
氺:⼁丿丿氺氺
某些植物的只能沿着地面或依附其他东西向上生长的茎。白藤的茎可以编制箱子、椅子等器具。☞右下不要写成"水"。

ti

剔 tī 10画 刂部 左右
❶(把肉从骨头上)刮下来▷把排骨上的肉～干净。❷(从缝隙或孔洞里)往外挑(tiāo)▷～牙|～指甲。❸把不好的挑(tiāo)出去▷把残次品～出去|～除。

梯 tī 11画 木部 左右
弟:⺍⺉⺍弟弟
❶供人登高或下降用的器具、设施▷～子|楼～|电～。❷形状或作用像梯子的▷～田|～队。

踢 tī 15画 足部 左右
易:⺆旦号易易
用脚或蹄子撞击▷一脚把门～

正字 腾(騰) 誊(謄)

开|被牲口~了|~球。

提 tí 12画 扌部 左右

❶垂着手拿(有提梁或绳套的东西)▷手里~着书包|~来一桶水◇~心吊胆。❷往上或往前移▷~升|~高|~前|~早。❸举出;指出▷~条件|~意见|~名。❹说起;谈起▷不值一~|别~了。❺舀油、酒等的量具,长柄下端装一圆筒形容器▷油~|酒~。❻汉字的笔画,形状是"亅"。❼取出;拿出来▷~货|~炼|~成。❽从关押的地方带出犯人▷~犯人|~审。

另见 dī。

啼 tí 12画 口部 左右

❶某些鸟兽叫▷雄鸡~明|虎啸猿~。❷出声地哭▷~哭|哭哭~~。

题 tí 15画 页部 半包围

❶题目,写作或讲演内容的名目▷文不对~|命~作文|标~。❷练习或考试时要求解答的问题▷问答~|习~|试~。❸写;签上▷~字|~诗|~名。

蹄 tí 16画 足部 左右
⻊:⼁⼁⼁⼁

某些牲畜趾端的坚硬的角质层,也指有蹄动物的脚▷马不停~|铁~|~子。

体 tǐ 7画 亻部 左右

❶人或动物的全身或身子的一部分▷量~裁衣|检~|~型|身~|肢~。❷事物的本身或全部▷物~|集~|全~|~积。❸事物的形状或形态▷长方~|固~|液~。❹事物的规格、形式或规矩等▷~例|~制|~统。❺文字的书写形式或文章的表现形式▷字~|~裁。❻亲身实践或经历(某事)▷身~力行|~察|~会|~验。❼设身处地替人着想▷~谅|~恤|~贴。

屉 tì 8画 尸部 半包围
世:一廿廿世

❶抽屉,桌子、柜子等家具中可以抽出推进,用来装东西的部分▷三~桌。❷笼屉,一套大小相等,可以摞起来蒸食品的器具▷竹~|~布。❸床架或椅架上可以自由取下的部分▷床~。

剃 tì 9画 刂部 左右
弟:丷丷弟弟

用刀具刮去毛发▷~光头|~胡子|~刀。

涕 tì 10画 氵部 左右

❶眼泪▷痛哭流~|感激~零。❷鼻涕▷~泪交流。

正字 题(題) 体(體)

惕 tì 11画 忄部 左右
小心;谨慎▷警～。

替 tì 12画 日部 上下
❶代换▷你休息吧,我～你｜～班｜～换｜接～。❷给;为▷请你～我画一张像｜大家都～他捏一把汗。

嚏 tì 17画 口部 左右
疐:一下疐
[嚏喷]tìpen 鼻黏膜受刺激引起的带声的猛烈喷气现象▷打～。也说喷嚏(pēntì)。

tian

天 tiān 4画 一部 独体
❶天空,日月星辰所在的空间▷～上飘着白云｜～昏地暗｜苍～。❷自然界▷人定胜～｜～灾人祸。❸自来就有的;天生的▷～资｜～险｜～性。❹气候;天气▷～很热｜～旱｜晴～。❺季节;时令▷春～｜三伏～。❻一昼夜的时间;从日出到日落的时间▷过了几～｜今～｜两～两夜。❼指一天里某一段时间▷～不早了,赶紧走吧｜晌午～｜三更～。❽位置在上面的;架在空中的▷～窗｜～桥｜～线。

添 tiān 11画 氵部 左右
小:丨丬小小
增加▷～了几件衣服｜～砖加瓦｜～设。☞右下不要写成"水"。

田 tián 5画 田部 独体
❶耕种的土地▷种了几亩～｜旱～｜梯～｜～野。❷指蕴藏矿物的地带▷煤～｜油～｜气～。

恬 tián 9画 忄部 左右
❶安静▷～静。❷坦然;不在乎▷～不知耻(做了坏事满不在乎,不知羞耻)。☞不读 tiǎn。

甜 tián 11画 舌部 左右
甘:一廿甘
❶像糖或蜜的滋味▷这药水是～的,一点也不苦｜～食。❷使人愉快、舒适▷这孩子嘴真～｜笑得很～。

填 tián 13画 土部 左右
❶把低洼的地方垫平;把空缺的地方塞满▷把坑～平｜～上这口废井。❷补充▷～补｜～充。❸按要求在表格、单等的空白处写▷～上姓名、住址｜～表｜～写。

腆 tiǎn 12画 月部 左右
典:曰曲典

❶胸、腹凸出或挺起▷～着肚子｜～着胸脯。❷[腼腆]miǎntiǎn 见"腼"。

舔 tiǎn 14画 舌部 左右
用舌头沾取或擦拭▷～掉嘴角的饭粒｜～～碗｜～嘴唇。

tiao

挑 tiāo 9画 扌部 左右
兆：ノ╯丬兆
❶用肩膀担着▷～着两筐菜｜～土｜～水。❷扁担和它两头挂着的东西▷挑～儿卖菜的。❸量词,用于成挑儿的东西▷一～儿水｜两～儿土。❹选取;取出▷～几个身强力壮的｜～西瓜｜～吃～穿｜～毛病｜～错。
另见 tiǎo。

条 tiáo 7画 夂部 上下
ノク夂条
❶植物细长的枝▷柳～｜荆～｜枝～。❷泛指细长的东西▷面～｜布～。❸细长形的▷～纹｜～幅｜～凳。❹条理,事物的层次或次序▷有～不紊｜井井有～。❺按条理分项的▷～目｜～令｜～约。❻量词。a)用于细长的东西▷两～腿｜一～河｜两～鱼。b)用于分项的东西▷两～意见｜三～新闻。☛上边不是"夂"。

调 tiáo 10画 讠部 左右
❶和谐;配合适当▷风～雨顺｜协～｜比例失～。❷使配合均匀或符合要求▷把加了稀料的油漆～了～｜这台收音机总是～不好｜～味｜烹～｜～节。❸使和解▷～解｜～停。❹挑逗;挑拨▷～戏｜～唆。
另见 diào。

笤 tiáo 11画 竹部 上下
[笤帚]tiáozhou 扫灰尘、垃圾的用具,多用去粒的高粱穗扎成。

挑 tiǎo 9画 扌部 左右
❶用带尖的或细长的东西先向下再向上用力▷把面条～出来｜～灯心。❷用言语或行动引起冲突、纠纷或某种情绪▷～战｜～衅｜～拨｜～逗｜～动。❸扬起▷眉毛一～｜～起大拇指。❹用细长东西的一头把物体支起或举起▷～灯夜战｜～帘子。
另见 tiāo。

眺 tiào 11画 目部 左右
往远处看▷远～｜～望。

跳 tiào 13画 足部 左右
❶腿部用力,使身体离地向上或向前▷～过一道小溪｜

~高|~远|~跃。❷一起一伏地振动▷心~个不停|眼皮直~。❸越过▷她~着行看完了这本书|~级。

tie

帖 tiē 8画 巾部 左右
巾：丿冂巾
❶安定；稳妥▷妥~。❷驯服；顺从▷服~。
另见tiě;tiè。

贴 tiē 9画 贝部 左右
❶把片状的东西粘在别的东西上▷~春联|剪~|张~。❷紧紧靠近▷~身|~近|~心。❸补助▷每月~他几个钱|~补。❹量词，用于膏药等▷两~膏药。

帖 tiě 8画 巾部 左右
写有简短文字的纸片▷请~|名~。
另见tiē;tiè。

铁 tiě 10画 钅部 左右
钅：丿𠂉𠂉𠂉𠂉
❶金属元素，质坚硬，在潮湿空气中易生锈，可以炼钢、制造机器和用具，也是生物体不可缺少的物质。❷指刀枪等武器▷手无寸~。❸比喻确定不移▷~的纪律|~证|~案如山。❹比喻坚硬；坚强▷铜墙~壁|~人|~腕。❺比喻强暴或无情▷~蹄|~面无私|~石心肠。

帖 tiè 8画 巾部 左右
习字或绘画时摹仿的样本▷碑~|字~|画~。
另见tiē;tiě。

ting

厅 tīng 4画 厂部 半包围
❶政府中按业务划分的办事机构▷国务院办公~|省民政~。❷会客、聚会、娱乐等用的大房间▷客~|餐~|歌舞~。

听 tīng 7画 口部 左右
❶用耳朵接收声音▷~妈妈讲故事|~收音机|~力|~众。❷依从；接受▷一切行动~指挥|~老师的话。❸任凭；随▷~其自然|~任|~凭。☞统读tīng，不读tìng。

廷 tíng 6画 廴部 半包围
㇇：一𠂉壬廷
❶帝王处理政事的地方▷宫~|朝~。❷封建王朝的最高统治机构▷清~(清朝政府)。☞㈠跟"延"不同。㈡"壬"字一撇下面是"士"，不是"土"。由"廷"构成的字有"庭""挺""蜓""艇""霆"等。

正字 贴(貼) 铁(鐵) 厅(廳) 听(聽)

亭 tíng 9画 亠部 上下
❶亭子,一种有顶无墙的小型建筑物▷~台楼阁|八角~|凉~。❷形状像亭子的小屋▷书~|邮~|售货~。

庭 tíng 9画 广部 半包围
❶厅堂▷大~|广众。❷正房前的院子▷~院|门~若市。❸审理案件的处所▷法~|开~。☞跟"廷"不同,"廷"指朝廷。

停 tíng 11画 亻部 左右
❶止;中断▷雨~了|下脚步|~电|~工|~止|顿。❷停留或放置▷队伍~在树林里|路边~着一辆汽车|放|~靠。❸稳妥▷~当|妥。☞不要简化写成"仃"。

蜓 tíng 12画 虫部 左右
[蜻蜓]qīngtíng 见"蜻"。

霆 tíng 14画 雨部 上下
急速而猛烈的雷▷雷~。

挺 tǐng 9画 扌部 左右
廷:三王廷廷
❶直▷笔~|~进|~立。❷伸直或凸出▷身子~得笔直|~身|~胸凸肚。❸勉强支撑▷发烧了还硬~着上课|~得住。❹量词,用于机关枪▷一一~机枪。❺很▷~好|~和气|~快。

艇 tǐng 12画 舟部 左右
轻便的小船,也指某些较大的船▷快~|汽~|潜水~。

tong

通 tōng 10画 辶部 半包围
❶可以到达▷这条路直~矿山|四~八达。❷没有阻碍的;可以穿过的▷下水道是~的|畅~|~行。❸全都了解;非常懂得▷~英语|~情达理|精~。❹思路和文字合理而流畅▷先把句子写~|文理不~|~顺。❺共同的;一般的▷~病|~称|~常。❻全部;整个▷~宵|~盘。❼使不堵塞▷拿根铁条一一~炉子|疏~。❽互相往来;连接▷~邮|~商|沟~。❾告诉别人;使大家知道▷~知|~告。
另见 tòng。

同 tóng 6画 冂部 半包围
冂冂同
❶一样;没有差别▷形状不~|不约而~|~乡|~辈|~时。❷跟……一样▷用法~"前"|上。❸一同;一起▷三人~行|~学|~流合污。❹跟▷干部必须~群众打成一片|今年~往年大不一样。❺和▷屋里只

彤 tóng 7画 彡部 左右
丹:ノ冂冃丹
红色▷红~~。

桐 tóng 10画 木部 左右
乔木,包括泡桐、梧桐、油桐。泡桐可以营造固沙防风林,梧桐木可以制乐器,油桐的种子可以榨油,用作涂料。

铜 tóng 11画 钅部 左右
金属元素,淡紫红色,导电导热性能很强。常用于制造导电、导热器件,用途很广。

童 tóng 12画 立部 上下
里:日甲里
小孩儿▷儿~|~年|~话。

瞳 tóng 17画 目部 左右
瞳孔,眼球中央进光的圆孔,随光线的强弱而缩小或扩大。

统 tǒng 9画 纟部 左右
❶总括;总管▷~称|率~|~辖|~筹。❷管辖▷~兵|~治。❸事物的连续关系▷系~|血~|传~。

捅 tǒng 10画 扌部 左右
❶戳;刺▷~了一刺刀|把窗户纸~破了。❷碰;触动▷刚睡着就被他~醒了。❸揭

露▷这件事先别~出去。

桶 tǒng 11画 木部 左右
盛东西的器具,多为圆柱形▷水~|油漆~|木~。

筒 tǒng 12画 竹部 上下
❶粗竹管▷竹~。❷像竹筒的器物▷笔~|茶叶~|电~。❸衣服鞋袜等的筒状部分▷袖~|长~袜|高~靴。

同 tòng 6画 冂部 半包围
[胡同]hútòng 见"胡"。
另见 tóng。

通 tòng 10画 辶部 半包围
量词,用于动作的次数▷擂了三~鼓|挨了一~打。
另见 tōng。

痛 tòng 12画 疒部 半包围
❶疼▷腰酸腿~|伤口~|疼~。❷悲伤;痛苦▷不欲生|~心|悲~|沉~。❸表示程度极深▷~饮|~打|~改前非。

tou

偷 tōu 11画 亻部 左右
❶趁人不备暗中拿走别人的财物▷~东西|窃~。❷偷东西的人▷小~儿|惯~。❸悄悄地;趁人不备地▷~着跑出来|~听|~看|~袭。❹

抽(时间)▷～空(kòng)|忙里～闲。❺只顾眼前,得过且过▷苟且～生。

头 tóu 5画 丶部 独体
丶ㄧ头头

❶人和动物身体上长着口、鼻、眼、耳等器官的部分。❷头发;发式▷把～剃光了|梳～|留分～。❸首领;为首的▷谁是你们的～儿?|工～|～目|～羊。❹第一▷鸡叫～遍|～班车|～奖|～等。❺次序或时间在前的▷～两节车厢|～一次|～几天(某一时段里靠前的几天)。❻物体的最顶端或最末端▷山～|绳子两～|桥～|地～。❼起点或终点▷从～说起|一年到～。❽某些东西的残存部分▷铅笔～|布～|烟～。❾方面▷他们俩是一～的|分～寻找。❿量词。a)用于牲口▷一～牛|三～驴。b)用于形状像头的东西▷两～蒜|一～洋葱。

另见 tou。

投 tóu 7画 扌部 左右
❶掷向目标;扔▷把球～进篮筐|～标枪|～掷。❷跳进去(自杀)▷～河|～井。❸放进去▷～票|～资|～放。❹合得来▷情～意合|～缘|～脾气。❺寄送出去▷～稿|～递|～书。❻(光线等)射向物体▷把目光～向远方|～影。❼前去依靠;参加▷～靠|～亲|～奔|～考。❽在水中漂洗衣物▷先用清水～一～,再打肥皂|～毛巾。☞右上是"几",不带钩。

透 tòu 10画 辶部 半包围
秀透

❶穿通;通过▷不～气|扎～了|～亮儿|～过现象看本质。❷清楚;彻底▷把道理说～|把他看～了|～彻。❸达到充分的程度▷庄稼熟～了|下了一场～雨|恨～了。❹泄漏,暗中说出去▷～消息|～信儿|～露。❺露出▷脸上～着俏皮|白里～红。

头 tou 5画 丶部 独体
附在某些词的后面,组成双音节词,有的表示一定的附加意义▷石～|木～|上～|前～|听～|盼～|苦～。

另见 tóu。

tu

凸 tū 5画 丨部 独体
丨丨丨凸凸

高出四周(跟"凹"相对)▷凹～不平|挺胸～肚|～透镜。☞统

正字 头tóu(頭) 头tou(頭)

读tū，不读tú或gǔ。

秃 tū 7画 禾部 上下
❶(人)没有头发；(鸟兽头、尾)没有毛▷他刚五十，头就~了｜~头｜~顶｜~鹰。❷(山)没有草木；(树)没有叶子▷~山｜~树。❸物体的尖端缺损，不锐利▷锥子磨~了｜笔。☞㊀下边是"几"，不是"儿"。㊁"秃"作左偏旁时，末笔要改写成横折提（乚），如"颓"。

突 tū 9画 穴部 上下
❶忽然；出人意料▷~如其来｜~变｜~发｜~然。❷冲撞；冲破▷冲~｜~击｜~破｜~围。❸凸起；高出周围▷奇峰~起｜成绩~出。❹拟声词，模拟某种有节奏的声音▷抽水机~~~地发动起来了｜心~~地乱跳。

图 tú 8画 囗部 包围
❶用线条、颜色等描绘出来的形象▷画了一张~｜绘~｜插~｜~画。❷谋划；谋取▷谋~｜企~｜试~｜发愤~强。❸制定的计划；谋略▷宏~｜意~。

徒 tú 10画 彳部 左右
走：⼟⼟走
❶不借助交通工具行走▷~步。❷徒弟；学生▷学~｜~门｜~工。❸指某种人（含贬义）▷亡命~｜匪~｜赌~｜叛~。❹信教的人▷信~｜教~。❺空的▷~手。❻只；仅仅▷~有虚名。❼白白地；不起作用地▷~劳无益｜~然。

途 tú 10画 辶部 半包围
余途
道路▷~经上海｜半~而废｜长~｜路~。

涂 tú 10画 氵部 左右
❶把油漆、颜料等抹在物体表面▷先~底色，然后~清漆｜~脂抹粉｜~药。❷抹去文字▷把错字~掉｜~改。❸乱写乱画▷别把新书~得乱七八糟。

屠 tú 11画 尸部 半包围
者：⼟⼟耂者
❶宰杀牲畜▷~宰｜~户。❷残杀▷~杀。

土 tǔ 3画 土部 独体
十土
❶土壤；泥土▷这块地里的~很肥｜盖上一层~｜黏~｜沙~｜~墙。❷土地；国土▷寸~必争｜领~｜疆~。❸家乡；本地▷本乡本~｜故~｜生~长。❹本地的；地方性的▷~产｜~语。❺不时兴；不开通▷这身

衣服真~|~里~气|~包子。❻民间的(跟"洋"相对)▷~洋结合|~办法|~专家|~方子。☞"土"作左偏旁时,末笔横要改写成提(一),如"坑""埋""地"。

吐 tǔ 6画 口部 左右
❶主动让东西从嘴里出来▷~瓜子皮|~痰|~唾沫。❷说▷~字不清|~露真情|谈~。❸从缝隙里露出▷~穗|~絮。
另见 tù。

吐 tù 6画 口部 左右
消化道或呼吸道里的东西不由自主地从嘴里涌出▷吃的饭全~了|上~下泻|~血|呕~。
另见 tǔ。

兔 tù 8画 ⺈部 上下
⺈ⱻ免兔
哺乳动物,耳朵长,尾巴短,上唇中间裂开,善于跳跃、奔跑。肉可以吃,毛可以纺织,毛皮可以做衣物。☞㊀跟"免"(miǎn)不同。㊁第六画是一长撇,不要断成一竖一撇。

tuan

湍 tuān 12画 氵部 左右
水流得很急▷~急。

团 tuán 6画 囗部 包围
❶圆形的▷~扇|~城。❷把东西捏或揉成球形▷把废纸~成一个球儿|~煤球儿。❸聚集;会合▷~圆|~聚|~结。❹军队编制单位,在师以下,营以上。❺聚成一团的东西▷云~|疑~。❻从事某种工作或活动的集体▷考察~|剧~|社~。❼青少年的政治组织;特指共产主义青年团▷儿童~|入~|~员。❽球形或圆形的东西▷线~|蒲~|汤~|菜~子。❾量词,用于成团的东西▷两~毛线|一~乱麻。

tui

推 tuī 11画 扌部 左右
隹:亻亻亻亻隹
❶手向外用力使物体移动▷~门|~磨|~翻|~倒。❷用工具贴着物体的表面向前剪或刨▷~草坪|用刨子把桌面~平|~头。❸推行;使开展▷~广|~动|~销。❹把预定的时间向后延▷会议~到下月|~延|~迟。❺推选;举荐▷~荐|~举。❻抬举;尊崇▷~崇|~重(zhòng)。❼从已知的求出或想到未知的▷~求|~断|~测|~论。❽借故拒绝,不肯接受

正字 团(團)

▷～病不出｜～辞｜～让。

颓 tuí 13画 页部 左右
❶倒塌；衰败▷衰～。❷消沉；不振作▷～唐｜～废。☞统读tuí，不读tuī。

腿 tuǐ 13画 月部 左右
❶人的下肢或动物的肢体▷～疼｜鸡～｜盘～｜～脚。❷器物下部像腿一样起支撑作用的部分▷桌子～儿｜椅子～儿。

退 tuì 9画 辶部 半包围
 艮：フヨ尸艮
❶向后移动（跟"进"相对）；使向后移动▷敌人～了｜后～｜撤～｜～缩｜打～来犯的敌人。❷离开；脱离▷从领导岗位上～下来｜～场｜～伍｜～学｜～休。❸下降；衰减▷高烧不～｜洪水～下去了｜衰～。❹交还（已收下或买下的东西）▷把多收的货款～给顾客｜～票｜～还。❺撤销（已定的事）▷～婚。

蜕 tuì 13画 虫部 左右
❶某些动物脱下的皮▷蚕～｜蝉～｜蛇～。❷蝉、蛇等脱皮▷～皮。❸变化或变质▷～化｜～变。☞统读tuì，不读shuì。

褪 tuì 14画 衤部 左右
❶（颜色）变淡或消失▷

衣裳～色了。❷（羽毛等）脱落▷兔子～毛了。
另见tùn。

tun

吞 tūn 7画 口部 上下
❶不嚼或不细嚼，整个地或大块地往下咽▷狼～虎咽｜～食。❷侵占；兼并▷集体的钱全让他独～了｜侵～｜～并。☞第一画是横，不要写成一撇。

屯 tún 4画 一部 独体
 一口屯
❶蓄积；聚集▷～粮｜～聚。❷军队驻扎▷～兵｜～扎。❸村庄，多用于地名▷～子｜皇姑～（在辽宁）。☞第一画是横。"屯"作左偏旁时，最后一画要改写成竖提（丨），如"顿"。

囤 tún 7画 囗部 包围
积存；储存▷～粮｜～积。
另见dùn。

饨 tún 7画 饣部 左右
[馄饨]húntun 见"馄"。

臀 tún 17画 月部 上下
屁股▷～部｜～围｜后～尖。☞统读tún，不读diàn。

褪 tùn 14画 衤部 左右
收缩或晃动肢体，使套在它上面的东西脱落▷～下一条

正字 颓（頽）饨（飩）

裤腿｜～下手镯。

另见 tuì。

tuo

托 tuō 6画 扌部 左右
❶用器物或手掌向上承受(物体)▷手～着枪｜用盘子～着几杯酒｜～盘。❷某些物件下面起支垫作用的部分▷茶～｜枪～。❸陪衬▷烘云～月｜衬～｜烘～。❹寄放▷～身｜～儿所。❺仰仗；靠▷～您的福，一切顺利。❻假借(言辞、理由或名义)▷～故谢绝｜推～｜～词。❼请别人办事▷～人｜委～｜～付｜～运。

拖 tuō 8画 扌部 左右
也：ㄱㄔ也
❶用力使物体擦着地面或另一物体表面移动；牵引▷把箱子从床下～出来｜～地板｜～车。❷垂在身体后面▷小松鼠～着个大尾巴。❸延长时间▷工程～了一年才完工｜～欠｜～拉。❹牵累；牵制▷～家带口｜把敌人死死～住。

脱 tuō 11画 月部 左右
❶(皮肤、毛发等)掉下▷～了一层皮｜～头发｜～毛。❷取下；除去▷～衣｜～鞋｜～色｜～脂。❸离开▷～轨｜～贫｜～险｜摆～｜逃～。❹(文字)缺漏▷一行～了三个字｜～漏。

驮 tuó 6画 马部 左右
用背(bèi)背(bēi)▷马背上～着两袋化肥｜老师～着小学生过河｜～运。

另见 duò。

驼 tuó 8画 马部 左右
它：宀宀它
❶指骆驼▷～峰｜～绒｜～铃。❷脊背拱起，像驼峰一样▷眼不花，背不～｜～背。

柁 tuó 9画 木部 左右
屋架中架在前后两根柱子上的大横梁。

铊 tuó 10画 钅部 左右
秤锤▷秤～。

鸵 tuó 10画 鸟部 左右
鸟：ㄱㄅㄅ鸟鸟
鸵鸟，现代鸟类中最大的鸟，不能飞，腿长善走，生活在非洲和阿拉伯沙漠地带。

跎 tuó 12画 足部 左右
[蹉跎]cuōtuó 见"蹉"。

妥 tuǒ 7画 爪部 上下
❶稳当可靠▷稳～｜～当｜～善｜欠～。❷停当；完备▷

正字 驮(馱) 驼(駝) 铊(鉈) 鸵(鴕)

事已办~|条件谈~了。

椭 tuǒ 12画 木部 左右
长圆形▷~圆。

拓 tuò 8画 扌部 左右
开辟;扩充▷开~|~荒|~展|~宽。
另见tà。

唾 tuò 11画 口部 左右
垂:千乖垂
❶口水▷~液|~沫。❷吐(唾沫)▷~了一口唾沫|~手可得(比喻极容易得到)。❸(吐唾沫)表示轻视或鄙弃▷~骂|~弃。☞统读tuò,不读tù。

W

wa

挖 wā 9画 扌部 左右
用工具或手掘;掏▷~土|~坑|~掘◇~潜力。☞右下是"乙",不是"九"。

哇 wā 9画 口部 左右
拟声词,模拟呕吐、哭、叫的声音▷~的一声吐了出来|孩子吓得~~地哭。
另见wa。

洼 wā 9画 氵部 左右
❶(地面)四周高,中间低▷地势太~|~地|低~。❷四周高,中间低的地方▷山~|水~。

蛙 wā 12画 虫部 左右
圭:±圭
两栖动物,善于跳跃和泅水,吃昆虫,对农业有益。幼体叫蝌蚪。种类很多,常见的有青蛙等。

娃 wá 9画 女部 左右
小孩子▷男~|女~。

瓦 wǎ 4画 瓦部 独体
一丁瓦瓦
❶用泥土烧制的器物▷~盆|~罐|~器。❷铺屋顶的建筑材料,用泥土或水泥等制成▷琉璃~|~房|砖~。❸电的功率单位瓦特的简称。☞第二画是竖提(ㄴ)。由"瓦"构成的字有"瓶""瓷""瓮"等。
另见wà。

瓦 wà 4画 瓦部 独体
在屋顶上铺瓦▷房顶该~瓦(wǎ)了|~刀(砌砖瓦用的工具)。
另见wǎ。

正字 椭(橢) 洼(窪)

袜 wà 10画 衤部 左右
袜子,套在脚上的纺织品。☞右边是"末",不要写成"未"。

哇 wa 9画 口部 左右
用在句子末尾,加重语气。原为"啊"(a),受前面一个字韵母u、ao、ou的影响产生音变而采用的不同写法▷你让我找得好苦(kǔ)~|这样多好(hǎo)~|快走(zǒu)~。
另见wā。

wai

歪 wāi 9画 一部 上下
❶偏;斜(跟"正"相对)▷线画~了|字写~了。❷不正当;不正派▷邪门~道|~风邪气。

外 wài 5画 夕部 左右
❶表层;不在某种界限或范围之内的(跟"内""里"相对)▷国~|室~|课~|8小时之~|~伤|~貌。❷特指外国古今中~|对~贸易|~宾。❸不是自己所在或所属的(跟"本"相对)▷~地|~单位|~姓。❹非正式的;不正规的▷~号|~史。❺关系远;不亲近▷都不是~人,不要客气|见~。❻称家庭成员中女性一方的亲属▷~祖父|~甥|~孙女。

wan

弯 wān 9画 弓部 上下
亦:亠亣亦
❶曲折;不直▷扁担压~了|~的月亮|~路|~曲。❷使曲;折(zhé)▷~下腰|把铁丝~成圆圈。❸弯曲的地方▷漳河水,九十九道~|拐~抹角。☞上边不要写成"亦"。

湾 wān 12画 氵部 左右
❶河流弯曲的地方▷河~|水~。❷海洋向陆地深入的地方▷海~|港~。

蜿 wān 14画 虫部 左右
[蜿蜒] wānyán 形容弯弯曲曲向前延伸的样子▷~的山路|小溪在山谷里一流淌。

豌 wān 15画 豆部 左右
[豌豆] wāndòu 草本植物,种子也叫豌豆,可以吃,嫩茎叶可以做蔬菜。

丸 wán 3画 丿部 独体
丿九丸
❶小而圆的东西▷肉~|泥~|药~。❷专指做成丸形的中药▷~散膏丹|山楂~。❸量词,用于丸药▷每次服两~。

正字 袜(襪) 弯(彎) 湾(灣)

完 wán 7画 宀部 上下

❶应有的各部分都具备;齐全▷~美无缺|~全|~善|~备。❷全部做好▷~工|~稿|~成。❸结束▷戏演~了|~结|~毕。❹用光;没有剩余▷墨水使~了|材料用~了。

玩 wán 8画 王部 左右

❶观赏;欣赏▷游山~水|游~。❷供观看欣赏的东西▷古~|珍~。❸以不严肃、不认真的态度对待▷~世不恭|~忽职守。❹使用(不正当的手段);耍弄▷~花招|~手段。❺游戏;玩耍▷孩子们~得很高兴。❻进行某种文体活动▷~牌|~皮球。

顽 wán 10画 页部 左右

❶不易制伏的;非常固执的▷~固|~症|~敌。❷(小孩子)不听劝导,爱玩闹▷~童|~皮。❸坚硬;坚强▷~强|~抗。

宛 wǎn 8画 宀部 上下

宀 宛 宛

仿佛;好像▷音容~在(声音、相貌好像还在)。☞右下不要写成"已"。由"宛"构成的字有"豌""惋""婉""碗""腕"等。

挽 wǎn 10画 扌部 左右

❶拉;牵引▷~弓|手~着手|~车(拉车)。❷哀悼死者▷~联|~歌。❸弯臂勾住▷胳膊上~着篮子。❹使改变方向;挽回▷力~狂澜|~救。❺卷起▷~袖子。

晚 wǎn 11画 日部 左右

免: 免 免 免 免

❶日落的时候▷~霞。❷天黑以后到深夜以前的时间;泛指黑夜▷一天忙到~|~会|~场|~车|~夜~。❸过了原定的或合适的时间▷来~了一步|会议~开了半小时|火车~点。❹时间上靠后的;临近终了的▷~秋|~稻|~期|~辈|~年。

惋 wǎn 11画 忄部 左右

痛惜;同情▷~惜。

婉 wǎn 11画 女部 左右

❶温和;柔顺▷和~|~顺。❷说话态度温和,不生硬▷委~|~言谢绝。

皖 wǎn 12画 白部 左右

安徽的别称▷~南。

碗 wǎn 13画 石部 左右

❶吃饭用的器皿。❷形状像碗的东西▷轴~。

正字 顽(頑)

万 wàn 3画 一部 独体
丆万
❶数字,十个一千。❷形容数量极大▷千变~化|~紫千红|~物|~能胶。❸表示程度极高▷没想到他会做这种事|~不得已|~恶|~幸。

腕 wàn 12画 月部 左右
人的手掌跟前臂之间或脚跟小腿之间相接的可以活动的部分▷手~|脚~子|~力。

蔓 wàn 14画 艹部 上下
意思跟"蔓"(màn)①相同,用于口语▷丝瓜爬~儿|该压~儿了|瓜~儿。
另见 mán;màn。

wang

汪 wāng 7画 氵部 左右
❶水又深又广▷~洋大海。❷(液体)积聚▷地上~着水。❸量词,用于液体▷一~秋水|一~泪水。❹拟声词,模拟狗叫的声音▷狗~~乱叫。

亡 wáng 3画 亠部 独体
❶逃走▷逃~|流~。❷丢掉;失去▷亡羊补牢|唇~齿寒。❸灭亡(跟"兴"相对)▷~国|兴~。❹死▷父母双~|阵~。

王 wáng 4画 王部 独体
三干王
❶君主国家的最高统治者或最高封爵▷国~|~位|亲~。❷首领;头目▷占山为~。❸同类中为首的、最大的或最强的▷牡丹是花中之~|蜂~|~蛇|~牌。☞"王"作左偏旁时,末笔横要改写成提(㇀),如"玩""理""环"。

网 wǎng 6画 冂部 半包围
❶用绳线等结成的有孔眼的捕鱼捉鸟的工具▷撒~|鱼~。❷形状像网的东西▷蜘蛛~|铁丝~|电~。❸纵横交错像网的组织、系统▷通讯~|交通~|法~|关系~。❹用网捕捉▷~鱼|~罗人才。☞跟"冈"(gāng)不同。

枉 wǎng 8画 木部 左右
❶弯曲;不正▷矫~过正。❷使歪曲不正▷贪赃~法。❸冤屈▷冤~。❹空;白白地▷~费心机|~然。

往 wǎng 8画 彳部 左右
❶去;到▷来~|~返。❷向(某处)去▷你~东,我~西。❸朝;向▷~前看|劲~一处使|~高里长。❹从前的;过去的▷~年|~事。☞统读

wǎng，不读 wàng。

妄 wàng 6画 女部 上下
❶不合实际；不近情理▷狂~|痴心~想|~图。❷随意；胡乱▷轻举~动|~加评论|胆大~为。

忘 wàng 7画 心部 上下
不记得▷这件事永远~不了|今天上课~带笔记本了|遗~|~记。

旺 wàng 8画 日部 左右
兴盛▷人畜两~|炉火正~|~兴~。

望 wàng 11画 王部 上下
❶往远处看▷一眼~不到边|远远~去|~尘莫及。❷察看▷~风观~。❸名声；声誉▷德高~重|名~|声~|威~。❹盼望；希望▷~子成龙|大失所~|期~|渴~|绝~|失~。❺向；对▷~那边看|~上瞧|~靶子正中打。❻探视▷探~|拜~|看~。

wei

危 wēi 6画 ⺈部 半包围
厄：⺈⺈厃危
❶环境险恶；不安全（跟"安"相对）▷~在旦夕|转~为安|~险|~机。❷使不安全；损害▷~及国家|~害社会。❸特指生命危险，将要死亡▷垂~（临近死亡）|病~。☞㈠统读wēi，不读wéi或wěi。㈡下边是"㔾"，不是"巳"。由"危"构成的字有"桅""脆""诡"等。

威 wēi 9画 戈部 半包围
厂厂反威威威
❶使人敬畏的气势或使人畏惧的力量▷震四海|~风|~严|~权|~示。❷凭借威力制服或压迫▷~逼|~胁。

偎 wēi 11画 亻部 左右
紧紧挨在一起▷孩子紧紧~在大人怀里|依~。☞不读wèi。

微 wēi 13画 亻部 左右
❶小；轻微▷~不足道|细~|~小|~弱|~风|~量|~型。❷精妙深奥▷~妙。❸稍；略▷~笑|面色~红。

薇 wēi 16画 艹部 上下
[蔷薇] qiángwēi 见"蔷"。

巍 wēi 20画 山部 上下
高大▷~然|~峨|~~昆仑。☞统读wēi，不读wéi。

为 wéi 4画 丶部 独体
丿为为
❶做▷尽力而~|事在人~|~

正字 为（爲）

非作歹。❷当作;充当▷拜他~师｜四海~家｜~首。❸变成;成为▷变后进~先进｜反败~胜。❹是▷见习期~一年｜总面积~78平方米｜珠穆朗玛峰~世界最高峰。❺表示被动,相当于"被"(常跟"所"合用)▷~人民所拥护｜~事实所证明。

另见wèi。

违 wéi 7画 辶部 半包围
❶离别;离开▷久~。❷背离;不遵从▷阳奉阴~｜~背｜~法。

围 wéi 7画 囗部 包围
❶四面拦起来;环绕▷场地四边~了一圈席子｜孩子们把他~住了｜~墙｜~巾｜~攻｜~绕。❷四周▷周~｜外~。❸周长▷胸~｜腰~。

桅 wéi 10画 木部 左右
桅杆,船上挂帆或信号、旗帜等用的长杆▷船~｜~顶｜~灯。

唯 wéi 11画 口部 左右
只;单单▷~利是图｜~一｜~独｜~恐。

维 wéi 11画 纟部 左右
　　　　佳:亻广伫伫佳
❶拴住;连结▷~系。❷保持;

保护▷~持｜~护｜~修。

伟 wěi 6画 亻部 左右
❶高大▷魁~。❷优异;超出寻常▷~人｜丰功~绩｜雄~｜~大。

伪 wěi 6画 亻部 左右
❶假的;故意做作以掩盖真相的(跟"真"相对)▷去~存真｜~君子｜虚~｜~造｜~装。❷非法的▷~军｜~政府。

苇 wěi 7画 艹部 上下
指芦苇▷~塘｜~席｜~子。参看"芦"。

尾 wěi 7画 尸部 半包围
❶尾巴,某些动物身体末端突出的部分。❷指事物的末端▷船~｜机~｜排~｜末~。❸主要部分以外的部分;最后的阶段▷~数｜扫~工程。❹量词,用于鱼▷一~鱼。

另见yǐ。

纬 wěi 7画 纟部 左右
❶织物上跟竖向的经线相交叉的横线▷~纱。❷地理学上假想的沿地球表面与赤道平行的线,赤道以北的称北纬,以南的称南纬▷~度。

委 wěi 8画 禾部 上下
❶请人代办;任命▷~以重任｜~托｜~派｜~任。❷委

正字 违(違) 围(圍) 维(維) 伟(偉) 伪(僞) 苇(葦) 纬(緯)

员或委员会的简称▷政~|主~|常~|省~|军~。❸水的下游;末尾▷原~(从头到尾的经过)。❹精神不振作▷~靡不振。❺曲折▷曲~|婉~。

萎 wěi 11画 艹部 上下
❶(植物)干枯▷枯~|~谢。❷衰退▷经济~缩。

卫 wèi 3画 卩部 独体
❶保护;防守▷保家~国|防~|~兵。❷负责保护、防守的人▷门~|侍~|后~。

为 wèi 4画 丶部 独体
ノカ为
❶替;给▷~人民服务|~大会题词。❷由于;为了▷~他的进步高兴|~方便读者,书后附有说明。
另见wéi。

未 wèi 5画 一部 独体
❶没有(跟"已"相对)▷~成年|前所~有|~定。❷地支的第八位。参见"支"⑦。☞跟"末"(mò)不同。

位 wèi 7画 亻部 左右
❶位置,所在的地方▷各就各~|坐~|席~|铺~。❷人在社会生活某一领域中所处的地位▷职~|官~|岗~|学~。❸特指君主的统治地位▷

让~|篡~|退~。❹量词,用于人(含敬意)▷各~代表|四~客人。❺算术中指数位▷个~|十~|财产达到了七~数。

味 wèi 8画 口部 左右
❶舌头尝或鼻子闻东西得到的感觉▷酸、甜、苦、辣、咸五~俱全|滋~|气~|~觉。❷辨别滋味;体会▷回~|品~|玩~。❸指某种菜肴▷野~|海~|腊~。❹意味;情趣▷这本书越读越有~儿|趣~|情~|韵~。❺量词,用于中草药▷这张处方共有十~药。

畏 wèi 9画 田部 上下
𠃊: 一乚匚𠃊
❶害怕▷无~|~惧|~难。❷敬佩▷后生可~|敬~。☞下边不要写成"衣"。

胃 wèi 9画 田部 上下
人和某些动物消化器官的一部分,上面同食道相连,下面同肠相连。

谓 wèi 11画 讠部 左右
❶说▷可~恰到好处|所~(所说的)。❷叫作;称呼▷何~真正的友谊?|称~。

尉 wèi 11画 寸部 左右
❶古代官名(多为武职)▷太~|县~。❷军衔名,在校

正字 卫(衛) 为(爲) 谓(謂)

官之下,士之上▷上~|少~|~官。

喂 wèi 12画 口部 左右
❶给动物东西吃;饲养▷~猪|我家~了两头牛。❷把饮食等送进别人嘴里▷孩子大了,不用人~了|~药|~奶。❸表示打招呼▷~,等等我|~,你快过来呀。

猬 wèi 12画 犭部 左右
刺猬,哺乳动物,身上长满短而密的硬刺,遇敌害时能蜷曲成球,用刺保护身体。夜间活动,吃昆虫、鼠、蛇等,对农业有益。

蔚 wèi 14画 艹部 上下
茂盛;盛大▷~然成林|~为大观。

慰 wèi 15画 心部 上下
❶使心情安适、平静▷安~|~问|~劳。❷心情安适▷欣~|快~。

魏 wèi 17画 鬼部 左右
姓。

wen

温 wēn 12画 氵部 左右
❶冷热适度;暖和▷~水|~暖|~带。❷使变暖;适当加热▷酒凉了,再~一下。❸重复学习学过的东西,使巩固▷这课书我~了三遍|~书|~习。❹冷热的程度;温度▷室~|~气|~体~。❺和顺;宽厚▷~和|~顺|~情。

瘟 wēn 14画 疒部 半包围
中医指流行性急性传染病▷~疫|鸡~。

文 wén 4画 文部 独体
亠方文
❶在身上或脸上刺画花纹或字▷~身。❷非军事的(跟"武"相对)▷~人|~官|~武双全。❸温和;不猛烈▷~雅|~静|~火。❹指自然界或人类社会某些规律性的现象▷天~|水~|人~。❺字,语言的书面形式▷甲骨~|~盲|识~断字|英~。❻文章;公文▷~不对题|散~|~作|~呈~。❼指社会科学▷我是学~的,他是学工的|~理并重|~科。❽文言,五四以前通用的以古汉语为基础的书面语言▷~白夹杂|半~半白。❾量词,用于旧时的铜钱(铜钱的一面铸有文字)▷十~钱|分~不取。

纹 wén 7画 纟部 左右
纺织品上的条纹或图形;泛指物体、人体上呈线条状的花纹▷斜~布|木~|指~|~

正字 纹(紋)

闻

闻 wén 9画 门部 半包围
❶听见▷耳~目睹|~风而动。❷听到的事；消息▷新~|奇~|趣~。❸用鼻子辨别气味▷~到一股香味儿|味道真难~。

蚊 wén 10画 虫部 左右
昆虫，幼虫生活在水里，雌蚊吸人畜的血，能传播疾病，雄蚊吸食植物汁液。

刎 wěn 6画 刂部 左右
用刀割颈部▷自~。

吻 wěn 7画 口部 左右
❶嘴唇▷接~◇~合。❷用嘴唇接触表示喜爱▷妈妈在孩子脸上~了一下。

紊 wěn 10画 文部 上下
杂乱；纷乱▷有条不~|~乱。☞统读wěn，不读wèn。

稳 wěn 14画 禾部 左右
❶固定不动；不摇晃▷桌子没放~|车开得又快又~。❷安定平静，没有波动▷情绪不~|平~|~定。❸使稳定▷先~住他，别打草惊蛇|~住阵脚。❹妥帖；可靠▷十拿九~|~妥。❺沉着(zhuó)；不轻浮▷~重|~健|沉~。

问 wèn 6画 门部 半包围
❶让人解答自己不知道或不清楚的事情(跟"答"相对)▷不懂就~|——~老师|~事处|询~。❷关心地询问▷慰~|~候|~好。❸审讯▷~案|审~|~拷。❹责问；追究▷胁从不~|~罪。❺管；干预▷不~青红皂白|不闻不~|过~。

weng

翁 wēng 10画 羽部 上下
年老的男人▷老~。

嗡 wēng 13画 口部 左右
拟声词，模拟昆虫飞翔或机器发动的声音▷蚊子~~叫|发电机~~地响。

瓮 wèng 8画 瓦部 上下
瓦：⊤丁瓦瓦
一种比坛子大的陶制容器▷水~|酒~。

wo

涡 wō 10画 氵部 左右
❶水流旋转时形成的中间低洼的地方▷旋~|水~。❷像旋涡的东西▷酒~儿|轮机。☞右下是"内"，不是"内"。

正字 闻(聞) 稳(穩) 问(問) 涡(渦)

喔 wō 12画 口部 左右
尸：ㄱㄱㄗ尸
拟声词，模拟公鸡的叫声▷公鸡~~啼。

窝 wō 12画 穴部 上下
呙：口呙呙
❶鸟兽昆虫的巢穴▷喜鹊~｜兔子~｜蚂蚁~。❷比喻人安身、聚集或躲藏的地方▷三十出头的人了，也该有个~了｜安乐~｜土匪~。❸指人或物体所在或所占的位置▷坐了半天没动~儿｜帮我把这个柜子挪挪~儿。❹像窝的地方或东西▷棚~｜被~儿｜玉米面~头。❺凹陷的地方▷山~｜眼~｜口~。❻藏匿▷~藏｜~赃｜~主。❼情绪闷在心里，得不到发泄▷~了一肚子火｜~心~气。❽人力或物力闲着不能发挥作用▷库里~着大批产品，卖不出去｜~工。❾量词，用于一胎所生或一次孵出的家畜家禽▷一~下了六个小猪。

蜗 wō 13画 虫部 左右
蜗牛，软体动物，有硬壳，头部有两对触角。吃植物的嫩叶，危害农作物。☞统读wō，不读wā或guō。

我 wǒ 7画 丿部 独体
亻手扌我我我

❶说话人称自己或自己一方▷~认识你｜他是~的老师｜~校｜~厂。❷自己▷自~介绍｜忘~工作。

沃 wò 7画 氵部 左右
(土地)肥▷肥~｜~土｜~野千里。☞右边不要写成"天"。

卧 wò 8画 臣部 左右
臣：ㄱ丆丆臣

❶(人)躺着；(动物)趴着▷床休息｜猫~在窗台上｜~倒｜~病。❷睡觉▷~铺｜~室｜~具。❸指火车的卧铺▷软~｜硬~。

握 wò 12画 扌部 左右
❶拿；抓在手中▷手里~着一支笔｜~手。❷手指弯曲成拳头▷把手~起来｜~拳。

WU

乌 wū 4画 丿部 独体
ノケ乌乌

❶黑色▷~木｜~云｜~黑。❷指乌鸦，全身羽毛黑色，多群居在树林中或田野间，吃谷类、昆虫、雏鸟等▷爱屋及~。☞跟"鸟"(niǎo)不同。

污 wū 6画 氵部 左右
亏：一二亏

正字 窝(窩) 蜗(蝸) 乌(烏)

❶肮脏的东西▷同流合～|藏～纳垢|去～粉。❷肮脏▷泥浊水|～点。❸不廉洁▷贪官～吏。❹使不洁净▷～染|～损|玷(diàn)～。☞右下的"㇗"不出头。

巫 wū 7画 工部 特殊
丅 巠 巠 巫
以装神弄鬼替人祈祷、治病等为职业的人▷～师|～婆|～术。

呜 wū 7画 口部 左右
拟声词,模拟哭声、风声、汽笛声等▷～～地哭|狂风～地刮着|～的一声长鸣,火车开动了。☞跟"鸣"(míng)不同。

诬 wū 9画 讠部 左右
无中生有地说别人做了坏事▷～告|～赖|～陷|～蔑。

屋 wū 9画 尸部 半包围
❶房子▷茅草～|～脊房～。❷房间▷一间小～|里～|东～。

无 wú 4画 无部 独体
❶没有(跟"有"相对)▷四肢～力|～声～息|～能～限。❷不▷～动于衷|～妨～论。❸不论▷事～巨细,他都要过问。

芜 wú 7画 艹部 上下
❶田地荒废,野草丛生▷荒～。❷繁杂▷～杂。

吾 wú 7画 口部 上下
我;我们。

吴 wú 7画 口部 上下
姓。

梧 wú 11画 木部 左右
[梧桐] wútóng 落叶乔木,木材可以做乐器和多种器具,种子可以吃或榨油,叶子可以做药材。

蜈 wú 13画 虫部 左右
[蜈蚣] wúgōng 节肢动物,身体长而扁,由许多环节组成,每节有一对脚,第一对脚有爪和腺,能分泌毒液。干燥的全虫可以做药材。

五 wǔ 4画 一部 独体
丅 五 五
❶数字,四加一的和。☞"五"的大写是"伍"。

午 wǔ 4画 十部 独体
❶地支的第七位。参见"支"⑦。❷指午时,即11—13点;特指中午12点▷中～|正～|～饭|上～|～后。

伍 wǔ 6画 亻部 左右
❶指军队▷入～|退～|

正字 呜(嗚) 诬(誣) 无(無) 芜(蕪)

队~。❷同伙▷不要与坏人为~。❸数字"五"的大写。

妩 wǔ 7画 女部 左右
[妩媚]wǔmèi 形容姿态美好,招人喜爱▷~动人。

武 wǔ 8画 止部 半包围
一丁千正武武
❶跟军事或强力有关的事物(跟"文"相对)▷文~双全|~器|~装|~力|动~。❷勇猛▷英~|威~。❸跟搏斗有关的▷~术|~艺|~功。☞右边不要写成"戈"。由"武"构成的字有"赋""鹉"等。

侮 wǔ 9画 亻部 左右
欺负▷中国人民不可~|欺~|~辱。

捂 wǔ 10画 扌部 左右
严密地遮盖住或封住▷~着鼻子|事情是~不住的。

鹉 wǔ 13画 鸟部 左右
武:一丁千正武武
[鹦鹉]yīngwǔ 见"鹦"。

舞 wǔ 14画 夕部 上下
二 無 舞舞舞
❶跳舞▷载歌载~(边唱歌边跳舞)|起~|~厅。❷舞蹈▷民间~|芭蕾~。❸挥动;飘动▷手~鲜花|张牙~爪|挥~|飞~|~飘。❹玩弄;耍弄▷

文弄墨(玩弄文字技巧)|~弊。

兀 wù 3画 兀部 独体
高耸突出▷突~。

勿 wù 4画 勹部 半包围
ノ勹勹勿
不要;别▷切~动手|请~打扰。

戊 wù 5画 戈部 独体
厂厂戊戊
天干的第五位。参见"干"(gān)❹。☞跟"戌"(xū)"戍"(shù)不同。

务 wù 5画 夂部 上下
ノ夂冬务务
❶专力去做;致力于▷~农|不~正业。❷追求;谋求▷不~虚名|好高~远|~实。❸事;事情▷事~|家~|任~|职~。❹必须;一定▷除恶~尽|必~|~须。☞上边不是"夂"。

坞 wù 7画 土部 左右
❶四面高中央低的地方▷山~|花~。❷建在水边的停船、造船或修船的场所▷船~。☞不读wū。

物 wù 8画 牛部 左右
❶东西▷庞然大~|植~|货~|文~|~品。❷指文章或说话的实际内容▷言之有~|空洞无~。

正字 妩(嫵) 鹉(鵡) 务(務) 坞(塢)

误

误 wù 9画 讠部 左右

❶错;不正确▷~解|~会|~差(chā)。❷不正确的事物或行为▷错~|笔~|正~|谬~。❸耽误▷快走吧,别~了上课|~点|~事|延~。❹使受害▷~人不浅|~人子弟。❺不是故意地▷~入歧途|~伤。

恶

恶 wù 10画 心部 上下
亚:丅亚亚

憎恨;不喜欢(跟"好hào"相对)▷好逸~劳|深~痛绝|可~|厌~|憎~。

另见ě;è。

悟

悟 wù 10画 忄部 左右
五:丁五五

明白;变得清醒▷这件事让我~出一个道理|恍然大~|领~|觉~|醒~。

晤

晤 wù 11画 日部 左右

相会;见面▷~面|~谈|~会。

雾

雾 wù 13画 雨部 上下

❶空气中的水蒸气遇冷结成的飘浮在空气中的细小水珠▷今天早晨有大~|~气|云~。❷像雾的东西▷喷~器。

X

xī

夕

夕 xī 3画 夕部 独体
丿ク夕

❶傍晚;太阳落山到天黑的一段时间▷~阳|~照。❷晚上▷前~|除~|朝~相处。☞统读xī,不读xì。

西

西 xī 6画 覀部 独体
一冂西西

❶四个基本方向之一,太阳落下的一边(跟"东"相对)▷往~走|夕阳~下|~郊|~半球。❷指西洋(多指欧美各国)▷~药|~餐|~装。☞"西"在字的上边时,要写成"覀",如"要""栗""贾""覆";在其他位置时仍作"西",如"茜""牺"。

吸

吸 xī 6画 口部 左右
及:丿乃及

❶用鼻子、嘴把气体或液体抽入体内▷~一口气|只有雌蚊才~人血|呼~|吮~|~食|~烟。❷把外界的某些物质吸入物体内部▷海绵能~水|~墨

正字 误(誤) 恶(惡) 雾(霧)

纸｜～收｜～取。❸把别的东西引到自己方面来▷～铁石｜～力｜～引。

汐 xī 6画 氵部 左右
夕：ノクタ
夜晚的潮水▷潮～。

希 xī 7画 巾部 上下
盼望▷～望｜～求｜～图。

昔 xī 8画 日部 上下
从前；过去▷今非～比｜～日｜往～。☞统读xī，不读xí。

析 xī 8画 木部 左右
❶分开；分散▷分崩离～(形容集团、国家等分裂瓦解)。❷辨别；解释▷辨～｜解～｜～疑(解释疑难)。☞统读xī，不读xì。

茜 xī 9画 艹部 上下
西：冂西西
音译用字，多用于女性的名字，如"露茜""南茜"。
另见qiàn。

牺 xī 10画 牛部 左右
[牺牲] xīshēng ❶为了正义的目的舍弃生命▷为国～｜流血～。❷放弃或损害自己的某些利益▷～休息时间。

息 xī 10画 自部 上下
❶呼出或吸入的气▷气

～｜喘～｜叹～。❷歇；休息歇～｜作～时间。❸停；止▷奋斗不～｜～怒｜平～。❹利钱连本带～｜低～贷款｜利～。❺消息；音信▷信～。

悉 xī 11画 釆部 上下
❶详细地知道；知道▷获～｜知～｜熟～。❷全▷～心照料。☞统读xī，不读xì。

惜 xī 11画 忄部 左右
❶对不幸的人或事表示同情▷痛～｜可～｜～叹～。❷爱护；十分疼爱▷珍～｜爱～｜怜～。❸舍不得丢弃▷在所不～｜～力｜吝～。

晰 xī 12画 日部 左右
明白；清楚▷清～｜明～。

稀 xī 12画 禾部 左右
❶事物之间间隔大(跟"密"相对)▷苗留得不能太～｜枪声由密而～。❷事物的数量少或出现的次数少▷人生七十古来～｜今年雨水～少｜～客。❸液体中含某种物质少(跟"稠"相对)▷爱喝～的，不爱吃稠的｜～粥｜～泥｜～硫酸。❹某些含水分多的东西▷顿顿饭有干有～，干一搭配｜糖～｜拉～。

犀 xī 12画 尸部 半包围
犀牛，哺乳动物，形状有

点像牛,脖子短,四肢粗大,鼻子上有一个或两个角,毛稀少。

锡 xī 13画 钅部 左右
金属元素。可以制造日用器具、镀铁、焊接金属。☞㊀统读xī,不读xí。㊁左边不能写成"芴"。

溪 xī 13画 氵部 左右
山谷里的小水流;小河沟 ▷~水|小~|~流。

熙 xī 14画 灬部 上下
臣:丆𠄌𦣞
❶明亮;和乐。❷[熙攘]xī-rǎng 形容人来人往热闹拥挤的样子▷~的人群|熙熙攘攘。☞左上是"𦣞",不是"臣"。

熄 xī 14画 火部 左右
停止燃烧;灭(灯、火) ▷火已经~了|~灭|~火|~灯。☞统读xī,不读xí。

嘻 xī 15画 口部 左右
拟声词,模拟笑的声音▷笑~~|~~哈哈。

膝 xī 15画 月部 左右
氺:亅丬氺
膝盖,连接大小腿的关节的前部。☞右下不要写成"水"。

嬉 xī 15画 女部 左右
玩耍;游玩▷~笑(笑闹)|~皮笑脸|~戏(游戏)。☞㊀

跟"嘻"不同。㊁右边中间不要写成"艹"。

蟋 xī 17画 虫部 左右
釆:丆平釆
[蟋蟀] xīshuài 昆虫,黑褐色,后腿粗,尾部有尾须。雄虫好斗,能用两翅摩擦发声。吃植物的根、茎和种子,危害农作物。

习 xí 3画 乙部 半包围
❶反复地学▷复~|练~|~题|~字。❷因反复接触而熟悉▷~以为常|~惯。❸习惯,长期形成的不容易改变的行为或风气▷积~|恶~|~俗(习惯和风俗)|~气。

席 xí 10画 广部 半包围
席:庐庐庐席
❶铺垫用的又薄又平的东西,用竹篾、芦苇、蒲草等编成▷炕~|凉~|竹~|草~。❷座位;座位的次序▷软~|首~|代表~。❸整桌的酒菜▷摆了三桌~|酒~。❹量词,用于酒席、谈话等▷一~酒菜|一~话。

袭 xí 11画 龙部 上下
龙:尢龙龙
❶照过去的或别人的样子做▷沿~|~用|抄~。❷继承▷~位|世~。❸乘对方不防备而进攻;进攻▷偷~|奇~|空~|

~击。☞统读xí,不读xī。

媳 xí 13画 女部 左右
❶儿子的妻子▷儿~|婆~。❷弟弟或晚辈的妻子▷弟~|侄~|孙~。☞不读xī。

洗 xǐ 9笔 氵部 左右
❶用水或其他洗涤剂除掉脏东西▷~脚|~衣服|~零件|干~|刷~。❷除掉▷冤~|~耻|把那段录音~掉。❸像洗过一样地杀光或抢光▷劫~|~城。❹冲印胶卷、照片▷~了两张相片|~印。❺把麻将、扑克等牌经过掺和整理,改变原来的排列顺序▷~牌。

铣 xǐ 11画 钅部 左右
用能旋转的圆形多刃刀具加工金属工件▷在工件上~个凹槽|~床|~刀|~工。

徙 xǐ 11画 彳部 左右
走:丿⺘⺘⺘走
离开原地搬到别处去住▷~居|迁~。☞跟"徒"(tú)不同。

喜 xǐ 12画 士部 上下
❶欢乐;高兴▷~出望外|欢天~地|欣~|欢~。❷令人高兴的;值得庆贺的▷~事|~讯|~庆。❸值得高兴或庆贺的事▷贺~|报~|道~|双~临门。❹妇女怀孩子▷有~了。❺喜爱▷好(hào)大~功|~新厌旧|~好(hào)。☞中间不要写成"艹"。由"喜"构成的字有"嬉""嘻"等。

戏 xì 6画 又部 左右
戈:一七戈戈
❶玩耍;娱乐▷儿~|嬉~|~耍|游~。❷嘲弄;开玩笑▷~弄|~言。❸指戏剧等演出▷一台~|一出~|看~|马~|木偶~|京~。

系 xì 7画 丿部 独体
❶联结▷联~|维~。❷系统,同类事物按一定的关系组成的整体▷水~|语~|派~|直~亲属。❸高等学校中按学科划分的教学行政单位▷中文~|数学~。❹挂念▷情~祖国|~念。❺把捆好的人或东西往上提或向下送▷把大件东西从窗户~上来|把人~到井下。☞上边不要缺一横撇。
另见jì。

细 xì 8画 纟部 左右
❶条状物横切面面积小或长条形的宽度窄(跟"粗"相对,④—⑥同)▷钢筋太~,得换粗的|~腰|~纱|眉毛又~又弯。❷微小▷~菌|~节|事无巨~(无论大事小事)|琐~。❸声音轻微▷嗓音~|~声

语。❹颗粒小▷～沙|白面比玉米面磨得～。❺精致;细密▷她的针线活做得～|精雕～刻|做工精～。❻周到而详尽;仔细▷日子过得很～|胆大心～|精打～算|～看。❼密探;间谍▷奸～。

隙 xì 12画 左阝部 左右
❶缝(fèng)▷孔～|缝～。❷空(kòng)闲▷间(jiàn)～|～地。❸漏洞;空(kòng)子▷无～可乘|寻～闹事。❹(感情上的)裂痕▷嫌～。☞右上不要写成"少"。

xiā

虾 xiā 9画 虫部 左右
节肢动物,身体由许多环节构成,有透明的软壳。生活在水里。常见的有对虾、毛虾、米虾、白虾、龙虾等。

瞎 xiā 15画 目部 左右
害:宀宀宀害
❶眼睛看不见东西▷～了一只眼|盲人骑～马。❷盲目;胡乱▷～操心|～闹|～说|～指挥。❸指某些事情失败了或没有收到原先希望得到的效果▷庄稼～了(没有收成)|～子儿(不响的子弹)|～信(无法投递的信)|毛线缠～了(缠乱了)|井打～了(不出水)|～账(收不回的款)。☞右边中间是"丰",一竖上下都要出头。

匣 xiá 7画 匚部 半包围
装东西的小箱子▷木～|纸～|～子|一～点心。

侠 xiá 8画 亻部 左右
夹:一丆夹
❶勇武豪迈的;见义勇为的▷～肝义胆|～义|～客。❷旧指勇武豪迈见义勇为的人▷江湖大～|武～|女～。

峡 xiá 9画 山部 左右
两座山之间的水道▷～谷|长江三～|三门～(在河南)。☞统读xiá,不读jiā或jiá。

狭 xiá 9画 犭部 左右
窄;不宽阔▷～窄|～长|～隘。

瑕 xiá 13画 王部 左右
玉上的斑点;比喻缺点▷白璧无～。☞右边不要写成"段"。

暇 xiá 13画 日部 左右
叚:丆丆叚
空闲▷自顾不～|闲～|空～|余～。

辖 xiá 14画 车部 左右
管理;管束▷统～|管～|～制|直～市。

正字 虾(蝦) 侠(俠) 峡(峽) 狭(狹) 辖(轄)

霞 xiá 17画 雨部 上下
日出日落前后,天空上因日光斜照而出现的彩色的光或云▷~光|彩~|晚~|朝~。☞下边不要写成"段"。

下 xià 3画 一部 独体
一丁下
❶低处;底部(跟"上"相对)▷往~跳|~面|楼~|~层|~肢。❷指时间或次序靠后的▷~午|~个世纪|~一个就该轮到我了|~册|~次。❸指等级低的▷高~不等|~级|~策。❹低于;少于(常用于否定式)▷这袋米不~50公斤|参加集会的群众不~10万人。❺从高处到低处;从西往东或从北往南▷~坡|~楼|~马|~山|由三峡直~武汉|~基层|~乡|~南|。❻发布;投送▷~命令|~文件|~请帖。❼退出;离开▷轻伤不~火线|~场|~岗。❽按时结束(工作等)▷~班|~工|~课。❾降;落▷雪~得很大|~冰雹。❿开始使用;用▷~笔|~刀|~毒手。⓫投入;放进▷等米~锅|~网|~种|~面条。⓬取下来;卸掉▷把车轮~下来|~枪|~装。⓭(动物)生产▷~羊羔|~蛋|~崽。⓮量词,用于动作的次数▷打了好几~|收拾一~屋子。⓯表示属于一定的范围、处所、条件等▷手~|在上级的领导~|在困难的情况~。⓰表示方位或方面▷往四~看|两~里都同意。⓱作出(某种结论、决定、判断等)▷~断语|~定义|~决心。

另见xia。

吓 xià 6画 口部 左右
❶害怕▷小孩儿~得哇哇直哭|~出一身汗来。❷使害怕▷任何困难也~不倒他们|~唬(xiàhu)。☞"恐吓""恫吓"的"吓"读hè,不读xià。

另见hè。

夏 xià 10画 夂部 上下
❶一年四季的第二季▷春~秋冬|~至|~天|~收。❷指中国▷华~。

厦 xià 12画 厂部 半包围
[厦门]xiàmén 地名,在福建。

另见shà。

下 xia 3画 一部 独体
❶表示从高处到低处▷跳~|传~命令。❷表示动作完成或有结果▷留~姓名|打~基础。❸表示能容纳▷这间屋子再来两个人也睡得~。

另见xià。

正字 吓(嚇)

xian

仙 xiān 5画 亻部 左右
亻 山 仙
神话传说和迷信中指神通广大并且长生不死的人▷修炼成～｜神～｜～人｜～女。

先 xiān 6画 儿部 上下
丿 屮 生 先
❶位置、次序或时间在前的▷～头｜～部队｜～锋｜～事｜～例｜抢～。❷前代人▷祖～｜～人。❸尊称已去世的▷～父｜～烈｜～师。❹以前；开始的时候▷原～｜起～｜早～。

纤 xiān 6画 纟部 左右
❶细小；细微▷～细｜～维｜～弱。❷指纤维▷化～。
另见 qiàn。

籼 xiān 9画 米部 左右
籼稻，一种生长期较短的稻子，碾出的米叫籼米，米粒细长，煮熟后黏性小。

掀 xiān 11画 扌部 左右
❶翻腾；使翻倒▷大海～起波涛｜～倒了桌子。❷揭起；打开▷～锅盖｜门帘一～，进来一个人。

锨 xiān 13画 钅部 左右
铲东西或挖土的工具，柄的下端安有铁或木制的板状的头▷一把～｜铁～｜木～。

鲜 xiān 14画 鱼部 左右
鱼 ⺈ 匂 鱼 鱼 鱼
❶指供食用的鱼、虾等水产品▷鱼～｜海～。❷刚宰杀或刚收获的鱼、肉、蔬菜、水果等▷时～｜～尝。❸没有变质的；新鲜的▷～鱼｜～牛奶｜～货。❹滋味可口▷味道真～｜～美。❺不干枯；润泽▷～花｜～嫩。❻明亮▷～艳｜～红｜～明。
另见 xiǎn。

闲 xián 7画 门部 半包围
❶无事可做；空闲（跟"忙"相对）▷～着没事干｜游手好(hào)～｜清～｜～散。❷放着不使用的▷别让机器～着｜～置｜～房。❸正事以外的▷～谈｜～事｜生～气。❹空闲的时间▷忙里偷～｜农～｜不得～。

贤 xián 8画 贝部 上下
❶德行高尚，才能突出的▷～人｜～良｜～明。❷品德高尚，才能突出的人▷圣～｜社会～达。❸善良▷～德｜～惠｜～妻良母。❹称年岁比自己小的平辈或晚辈，表示尊敬▷～弟｜～婿｜～侄。

正字 纤(纖) 锨(鍁) 鲜(鮮) 闲(閑) 贤(賢)

弦 xián 8画 弓部 左右

❶紧绷在弓背两端之间的像绳子的东西,用来把箭弹射出去▷箭在～上|弓～。❷乐器上用来发音的丝线或金属线▷胡琴上有两根～|琴～|～乐器。❸指半圆形的月亮。农历初七、初八,月亮缺上半叫上弦;农历二十二、二十三,月亮缺下半叫下弦。❹发条▷给闹钟上～|手表的～断了。☞统读xián,不读xuán。

咸 xián 9画 戈部 半包围
厂厂咸咸咸

❶全;都▷老少～宜(老的、少的都合适)。❷像食盐那样的味道▷少放点盐,别太～了|不～不淡|腌～菜。

涎 xián 9画 氵部 左右
延:丁下正延延

口水;唾液▷垂～三尺(比喻非常羡慕)。☞统读xián,不读yán。

娴 xián 10画 女部 左右
门:丶门门

❶文静▷～静。❷熟练▷～熟。

衔 xián 11画 彳部 左右

❶含;用嘴叼▷燕子～泥。❷互相连接▷～接。❸职业或学识水平的等级或称号▷官～|军～|学～|授～。

舷 xián 11画 舟部 左右

船、飞机等两侧的边沿部分,也指两侧▷船～|左～|～窗。☞不读xuán。

嫌 xián 13画 女部 左右
兼:⺌⺌⺮兼

❶仇怨;怨恨▷尽释前～(完全消除了以前的仇怨)|～隙|～怨。❷厌恶(wù);不满▷不～脏,不怕累|讨人～|～弃。❸被怀疑做某事的可能性▷有贪污之～|避～|～疑|涉～|偷盗。

显 xiǎn 9画 日部 上下
日旦昂显

❶露在外面的;容易发现的▷～而易见|～著|明～|浅～。❷表露出▷～得特别高兴|～示|～露|～现。❸(名声、权势)大▷～赫|～贵|～要。

险 xiǎn 9画 左阝部 左右
佥:人个△△佥佥

❶地形复杂恶劣,难以通过▷～峰|～峻|～阻。❷险要而很难通过或达到的地方▷无～可守|天～。❸内心狠毒,难以推测▷用心～恶(è)|阴～|奸～|～诈。❹危险▷～惊|～艰～情。❺危险的情况或境地▷脱～|抢～|遇～。❻差一点(发

正字 娴(嫻) 衔(銜) 显(顯) 险(險)

鲜 xiǎn 14画 鱼部 左右
少▷~见|~有。
另见xiān。

藓 xiǎn 17画 艹部 上下
苔藓植物，绿色，茎和叶都很小，没有根，多生长在阴暗潮湿的地方。

县 xiàn 7画 厶部 上下
我国行政区划单位，在地区、自治州、直辖市或省辖市以下，乡、镇以上。

现 xiàn 8画 王部 左右
❶显露；露出▷~了原形|表~|出~|~象。❷此刻；目前▷~已查明|~行|~状|~代。❸当时；临时▷~炸的油饼|~编~演。❹当时就有的▷~金|~钱|~货。❺现金兑~。

限 xiàn 8画 左阝部 左右
艮：⁊彐尸艮
❶不同事物的分界；指定的范围▷界~|期~|~额|无~。❷规定范围▷~半月内报到|作文不~字数|~制|~量。

线 xiàn 8画 纟部 左右
戋：二弋戋戋
❶棉、毛、丝、麻等纺成的细长的东西▷丝~|麻~|毛~。❷像线一样细长的东西▷电~|铜~|◇光~|射~。❸从一个地方到另一个地方所经过的道路▷路~|京九~|铁路干~。❹指探求问题的途径或探听消息的人▷~索|眼~|内~。❺彼此交界的地方▷海岸~|分界~|前~。❻某种境况的边缘▷贫困~|死亡~|录取分数~。❼指工作岗位所处的位置▷生产第一~|退居二~。❽量词，跟数词"一"连用，表示极少、微弱▷一~光明|一一~转机|一一~希望。

宪 xiàn 9画 宀部 上下
指宪法，国家的根本大法，具有最高的法律效力▷立~。

陷 xiàn 10画 左阝部 左右
臽：′⺈ㄏ⺈⺈臽
❶掉进（泥沙、沼泽等松软的地方）▷双腿~到雪里了|~进泥潭|~入。❷被攻破或占领▷沦~|失~|~落。❸想法子害人▷~害|诬~。❹物体表面的一部分凹进去；下沉▷两颊深~|天塌地~|凹~|沉~。❺缺点；不完善的部分▷缺~。
☞㊀统读xiàn，不读xuàn。㊁右边不是"臽"（yǎo）。由"臽"

构成的字还有"馅""焰""阎"等。

馅 xiàn 11画 饣部 左右
饣：ノ𠃊𠃋

包在某些食物里的内瓤,一般用糖、肉、菜等制成▷白糖~儿的月饼|包子~儿|肉~儿。

羡 xiàn 12画 羊部 上下
羊：丷一丰

因喜爱而希望得到▷~慕。☞左下不是"氵"。

献 xiàn 13画 犬部 左右
❶恭敬而庄重地送上▷~上一束鲜花|~身|~礼|贡~|捐~。❷恭敬地表现出来给人看▷~殷勤|~艺|~技。

腺 xiàn 13画 月部 左右
水：亅才水水

动植物体内具有分泌功能的组织或器官。如人的汗腺、淋巴腺、腮腺,花的蜜腺。

xiang

乡 xiāng 3画 乛部 独体
❶县或区以下的农村基层行政单位。❷农村▷城~交流|鱼米之~|~下|~村。❸家乡;老家▷背井离~|故~|同~。

相 xiāng 9画 木部 左右
❶表示动作和情况是双方或多方共同的▷~亲~爱|~同|~对|~见。❷表示动作是一方对另一方的▷~信|~劝|~托|实不~瞒。❸亲自察看(是否合意)▷他~中(zhòng)了那幅画|~亲|~看。
另见xiàng。

香 xiāng 9画 香部 上下
❶气味好闻(跟"臭"相对)▷桂花真~|~水|芳~。❷味道好;因胃口好而觉得东西好吃▷你做的菜很~|~甜可口|这几天吃东西特别~。❸睡得舒服、踏实▷睡得~。❹天然带有香味的东西▷檀~。❺用木屑加香料等做成的细条,用于拜祭祖先或神佛,也用于驱除异味或蚊子▷烧~|念佛|线~|蚊~。

厢 xiāng 11画 厂部 半包围
❶厢房,正房两侧的房屋▷东~|西~。❷像单间房子的设施▷车~|包~。❸靠近城门一带的地方▷城~|关~。☞左上不是"广"。

湘 xiāng 12画 氵部 左右
❶湘江,水名,发源于广西,流经湖南入洞庭湖。❷湖

正字 馅(餡) 献(獻) 乡(鄉)

南的别称▷~绣|~剧。

箱 xiāng 15画 竹部 上下
❶箱子,存放衣物、货品等的长方形用具▷皮~|木~|书~|货~。❷像箱子的东西▷风~|信~|意见~|集装~。

镶 xiāng 22画 钅部 左右
把东西嵌入某物,或在物体的外围加边▷胸针上~着一颗宝石|袖口~着花边|~牙|~嵌。☞右边不能写成"良"。

详 xiáng 8画 讠部 左右
❶细密;完备(跟"略"相对)▷~细|~尽|~情|~略|~谈。❷详细知道▷内容不~。

降 xiáng 8画 左阝部 左右
❶停止反抗,向对手屈服▷投~|~将。❷使投降;使驯服▷~龙伏虎|一物一物~|~伏。☞右下不是"丰"。
另见jiàng。

祥 xiáng 10画 礻部 左右
吉利;幸运▷吉~|不~之兆|~瑞(好的兆头)。

翔 xiáng 12画 羊部 左右
(鸟)展开翅膀盘旋地飞;飞行▷翱~|飞~|滑~。

享 xiǎng 8画 亠部 上下
物质上或精神上受用;得到满足▷有福同~|坐~其成|~乐|~受。☞跟"亨"(hēng)不同。

响 xiǎng 9画 口部 左右
❶回声▷反~|回~|影~|~应。❷声音▷听见~儿了|~彻云霄|音~|声~。❸发出声音▷上课铃~了|鞭炮声一个不停。❹声音大;洪亮▷电话铃真~|~亮。

饷 xiǎng 9画 饣部 左右
古代指军粮,后多指军警、政府机关工作人员的工资▷~粮|~关|~发~。

想 xiǎng 13画 心部 上下
❶动脑筋;思考▷让我~一~|~办法。❷估计;认为▷我~他不会答应|料~|猜~。❸希望▷我~去北京读书|他~找个工作。❹记挂;怀念▷妈妈~你了|朝思暮~|~念。

向 xiàng 6画 丿部 半包围
❶朝着;对着▷我们的队伍~太阳|奋勇~前面~黑板~阳。❷方向▷去~|风~|航~。❸对未来的打算▷志~|意~。❹偏袒▷妈妈~着小妹妹。❺表示动作的方向或对

项 xiàng 9画 工部 左右
❶脖子的后部;脖子▷~背|颈~|~链。❷事物的门类或条目▷事~|~目。❸指款项;钱▷进~|用~|存~。❹量词,用于分项的事物▷第二条第三~|两~开支|一~任务|十~全能。

巷 xiàng 9画 己部 上下
共巷
狭窄的街道;小胡同▷一条小~|街头~尾|~战。☛下边是"巳",不是"巳""已"或"己"。由"巷"构成的字有"港"等。
另见hàng。

相 xiàng 9画 木部 左右
❶察看▷人不可貌~|~机行事|~面。❷容貌▷狼狈~|长(zhǎng)~|照~|~貌。❸事物的外貌或情况▷真~大白。❹姿势;样子▷站~|坐~|睡~。❺官名▷宰~|丞~|外~|首~。
另见xiāng。

象 xiàng 11画 ⺈部 上下
危争夸身象
❶陆地上现存最大的哺乳动物,皮厚毛稀,腿粗,耳朵大,鼻子长,可以伸卷,多数有一对象牙伸出口外。❷外观;样子▷万~更新|景~|现~|险~|假~|印~|~形|~。❸模仿;仿效▷~形|~声。☛第六画是撇,中间不断开。由"象"构成的字有"像""橡"等。㊀参见"像"字的提示。

像 xiàng 13画 亻部 左右
❶跟某事物相似▷孩子长得~他爸爸|~他这样的人才,到处都需要。❷比照人物制成的图画、雕塑等▷画~|铜~|肖~。❸似乎;好像▷天要下雨|这车~有毛病了|看上去~是很漂亮。☛"像"②跟"象"②不同。"像"指用模仿、比照等方法制成的人或物的形象,如"画像""录像""偶像""人像""神像""塑像""图像""肖像""绣像""遗像""影像""摄像"等,都是人工做成的;"象"指自然界、人或物的形态、样子,如"表象""病象""形象""脉象""气象""旱象""景象""幻象""天象""意象""印象""星象""假象""险象""万象更新""物象"等,都是自然表现出来的。

橡 xiàng 15画 木部 左右
❶橡树,落叶乔木,木材坚硬,可做枕木、家具,果实叫

橡子,可以做药材。❷[橡胶树]xiàng jiāo shù 常绿乔木,树里的乳汁含胶质,可以制天然橡胶。

xiao

削 xiāo 9画 刂部 左右
用刀斜着切去物体的表层▷~梨|~铅笔|切~。
另见xuē。

逍 xiāo 10画 辶部 半包围
[逍遥]xiāoyáo 无拘无束,自由自在▷~自在。

消 xiāo 10画 氵部 左右
❶(事物)逐渐减少,以至不再存在▷烟~云散|冰~瓦解|~失|~亡。❷使不再存在;消除▷~灾|~愁|~灭|取~|打~。❸度过(时光)▷~磨时间|~遣。❹花费;用去▷~费|~耗。

宵 xiāo 10画 宀部 上下
夜▷良~|通~|元~。

萧 xiāo 11画 艹部 上下
肃:⺺⺺⺺⺺
冷落;缺乏生机▷~条|~瑟。☞㊀跟"箫"不同。㊁不要简化写成"肖"。

硝 xiāo 12画 石部 左右
硝石、芒硝、朴硝的统称。硝石可以用来制造炸药,芒硝可以做化工原料和药材,朴硝可以用来加工毛皮。

销 xiāo 12画 钅部 左右
❶加热使固体状态的金属变为液体状态▷把旧铅字全部~毁|~熔。❷去掉;使不存在▷把这笔账~了|注~|报~|勾~。❸花费掉;耗费▷花~|开~。❹出售▷这种货最近不好~|供~|~售|~路|滞~|推~。❺销子,插在器物中起连接或固定作用的东西▷插~|~钉。❻用销子插▷把门上。☞跟"锁"(suǒ)不同。

箫 xiāo 14画 竹部 上下
肃:⺺⺺⺺⺺
用一根竹管做的直着吹的乐器。也叫洞箫。☞跟"萧"不同。

潇 xiāo 14画 氵部 左右
肃:⺺⺺⺺⺺
[潇洒]xiāosǎ 举动神态大方自然▷态度~。

霄 xiāo 15画 雨部 上下
云;天空▷云~|九~云外。

嚣 xiāo 18画 口部 特殊
❶喧哗;叫嚷▷喧~|叫~。❷放肆;猖狂▷~张。

正字 萧(蕭) 销(銷) 箫(簫) 潇(瀟) 嚣(囂)

淆 xiáo 11画 氵部 左右

混杂;错乱▷混~。☞统读xiáo,不读yáo。

小 xiǎo 3画 小部 独体
亅小小

❶数量、规模、体积、面积、程度等不及一般的(跟"大"相对)▷房子太~|地方不~|他比我~两岁|力气~|声音~|~事|~学。❷(时间)短▷~坐片刻|~住|~别。❸排行最末的▷~姑姑|~儿子。❹幼小的人▷上有老,下有~|一家大~。❺称自己或自己一方的人或事物,表示谦虚▷~弟|~女|店。❻对年纪比自己小的人的亲切称呼▷~王|~李。❼用于数字前,表示比这个数略少▷唱戏~五十年了|这袋面有~五十斤。☞"小"在字的上边改写成"⺌",中间一竖不带钩,如"尘""尖"。

晓 xiǎo 10画 日部 左右
尧:一ㄎㄨ尧

❶天刚亮的时候▷~行夜宿|雄鸡报~|拂~。❷明白;知道▷家喻户~|知~|通~|~得。❸使人知道;告诉▷~以利害。☞右上不要写成"戈"。

孝 xiào 7画 耂部 上下

❶尊敬并尽心奉养父母▷~顺|不~|~心|~子。❷孝服,居丧期间穿的白色衣服▷披麻戴~|穿~。

肖 xiào 7画 丷部 上下
丷:丨丷丷

像;相似▷惟妙惟~|~像。☞不读xiāo。

校 xiào 10画 木部 左右

❶学校▷早上7点到~|~友|母~。❷军衔名,在将官之下,尉官之上▷上~|少~。
另见jiào。

哮 xiào 10画 口部 左右

[哮喘]xiàochuǎn 呼吸道疾病,症状是呼吸急促困难。☞统读xiào,不读xiāo。

笑 xiào 10画 竹部 上下

❶露出喜悦的表情;发出高兴的声音▷开心地~了|笑声大~|微~|~容。❷讥笑;嘲笑▷耻~|~柄|~骂。❸令人发笑的▷~话|~谈|~料。

效 xiào 10画 攵部 左右

❶模仿▷上行下~|~法|仿~。❷献出(力量或生命);尽力▷~劳|~忠|为国~力。❸功用;行为的积极结果▷有~|见~|~果。

啸 xiào 11画 口部 左右

(人、兽、自然界等)发出

长而响亮的声音▷仰天长~|虎~|海~|呼~的山风|飞机尖~着冲向高空。

xie

些 xiē 8画 止部 上下
❶表示不确定的数量▷多看~书|有~事|好~人|某~原因。❷表示微小的量,相当于"一点"▷跑快~|大水好像退了~|有~看不过去。☞统读xiē,不读xiě。

楔 xiē 13画 木部 左右
钉(dìng)入木器缝中起固定作用的上宽下扁的木片▷这张桌子腿松动了,得加个~|~子|木~。

歇 xiē 13画 欠部 左右
曷:日月曷
❶休息▷~一会儿再干|~脚。❷停止▷~业|~工。

蝎 xiē 15画 虫部 左右
蝎子,节肢动物,尾部有毒钩,用来御敌或捕食。

协 xié 6画 十部 左右
办:フカカ办
❶合;共同▷同心~力|~定|~作|~商。❷和谐▷色彩~调(tiáo)。❸帮助▷~助|~办。☞左边是"十",不是"忄"。

邪 xié 6画 牙部 左右
二于牙邪
❶不正当;不正派▷歪风~气|天真无~|~说|~恶(è)。❷迷信的人指妖魔鬼怪给人的灾祸▷驱~|中(zhòng)~|避~。❸不正常的▷这事真~了|憋了一肚子~火儿。

胁 xié 8画 月部 左右
❶人体从腋下到最下边一对肋骨的部分▷两~。❷逼迫;强迫▷~迫|~从|威~。☞跟"协"不同。"威胁"不能写成"威协"。

挟 xié 9画 扌部 左右
❶夹在腋下。❷心怀(怨恨等)▷~嫌报复|~怨。❸威胁;强迫▷~持|~制|要(yāo)~。☞统读xié,不读xiá或jiā。

斜 xié 11画 斗部 左右
❶不正;不直▷格子画~了|对面是饭馆|~坡|倾~。❷向偏离正中或正前方的方向移动▷太阳已经西~。☞跟"邪"不同。"斜"指方位不正,"邪"多指行为、品德不正。

谐 xié 11画 讠部 左右
比:一Ł比比
协调,配合得很好▷和~。

协(協) 胁(脅) 挟(挾) 谐(諧)

携 xié 13画 扌部 左右
乃：乃乃
随身带着；用手拉着▷~款潜逃｜扶老~幼｜~带｜~手。☞统读xié，不读xī或xí。

鞋 xié 15画 革部 左右
穿在脚上着地起保护作用的用品▷皮~｜拖~｜~垫。

写 xiě 5画 冖部 上下
与：一与与
❶描摹，照着样子画▷~生｜~真。❷书写；抄写▷~字｜默~｜听~。❸写作；创作▷~文章｜~小说。

血 xiě 6画 血部 独体
意思跟"血"（xuè）①相同，用于口语，多单用▷流了好多~｜鸡~｜吐(tù)~。
另见xuè。

泄 xiè 8画 氵部 左右
世：一廿廿世
❶排出（液体、气体等）▷水不通｜~洪｜排~。❷发泄▷~愤｜~恨。❸透露▷~密｜~露。❹比喻失去信心▷~气｜~劲。

泻 xiè 8画 氵部 左右
❶急速地流▷一~千里｜倾~。❷拉肚子▷上吐下~｜~肚｜~药。

卸 xiè 9画 卩部 左右
缶：午午缶
❶把牲口身上的绳套等去掉▷把鞍子~下来｜~牲口｜~磨杀驴。❷把东西或零件拿下来或去掉▷把这车砖~下来｜把汽车轮子~下来｜拆~｜~装。❸解除；推脱▷~任｜推~。☞左边不要写成"缶"。

屑 xiè 10画 尸部 半包围
❶碎末；碎片▷铁~｜木~｜纸~。❷细碎；微小▷琐~。❸[不屑]bùxiè 认为事物轻微不值得（做）▷一一顾｜对此~计较。☞不读xiāo。

械 xiè 11画 木部 左右
戒：一 二 开 戒戒戒
❶有专门用途的或较精密的器具▷器~｜机~。❷武器▷缴~｜枪~。☞统读xiè，不读jiè。

谢 xiè 12画 讠部 左右
射：亻 自 身 射
❶推辞；拒绝▷辞~｜推~｜绝。❷凋落；脱落▷花~了｜凋~｜~萎。❸受到别人的好意或帮助后，表示感激▷不要~我，应该~他｜感~｜~意｜~幕。

解 xiè 13画 角部 左右
地名用字。如：解池，湖名；解州，地名。都在山西。

正字 写(寫) 泻(瀉) 谢(謝)

另见 jiě；jiè。

懈 xiè 16画 忄部 左右
注意力不集中；工作不紧张 ▷常备不~｜~怠｜松~。

蟹 xiè 19画 虫部 上下
指螃蟹 ▷河~｜~黄。参见"螃"。

xin

心 xīn 4画 心部 独体
心 心 心
❶心脏，人和脊椎动物体内管血液循环的器官。❷指大脑（古人认为心是思维的器官）▷~灵手巧｜~领神会｜用~得。❸思想感情；内心世界 ▷~烦意乱｜~情｜谈~｜好~｜人~变。❹事物的中央或内部 ▷湖~｜圆~手~｜白菜~儿｜工作重~。

芯 xīn 7画 艹部 上下
去了皮的灯心草，可以放在油中点燃照明。
另见 xìn。

辛 xīn 7画 辛部 上下
❶辣，一种带刺激性的味道 ▷~辣。❷劳苦；困难 ▷千~万苦｜~苦｜~劳｜~艰。❸悲伤 ▷~酸。❹天干的第八位。参见"干"（gān）④。

"辛"作左偏旁时，末笔竖要改成竖撇（丿），如"辣""辫"等。

欣 xīn 8画 斤部 左右
喜悦；快乐 ▷欢~鼓舞｜~喜｜~慰。

锌 xīn 12画 钅部 左右
金属元素，浅蓝白色，用来制锌版、白铁、干电池等。

新 xīn 13画 斤部 左右
❶初次出现或初次经验到的（跟"旧"或"老"相对）▷~产品｜~风气｜~纪录｜~居｜~兴。❷使变新 ▷改过自~｜耳目一~。❸还没有使用过的（跟"旧"相对）▷衣服是~的｜~皮鞋。❹特指刚结婚的 ▷~姑爷｜~娘子｜~人。❺指新的人或事物 ▷推陈出~｜迎~尝~。❻最近；刚 ▷~来的｜~买的｜~入学｜~近。

薪 xīn 16画 艹部 上下
❶作燃料用的木材；柴火 ▷卧~尝胆。❷工资；薪水 ▷发~｜月~｜~工｜~阶层。

芯 xìn 7画 艹部 上下
[芯子] xìnzi ❶装在器物中心的捻子或有引发作用的东西 ▷蜡~｜爆竹~。❷蛇的舌头 ▷蛇~。
另见 xīn。

信 xìn 9画 亻部 左右
❶对人真诚,不虚伪▷~守诺言|讲~用。❷凭据;证明真实性的东西▷~物|印~。❸消息▷等着听~儿吧|~息。❹按固定格式写给一定的对象,传达信息的文字材料▷写~|家~|介绍~|证明~。❺认为可靠而不怀疑;相信▷你说的我全~|真实可~|~任|~赖。❻信仰(宗教)▷~教|~奉|~徒。❼任凭;随着▷口开河|~步走去。

衅 xìn 11画 血部 左右
情感的裂痕;争端▷寻~(故意找事,挑起争端)|挑~(挑起冲突)。☞跟"畔"(pàn)不同。

xing

兴 xīng 6画 八部 上下
丶ヅ兴兴
❶发动;动员▷~兵作乱|~师动众。❷创办▷大~土木|利除弊|~建|~办|~修。❸流行▷现在又~长裙了|时~。❹昌盛;旺盛▷~盛|~旺|~衰。
另见xìng。

星 xīng 9画 日部 上下
❶星星,天空中除太阳、月亮以外用眼或望远镜可以看到的发光的天体▷天上的~~数不清|披~戴月|~空|繁~。❷形状像星的东西,也指细小零碎或闪亮的东西▷帽徽是五角~|铁锤砸得石头直冒火~儿|油~|唾沫~。❸秤杆上标志重量大小的金属小点子▷秤~|定盘~。❹比喻某种突出的、有特殊作用或才能的人▷救~|灾~|影~|歌~。

猩 xīng 12画 犭部 左右
[猩猩]xīngxing 哺乳动物,形状略像人,前肢特长,能较长时间直立行走。

腥 xīng 13画 月部 左右
❶指鱼、肉等食物▷荤~。❷生鱼虾等发出的气味▷做鱼放料酒可以去~|~臭|~臊。

刑 xíng 6画 刂部 左右
开:三开开
❶国家依据法律对罪犯施行的制裁▷判了三年~|徒~|死~|~罚。❷旧指对犯人的各种体罚▷动了~|受~|严~拷打。

邢 xíng 6画 右阝部 左右
[邢台]xíngtái 地名,在河北。

行 xíng 6画 彳部 左右
❶走▷寸步难~|航~|游~|~走|~驶。❷出行;旅行▷不虚此~|欧洲之~|~装|~程。❸流动;流通▷流~|风~|发~|~销。❹流动的;临时的▷~商|~营。❺汉字字体的一种,介于草书和楷书之间▷~书|~草。❻做;从事▷倒~逆施|施~|医~不通。❼举止行为▷品~|罪~|暴~|言~。❽可以▷你看这样做~不~|~,就这么办。❾能干;有本事▷小王真~,什么事一办就成。

另见háng。

形 xíng 7画 彡部 左右
❶实体;生物的形体▷~影不离|无~。❷形状;样子▷奇~怪状|四方~|地~。❸现出;表露▷喜~于色。❹对照;比较▷相~之下。

型 xíng 9画 土部 上下
❶铸造器物的模子▷砂~|模~。❷规格;种类;样式▷巨~|血~|类~|~号|造~|流线~|典~。

省 xǐng 9画 小部 上下
少:丨ㅗ小少
❶检查(自己的思想、言行)▷反~|内~|~察。❷明白;醒

悟▷不~人事|发人深~。

另见shěng。

醒 xǐng 16画 酉部 左右
❶酒醉、麻醉或昏迷后恢复正常状态▷酒~了|昏迷不~|~苏。❷结束睡眠状态或还没有睡着▷睡~了|我~着呢,没睡着(zháo)。❸头脑由迷糊变清楚;认识由糊涂到明白▷清~|~悟|觉~|猛~。❹明显;清晰▷~目。

兴 xìng 6画 八部 上下
对事物喜爱的情绪▷~高采烈|~致|~趣|助~|扫~。

另见xīng。

杏 xìng 7画 木部 上下
杏树,落叶乔木,果实也叫杏,味酸甜,核仁叫杏仁,可以榨油或做药材。

幸 xìng 8画 土部 上下
❶意外(得到好处或免去灾难)▷~存|~免于难。❷幸运;幸福▷荣~|万~|不~。❸为意外地得福免祸而高兴▷庆~。

性 xìng 8画 忄部 左右
❶人固有的心理素质;脾气▷人~|天~|个~|~格|任~。❷事物的性质、特征▷药

正字 兴(興)

~|~能共~|惯~。❸附在别的词后面,表示事物的性质、范围或方式等▷纪律~|科学~|流行~|创造~|先天~。❹性别▷男~|女~|雄~。

姓 xìng 8画 女部 左右
❶标志家族系统的字▷百家~|尊~大名|贵~|~名。❷以……为姓▷你~什么?我~王。

xiong

凶 xiōng 4画 凵部 半包围
丿乂区凶
❶不吉利的;不幸的(跟"吉"相对)▷多吉少~|宅~|兆~|信。❷凶恶;残暴▷穷~极恶|~猛|~狠。❸指杀伤人的行为▷行~|~犯|~器|~手。❹厉害;过分▷这病来势很~|闹得太~了。

兄 xiōng 5画 口部 上下
❶哥哥▷父~|~嫂|~妹。❷指同辈亲戚中比自己年龄大的男子▷表~。❸对男性朋友的尊称▷仁~|李~。

匈 xiōng 6画 勹部 半包围
勹勾匈
[匈奴]xiōngnú 古代中国北方的一个民族。

汹 xiōng 7画 氵部 左右
❶水向上翻腾得很厉害▷~涌澎湃。❷[汹汹]xiōngxiōng 气势大或声势大▷气势~。☞"气势汹汹"不要写成"气势凶凶"。

胸 xiōng 10画 月部 左右
❶人和高级动物躯干的一部分,在颈与腹或头与腹之间。❷指内心▷~怀大志|心~开阔|~襟。

雄 xióng 12画 隹部 左右
隹:亻伫伻隹
❶公的(跟"雌"相对)▷~鸡|~蜂|~蕊|~性。❷才能、勇气过人的人;有强大实力的集团或国家▷英~|战国七~。❸强有力的;有气魄的▷~兵|~才|~心|~伟。

熊 xióng 14画 灬部 上下
哺乳动物,身体肥大,能直立行走,会爬树,有黑熊、棕熊、白熊等。

xiu

休 xiū 6画 亻部 左右
❶歇息▷~假|~息|午~|退。❷停止;完结▷争论不~|~战罢~。❸别;不要▷~想蒙混过关|~怪我不讲

情面。

修 xiū 9画 亻部 左右
❶整理装饰使整齐美观▷装~门面|~饰|~剪。❷使破损的东西恢复原来的形状和作用▷把河堤~好|~雨伞|维~|~复|~理。❸兴建▷~水库|~铁路|~建|兴~。❹学习和锻炼,使(品德、学识)完善或提高▷~业|进~|自~|~养。

羞 xiū 10画 羊部 半包围
丑:丆刀刃丑
❶不光彩;不体面▷遮~|耻~|愧。❷难为情;不好意思▷~得面红耳赤|怕~|~涩。❸使人难为情▷说出真情来~~她! ☞"丑"字中间一横向右不出头。

朽 xiǔ 6画 木部 左右
❶腐烂▷这段木头已经~了|腐~。❷磨灭;消失▷不~的业绩。❸衰老▷衰~|老~。☞统读xiǔ,不读qiǔ。

宿 xiǔ 11画 宀部 上下
一夜叫一宿▷只住一~|半~没睡。
另见sù;xiù。

秀 xiù 7画 禾部 上下
乃:乃乃

❶庄稼抽穗开花▷水稻~穗了|六月六,看谷~。❷优异出众▷优~。❸优秀出众的人才▷后起之~|文坛新~。❹俊美;美丽而不俗气▷山清水~|~丽|~美|俊~。

臭 xiù 10画 自部 上下
犬:大犬
气味▷空气是无色无~的气体|无声无~|乳~未干。☞表示这个意义时不读chòu。
另见chòu。

袖 xiù 10画 衤部 左右
❶袖子,衣服上套手臂的部分▷短~|衬衫|~筒|套~。❷藏在袖筒里▷~手旁观。

绣 xiù 10画 纟部 左右
❶用彩色的线在绸、布上缀出花纹、图案或文字▷在衣襟上~了朵花|~荷包|刺~。❷绣成的物品▷湘~|川~。

宿 xiù 11画 宀部 上下
古代指某些星的集合体▷星~。
另见sù;xiǔ。

锈 xiù 12画 钅部 左右
❶金属的表面因跟空气接触而生成的一种物质▷刀上生了一层~|铜~|铁~。❷生锈▷刀~了|不~钢。❸附着

正字 绣(綉) 锈(銹)

在表面上像锈一样的东西▷水~|茶~。❹指锈病,发病的植物茎叶上出现红褐色的斑点▷黑~病|抗~剂。

嗅 xiù 13画 口部 左右
用鼻子闻气味▷警犬用鼻子~了~|~觉。

XU

戌 xū 6画 戈部 半包围
一厂厂戊戌戌
地支的第十一位。参见"支"⑦。☞跟"戊"(wù)"戍"(shù)不同。

吁 xū 6画 口部 左右
❶叹气▷长~短叹。❷[吁吁]xūxū 拟声词,模拟喘气的声音▷气喘~。
另见 yù。

须 xū 9画 彡部 左右
❶一定要▷务~努力|无~费事|必~。❷胡子▷~发(fà)|胡~。❸动植物体上长的像胡须的东西▷触~|玉米~|花~|~根。☞"必须"和"必需"不同。"必须"意思是一定要,通常用来修饰其他表示动作行为的词语,如"必须努力学习"。"必需"意思是一定得有,后面多跟表示事物名称的词,可以单用,也可构成"必需品"等词语。

虚 xū 11画 卢部 半包围
卢:⺊卢卢卢
❶空(跟"实"相对,⑤同)▷座无~席|空~。❷虚心;不自满▷谦~。❸空隙;弱点▷乘而入|避实就~。❹体质弱▷~症|~弱|~汗。❺假;不真实▷~情假意|~伪|~名|~构。❻白白地▷~度年华|弹(dàn)无~发。❼胆怯▷心发~|心~。

墟 xū 14画 土部 左右
过去人群居住过而现在荒芜了的地方▷废~。

需 xū 14画 雨部 上下
❶需要,应该有或一定要有▷~求|~用|急~|必~品。❷需要用的东西▷军~。

嘘 xū 14画 口部 左右
业:⺊业业
从嘴里慢慢地吐气▷~了一口气。

徐 xú 10画 彳部 左右
缓慢;慢慢▷清风~来|国旗~~升起。

许 xǔ 6画 讠部 左右
❶应允;认可▷只~看,不~摸|准~|特~|~可。❷事先答应给予;献给▷~愿|

配|以身～国。❸称赞▷赞～|称～。❹或者;可能▷他今天没来,～是病了。❺这样;这般▷～多|～久。

旭 xù 6画 日部 半包围
九:丿九
太阳初升的样子;也指初升的太阳▷～日东升。

序 xù 7画 广部 半包围
❶排列的先后▷循～渐进|顺～|程～|秩～。❷序文,介绍或评价书的内容的文章▷请他写篇～|代～。❸在正式内容开始之前的▷～幕|～曲。

叙 xù 9画 又部 左右
❶交谈;说▷～家常|～旧|～谈。❷把事情的经过按次序说出来或写出来▷～述|～事。☞右边不是"夂"。

恤 xù 9画 忄部 左右
❶怜悯▷怜贫～老|怜～。❷救济▷抚～|～金。

畜 xù 10画 田部 上下
饲养家禽或牲畜(chù)▷～养|～牧|～产。☞表示以上意义时不读chù。
另见chù。

酗 xù 11画 酉部 左右
西:一厂兀西西
没有节制地喝酒,也指酒醉后言行失常▷～酒闹事。☞不读xiōng。

绪 xù 11画 纟部 左右
❶开端▷头～|千头万～|～论。❷心情▷情～|思～|心～。

续 xù 11画 纟部 左右
❶连接;接连不断▷持～|连～。❷接在原有事物的后面或下面▷绳子太短,再～上一截|继～|～集。❸添;加▷往壶里～点水|火快乏了,赶紧～煤。

絮 xù 12画 糸部 上下
❶像丝棉一样轻柔容易飞扬的东西▷柳～。❷弹制好的棉花胎▷棉～。❸把棉花等铺进衣、被里▷棉袄里的棉花没～匀|～棉裤。❹(言语)啰唆,重复▷～叨|～烦。

婿 xù 12画 女部 左右
疋:乛乛丅疋
❶丈夫▷夫～|女～。❷女儿的丈夫▷翁～。

蓄 xù 13画 艹部 上下
❶积聚;储藏▷水库～满了水|积～|储～。❷(心里)存有▷～意|～谋|～志。❸留着(须、发)不剃▷～发|～须。

绪(緒) 续(續)

xuan

轩 xuān 7画 车部 左右
车：一 七 车 车
❶高▷~然大波(比喻大的纠纷或风潮)。❷有窗的长廊或小屋,多用作书房、茶馆、饭馆的名字▷怡红~|临湖~。

宣 xuān 9画 宀部 上下
❶发表;传播▷~誓|~战|~布|~扬。❷疏通;发散▷~泄。

喧 xuān 12画 口部 左右
声音大而嘈杂▷~哗|~闹|~腾|~嚣。

玄 xuán 5画 亠部 上下
❶黑色▷~狐|~青。❷深奥难懂▷~妙。❸虚妄;不可靠▷这话也太~了,谁敢相信|故弄~虚|~乎。

悬 xuán 11画 心部 上下
❶吊挂▷~灯结彩|~梁自尽|~挂。❷距离远或差别大▷天~地隔|~殊(差别很大)。❸没有着落;没有结果▷这件事一直~在那里|~而未决|~案。❹牵挂;挂念▷心~两地|~念。❺凭空▷~想|~拟。❻不着地,也没有支撑▷~空|~肘|~浮。❼危险▷小

路又陡又窄,走起来够~的|真~,差一点撞车。

旋 xuán 11画 方部 左右
方：亠方方
❶(物体)围绕一个中心转动▷~转(zhuàn)|盘~|~绕。❷回来▷凯~。❸圈子▷飞机在空中打~|~涡。
另见xuàn。

漩 xuán 14画 氵部 左右
水流旋转形成的圆窝▷溪水在岩石间打~。

选 xuǎn 9画 辶部 半包围
❶(从若干人或物中)挑出符合要求的▷~种|~择|挑~。❷被挑中的人或物▷人~。❸被选出来编在一起的作品▷小说~|诗~|文~。❹用投票等方式推举▷~代表|~举|~票。

癣 xuǎn 19画 疒部 半包围
由霉菌引起的皮肤病,有头癣、脚癣、手癣等多种。☞统读xuǎn,不读xiǎn。

券 xuàn 8画 刀部 上下
兰类卷券
拱券,门窗、桥梁等建筑物上部的弧形部分▷打~。☞下边不要写成"力"。
另见quàn。

炫 xuàn 9画 火部 左右
❶(强烈的光线)照射▷光彩~目。❷显示;夸耀▷~耀武力。

绚 xuàn 9画 纟部 左右
色彩华丽▷~丽多彩。☞不读xún。

眩 xuàn 10画 目部 左右
眼睛花;晕▷头晕目~|~晕。☞不读xuán。

旋 xuàn 11画 方部 左右
❶转着圈的▷~风。❷用车床或刀子转着圈地切削▷把苹果皮~掉|~床。
另见xuán。

渲 xuàn 12画 氵部 左右
[渲染]xuànrǎn 国画的一种技法,使用水墨或淡彩加强表现效果。比喻夸大地描述。

xue

削 xuē 9画 刂部 左右
❶意思跟"削"(xiāo)①相同,用于多音节词和成语▷~铁如泥|~足适履|~发(fà)。❷减少;减弱▷~价|~减|~弱。❸除去;铲除▷~职为民|~平叛乱。❹搜刮;掠取▷剥~。

另见xiāo。

靴 xuē 13画 革部 左右
靴子,鞋帮高到脚腕以上的鞋▷马~|长筒~。

薛 xuē 16画 艹部 上下
姓。

穴 xué 5画 穴部 上下
❶洞;窟窿▷洞~|孔~|石~。❷动物的窝▷龙潭虎~|蛇~|蚁~|巢~。❸中医指身体上可以针灸的部位▷太阳~|~位|~道。☞统读xué,不读xuè。

学 xué 8画 子部 上下
❶学习▷活到老,~到老|~文化|~校|~生。❷仿照▷孩子~着大人的样子说话|鹦鹉~舌。❸学校▷入~|上~|大~|小~。❹学问;知识▷品~兼优|真才实~。❺指学科▷物理~|经济~|哲~|文字~。☞统读xué,不读xiáo。

雪 xuě 11画 雨部 上下
彐:㇆彐彐
❶从云层中落向地面的白色结晶体,多为六角形,由水蒸气遇冷凝结而成▷下了一场~|~花|滑~|积~。❷颜色或光泽像雪的▷~白|~亮。❸洗刷;

除去▷报仇～恨｜～耻｜～冤。☞统读xuě,不读xuè。

血 xuè 6画 血部 独体
丿 ｲ 㐅 血 血
❶流动于心脏和血管内的红色液体,由血浆、血细胞和血小板组成▷沤心沥～｜～管｜～液｜贫～。❷有血缘关系的▷～亲｜～统。❸比喻刚强、热诚的气质或精神▷～气方刚｜～性男儿。☞"血"作左偏旁时,末笔横要改写成提(一),如"衅"。
另见xiě。

xun

勋 xūn 9画 力部 左右
❶很大的功劳▷功～｜～章。❷有很大功劳的人▷开国元～。

熏 xūn 14画 灬部 上下
亠 币 市 重 熏
❶食品加工方法,用烟火接触食物,使具有某种特殊的味道▷～鱼｜～鸡｜～制。❷烟、气等刺激人或沾染、侵袭物体▷臭气～天｜墙～黑了｜～蚊子。❸由于长期接触而受到影响▷利欲～心｜～染｜～陶。☞上边不要写成"重"。
另见xùn。

旬 xún 6画 勹部 半包围
勹 旬
❶十天叫一旬,一个月分上、中、下三旬▷本月中～｜～刊。❷十岁叫一旬▷六～大寿｜年满七～。

寻 xún 6画 彐部 上下
探求;找▷～人｜～求｜～觅。

巡 xún 6画 辶部 半包围
往来查看;按一定的路线活动▷～哨｜～夜｜～回｜～行。

询 xún 8画 讠部 左右
征求意见;打听▷咨～｜征～｜查～｜～问。

循 xún 12画 彳部 左右
遵守;依照▷～序渐进｜～规蹈矩｜遵～。

训 xùn 5画 讠部 左右
❶教导;告诫▷教～｜～话｜～导｜～诫。❷教导或告诫的话▷遗～｜家～｜校～。❸准则;典范▷不足为～。❹训练▷轮～｜集～｜培～｜受～。

讯 xùn 5画 讠部 左右
凡 飞 飞 讯
❶询问;问候▷问～｜～问下落。❷审问案子▷审～｜传～。❸音信;信息▷音～｜电～｜通～。

正字 勋(勛) 寻(尋) 询(詢) 训(訓) 讯(訊)

汛迅驯逊殉熏丫压呀押　xùn-yā

汛 xùn 6画 氵部 左右
❶江河季节性涨水的现象▷防～｜期｜春～｜潮～。❷指某些鱼类在一定时期内成群出现在一定海域的现象▷鱼～。

迅 xùn 6画 辶部 半包围
辶丶丨刂辶
速度很快▷～雷不及掩耳｜～速｜～猛。

驯 xùn 6画 马部 左右
❶顺从的;听从指使的▷～顺｜～服｜～良｜温～。❷使顺从▷～马｜～兽｜～养。☞统读xùn,不读xún。

逊 xùn 9画 辶部 半包围
❶谦让▷出言不～｜谦～。❷有差距;比不上▷稍～一筹｜毫不～色。

殉 xùn 10画 歹部 左右
❶古代用人或物陪葬▷～葬。❷为了某种理想、追求而牺牲生命▷～职｜～国｜～难(nàn)。☞统读xùn,不读xún。

熏 xùn 14画 灬部 上下
(煤气)使人中毒窒息▷让煤气给～着了。
另见xūn。

Y

yā

丫 yā 3画 丶部 独体
[丫头]yātou ❶女孩子。❷旧指供人役使的女孩子。

压 yā 6画 厂部 半包围
厂厈压压
❶从上往下用力▷担子～在肩上。❷用强力制服;抑制▷树正气,～邪气｜镇～｜欺～｜～制。❸胜过;超过▷技～群芳｜东风～倒西风。❹逼近;迫近▷大军～境。❺搁置不动▷货～在仓库里卖不出去｜积～。❻指压力;特指电压、气压或血压▷加～｜变～器｜低～。☞右下不要写成"土"。

呀 yā 7画 口部 左右
❶表示惊异▷～,你怎么来了?｜～,这下可糟了!❷拟声词,模拟物体摩擦的声音▷大门～的一声打开了。
另见yɑ。

 yā 8画 扌部 左右
❶以财物作担保▷把房子～出去｜～金｜抵～。❷拘

正字　驯(馴)　逊(遜)　压(壓)

留,不准自由行动▷把犯人~起来|关~|扣~。❸途中跟随保护或看管▷~运|~车|~解(jiè)|~送。❹诗歌中,某些句末用韵母相同或相近的字,使音调和谐▷~韵。☞统读yā,不读yà。

鸦 yā 9画 牙部 左右
鸟:´´'´´'´'´'鸟
鸟,羽毛黑色,嘴大翼长。我国常见的有乌鸦、寒鸦、白颈鸦等。

哑 yā 9画 口部 左右
亚:一T亚亚
[哑哑]yāyā 拟声词,模拟婴儿学语的声音、乌鸦叫的声音等▷~学语。
另见yǎ。

鸭 yā 10画 鸟部 左右
鸭子,包括家鸭和野鸭。家鸭嘴长而扁平,腿短,趾间有蹼,善游泳。卵、肉可以吃。

牙 yá 4画 牙部 独体
一二牙牙
❶牙齿▷孩子长~了|刷~|换~。❷特指象牙▷~雕|~章。

芽 yá 7画 艹部 上下
植物的幼体,可以发育长出茎、叶或花▷土豆长~儿了|发~|嫩~。

蚜 yá 10画 虫部 左右
蚜虫,昆虫,吸食植物的汁液,危害农作物。常见的有棉蚜、麦蚜、菜蚜等。通常叫腻虫。

崖 yá 11画 山部 上下
高山陡壁的边▷悬~|山~。☞统读yá,不读ái或yái。

涯 yá 11画 氵部 左右
边际▷天~海角|无~。

衙 yá 13画 彳部 左右
旧时指官府▷县~|~门。

哑 yǎ 9画 口部 左右
❶失去说话能力▷装聋作~|聋~人。❷无声的▷剧~|~铃。❸(炮弹、枪弹等因故障)打不响的▷~炮|~火。❹发音困难或声音发沙▷沙~|~嗓子。
另见yā。

雅 yǎ 12画 牙部 左右
隹:亻广乍乍隹
❶高尚;不庸俗▷高~|文~|~俗共赏。❷美观大方▷~观|~致。

轧 yà 5画 车部 左右
车:一土车车
❶用车轮或圆柱形的工具压;碾▷小心别让车~着|~棉花

正字 鸦(鴉) 哑yǎ(啞) 鸭(鴨) 哑yǎ(啞) 轧(軋)

~路。❷排挤▷倾~|挤~。
另见zhá。

亚 yà 6画 一部 独体
丌亚亚

❶次;次一等的▷他的学问并不~于你|~军|~热带。❷指亚洲▷~欧大陆|东南~。☞统读yà,不读yǎ。

讶 yà 6画 讠部 左右
惊奇;诧异▷惊~|~然。

揠 yà 12画 扌部 左右
匽:一匸妟匽
拔起▷~苗助长。

呀 ya 7画 口部 左右
牙:一二牙牙
"啊"(a)受前面一个字韵母a、e、o、i、ü的影响产生音变而采用的不同写法,用在句末表示惊叹、强调等语气▷你怎么还不回家(jiā)~|我是昨天到的(de)~|快请坐(zuò)~|这成果可来之不易(yì)~|快点儿去(qù)~。
另见yā。

yan

咽 yān 9画 口部 左右
消化和呼吸的共同通道。通常跟喉头合称咽喉。
另见yàn;yè。

殷 yān 10画 殳部 左右
月:厂尸月
黑红色▷~红的血迹。
另见yīn。

胭 yān 10画 月部 左右
[胭脂]yānzhi 一种红色的化妆品。

烟 yān 10画 火部 左右
❶燃烧时产生的气体▷~熏火燎|炊~|~筒。❷像烟的东西▷~波|~雾。❸烟气附着在其他东西上凝结成的黑灰▷松~|锅~子。❹烟草;烟草制品▷~叶|烤~|香~|请勿吸~。❺特指鸦片▷~土|大~。

淹 yān 11画 氵部 左右
电:曰电
水漫过或吞没▷洪水~了村庄|河里~死人了|~没。

腌 yān 12画 月部 左右
用盐、糖等浸制(食物)▷~鸡蛋|~咸菜。

燕 yān 16画 灬部 上下
廿卝燕燕
指河北北部。
另见yàn。

延 yán 6画 廴部 半包围
丆丆正延延
❶拉长;延长▷~年益寿|~伸

蔓(màn)～。❷推迟▷～期|顺～。☞第四画是竖折(乚);左下边不是"辶"。

严 yán 7画 一部 独体
❶庄重;认真▷庄～|威～|～肃。❷严格,不放松(跟"宽"相对)▷要求很～|～守纪律|～禁|～厉。❸厉害的;高度的▷～寒|～冬|～重。❹紧密▷把门关～|～密。

言 yán 7画 言部 上下
❶说▷不～而喻(不用说就明白)。❷话▷～语|留～名～。❸汉语的一句话或一个字▷一～难尽|七～诗。☞"言"作左偏旁时,简化为"讠",如"语""说""话"。

岩 yán 8画 山部 上下
❶岩石凸起形成的山峰▷七星～(在广东)。❷岩石▷火成～|石灰～|～层。

炎 yán 8画 火部 上下
❶天气很热▷～热|～夏。❷指炎帝,传说中的上古帝王▷～黄子孙。❸炎症,身体的某一部位出现红、肿、热、痛等症状▷肺～|腮腺～|发～|消～。

沿 yán 8画 氵部 左右
❶照老样子继续下去▷～用|～袭|相～至今。❷顺着▷～河边走|～着正确方向前进。❸边缘▷炕～|前～。☞统读yán,不读yàn。

研 yán 9画 石部 左右
❶细细地磨(mó)或碾▷～墨|～成细末|～碎。❷精心思考;深入探求▷～究|钻～|～讨|～制。

盐 yán 10画 皿部 上下
食盐,有咸味的调味品,白色晶体。

阎 yán 11画 门部 半包围
臼:ꞌ ⎡ ꞌ ꞌꞌꞌ臼
姓。☞不要简化写成"闫"。

蜒 yán 12画 虫部 左右
延:ꞌ ꞌ ꞌ 正延延
[蜿蜒] wānyán 见"蜿"。

颜 yán 15画 页部 左右
❶脸;脸部的表情▷鹤发童～(形容白发老人红光满面)|～容|喜笑～开。❸颜色▷五～六色|～料。❹脸皮;面子▷厚～无耻|无～相见。

檐 yán 17画 木部 左右
❶屋顶边沿伸出来的部分▷屋～|～廊。❷器物上向外伸出的部分▷帽～。

奄 yǎn 8画 大部 上下
电:曰电

正字 严(嚴) 盐(鹽) 阎(閻) 颜(顏)

[奄奄] yǎnyǎn 形容呼吸微弱▷～一息(快断气的样子)。

衍 yǎn 9画 彳部 左右
❶孳生｜繁～。❷多出来的(字句)▷～文。

掩 yǎn 11画 扌部 左右
❶隐藏；遮盖▷～人耳目｜～盖｜遮～。❷关闭；合上｜把门～上。

眼 yǎn 11画 目部 左右
❶眼睛,人和动物的视觉器官。❷小窟窿；小孔▷钻(zuàn)一个～儿｜泉～｜虫～儿。❸量词,用于井、泉水或窑洞▷清泉一～｜打两～井。❹事物的关键▷节骨～儿。❺戏曲中的节拍▷一板一～｜板～。

演 yǎn 14画 氵部 左右
❶发展变化▷～变｜～化｜～进。❷当众表演技艺▷～戏｜～奏｜扮～。❸(按程式)练习或计算▷～习｜～算｜～练。

厌 yàn 6画 厂部 半包围
❶满足；满意▷学而不｜贪得无～。❷不喜欢；嫌弃▷～烦｜～倦｜～战｜～恶(wù)｜讨～。☞"厂"里不是"大"。

砚 yàn 9画 石部 左右
研墨用的文具,多用石头制成▷笔墨纸～｜～台。

咽 yàn 9画 口部 左右
使食物等通过咽喉进入食道▷把这口饭～下去｜狼吞虎～◇话只说了一半又～回去了。
另见 yān；yè。

彦 yàn 9画 亠部 上下
才德出众的人▷俊～。

艳 yàn 10画 色部 左右
色彩鲜明夺目▷这件衣裳太～了｜鲜～｜～丽。

唁 yàn 10画 口部 左右
对遇到丧事的人或团体表示慰问▷吊～｜～电。

宴 yàn 10画 宀部 上下
❶用酒饭招待宾客；聚在一起会餐▷～请｜大～宾客｜欢～。❷酒席▷设～｜盛～｜便～。

验 yàn 10画 马部 左右
❶通过实践等途径得到证实▷～证｜应～｜灵～。❷察看；检查▷把货～一～｜～收｜检～。

谚 yàn 11画 讠部 左右
谚语,民间流传的简练的固定语句,多含深刻的道理▷农～｜民～。

堰 yàn 12画 土部 左右
较低的坝▷都江～(在四

雁 yàn 12画 厂部 半包围
厂厂犀雁雁
大雁,候鸟,秋天飞往南方,春天飞往北方,飞行时排列成人字形或一字形。

焰 yàn 12画 火部 左右
❶火苗▷火~。❷比喻威风、气势▷气~|凶~。☞统读yàn,不读yán。

燕 yàn 16画 灬部 上下
甘苹燕燕
燕子,候鸟,体型小,尾巴像张开的剪刀,捕食昆虫,对农作物有益。☞上边不要写成"艹"。
另见yān。

yang

央 yāng 5画 丨部 独体
口口央
❶正中;中心▷中~。❷恳切地请求▷~告|~求。

殃 yāng 9画 歹部 左右
❶灾祸▷遭~|灾~。❷使受灾祸▷祸国~民。

鸯 yāng 10画 鸟部 上下
鸟:勹勺鸟鸟
[鸳鸯]yuānyang 见"鸳"。

秧 yāng 10画 禾部 左右
❶稻苗;植物的幼苗▷插~|~田|育~|茄子~。❷某些植物的茎▷白薯~。❸某些初生的饲养动物▷鱼~|猪子。

扬 yáng 6画 扌部 左右
扬:勹匀扬
❶举起;升起▷~起胳膊|~鞭|~帆。❷往上抛撒;向上飘起▷晒干~净|~起一片尘土|飘~。❸传出去▷传~|宣~|张~|~名|~言。❹称颂;表彰▷颂~|表~|赞~。

羊 yáng 6画 羊部 独体
丷羊兰羊
哺乳动物,多数头上有一对角,吃草,反刍。种类很多,有山羊、绵羊、羚羊、黄羊等。

阳 yáng 6画 左阝部
阝:孑阝
❶日光;太阳▷夕~|~光。❷山的南面;水的北面▷衡~(在衡山的南面)|洛~(在洛河的北面)。❸显露的;表面的▷~沟|~奉阴违。❹凸出的▷~文图章。❺关于活人和人世的▷~世|~间。❻带正电的▷~极|~离子。

杨 yáng 7画 木部 左右
杨树,落叶乔木,树干高大,叶子宽阔,木材可制作器具、造纸等。

正字 鸯(鴦) 扬(揚) 阳(陽) 杨(楊)

疡 yáng 8画 疒部 半包围
疒：亠疒疒
皮肤或黏膜溃烂▷溃~。

洋 yáng 9画 氵部 左右
❶广大；丰富▷~溢｜~大观｜喜气~~。❷比海更广大的水域▷太平~｜海~。❸指外国▷~为中用｜西~｜货。❹旧指银元（洋钱）▷罚~20元。

仰 yǎng 6画 亻部 左右
卬：亻卩卬
❶抬头向上；脸朝上（跟"俯"相对）▷~起头来｜~望｜~卧。❷敬慕；佩服▷敬~｜信~｜~慕。❸依靠；借助▷~仗｜~赖。☞右边不是"卯"。

养 yǎng 9画 丷部 上下
❶喂动物▷~牲口｜~鸡。❷供给维持生活必需的钱、物；抚育▷~家｜赡~｜抚~。❸使身心得到休息和滋补▷~病｜保~｜~休。❹修养；培养▷教~｜~成好习惯。❺领养的；非亲生的▷~子｜~母。❻种植（花草）▷~花｜种草。

氧 yǎng 10画 气部 半包围
非金属元素，无色无味无臭的气体，能帮助燃烧，是燃烧过程和动植物呼吸所必需的气体。

痒 yǎng 11画 疒部 半包围
皮肤受到刺激而引起的想要抓挠的感觉▷身上~得难受｜越挠越~｜不疼不~｜刺~。

样 yàng 10画 木部 左右
❶形状▷~子｜~式｜模~｜花~。❷用来作标准的▷~品｜~本｜榜~｜鞋~儿。❸量词，用于事物的种类▷两~货｜三~菜｜~~都行。

恙 yàng 10画 羊部 上下
羊：兰羊羊
疾病▷安然无~（没受损伤或发生意外）。

漾 yàng 14画 氵部 左右
永：丶㇇𠃌永
❶水轻微动荡▷湖面上~起层层波纹｜荡~。❷液体漫出▷澡盆里的水都~出来了。☞右下是"永"，不是"水"。

yāo

夭 yāo 4画 丿部 独体
未成年就死去▷~亡｜~折。

吆 yāo 6画 口部 左右
大声呼喊▷~五喝六｜~喝。

正字 疡（瘍） 养（養） 痒（癢）

约 yāo 6画 纟部 左右
用秤称重量▷～两斤苹果｜～～这捆菜有多重。

另见yuē。

妖 yāo 7画 女部 左右
❶妖怪,神话、传说或童话中所说的害人的怪物▷～魔｜鬼～怪｜～精｜蛇～。❷荒诞的;惑乱人心的▷～术｜～道｜～言。❸艳丽▷～娆。❹装束奇特,作风不正派(多指女性)▷～里～气｜～艳。

要 yāo 9画 覀部 上下
❶求▷～求。❷强行要求;胁迫▷～挟。

另见yào。

腰 yāo 13画 月部 左右
❶人体中胯上肋下的部分。❷肾脏;食用的动物肾脏▷～子｜炒～花。❸裙、裤等围在腰间的部分▷裤～。❹事物的中部▷山～｜墙～｜电影放到半中～忽然停了。

邀 yāo 16画 辶部 半包围
约请▷应～出席｜～请｜～集。

尧 yáo 6画 兀部 上下
传说中上古的帝王。上边是"垚",不是"戈"或"弋"。由"尧"构成的字有"烧""绕""饶""挠""翘"等。

肴 yáo 8画 月部 上下
鸡鸭鱼肉等做成的荤菜▷美味佳～｜菜～。

姚 yáo 9画 女部 左右
兆:丿丬兆兆
姓。

窑 yáo 11画 穴部 上下
缶:←午缶
❶烧制砖瓦陶瓷等的建筑物▷石灰～｜砖～。❷用土法采掘的煤矿▷小煤～。❸窑洞,在山崖或土坡上挖的住人的洞。

谣 yáo 12画 讠部 左右
❶口头流传的诗歌▷歌～｜民～｜童～。❷没有事实根据的传说▷辟～｜～言｜造～。

摇 yáo 13画 扌部 左右
来回摆动;使来回摆动▷树枝在空中～来～去｜～头｜～铃｜～摆。

遥 yáo 13画 辶部 半包围
❶距离远▷～相呼应｜～望｜～控。❷时间久▷～～无期。

瑶 yáo 14画 王部 左右
❶美玉▷琼～。❷[瑶池]yáochí 传说中西王母住的地方。

正字 约(約) 尧(堯) 谣(謠)

咬 yǎo 9画 口部 左右
❶上下牙相对用力,把东西夹住、切断或磨碎▷～紧牙关|饼太硬,～不动。❷受审讯或责难时牵扯上无关或无辜的人▷乱～好人|反一一口。❸把话说死了不再改变▷一口～定。❹念出或唱出(字音)▷～字清楚。❺反复分析体会字句的含义▷～文嚼字。❻(狗)叫▷狗～了好一阵子。

舀 yǎo 10画 爪部 上下
白:ˊㄧㄏ ㄒㄧㄒㄧㄚˇㄅㄞˊ
用瓢、勺等取(东西)▷～水|一勺菜。☞㊀统读yǎo,不读wǎi或kuǎi。㊁上边不要写成"ˊˊ",下边不是"白"。由"舀"构成的字有"滔""稻"等。

疟 yào 8画 疒部 半包围
E:匸E
[疟子]yàozi 疟(nüè)疾的俗称▷发～。☞㊀"疟"字文读nüè,如"疟疾"。㊁右下不要写成"彐"。
另见nüè。

药 yào 9画 艹部 上下
❶能防治疾病、病虫害或改善人体机能的物品▷吃～|良～苦口|农～|补～。❷用药毒杀▷棉铃虫都～死了|～耗子。❸某些人工配制的有化学

作用的物品▷火～|焊～。

要 yào 9画 西部 上下
女:ㄑㄨㄋㄩˇ
❶主要的内容▷摘～|纪～。❷重要▷～事|～紧|次～。❸想;希望▷若一人不知,除非己莫为。❹盼望得到或保有▷想～这本书吗?|这把扇子我还～呢!❺索取▷～账。❻要求;请求▷他～老师再讲一遍。❼需要▷买件衬衣～多少钱?❽应该;必须▷我们～团结起来|说话～简单明了。❾准备;将会▷明天～进城|天～晴了。❿如果▷明天～下雨,我们就不走了。
另见yāo。

钥 yào 9画 钅部 左右
[钥匙]yàoshi 开锁的用具。

耀 yào 20画 ⺌部 左右
⺌:丨丨⺌
❶强光照射▷～眼|闪～|照～。❷显示;夸耀▷显～|炫～。❸光荣▷荣～。☞㊀统读yào,不读yuè。㊁不能简化写成"妖"。

哟 yao 9画 口部 左右
用在句子末尾,表示祈使语气▷大家快来～!|同学们加油干～!

正字 疟(瘧) 药(藥) 钥(鑰) 哟(喲)

另见yōu。

ye

掖 yē 11画 扌部 左右
夜:广疒夜夜

塞;塞进(衣袋或缝隙里)▷把被子～一～|偷偷地～给孩子两块钱|～在怀里。

另见yè。

椰 yē 12画 木部 左右

椰子,常绿乔木,产在热带,果实也叫椰子,果肉白色多汁。果肉可以食用或榨油,果汁也可以做饮料。☛统读yē,不读yé。

噎 yē 15画 口部 左右

食物等塞住喉咙▷慢点吃,别～着|因～废食(比喻因为怕出问题,索性不干)。

爷 yé 6画 父部 上下

❶祖父;称跟祖父辈分相同或年龄相仿的男人▷～～奶奶|张～～。❷对于父辈或老年男子的尊称▷老大～|七～。❸旧时对主人或尊贵者的称呼▷老～|少～|县太～。❹对神佛等的称呼▷土地～|佛～|阎王～。

也 yě 3画 一部 独体
一十也也

❶表示两件事或多件事有相同之处▷看一行,不看一行|地一扫了,玻璃～擦了|他学得好,你～学得不错。❷表示暗含跟另一件事相同▷昨天你～去看电影了?|将来我～要参军|明天我～去看看他。❸表示不管怎样,后果都相同▷宁可牺牲,～不投降|拼命～要拿下大油田|困难再大～吓不倒我们。❹表示强调▷树叶一动～不动|一点～不累|他连头～不抬。

冶 yě 7画 冫部 左右

熔炼金属▷～金|～炼|陶～。☛跟"治"(zhì)不同。

野 yě 11画 里部 左右

❶离城区较远的地方;偏远的地方▷～外|郊～|山～|原～。❷不当权的;民间或私人的▷朝～|下～|在～|～史。❸粗鲁无礼;蛮不讲理▷说话太～|粗～|撒～|～蛮。❹非人工饲养或培育的(动植物)▷～兽|～猪|～菊花。❺范围;界限▷视～|分～。☛右边不要写成"矛"。

业 yè 5画 业部 独体
‖业业

❶学业,学习的内容或过程▷毕～|肄～。❷职业,个人所从事的主要生活来源的工作

正字 爷(爺) 业(業)

▷不务正~|就~|失~|~余。❸职业的类别▷各行各~|手工~|运输~。❹营业▷开~|停~。❺事业▷创~|~绩。❻财产▷家大~大|~主。

叶 yè 5画 口部 左右
❶叶子,植物的营养器官,多是片状绿色的。❷历史上较长时期的分段▷明代中~|19世纪末~。❸像叶子的东西▷铁~子|肺~|百~窗。

页 yè 6画 页部 独体
❶书册中单张的纸▷活~夹|画~|插~。❷量词,书册中一张纸的一面为一页▷每天都要看几~书|第48~|~码。

夜 yè 8画 亠部 上下
亠夜夜夜
从天黑到天亮的一段时间(跟"日""昼"相对)▷一连几~没有睡好|~以继日|昼~不停|~晚|黑~|~班。

咽 yè 9画 口部 左右
悲哀得说不出话来;因悲哀而声音受阻▷呜~|哽(gěng)~。
另见 yān;yàn。

掖 yè 11画 扌部 左右
搀扶人的胳膊;比喻扶助或奖励、提拔▷奖~。
另见 yē。

液 yè 11画 氵部 左右
液体,有一定的体积而没有一定形状的、可以流动的东西▷汁~|唾~|~化|~态。

谒 yè 11画 讠部 左右
谒;号号谒
进见;拜见▷~见|拜~|~陵。

腋 yè 12画 月部 左右
夹(gā)肢窝,上肢和肩膀连接处内侧凹入的部分▷把皮包夹在~下|~窝|~毛。

yī

一 yī 1画 一部 独体
❶数字,最小的正整数。❷相同;一样▷咱们坐~趟车|他俩在~个单位|长短不~。❸满;全▷坐了~车人|~身土|书堆了~桌子|病了~夏天。❹专;纯▷~心~意|~色的二层小楼。❺每;各▷~年一次|~人两块钱。❻某▷~天晚上|有~年。❼另一种;又一个▷乌贼~名墨斗鱼。❽表示猛然发出某种动作或出现某种情况▷眼前~黑,身子倒在了地上。❾跟"就"呼应,表示前后两件事紧接着发生▷~叫就来|~问便知。❿表示短暂或尝试▷

叶(葉) 页(頁) 谒(謁)

笑~笑|瞧~瞧|说~说。☞数字"一"的大写是"壹"。

伊 yī 6画 亻部 左右
尹：フ彐尹
他；她("五四"前后有的文学作品中专指女性)。

衣 yī 6画 衣部 上下
❶衣服▷穿~吃饭|大~|外~|上~。❷包在物体外面的一层东西▷糖~|炮~。

医 yī 7画 匚部 半包围
一矢医
❶医生，以防治疾病为职业的人▷牙~|军~|兽~。❷治疗▷不要头疼~头，脚疼~脚|~治|~疗。❸防治疾病的科学或工作▷他是学~的|从~多年。☞最后一画是竖折(乚)，一笔连写。

依 yī 8画 亻部 左右
❶紧靠▷~山傍水|~偎(亲热地靠着)|~傍。❷依靠；依赖▷相~为命(互相依靠着过活)|互相~存|~仗|~附。❸顺从；听从▷你就~了他吧|不~不饶|~从|~顺。❹按照；根据▷~法惩处|~我看，不能这么办。

揖 yī 12画 扌部 左右
耳：一丁丌耳

两手抱拳，放在胸前行礼▷作~。

壹 yī 12画 豆部 上下
数字"一"的大写。

仪 yí 5画 亻部 左右
义：丶ノ义
❶礼节；仪式▷礼~|司~。❷礼物▷谢~|贺~。❸指容貌、举止、风度等▷~表堂堂|~容。❹用于科学实验、测量等的较精密的器具▷地震~|~器。

夷 yí 6画 一部 独体
一二亐夷
❶古代称中国东部各民族▷东~。❷平坦；平安▷化险为~(使危险变为平安)。❸铲平；削平▷~为平地。

宜 yí 8画 宀部 上下
❶合适；适当▷适~|相~。❷适合于▷景色~人|这间屋子最~读书写字。❸应该；应当▷~早不~晚|事不~迟。

咦 yí 9画 口部 左右
表示惊奇▷~，你是怎么知道的?

姨 yí 9画 女部 左右
❶妻子的姐妹▷大~子|小~子。❷母亲的姐妹▷二~|~妈。❸称年纪同自己母亲

正字 医(醫) 仪(儀)

差不多的妇女▷张～|阿～。

胰 yí 10画 月部 左右
胰腺,人和部分动物体内的一种腺体,它的分泌物能帮助消化,调节体内新陈代谢。

移 yí 11画 禾部 左右
❶变动位置;搬迁▷把花～到盆里去|～栽|～居|～动|迁～。❷改变;变更▷～风易俗(改变旧的风俗习惯)|坚定不～。

遗 yí 12画 辶部 半包围
❶丢失;漏掉▷～失|～漏|～忘。❷留下▷不～余力|～臭万年|～迹|～毒|～留。❸特指古人或死者留下的▷文化～产|～容|～愿|～嘱。

颐 yí 13画 页部 左右
臣:⅂ㅌ臣
保养▷～养天年。☞左边不要写成"臣"。

疑 yí 14画 匕部 左右
疋:ㄧ下疋
❶不能确定;不相信▷坚信不～|半信半～|～惑。❷因为不信而猜测;怀疑▷行迹可～|猜～。❸不明白;难解决的▷～问|～案。

乙 yǐ 1画 一部 独体
天干的第二位。参见"干"(gān)❹。

已 yǐ 3画 己部 独体
❶止住;停止▷不能自～(不能控制自己的感情)|大哭不～。❷已经▷由来～久|名额～满。☞跟"己"(jǐ)"巳"(sì)不同。

以 yǐ 4画 人部 左右
❶用;拿▷～理服人|～实际行动表明决心。❷按照;根据▷姓氏笔画为序|～质量高低分等级。❸因为;由于▷西安～历史悠久闻名于世。❹表示后边的是前边的目的▷广交朋友,～孤立敌人|养精蓄锐,～利再战。❺与其他词合成表示时间、空间或数量的界限▷三年～前|黄河～东|一百～内。

尾 yǐ 7画 尸部 半包围
尸:ㄱ㇇尸
意思跟"尾"(wěi)❶相同,用于"马尾儿"(马尾上的毛)"三尾儿"(雌蟋蟀)等口语词。
　　另见wěi。

蚁 yǐ 9画 虫部 左右
指蚂蚁▷蝼～(蝼蛄和蚂蚁)|～穴。☞不读yì。

倚 yǐ 10画 亻部 左右
❶靠▷孩子～在妈妈腿

正字　遗(遺)　颐(頤)　蚁(蟻)

上∣～着栏杆∣～靠。❷依靠;凭着∣～势欺人∣～仗∣～托。❸偏斜∣不偏不～。

椅 yǐ 12画 木部 左右
椅子,有靠背的坐具▷桌～板凳∣藤～∣折叠～。

亿 yì 3画 亻部 左右
数字,一万万。

义 yì 3画 丶部 独体
❶公正的、有利于社会大众的道理▷～正词严∣～不容辞∣正～∣道～。❷人与人之间的感情联系▷有情有～∣信～。❸符合正义或大众利益的▷～演∣～卖。❹因拜认而结成的关系▷～父∣～子∣～妹。❺人造的(人体的部分)▷～齿∣～肢。❻意思;意义▷词～∣同～词∣含～。

艺 yì 4画 艹部 上下
❶技能;本领▷多才多～∣～高人胆大∣手～∣技～。❷艺术▷文～∣曲～∣～坛新秀。

忆 yì 4画 忄部 左右
回想;想念▷记～∣回～∣追～。

议 yì 5画 讠部 左右
❶谈论;商讨▷～事∣商～∣会～∣审～。❷评论;批评▷公～∣评～。❸意见;主张▷异～(不同的意见)∣提～∣抗～。

屹 yì 6画 山部 左右
山:ㄧㄩㄩ山
山势高耸▷～立∣～然。☞统读yì,不读qǐ。

亦 yì 6画 亠部 上下
亠亦
也▷人云～云(人家怎么说,他也怎么说)。☞不要写成"亦"。

异 yì 6画 己部 上下
❶不同的▷～口同声∣日新月～∣～议。❷其他的;别的▷～乡∣～国∣～族。❸新奇的;特别的▷奇花～草∣～香∣～味∣怪～。❹惊奇,觉得很奇怪▷惊～∣诧～。☞上边不要写成"已",下边不要写成"廾"。

抑 yì 7画 扌部 左右
压;压制▷～制∣压～。☞右边是"印",不是"卬"(mǎo)。

呓 yì 7画 口部 左右
梦中说话▷梦～。

邑 yì 7画 邑部 上下
巴:ㄱㄇㄅㅂ巴
城市▷通都大～∣城～。

役 yì 7画 彳部 左右
❶强迫使用(人力或畜

正字 亿(億) 义(義) 艺(藝) 忆(憶) 议(議) 呓(讆)

力)▷~使|奴~|~|~畜(chù)。❷当兵的义务▷兵~|服~|退~|预备~。❸旧指供使唤的人▷仆~|杂~。❹指战事▷台儿庄之~|战~。☞右上是"几",不带钩。

译 yì 7画 讠部 左右
❶翻译,把一种语言文字按原意转换成另一种语言文字▷这本外国名著~得好|口~|~文。❷把代表语言文字的符号或数码转换成语言文字▷把这份电报~出来|破~密码。☞右下不是"丰"。

易 yì 8画 日部 上下
❶改变▷~地再战|移风~俗|变~。❷交换;换▷贸~|交~。❸容易,不费力(跟"难"相对)▷轻而~举|简便易行|轻~|浅~。❹谦逊;和气▷平~近人。☞不要简化写成"彡"。

诣 yì 8画 讠部 左右
匕:匕
指学问、技艺所达到的程度▷造~。

驿 yì 8画 马部 左右
驿站,古代传递公文的人和来往的官员中途换马或住宿的地方。

绎 yì 8画 纟部 左右
连续不断▷络~不绝。

奕 yì 9画 大部 上下
[奕奕]yìyì 精神焕发▷神采~。☞上边不要写成"亦"。

疫 yì 9画 疒部 半包围
疒:亠广疒
流行性传染病▷瘟~|防~|检~|免~力。

益 yì 10画 皿部 上下
❶增长(跟"损"相对)▷延年~寿|增~。❷更加▷老当~壮|多多~善(越多越好)。❸好处;利益(跟"害"相对,④同)▷受~不浅|开卷有~|效~|权~。❹有益的▷~虫|~鸟|良师~友。

谊 yì 10画 讠部 左右
交情▷深情厚~|情~|友~|联~。☞统读yì,不读yí。

逸 yì 11画 辶部 半包围
免:⺈⺈免免
❶奔跑;逃▷逃~。❷闲适;安乐▷以~待劳|安~。☞右上不要写成"免"。

肄 yì 13画 聿部 左右
聿:⺻聿
学习▷~业(指没有毕业或还

正字 译(譯) 诣(詣) 驿(驛) 绎(繹) 谊(誼)

裔 yì 13画 衣部 上下
后代▷后~|华~。

意 yì 13画 立部 上下
❶心愿;心思▷称心如~|满~|~愿|民~。❷意思;思想内容▷词不达~|说明来~|文~|~义。❸推测;料想▷料~|~外|~想不到。

溢 yì 13画 氵部 左右
❶水满而向外流出▷河水~出堤岸|江河横~。❷泛指流出;表露出▷~于言表。

毅 yì 15画 殳部 左右
刚强;果断▷~力|坚~|刚~|~然。

翼 yì 17画 羽部 上下
羽:丿习习羽
❶翅膀,某些动物的飞行器官▷鸟~|蝉~。❷像翅膀的东西▷机~。❸阵地的两侧;政治力量中的一派▷两~|阵地侧~|左~。

yin

因 yīn 6画 囗部 包围
❶照老样子做▷~循守旧|~袭。❷按照;根据▷~地制宜|~材施教。❸原因▷事出有~|前~后果。❹因为▷~故缺席|~雨改期。

阴 yīn 6画 左阝部 左右
❶云层密布,不见或少见阳光的天气▷多云转~|天了|~雨。❷日光照不到的地方▷树~|林~道|背~。❸山的北面;水的南面(跟"阳"相对,❹❻—❽同)▷山~(在会稽山的北面)|江~(在长江的南面)。❹隐蔽的;不外露的▷~沟|阳奉~违。❺不正大光明▷~谋|~险|~毒。❻凹下的▷~文印章。❼迷信的人指有关鬼神的▷~间|~曹地府|~魂。❽带负电的▷~极|~离子。

茵 yīn 9画 艹部 上下
褥子▷绿草如~。

音 yīn 9画 音部 上下
❶声音或乐音▷这个~唱得不太准|杂~|扩~器。❷指语音、音节▷乡~|单~词。❸信息;消息▷佳~|~信|回~。

姻 yīn 9画 女部 左右
男女婚嫁的事▷婚~|~亲(由婚姻关系结成的亲戚)

殷 yīn 10画 殳部 左右
殳:丿厂户殳

正字 阴(陰)

❶富裕;富足▷~实|~富。❷(情意等)深厚;热情▷~切|~勤。

另见yān。

吟 yín 7画 口部 左右
有节奏地诵读诗文▷~诗|~咏|~诵。

银 yín 11画 钅部 左右
钅:ノヒ쇠钅
❶金属元素,白色,有光泽,用于制造货币、首饰等。❷指钱或跟钱有关的事物▷收~台|~行|~根。❸像银子的颜色▷~白色|~河|~幕。

淫 yín 11画 氵部 左右
圣:ノ⺈ⅴ兯乑
❶过度;过分▷~威|~雨。❷指男女关系不正当▷~乱|~秽。

寅 yín 11画 宀部 上下
地支的第三位。参见"支"⑦。

龈 yín 14画 齿部 左右
牙龈,包住牙根的肉。

引 yǐn 4画 弓部 左右
弓:一ユ弓
❶拉长;延伸▷~吭高歌|~申|~桥。❷拉▷穿针~线|牵~|~力。❸带领▷~路|~狼入室|~航|~导|~诱。❹招来;

导致▷~人发笑。❺引用▷~经据典|~古证今。

饮 yǐn 7画 饣部 左右
饣:ノ亇饣
❶喝▷~水思源|~料。❷特指喝酒▷对~|~畅~。❸心中含着▷~恨自杀。❹指饮料▷冷~|热~。

另见yìn。

蚓 yǐn 10画 虫部 左右
[蚯蚓]qiūyǐn 见"蚯"。

隐 yǐn 11画 阝部 左右
心:亅心心
❶躲藏起来不外露▷~藏|~蔽。❷掩盖真相,不让人知道▷~姓埋名|~瞒。❸深藏的;不外露的▷~患|~情|~私。❹不明显;不清楚▷~晦|~作痛。❺秘密的事▷难言之~。

瘾 yǐn 16画 疒部 半包围
依赖性的嗜好或习惯▷抽烟成~|打麻将打上了~|球~|过~。

印 yìn 5画 卩部 左右
ノ厂匚印印
❶图章▷盖~|~章|钢~。❷符合▷心心相~|~证。❸痕迹▷桌上划了一道~儿|脚~|烙~。❹使图像、文字等附着在

正字 银(銀) 龈(齦) 饮(飲) 隐(隱) 瘾(癮)

纸、布等上面▷背心上~着校名｜铅~｜复~｜◇深深地~在脑海里。☞右边不要写成"阝"。

饮 yìn 7画 饣部 左右
给牲口水喝▷~牲口｜~马。

另见yǐn。

荫 yìn 9画 艹部 上下
阝：阝阝

阴凉潮湿，不见阳光▷地下室太~，没法住｜~凉。☞统读yìn，不读yīn。"树阴""林阴道"的"阴"，不能写作"荫"。

yīng

应 yīng 7画 广部 半包围
❶应该；应当▷做事~分轻重缓急。❷答应；同意（做某事）▷所有的条件他都~了｜~许。

另见yìng。

英 yīng 8画 艹部 上下
❶才能出众的▷~才｜~明｜~俊。❷才能出众的人▷~豪｜~杰｜群~会。❸指英国▷~尺｜~镑。

莺 yīng 10画 艹部 上下
黄鹂的别称。参见"鹂"。

婴 yīng 11画 女部 上下
女：乂女女

初生的孩子▷~儿｜女~｜妇~。

缨 yīng 14画 纟部 左右
❶带子；绳子▷长~。❷衣物上的穗状装饰物▷红~枪｜~帽。❸像穗状装饰物的蔬菜叶子▷萝卜~儿｜芥菜~子。

樱 yīng 15画 木部 左右
❶[樱花]yīnghuā 即山樱花，落叶乔木，开白色或红色花。产于我国和日本，是著名的观赏植物。❷[樱桃]yīngtáo 落叶灌木，果实也叫樱桃，味甜酸可口。

鹦 yīng 16画 鸟部 左右
鸟：鸟鸟鸟鸟鸟

[鹦鹉]yīngwǔ 鸟，上嘴钩曲，羽毛绚丽，有的种经训练以后能模仿人说话的声音，是著名的观赏鸟。

鹰 yīng 18画 广部 半包围
鸟，上嘴钩，翅膀大，性凶猛，食肉，多栖息于山林或平原地带。常见的有苍鹰、雀鹰等。

迎 yíng 7画 辶部 半包围
丿匚卬迎

❶面向对方走过去；接对方一起来▷大家~上前去｜~来送往｜~接。❷面向着；正对着▷~风飘扬｜~头赶上。☞右上

正字 饮(飲) 荫(蔭) 应(應) 莺(鶯) 婴(嬰) 缨(纓) 樱(櫻) 鹦(鸚) 鹰(鷹)

不是"卯"(mǎo)。

荧 yíng 9画 艹部 上下
火:'' 火
[荧光]yíngguāng 某些物质受光或其他射线照射时所发出的可见光▷~屏｜~光灯。☞跟"萤"不同。"荧光""荧屏"的"荧"不要写作"萤"。

盈 yíng 9画 皿部 上下
乃:乃乃
❶充满▷顾客~门｜热泪~眶｜充~。❷比原有的多出来▷~利｜~余。

莹 yíng 10画 艹部 上下
玉:三干王玉
光洁而明亮▷晶~。

萤 yíng 11画 虫部 上下
虫:口中虫
萤火虫,昆虫,黄褐色,末端有发光的器官,能发出绿光,夜间活动。

营 yíng 11画 艹部 上下
❶军营;营地▷安~扎寨｜夏令~。❷军队编制单位,在团以下,连以上。❸建造▷~造｜~建。❹经营;管理▷~业｜私~。❺谋求▷~利｜~救｜~私。

蝇 yíng 14画 虫部 左右
电:曰电
苍蝇,昆虫,幼虫叫蛆,能传播霍乱、伤寒、结核、痢疾等疾病。

赢 yíng 17画 亠部 上下
凡:几凡
❶通过经营获得利润▷~利。❷(打赌或比赛)获胜后得到(东西)(跟"输"相对,③同)▷~钱。❸获胜▷这盘棋我准~｜官司打~了。

颖 yǐng 13画 页部 左右
❶才能出众;聪明▷聪~。❷与众不同▷新~。☞左下不要写成"示"。

影 yǐng 15画 彡部 左右
❶人或物体挡住光线后投射出的黑影▷窗户上有个人~｜阴~｜皮~戏。❷人或物体在镜子、水面等反射物中显现出来的形象▷水中倒~。❸不真切的印象▷忘得连一儿都没了。❹图像;照片▷摄~｜留｜合~。❺指电影▷~院｜评｜~迷。

应 yìng 7画 广部 半包围
广:亠广
❶回答▷一呼百~｜答｜呼｜响~。❷承诺;接受▷有求必~｜~邀｜~聘｜~征。❸适应▷~时｜得心~手。❹采取措施对付、处理▷~接不暇｜~付。❺(预言、预感与后来发生

正字 荧(熒) 莹(瑩) 萤(螢) 营(營) 蝇(蠅) 赢(贏) 颖(穎) 应(應)

的事实)相符合▷今天的事可真~了|他的话|~验。

另见yīng。

映 yìng 9画 日部 左右
❶照▷朝霞~红了半边天|~入眼帘。❷因照射而显出▷亭台楼阁倒~在湖面上|影子~在墙上。❸指放映影片▷新片上~|电影已经开~|首~式。☞统读yìng,不读yāng。

硬 yìng 12画 石部 左右
❶坚固,物体受外力后不容易变形(跟"软"相对)▷花岗石很~|太~了,咬不动|~币|坚~|~邦邦。❷坚定不移;坚强有力▷~汉子|口气挺~|强~。❸表示不顾条件强做某事;勉强▷不给他,他~向我要|有病不治,~挺着|生拉~拽|~干(gàn)。❹能力强;质量好▷工夫~|货色~|过~。❺不灵活▷舌头~,发音不准|僵~。❻不可改变的▷~指标|~任务|~性规定。

yong

佣 yōng 7画 亻部 左右
❶受人雇用▷雇~。❷受人雇用的仆人▷女~。
另见yòng。

拥 yōng 8画 扌部 左右
❶搂抱▷~抱。❷围着▷前呼后~|簇~。❸聚集到一起▷人都~在门口|蜂而上|~挤。❹表示赞成并全力支持▷~政爱民|~护|~戴。☞统读yōng,不读yǒng。

庸 yōng 11画 广部 半包围
甫:甫甫甫
平常;不高明▷平~|~俗|~人|~才|~医。☞统读yōng,不读yóng。

臃 yōng 17画 月部 左右
隹:亻亻亻亻
[臃肿] yōngzhǒng 因过度肥胖或穿衣过多而转动不灵;比喻机构庞大,调度不灵▷身体~|机构~。

永 yǒng 5画 丶部 独体
丁丁亓永
长久;久远▷~不消逝|~久|~恒|~世。

咏 yǒng 8画 口部 左右
❶声调抑扬地诵读;歌唱▷吟~|歌~|~叹。❷用诗词的形式抒写▷~怀|~史|~梅。

泳 yǒng 8画 氵部 左右
游水▷游~|蛙~。

俑 yǒng 9画 亻部 左右
古代殉葬用的人形或兽形物▷兵马~。

勇 yǒng 9画 力部 上下
力:刁力
❶有胆量;在危险、困难面前不退缩▷~往直前|~敢|英~|~于认错。❷指士兵▷散兵游~。

涌 yǒng 10画 氵部 左右
❶水向上冒;液体或气体向上升腾▷泪如泉~|风起云~。❷像水升腾那样冒出或升起▷云层中~出一轮明月|敌军~上公路◇脸上~出笑容。

蛹 yǒng 13画 虫部 左右
虫:口中虫
某些昆虫由幼虫变为成虫的过渡形态。这时大多不食不动,原有的幼虫组织器官逐渐破坏,新的成虫组织器官逐渐形成,最后变为成虫。

踊 yǒng 14画 足部 左右
止:丨卜止止
向上跳;跳跃▷~跃。☞统读yǒng,不读rǒng。

用 yòng 5画 冂部 半包围
❶使用;让人或物发挥功能,为某种目的服务▷大家都~上计算机了|~法|~品。❷用处;功效▷旧报纸还有~|效~|~功。❸费用▷家~|零~。❹需要(多用于否定)▷不~帮忙,我自己能做完。❺表示动作凭借或使用的工具、手段等,相当于"拿"▷~开水沏茶|~锄头锄地|~雷锋精神教育下一代。

佣 yòng 7画 亻部 左右
佣金,做交易时付给中间人的酬金▷~钱。
另见yōng。

you

优 yōu 6画 亻部 左右
❶丰厚;充足▷待遇从~|~厚|~裕。❷厚待;优待▷拥军~属|~抚。❸好;非常好(跟"劣"相对)▷品学兼~|~点|~秀。

忧 yōu 7画 忄部 左右
❶发愁;担心▷~国~民|~伤|~虑|~愁。❷让人发愁的事▷无~无虑|分~。

哟 yōu 9画 口部 左右
❶表示惊讶▷~,饭糊了!|~,怎么停电了!❷表示突然发现或想起▷~,我的书包丢了!|~,忘带学生证了。
另见yao。

正字 踊(踴) 优(優) 忧(憂) 哟(唷)

幽

yōu 9画 山部 特殊
丨纟丝幽幽

❶昏暗▷～暗。❷深▷～谷|～深|～情。❸隐蔽的;秘密的▷～会。❹安静▷～静|～雅。☞第八画是竖折(ㄴ)。

悠

yōu 11画 心部 上下
心:忄心心

❶长久▷～久|～长|～远。❷闲适;自在▷～闲|～然。❸在空中摆动▷小猴子在树枝上～来～去|～荡。☞右上不要写成"夂"。

尤

yóu 4画 尢部 独体
一尢尤

❶格外;更加▷～为重要|～其。❷怨恨▷怨天～人。

由

yóu 5画 丨部 独体
冂由由

❶经过▷必～之路|言不～衷。❷从▷～东门入场|～南到北|～早9点到晚8点。❸归▷经费～我方提供|这件事～你负责。❹根据▷～试验结果看,效果良好|～上述史料可以作出结论|～此可见。❺原因▷原～|情～|理～|事～。❻由于▷这种病是～感冒引起的。❼顺从;听任▷身不～己|～他去吧!

邮

yóu 7画 右阝部 左右
阝:㇇阝

❶经邮电部门递送▷～封信|～去一本书|付～|～寄。❷指邮政业务▷～局|～票|～筒。❸特指邮票▷集～|～市。

犹

yóu 7画 犭部 左右
犭:ノ犭犭

❶像;如同▷虽死～生|～如。❷还;仍然▷言～在耳|记忆～新。

油

yóu 8画 氵部 左右
由:冂由由

❶动植物体内的脂肪;从地下开采出来的液态矿产品▷豆～|牛～|石～|柴～。❷用油漆或桐油涂饰▷～家具|地板刚～过|～饰。❸圆滑▷这人太～了|～腔滑调|～头滑脑。

莜

yóu 10画 艹部 上下
[莜麦]yóumài 粮食作物,很像燕麦。子粒也叫莜麦,磨成粉后可以吃。

鱿

yóu 12画 鱼部 左右
[鱿鱼]yóuyú 软体动物,形状像乌贼,生活在海洋中,可以吃。

游

yóu 12画 氵部 左右
方:亠方方

❶流动;移动▷～动|～击。❷

正字 邮(郵) 犹(猶) 鱿(魷)

友 yǒu 4画 又部 半包围
❶关系密切、有交情的人▷良师益～｜探亲访～｜朋～。❷关系好;亲近▷～好｜～善｜～爱。❸有亲近、和睦关系的▷～邦｜～军｜～邻部队。

从容行走;闲逛▷～山玩水｜云～四方｜～荡｜～览。❸玩～戏｜～玩。❹在水里行动▷鱼在河里～来～去｜畅～长江｜～泳。❺江河的一段▷上～｜下～。

有 yǒu 6画 月部 半包围
❶表示存在(跟"无"或"没"相对,②③同)▷天上～云彩｜马路上～许多汽车。❷表示领有或具有▷他家～三辆自行车｜～本领｜～罪。❸表示具有某种性质▷楼前的空地～两个篮球场么大。❹表示发生或出现▷情况～了变化｜这孩子最近～点儿低烧。❺指不确定的人或事物,跟"某"近似▷～一天你会明白的｜你不喜欢,～人喜欢。❻表示一部分▷～人爱吃甜的,～人爱吃辣的｜～地方热闹,～地方冷清。

酉 yǒu 7画 酉部 独体
冂西西西
地支的第十位。参见"支"⑦。

黝 yǒu 17画 黑部 左右
黑:冂甲黒黑

黑色▷～黑｜黑～～。☞"黑"作左偏旁时,第八画横改成提(㇀)。

又 yòu 2画 又部 独体
❶表示重复或继续▷老毛病～犯了｜装了～拆,拆了～装。❷表示几种情况同时存在▷既当爹～当妈｜天～黑,路～滑。❸表示意思上更进一层▷你很聪明,～很刻苦,一定能学好这门课｜纯而～纯。❹表示有所补充▷西服外面,～套了一件风衣。❺表示整数之外又加零数▷二～三分之一｜十小时～五分钟。☞㈠"又"和"再"都可表示重复或继续,但有不同:"又"主要指已经实现的情况,如"唱过一遍又唱一遍";"再"主要指未实现的情况,如"唱过一遍,还要再唱一遍"。㈡"又"作左偏旁时,末笔捺改写成点,如"对""劝""鸡"。

右 yòu 5画 口部 半包围
❶面朝南时靠西的一边(跟"左"相对,②同)▷向～转｜～边。❷政治上、思想上保守的▷～翼组织｜～倾。

幼 yòu 5画 幺部 左右
幺幺幻幼
❶年纪小;初生的▷年～无知｜～儿｜～苗｜～虫｜～年。❷儿

童▷男女老~|妇~保健站。
☞跟"幻"(huàn)不同。

佑 yòu 7画 亻部 左右
保护▷保~|庇~。

柚 yòu 9画 木部 左右
由:冂由由
常绿乔木,果实叫柚子,比橘子大,味酸甜,可以吃。

诱 yòu 9画 讠部 左右
乃:乃乃
❶引导;劝导▷循循善~|~导|劝~。❷用手段引对方上当▷~敌深入|引~|~惑|利~|~饵。❸引发(某种后果);导致(某事发生)▷~因|~发肠炎。

釉 yòu 12画 采部 左右
采:丷平采
釉子,涂在陶瓷半成品表面的物质,烧制后发出玻璃光泽。

yu

迂 yū 6画 辶部 半包围
❶弯;曲折▷~回|~曲。❷不合时宜,不切实际▷~腐。

淤 yū 11画 氵部 左右
方:亠方方
❶水底沉积的泥沙▷清~。❷泥沙在水底沉积▷河床逐年~高|~积|~塞(sè)。

于 yú 3画 一部 独体
❶在▷自立~世界民族之林|鲁迅逝世~1936年。❷向;对;给▷求助~大家|满足~现状|嫁祸~人。❸从;自▷毕业~著名大学|黄河发源~青海。❹表示被动▷学生队败~教工队|限~条件。❺表示"在……方面"▷勇~自我批评|忙~工作|乐~助人。❻表示方向、目标▷气候趋~寒冷|工程接近~完成|献身~科学。❼比▷轻~鸿毛|高~一切。

余 yú 7画 人部 上下
❶剩下;多出来▷除去成本,还~三万多元|~党|~毒|~粮|富~。❷(某事、某种情况)以外或以后的时间▷劳动之~|课~|痛心之~。❸整数之外的零头▷二十~人|三百~元|一千~公里。

盂 yú 8画 皿部 上下
盛液体的敞口器皿▷痰~|漱口~。

鱼 yú 8画 鱼部 独体
❶生活在水中的脊椎动物,一般身体侧扁,用鳍游泳,用鳃呼吸。种类极多,大部分可食用。❷称某些水栖动物▷鳄~|鱿~|鲸~|鲍~。☞"鱼"作左偏旁时,末笔横改写

正字 诱(誘) 余(餘) 鱼(魚)

成提(一),如"鲸""鲤""鳄"。

禺 yú 9画 丨部 独体
日月禺禺
[番禺]pānyú 见"番"。

竽 yú 9画 竹部 上下
古代乐器,像笙而稍大。

娱 yú 10画 女部 左右
女:㇄㇄女
❶快乐▷~悦|欢~|~乐。❷使快乐▷自~。☞统读yú,不读yù。

渔 yú 11画 氵部 左右
❶捕鱼▷~民|~轮。❷谋求(不该得到的东西)▷从中~利。

隅 yú 11画 左阝部 左右
角落▷城~|负~顽抗(倚靠险要的地势顽固抵抗)。☞不读ǒu。

逾 yú 12画 辶部 半包围
越过;超过▷不可~越|年~花甲(超过60岁)|~期。

渝 yú 12画 氵部 左右
❶(态度、感情等)改变▷忠贞不~。❷重庆的别称▷成~铁路。

愉 yú 12画 忄部 左右
喜悦;欢乐▷~快|~悦|欢~。☞统读yú,不读yù。

瑜 yú 13画 王部 左右
玉的光彩,比喻优点▷瑕不掩~(缺点掩盖不了优点)。

榆 yú 13画 木部 左右
落叶乔木,果实叫榆钱,木材可以制作器具或用作建筑材料。

愚 yú 13画 心部 上下
禺:日月禺禺
❶笨;傻▷~笨|~昧|~蠢。❷愚弄;欺骗▷~民政策。❸用于称自己,表示谦虚▷~见|~兄。☞统读yú,不读yū。

舆 yú 14画 八部 上下
𠂉𠂉𦥑𦥑𦥑舆
众多;众人的▷~论|~情。

与 yǔ 3画 一部 独体
一与与
❶给▷~人方便|授~|赠~。❷跟;同▷~朋友约定|~我无关。❸和▷工人~农民|教学~科研。
另见yù。

予 yǔ 4画 一部 独体
给▷~以协助|免~处分|授~。☞跟"矛"(máo)不同,由"予"构成的字有"预""舒""野"等。

屿 yǔ 6画 山部 左右
山:丨山山

正字 渔(漁) 舆(輿) 与(與) 屿(嶼)

小岛▷岛~。

宇 yǔ 6画 宀部 上下
❶房屋▷屋~|庙~|楼~。❷上下四方,无限的空间▷~宙。❸仪表;风度▷眉~器~。

羽 yǔ 6画 羽部 左右
丁丬羽羽
鸟类的毛▷~绒|~扇|~毛。

雨 yǔ 8画 雨部 独体
空气中的水蒸气遇冷变成的落向地面的水滴▷明天有~|和风细~。

禹 yǔ 9画 丿部 独体
㇏冎禹禹
传说中夏朝第一个君主,曾治理洪水。

语 yǔ 9画 讠部 左右
❶说;谈论▷自言自~|默默不~。❷说的话▷花言巧~|话~|汉~|外~。❸代替语言的动作或信号▷手~|旗~|灯~。

与 yǔ 3画 一部 独体
参加▷参~|~会代表。
另见yù。

玉 yù 5画 玉部 独体
一二干王玉
❶玉石,质地细腻、坚韧而有光泽的石头▷~器|~雕|美~。❷像玉一样晶莹、洁白和美丽▷~颜|亭亭~立。❸称对方的身体等,表示尊敬▷~体|~音|~照。

驭 yù 5画 马部 左右
驱赶车马▷驾~。

芋 yù 6画 艹部 上下
芋头,草本植物,叶子大,地下块茎也叫芋头,可以吃。

吁 yù 6画 口部 左右
为某种要求而呐喊▷呼~|~请。
另见xū。

郁 yù 8画 右阝部 左右
❶(草木)茂盛▷~~|葱~|~葱。❷香气浓▷浓~。❸(忧愁、愤怒等情绪)憋在心里,得不到发泄▷抑~|~闷|忧~。

育 yù 8画 月部 上下
❶生孩子▷生~|~节。❷养活▷~婴|~秧|封山~林|养~。❸教育;培养▷教书~人|~才。❹教育活动▷德~|体~|智~。

狱 yù 9画 犭部 左右
犭犭犭
❶官司;案件▷冤~|文字~。❷监禁罪犯的地方▷监~|出~。

正字 语(語) 与(與) 驭(馭) 吁(籲) 郁(鬱①③) 狱(獄)

峪 yù 10画 山部 左右
山：丨凵山
山谷，多用于地名▷嘉~关(在甘肃)。

浴 yù 10画 氵部 左右
洗澡▷沐~｜~池◇~血奋战。

预 yù 10画 页部 左右
❶事先▷~兆｜~祝｜~定｜~料｜~约。❷参与▷干~。☞㊀不要简化写成"予"。㊁左边是"予"，不是"矛"。

域 yù 11画 土部 左右
或：一式或或
一定范围内较大的地方▷流~｜地~｜区~｜领~。

欲 yù 11画 谷部 左右
❶想要；希望▷~罢不能(想停止，停止不了)｜畅所欲言。❷欲望，想得到某种东西或达到某种目的的愿望▷食~｜求知~｜私~。❸将要▷欣喜~狂｜摇摇~坠。

遇 yù 12画 辶部 半包围
禺：冂冃禺禺
❶偶然见到；碰到▷在街上~见一个朋友｜百年不~｜~难(nàn)｜遭~。❷对待▷礼~｜待~。❸机会▷机~｜际~。

喻 yù 12画 口部 左右
❶说明；开导▷~之以理(用道理开导他)｜不可理~(很难用道理说服)。❷明白；了解▷不言而~｜家~户晓。❸打比方▷比~｜明~｜暗~。

御 yù 12画 彳部 左右
缶：午午缶
❶指同帝王有关的▷~驾｜医~｜~赐。❷抵挡；抵抗▷~敌｜~寒防~｜~抵。

寓 yù 12画 宀部 上下
禺：冂冃禺禺
❶居住▷~居｜~所。❷住处▷公~。❸寄托或隐含(在事物中)▷~意。

裕 yù 12画 衤部 左右
财物多；充足▷富~｜充~｜宽~。

愈 yù 13画 心部 上下
心：心心心
❶越▷~战~勇。❷病好了▷病~｜痊~｜~合。

誉 yù 13画 言部 上下
❶称赞；表扬▷称~｜赞~。❷名声；特指好名声▷名~｜~满全球｜声~｜信~。

豫 yù 15画 夂部 左右
河南的别称▷~剧。☞左边是"予"，不是"矛"。

正字 预(預) 誉(譽)

yuan

鸳 yuān 10画 鸟部 上下
[鸳鸯]yuānyāng 鸟，像野鸭而略小，善游泳，雌雄成对生活。

冤 yuān 10画 冖部 上下
冤：冖冄免冤
❶受屈；使人受屈▷～案｜～情｜～枉｜～屈。❷冤仇；仇恨▷～～相报｜～家。❸不合算▷这钱花得真～。☞上边不要写成"宀"，下边不要写成"免"。

渊 yuān 11画 氵部 左右
氵渊渊
❶深潭；深池▷万丈深～｜天～之别。❷深▷～深｜～博。

元 yuán 4画 一部 独体
❶为首的▷～首｜～帅｜～勋｜～老。❷开头的▷～旦｜～年。❸主要；基本▷～素｜～音。❹同"圆"⑤⑥。☞作为货币单位，在正式场合应写作"圆"。

园 yuán 7画 囗部 包围
❶种植蔬菜、花果、树木的地方▷菜～子｜花～｜果～｜～艺。❷游览娱乐的场所▷游乐～｜动物～｜公～｜戏～。☞跟"圆"不同。

员 yuán 7画 口部 上下
❶从事某种职业或担当某种任务的人▷官～｜职～｜雇～｜指挥～｜教～｜学～。❷团体或组织中的成员▷会～｜党～｜团～｜队～｜组～。❸量词，多用于武将▷十～大将。

袁 yuán 10画 土部 上下
姓。

原 yuán 10画 厂部 半包围
❶开始的；最初的▷～始｜～人｜～生林。❷没有加工的▷～粮｜～盐｜～料｜～型｜～稿。❸本来的；没有改变的▷～封不动｜～班人马｜～籍｜～价｜～意。❹宽容；谅解▷情有可～｜～谅。❺平坦而广阔的地面▷星星之火，可以燎～｜野｜平～。

圆 yuán 10画 囗部 包围
❶从中心点到周边任何一点的距离完全相等的图形▷画一个～｜～心｜～周。❷圆形的▷～桌｜～柱｜～～的脸盘。❸完备；周全▷把话说～了｜满。❹使周全；掩盖或弥补漏洞▷自～其说｜～谎｜～场。❺圆形的金属货币▷银～｜铜～。也作元。❻中国的本位货币单位，10角为1圆。在非正式场合可以写作"元"。☞不要简化

正字 鸳(鴛) 渊(淵) 园(園) 员(員) 圆(圓)

写成"园"。

援 yuán 12画 扌部 左右
爱：⺍⺍⺍⺍严爱
❶用手牵引▷攀~。❷引用▷~引|~用|~例。❸帮助；救助▷~助|支~|声~|救~。

缘 yuán 12画 纟部 左右
❶原因▷无~无故|~由|~故。❷缘分▷一生跟文学无~|姻~。❸边▷边~。

猿 yuán 13画 犭部 左右
犭：ノ犭犭
哺乳动物，比猴大，没有尾巴，生活在森林中。种类很多，有大猩猩、黑猩猩、猩猩和长臂猿等，是除人以外最高级的动物。

源 yuán 13画 氵部 左右
❶水流开始的地方▷~远流长|饮水思~|水~|~头。❷来源；根源▷财~|货~|能~。

辕 yuán 14画 车部 左右
车前部驾牲畜的两根直木▷驾~|~马|车~。

远 yuǎn 7画 辶部 半包围
❶空间或时间的距离长（跟"近"相对）▷路很~|不~的将来|遥~。❷关系不密切▷~亲|~房|疏~。❸差距大▷差(chà)~了|~不如他。

怨 yuàn 9画 心部 上下
心：亠心心心
❶对人或事极度不满或仇恨▷~气|~恨|恩~|积~。❷责怪▷这事不能~你|任劳任~（不辞劳苦，不怕埋怨）。☞右上不是"巳"。

院 yuàn 9画 左阝部 左右
阝：了阝
❶房屋和它周围用墙或栅栏等围起来的空间▷我们~住着五户人家|深宅大~|四合~|大杂~。❷房前屋后围起来的空地▷~里种着花草|庭~。❸某些机关或公共场所的名称▷国务~|法~|保育~|电影~。❹特指医院或学院▷住~|高等~校。

愿 yuàn 14画 厂部 半包围
❶愿望▷如~以偿（愿望得到满足）|心~|志~。❷乐意；愿意▷他很~帮忙|不~出力|甘~|情~。❸迷信的人向神佛祈祷时许下的酬谢心愿▷许~|还~。

yue

约 yuē 6画 纟部 左右
❶限制▷~束|制~。❷事先说定；邀请▷她俩~好九点见面|~定|预~|特~代表。

正字 缘(緣) 辕(轅) 远(遠) 约(約)

❸事先说定的事;共同遵守的条款▷有~在先|失~|条~|公~。❹节俭▷节~|俭~。❺大概;大约▷年~七十|亩产~七百斤。

另见yāo。

月 yuè 4画 月部 独体
❶月亮▷花好~圆|~光|新~。❷计时单位,一年分为12个月。❸每个月的▷~报表|~刊|~薪|~息。❹像月亮那样圆的▷~琴|~饼。☞"月"作左偏旁时,字形不变;在字的下部时,要改写成"⺼",如"肩""背""肾"。

乐 yuè 5画 丿部 独体
音乐▷奏~|~曲|~队。
另见lè。

岳 yuè 8画 山部 上下
丘:ノ厂斤斤
❶高山▷五~(我国的五大名山)|山~。❷称妻子的父母▷~父|~母。

阅 yuè 10画 门部 半包围
门:丶门门
❶查看;视察▷检~|~兵。❷看(文字)▷~览|~读|~卷。❸经历▷~历。

悦 yuè 10画 忄部 左右
❶欢乐;欣喜▷心~诚服|和颜~色|喜~|欢~。❷使人愉快▷~目(好看)|~耳(好听)。

跃 yuè 11画 足部 左右
跳▷跳~|~进|~居第一。☞㈠统读yuè,不读yào。㈡右边不要写成"天"。

越 yuè 12画 走部 半包围
戉:一厂戈戉戉
❶跨过;经过▷翻山~岭|跨~|穿~国境|~冬。❷超出(范围)▷~权|~级|~界。❸超出或胜过一般的▷卓~|优~。❹"越……越……"表示程度随着情况的发展而发展;"越来越……"表示程度随着时间的推移而发展▷你~说,他~不听|~跑~快|天气~来~热。❺指浙江东部▷~剧。☞右上不要写成"戊"。

粤 yuè 12画 丿部 上下
米:丶丷半米
广东的别称▷~剧|~菜。☞上边是"囟",不是"囱"。

yun

晕 yūn 10画 日部 上下
车:一七车车
❶头脑昏乱▷头~|~头~脑。❷昏迷;失去知觉▷突然~过去了|~倒在地。☞不读hūn。

正字 乐(樂) 阅(閱) 跃(躍) 晕(暈)

另见yùn。

云 yún 4画 厶部 上下
❶说▷人~亦~|不知所~(不知道说什么)。❷成团地聚集并飘浮在空中的细微水滴或冰晶▷随风飘来一片|白~|~雾。❸指云南▷~贵高原。

匀 yún 4画 勹部 半包围
 勹匀
❶平均;均匀▷种子撒得很~|鸡蛋大小不~|~称(chèn)。❷使均匀▷把这两袋米一一|把每份菜再~~。❸分出一部分给别人或用在别处▷一间屋子给客人休息|一直~不出工夫。☞"勹"里边不要写成两点。

纭 yún 7画 纟部 左右
[纷纭]fēnyún(言论、事情)多而杂乱▷众说~|头绪~。

耘 yún 10画 耒部 左右
除去田里的杂草▷~田|耕~。

允 yǔn 4画 厶部 上下
❶答应;许可▷应~|~许。❷公平;恰当▷公~|~当。☞不读rǔn。

陨 yǔn 9画 左阝部 左右
从高空坠落▷~落|~石。

孕 yùn 5画 子部 上下
 乃:乃乃
❶怀胎▷~妇|~育。❷胎儿▷她有了|怀~。

运 yùn 7画 辶部 半包围
❶移动▷~动|~行|~转。❷搬运;运送▷把货~走|~煤|空~|~输。❸使用▷~笔|~用。❹命运,人的生死、祸福等遭遇▷时来~转|~气。

晕 yùn 10画 日部 上下
❶日月周围的光圈▷日~|月~。❷(外在因素)使眩晕(yūn)▷我一坐汽车就~|眼~|~船|~场|~针。
另见yūn。

酝 yùn 11画 酉部 左右
 酉:冂西西酉
酿酒▷~酿(比喻做准备)。☞统读yùn,不读yūn。

韵 yùn 13画 音部 左右
❶韵母,汉语音节中声母、声调以外的部分;特指文学作品中的押韵▷标上这个字的声、~、调|这首诗押什么~?|~文。❷情趣;风度▷~味|风~。

蕴 yùn 15画 艹部 上下
包藏;包含▷~藏|~含。

正字 云(雲)❷❸ 纭(紜) 陨(隕) 运(運) 晕(暈) 酝(醞) 蕴(蘊)

Z

za

扎 zā 4画 扌部 左右
绑;束▷把裤腿~上|捆~|绑~。
另见 zhā;zhá。

咂 zā 8画 口部 左右
❶用嘴吸▷~一口酒|~奶。❷少尝一点,仔细辨别▷~滋味。

杂 zá 6画 木部 上下
九;丿九
❶不纯;多种多样▷这院里住的人很~|~物|~乱|复~。❷混在一起▷大米里~有少量种子|夹~|混~。❸正项以外的;非正规的▷~费|~项|~牌军。☞上边不是"丸"。

砸 zá 10画 石部 左右
匝:帀匝
❶重物落在物体上;用重物撞击▷房子塌了,~伤了两个人|~核桃|~地基。❷打坏;捣毁▷杯子~了|戏园子让流氓给

~了。❸事情做坏或失败▷戏唱~了|考~了。

zai

灾 zāi 7画 宀部 上下
火:丷火
❶自然的或人为的祸害▷水~|火~|~难|救~。❷个人遇到的灾祸▷招~惹祸|没~没病。

栽 zāi 10画 木部 半包围
十丰耒栽栽
❶种植▷沿公路~了两行树|~花|~培|移~。❷供移植的植物幼苗▷花~子|柳~子。❸硬加上▷~上了罪名|~赃。❹头朝下跌倒▷一头~到地上|~跟头|~倒。☞跟"裁"(cái)不同。

仔 zǎi 5画 亻部 左右
某些地方指从事某种职业的年轻人(多指男性,常有轻视义)▷马~|打工~。
另见 zǐ。

正字 杂(雜)

载 zǎi 10画 车部 半包围
车：一ナ左车

❶年▷一年半~|千~难逢。❷把事情记录下来;刊登▷~入史册|登~|转~|连~。☞表示以上意义时不读zài。

另见zài。

宰 zǎi 10画 宀部 上下

❶杀(牲畜)▷杀猪~羊|屠~。❷古代官名▷~相。❸主管;主持▷主~。

再 zài 6画 一部 独体
丌丙再再

❶表示又一次▷学习,学习,~学习|~唱一遍|一拖~拖。❷表示动作将在一段时间后出现▷今天就讲到这儿,下次~接着讲|~见。❸表示动作将在另一动作结束后出现▷吃完饭~去也不迟|养好伤~回部队。❹更;更加▷字写小了,还要大些|困难~多也不怕。☞跟"在"意义、用法都不同。

在 zài 6画 土部 半包围
一ナ才在

❶存在;生存▷人~阵地~|青春长~|父母健~|~世。❷(人或事物)处于某个地点或位置▷他不~教室里,回家了|菜~冰箱里呢|~场|~座|~职。❸在于;取决于▷事~人为|贵

~坚持。❹正在▷他~看书|火车~飞奔。❺表示动作行为的时间、范围、条件等▷列车~夜间到达|掉~水里|~工作上认真负责|~教师的指导下,把作文重写了一遍。

载 zài 10画 车部 半包围
十车车载载载

❶用运输工具装▷这辆卡车能~四吨|~客|~重|装~。❷充满(道路)▷怨声~道。❸叠用,相当于"一边……一边……"▷~歌~舞。☞表示以上意义时不读zǎi。

另见zǎi。

zan

咱 zán 9画 口部 左右

❶称说话人和听话人双方,相当于"咱们"▷为~中国人争光|~班|~俩。❷说话人称自己,相当于"我"▷~不认识你|这个理~懂。☞统读zán,不读zá。

攒 zǎn 19画 扌部 左右
先：ノ├─牛先

积累;储蓄▷~钱买房子|这笔钱我给你~着|积~。

另见cuán。

暂 zàn 12画 日部 上下
车：一ナ左车

❶不久;时间短(跟"久"相对)▷短～｜～时。**❷**表示在短时间之内▷～缓办理｜～不实行。☞统读zàn,不读zhàn或zǎn。

赞 zàn 16画 贝部 上下
❶帮助;支持▷～助｜～同｜～成。**❷**称颂;颂扬▷～不绝口｜～扬｜～美｜称～。

zang

赃 zāng 10画 贝部 左右
庄:⺁广庄庄
贪污、受贿或盗窃等所得的财物▷贪～枉法｜销～｜退～｜～物｜～款。☞右下角是"土",不带点。

脏 zāng 10画 月部 左右
有污垢;不干净▷衣服～了｜～东西◇说话不带～字。
另见zàng。

脏 zàng 10画 月部 左右
❶中医称心、肝、脾、肺、肾为脏▷五～六腑｜～腑。**❷**人和某些动物胸腔和腹腔内器官的名称▷内～｜～器｜肝～｜心～。
另见zāng。

葬 zàng 12画 艹部 上下
❶掩埋人的尸体▷埋～｜丧～◇～送。**❷**泛指处理人的尸体▷火～。

藏 zàng 17画 艹部 上下
藏:⺁广疒藏
❶储存大量东西的地方▷宝～。**❷**指西藏▷青～高原｜香～｜～红花。**❸**指藏族▷～医｜～药｜～历。☞"宝藏"(zàng)"矿藏"(cáng)读音不同。
另见cáng。

zao

遭 zāo 14画 辶部 半包围
❶碰到(多指不幸的事)▷惨～｜～杀害｜～灾｜～罪｜～遇。**❷**周;圈(quān)▷围着操场跑了两～｜用绳子绕了好几～。**❸**回;次▷一～生,两～熟。

糟 zāo 17画 米部 左右
❶酿酒剩下的渣子▷酒～｜～糠。**❷**用酒或酒糟腌制食物▷～肉｜～鸭｜～蛋。**❸**朽烂;不结实▷房梁全～了｜～木头。**❹**(事情或情况)不好▷生意越来越～｜身体～透了｜一团～。

凿 záo 12画 业部 上下
⺊⺍半凿
❶凿子,挖槽或穿孔的工具。**❷**打孔▷～个眼儿｜～冰。**❸**挖▷～井｜开～运河。**❹**明确;真实▷证据确～。☞㊀统读

正字 赃(贓) 脏zang(髒) 脏zàng(臟) 凿(鑿)

záo，不读 zuò。㈢下边中间是"羊"，不是"羊"。

早 zǎo 6画 日部 上下
❶早晨，日出前后的一段时间▷从～到晚｜清～｜～饭｜～市｜～操。❷比某一时间靠前；时间靠前的▷他走得比我～｜能～两天来更好｜～期｜～春｜～稻。❸表示很久以前▷问题～解决了｜我～就知道。❹早晨见面时互相问候的话▷老师～！

枣 zǎo 8画 一部 上下
朿：一丌朿
枣树，落叶乔木，果实也叫枣，椭圆形，暗红色，味甜，可以吃。☞上边不要写成"朿"。

蚤 zǎo 9画 虫部 上下
叉：又叉
跳蚤，昆虫，善于跳跃，寄生在人和动物身上，吸食血液，能传播疾病。☞上边是"又"字中间加一点。由"蚤"构成的字有"搔""骚"等。

澡 zǎo 16画 氵部 左右
洗（身体）▷洗～｜～堂子｜搓～。

藻 zǎo 19画 艹部 上下
❶藻类植物，生活在水里，没有根、茎、叶的区别，主要有红藻、绿藻、蓝藻、褐藻等。❷华丽的文词▷词～｜～饰。

皂 zào 7画 白部 上下
❶黑色▷不分青红～白。❷某些有洗涤去污作用的日用品▷肥～｜香～｜药～。☞下边是"七"，不是"匕"。

灶 zào 7画 火部 左右
❶烧火做饭的设备▷炉～｜煤气～｜砌～。❷指厨房▷下～。

造 zào 10画 辶部 半包围
❶做；制作▷～船｜～纸｜～预算｜～句｜制～｜创～。❷虚构；瞎编▷～谣言｜捏～｜编～。❸到；去▷登峰～极｜～访。❹培养▷深～｜～就。

噪 zào 16画 口部 左右
❶大声叫嚷▷鼓～。❷（声音）杂乱刺耳▷～音。

燥 zào 17画 火部 左右
干；干热▷口干舌～｜～热｜干～。

躁 zào 20画 足部 左右
足：口口口足
性情急；不冷静▷性子太～｜戒骄戒～｜急～｜烦～。☞"燥"指缺少水分，"躁"指性情急躁，不能混用。

ze

则 zé 6画 贝部 左右
❶规章;条文▷规~|法~|细~。❷榜样;规范▷以身作~。❸量词,用于较短的文章▷笑话五~|新闻三~。❹就▷穷~思变|欲速~不达。❺却▷说的是一套,做的~是另一套。

责 zé 8画 贝部 上下
丰:一キ主
❶要求▷~人要宽,~己要严|~成|~令。❷批评指责▷怪~|骂~|斥~|谴~。❸质问▷~问。❹责任,应完成的任务或应承担的过失▷人人有~|负~|罪~。

择 zé 8画 扌部 左右
挑选;挑拣▷不~手段|~优录取|选~。☞右下不是"丰"。
另见 zhái。

泽 zé 8画 氵部 左右
❶积水的低地▷沼~|草~|深山大~。❷湿润▷~。❸恩惠▷恩~。❹物体表面反射出来的光▷光~|色~。

啧 zé 11画 口部 左右
[啧啧]zézé 拟声词,模拟咂嘴的声音▷~称赞。

zei

贼 zéi 10画 贝部 左右
戎:一ナ戎戎
❶偷窃财物的人▷做~心虚|盗~|窃~。❷危害人民和国家的人▷独夫民~|奸~|卖国~。❸邪恶的▷~头~脑|~眉鼠眼|~心~眼。☞统读 zéi,不读 zé。

zen

怎 zěn 9画 心部 上下
乍:一广个乍
怎么,表疑问▷你~能这么干?|他~不早点儿来?

zeng

曾 zēng 12画 日部 上下
户兴兴曾
相隔两代的(亲属关系)▷~祖父|~孙。☞中间不要写成"田"。由"曾"构成的字有"增""憎""赠"等。
另见 céng。

增 zēng 15画 土部 左右
加多;添加(跟"减"相对)▷干劲倍~|为国~光|~加|~产|~援。

正字 则(則) 责(責) 择(擇) 泽(澤) 啧(嘖) 贼(賊)

憎 zēng 15画 忄部 左右
厌恶(wù);痛恨 ▷面目可~|爱~分明|~恨|~恶(wù)。☞统读zēng,不读zèng。

赠 zèng 16画 贝部 左右
把东西无偿地送给别人 ▷~送|~阅|~品|捐~。

zha

扎 zhā 4画 扌部 左右
❶刺 ▷布太厚,怎么也~不透|~手|~针。❷钻入 ▷一头~到水里|~猛子。❸(军队)在某地住下 ▷部队~在城外|驻~|屯~。☞表示以上意义时不读zhá。
另见zā;zhá。

查 zhā 9画 木部 上下
姓。
另见chá。

喳 zhā 12画 口部 左右
拟声词,模拟鸟叫的声音 ▷小鸟~~叫。
另见chā。

渣 zhā 12画 氵部 左右
❶提炼出精华或汁液后剩下的东西 ▷豆腐~|油~|药~。❷碎屑 ▷点心~儿|馒头~儿。

楂 zhā 13画 木部 左右
[山楂] shānzhā 落叶乔木,果实也叫山楂,小球形,深红色,味酸,可以吃,也可以做药材。

扎 zhá 4画 扌部 左右
[挣扎] zhēngzhá 见"挣"。
另见zā;zhā。

轧 zhá 5画 车部 左右
车:一ナ左车车
意思跟"轧"(yà)相同,用于"轧钢""轧钢机"等词。
另见yà。

闸 zhá 8画 门部 半包围
门:丶门门
❶一种可以开关的用来调节水流量的设施 ▷堤坝上有一道~|~门|水~。❷用闸或其他东西把水截住 ▷水流太急,怎么也~不住。❸使运输工具、机器等减速或停止运动的装置 ▷捏~|刹~|电~。

炸 zhá 9画 火部 左右
乍:丿一个乍
把食物放在煮沸的油或水里使熟 ▷~油条|~鱼|把芹菜~一下。
另见zhà。

铡 zhá 11画 钅部 左右
钅:丿𠂉𠂊𠂊钅
❶铡刀,切草等的器具,刀的一

眨 zhǎ 9画 目部 左右
眼皮迅速地一闭一开▷~了~眼｜一~眼的工夫。☞㊀跟"眨"(biǎn)不同。㊁不读fàn。

乍 zhà 5画 丿部 独体
𠂉𠂉乍
❶忽然▷~冷~热。❷刚刚；起初▷新来~到｜一~一看还认不出来。

诈 zhà 7画 讠部 左右
❶欺骗▷兵不厌~｜~财｜~骗。❷假装；冒充▷~降｜~死。

栅 zhà 9画 木部 左右
册：册册
用竹、木、铁条等做成的围栏▷~栏(zhàlán)｜木~｜铁~。

炸 zhà 9画 火部 左右
❶突然爆裂▷暖瓶~了｜爆~。❷用炸药、炸弹爆破▷房子被~塌了｜轰~。
另见 zhá。

榨 zhà 14画 木部 左右
❶挤压出物体中汁液的器具▷油~｜酒~。❷挤压出物体中的汁液▷~甘蔗｜~油。

zhai

斋 zhāi 10画 文部 上下
❶房屋，多用作书房、商店等的名称▷书~｜荣宝~。❷信仰佛教、道教的人所吃的素食▷吃~信佛。

摘 zhāi 14画 扌部 左右
❶采下；取下▷~苹果｜~眼镜｜采~。❷选取▷~录｜~要｜文~。❸斥责▷指~。☞㊀统读 zhāi，不读 zhé 或 zhái。㊁右边不要写成"商"。

宅 zhái 6画 宀部 上下
住所▷住~｜~院｜赵~。☞下边第一画是撇不是横。

择 zhái 8画 扌部 左右
意思跟"择"(zé)相同，用于口语▷~韭菜｜毛线乱了，~不开。☞右下不是"丰"。
另见 zé。

窄 zhǎi 10画 穴部 上下
❶狭小；不宽(跟"宽"相对)▷马路太~｜布面~了点｜狭~。❷(心胸)不开阔；(气量)小▷心眼儿~。

债 zhài 10画 亻部 左右
所欠下的钱财▷欠了一身~｜讨~｜还~｜公~◇血~。

正字 诈(詐) 斋(齋) 择(擇) 债(債)

寨占沾毡粘瞻斩盏展崭辗占 zhài–zhàn

寨 zhài 14画 宀部 上下
𡨄：二丗𡨄
❶旧时的军营；营房▷安营扎~营~。❷四周有栅栏或围墙的村子▷~子|村村~~。

zhan

占 zhān 5画 卜部 上下
用铜钱、竹签等预测祸福的迷信行为▷~卦|~卜。
另见 zhàn。

沾 zhān 8画 氵部 左右
❶浸湿；浸润▷泪水~湿衣襟。❷因某种关系而受到好处▷利益均~|~光。❸因接触而被附着上▷衣服上~了许多土|伤口不能~水。❹接触；染上▷烟酒不~|~染。

毡 zhān 9画 毛部 半包围
毡子，用羊毛等压制成的片状物▷~帽|~垫。

粘 zhān 11画 米部 左右
❶黏的东西紧贴在别的物体上；两个东西紧贴在一起▷锅巴~在锅底上|~连。❷用黏性物把东西连接起来▷折扇破了，~一~还能用|~贴。

瞻 zhān 18画 目部 左右
向上看或向前看▷高~远瞩|~前顾后|~仰。

斩 zhǎn 8画 车部 左右
砍；砍断▷~草除根|~钉截铁|快刀~乱麻。

盏 zhǎn 10画 皿部 上下
戋：二𢦏戋戋
❶小而浅的杯子▷酒~。❷量词，用于灯▷两~灯|明灯万~。☞上边不要写成"戈"。

展 zhǎn 10画 尸部 半包围
䒑：丗芇芇䒑
❶张开；放开▷~翅高飞|愁眉不~|伸~|~开。❷扩大▷扩~|~宽。❸放宽（期限）▷~期|~缓。❹陈列出来供人看▷~览|~销|画~。❺施展▷大~宏图|一筹莫~（一点办法也想不出来）。

崭 zhǎn 11画 山部 上下
山：|凵山
❶高；突出▷~露头角（比喻第一次突出地显示出才能和本领）。❷很▷~新。

辗 zhǎn 14画 车部 左右
车：一𠂉车车
[辗转]zhǎnzhuǎn ❶躺在床上翻来覆去▷~不眠。❷中间经过许多人或许多地方▷~相告|~各地。

占 zhàn 5画 卜部 上下
❶用强力或其他不正当

正字 毡(氈) 斩(斬) 盏(盞) 崭(嶄) 辗(輾)

手段取得并据有▷家乡被敌人～了｜霸～｜～领｜～便宜。❷拥有;占用▷杂志把书架都～满了｜工厂～地三百多亩。❸处于(某种地位);属于(某种情况)▷～上风｜～多数。

另见zhān。

栈 zhàn 9画 木部 左右
❶栈道,在悬崖绝壁上凿孔支架木桩,铺上木板而成的小路。❷堆放货物或留宿客商的处所▷货～｜客～。

战 zhàn 9画 戈部 左右
戈:一七戈戈
❶打仗▷～斗｜～争｜作～｜～胜。❷泛指争胜负、比高低▷～天斗地｜论～｜商～。❸发抖▷胆～心惊｜～～兢兢｜冷得直打～｜～栗｜～抖。

站 zhàn 10画 立部 左右
❶直立▷有人坐着,有人～着｜～岗｜～立。❷停下;停留▷不怕慢,只怕～｜～住,给我回来!❸交通线上设置的固定停车地点▷火车～｜北京～｜终点～。❹为开展某项工作而建立的工作点▷兵～｜保健～｜气象～。

绽 zhàn 11画 纟部 左右
开裂▷皮开肉～｜开～｜～裂。☞不读dìng。

湛 zhàn 12画 氵部 左右
甚:艹其其其
❶(学识等)深▷精～。❷清澈▷～蓝的天空。

颤 zhàn 19画 页部 左右
同"战"❸。现在通常写作"战"。

另见chàn。

蘸 zhàn 22画 艹部 上下
把东西放在液体、粉末状或糊状物里沾一下就拿出来▷～墨水｜～白糖｜～果酱。

zhang

张 zhāng 7画 弓部 左右
❶打开;展开▷～开翅膀｜～大嘴｜～牙舞爪。❷扩大;夸大▷扩～｜夸～｜伸～。❸陈设;布置▷～灯结彩｜～贴｜铺～。❹看;望▷～望｜东～西望。❺量词,主要用于带有平面的东西▷一～纸｜一～桌子｜两～烙饼。

章 zhāng 11画 立部 上下
❶法规;规程▷党～｜规～｜简～。❷条目;条款▷约法三～。❸乐曲诗文的段落▷乐～｜篇～｜～节。❹条理▷杂乱无～。❺身上佩戴的标志▷勋～｜肩～｜徽～｜证～。❻图章

正字 栈(棧) 战(戰) 绽(綻) 颤(顫) 张(張)

▷盖~|印~|公~。

彰 zhāng 14画 彡部 左右
❶非常明显；容易看清楚▷罪恶昭~|~明。❷宣扬▷表~。

璋 zhāng 15画 王部 左右
古代一种玉器。

樟 zhāng 15画 木部 左右
樟树，常绿乔木，全株有香气，枝叶可提取樟脑和樟油，木材做家具能防虫蛀。

长 zhǎng 4画 长部 独体
ノ 一 七 长
❶生；发育▷果树~虫子了|儿女都~大了|生~|成~。❷年纪大；辈分高；排行第一▷年~|~辈|~子。❸年龄大或辈分高的人▷师~|兄~。❹领导者；负责人▷首~|~官|局~。❺增进；增强（用于抽象事物）▷~知识|~力气|助~|滋~|增~。☞右下捺上不要加撇。由"长"构成的字有"张""涨""胀""帐""账"等。

另见cháng。

涨 zhǎng 10画 氵部 左右
弓：ㄱ ㄢ 弓
（水位、物价等）上升▷河水又~了|行市看~|飞~。

掌 zhǎng 12画 手部 上下
ㄚ ㄚ ㄚ ㄚ ㄚ
❶手的里面▷摩拳擦~|鼓~。❷用手掌打▷~嘴。❸用手拿着▷~灯|~旗。❹主持▷~印|~权|~管|执~。❺人或某些动物脚的底面▷脚~|熊~|鸭~。❻钉或缝在鞋底前后的皮子或橡胶等▷给这双鞋钉个~儿|前~|后~。❼钉在马、驴、骡蹄子底下的U形铁▷钉~|马~。

丈 zhàng 3画 一部 独体
一 ナ 丈
❶市制长度单位，10尺为1丈，1丈等于3.3333米。❷测量（土地）▷~地|~量(liáng)。❸指丈夫▷姑~|妹~。❹对长辈或老年男子的尊称▷岳~（岳父）|老~。

仗 zhàng 5画 亻部 左右
❶刀、戟等兵器▷明火执~|仪~。❷拿着（兵器）▷~剑。❸依赖；倚靠▷这事全~着乡亲们了|~势欺人|狗~人势|依~。❹战斗；战争▷打了三年~|胜~|硬~。

杖 zhàng 7画 木部 左右
❶走路时拄的棍子▷拐~|手~。❷指棍棒▷拿刀动~。

帐 zhàng 7画 巾部 左右
巾：｜冂巾
用纱、布等制成的有遮蔽作用的东西▷蚊～｜幔～｜～篷。

账 zhàng 8画 贝部 左右
❶财物出入的记载▷记～｜～目｜结～。❷债▷借欠～｜还～。☞表示以上意义时不能写成"帐"。

胀 zhàng 8画 月部 左右
❶体积变大▷膨～｜热～冷缩。❷身体里一种膨胀的感觉▷肚子～｜头昏脑～。

障 zhàng 13画 左阝部 左右
❶阻隔；遮蔽▷～碍｜保～。❷用来阻隔、遮蔽的东西▷路～｜屏～。☞不读zhāng。

zhao

招 zhāo 8画 扌部 左右
刀：丿刀
❶打手势叫人来▷～手｜～呼。❷用广告或通知的方式使人来▷～聘｜～考｜～生｜～领。❸引来（某种结果或反应）▷～蚊子｜～灾惹祸｜～人讨厌｜～人喜欢。❹招惹，用言语和行动触动对方▷他这阵子心烦，别～他。❺承认罪行▷不打自～｜～供｜～认。❻计策；手段▷绝～儿｜高～｜耍花～。

昭 zhāo 9画 日部 左右
明白；明显▷～示｜～告｜～著｜～彰。

着 zhāo 11画 羊部 上下
䒑芈着
下棋时走一步叫一着，武术上一个动作叫一着▷看棋别支｜～～一式都见功夫｜～数｜～法。
另见zháo；zhe；zhuó。

朝 zhāo 12画 卓部 左右
❶早晨；清早▷～思暮想｜～阳｜～夕。❷日；天▷有一日｜今～。
另见cháo。

着 zháo 11画 羊部 上下
❶挨；接触▷上不～天，下不～地｜脚疼得不敢～地。❷受到（某种侵袭）；进入（某种状态）▷～凉｜～魔｜～急｜～慌｜～迷。❸表示动作有了结果或达到了目的▷睡～了｜猜～了｜点～了｜找不～。❹进入睡眠状态▷一挨枕头就～了。❺燃烧；（灯）发光▷干柴一点就～｜屋里还～着（zhe）灯。
另见zhāo；zhe；zhuó。

正字 帐(帳) 账(賬) 胀(脹)

爪 zhǎo 4画 爪部 独体
爪：丿爪爪爪
鸟兽的有尖甲的脚,也指尖利的趾甲▷鹰~|虎~|张牙舞~|~牙。
另见 zhuǎ。

找 zhǎo 7画 扌部 左右
戈：一七戈戈
❶寻回(丢失的东西);寻求所需的(人或物)▷丢失的钥匙~到了|~个朋友|~资料。❷退还多收的部分;补上不足的部分▷~您5元|差多少明天~齐|~钱|~零。

沼 zhǎo 8画 氵部 左右
水池▷池~|~泽。☛统读 zhǎo,不读 zhāo 或 zhào。

召 zhào 5画 刀部 上下
刀：丁刀
呼唤;叫人来▷号~|~见|~唤|~集|~开会议。☛统读 zhào,不读 zhāo。

兆 zhào 6画 丿部 左右
丿丬儿兆
❶事物发生前出现的迹象▷吉~|不祥之~|预~|征~。❷预先显示▷瑞雪~丰年。❸数字,一百万。

赵 zhào 9画 走部 半包围
走：土丰走
赵(趙)

姓。

照 zhào 13画 灬部 上下
❶光射到物体上▷灯光~得屋里亮堂堂的|阳光普~|~耀|~射。❷对着镜子等看自己的影子▷~镜子|衣柜漆得很亮,同镜子一样能~见人影。❸察看;查对▷对~|查~。❹看顾;看管▷~顾|~料|~管|~应。❺拍摄▷~了一张相片|~相。❻相片▷遗~|近~。❼主管机关所发的凭证▷到工商局去办个~|车~|执~|护~。❽遵照;按照▷~计划执行|~章办事。❾对着;朝着▷~脸上一拳打过去|~着目标前进。

罩 zhào 13画 罒部 上下
❶某些遮在外面的东西▷灯~|口~|胸~|被~。❷覆盖;套在外面▷拿玻璃罩把闹钟~住|外面~了一件白大褂|笼(lǒng)~。

肇 zhào 14画 聿部 上下
聿：彐聿
引起▷~事。

zhe

折 zhē 7画 扌部 左右
斤：厂斤斤
❶翻转▷~了几个跟头|~腾

❷倾倒(dào)▷把剩菜都~到盆里。☞跟"拆"(chāi)不同。
另见shé;zhé。

蜇 zhē 13画 虫部 上下
虫:口中虫
有毒刺的昆虫刺人或牲畜▷马蜂~人|被蝎子~了。
另见zhé。

遮 zhē 14画 辶部 半包围
庶:广庄庶
❶挡住▷月亮被乌云~住了|拿把伞~~阳光|~天蔽日。❷掩盖▷~人耳目|~羞|~掩。☞统读zhē,不读zhě。

折 zhé 7画 扌部 左右
❶断;弄断▷骨~|攀~|~断。❷挫败;损失▷挫~|百~不挠|损兵~将。❸打折扣,按原价减去若干成▷不~不扣|七~八扣|打五~。❹弯;曲▷曲~|周~。❺返回;改变方向▷走到半路,又~回来|转~|~射。❻汉字的笔画,形状是"乛"等。❼翻转物体的一部分,使同另一部分紧贴在一起▷~扇|~尺|~叠|~纸。❽折子,用纸折叠或订成的小册子▷奏~|存~。❾按一定的比价或单位换算▷~价|~算|~合。☞跟"拆"(chāi)不同。
另见shé;zhē。

哲 zhé 10画 口部 上下
❶明智;智慧超群▷明~|~人。❷智慧超群的人▷先~(先,已经死去的)。

蜇 zhé 13画 虫部 上下
[海蜇]hǎizhé 生活在海水中的腔肠动物,形状像张开的伞,可以吃。
另见zhē。

辙 zhé 16画 车部 左右
❶车轮在地面上碾出的痕迹▷前有车,后有~|车~。❷办法;路子▷有~|没~。❸北方戏曲、曲艺等唱词所押的韵▷合~|押韵|十三~。

者 zhě 8画 耂部 上下
耂:土耂者
❶表示人或事物▷劳动~|弱~|唯物主义~|前~|后~|两~。❷文言里表示停顿▷北山愚公~,年且九十。

赭 zhě 15画 赤部 左右
赤:土尹赤赤
红褐色▷~石。

这 zhè 7画 辶部 半包围
❶指距离比较近的人或事物(跟"那"相对)▷~个|~孩子|~是王老师。❷这时候▷他~就出发。

正字 折(摺)⁷⁸ 辙(轍) 这(這)

浙 zhè 10画 氵部 左右
指浙江▷江～一带。☜中间不要写成"木"。

蔗 zhè 14画 艹部 上下
庶：广庶庶
甘蔗，草本植物，茎高大圆直，中间有节。茎内甜汁丰富，可以生吃，也可以制糖；渣可以造纸。

着 zhe 11画 羊部 上下
表示动作或状态在持续▷打～一把伞｜饭还热～呢。
另见zhāo；zháo；zhuó。

zhen

贞 zhēn 6画 卜部 上下
忠于自己的信仰和原则；坚定不移▷忠～不二｜坚～不屈。

针 zhēn 7画 钅部 左右
钅：ノ𠂉𠂉𠂉钅
❶缝制或编织衣物时引线用的细长形工具▷绣花～｜钩～｜毛衣～。❷中医用来刺穴位治病的针状器械▷扎～｜行～。❸形状像针的东西▷别～｜指南～｜大头～｜时～。❹西医注射液体药物用的器械▷～头｜～筒。

侦 zhēn 8画 亻部 左右
暗地里调查；探听▷～破盗窃案｜～探｜～察｜～查。

珍 zhēn 9画 王部 左右
❶宝贵的东西▷奇～异宝｜山～海味。❷贵重的；稀有的▷～禽异兽｜～品｜～贵。❸看重；爱惜▷自～自爱｜～重｜～视｜～惜。

真 zhēn 10画 十部 上下
十古真真
❶合事实的；正确的（跟"假""伪"相对）▷他说的都是～的｜～人～事｜～心实意｜～理｜～正。❷确切；清楚▷声音太小，听不～｜带上眼镜看得很～｜～切。❸确实；实在▷～漂亮｜～该批评｜～不是滋味。❹事物的原样▷描写失～｜传～。☜中间是三横，不是两横。由"真"构成的字有"填""镇"等。

斟 zhēn 13画 斗部 左右
甚：其其甚
❶往杯子等容器里倒▷～酒｜～上一碗茶｜自～自饮。❷仔细思考▷字～句酌｜～酌。

榛 zhēn 14画 木部 左右
榛树，落叶灌木或小乔木，果实叫榛子，可以吃，也可榨油。☜不读qín。

诊 zhěn 7画 讠部 左右
检查病人的病情▷～脉｜

~断｜~治｜门~｜~所。☞统读zhěn,不读zhēn。

枕 zhěn 8画 木部 左右
尤：一尢
❶躺着的时候用来垫头的物品▷~巾｜~套。❷躺着的时候把头放在枕头上或其他东西上▷~着枕头睡觉｜头~在胳膊上。☞统读zhěn,不读zhèn。

疹 zhěn 10画 疒部 半包围
疒：亠广疒
皮肤上起红疙瘩的病,如麻疹、湿疹等。

圳 zhèn 6画 土部 左右
田间水沟,多用于地名▷深~(在广东)。

阵 zhèn 6画 左阝部 左右
车：一七车
❶作战时的兵力部署▷冲锋陷~｜~容｜~营。❷战场▷临~磨枪｜上~｜~亡。❸指一段时间▷这~子很忙｜最近病了一~儿。❹量词,用于延续了一段时间的事情或现象▷一~风｜一~掌声｜一~疼痛。

振 zhèn 10画 扌部 左右
辰：一厂辰辰
❶摇动;挥动▷~翅｜~臂一呼。❷奋起;奋发▷精神为之一~｜一蹶不~｜~兴｜~奋｜~

作。

赈 zhèn 11画 贝部 左右
用财物救济▷~灾｜~济。

震 zhèn 15画 雨部 上下
❶猛烈颤动;使颤动▷地~｜炮弹把门窗~得直响｜~耳欲聋｜~撼。❷指地震▷抗~｜余~。❸情绪非常激动▷惊~｜~怒。

镇 zhèn 15画 钅部 左右
❶压;压制;抑制▷~纸(压纸的东西)｜~压｜~痛。❷安定;稳定▷~静｜~定。❸用武力守卫▷~守｜坐~。❹市镇;集镇▷~上有几十家店铺｜城~｜乡~｜村~。❺把食物、饮料等放在冰块上或冷水里使变凉▷把啤酒~一~｜冰~汽水。

zheng

正 zhēng 5画 一部 独体
丅下正正正
正月,农历一年的第一个月▷新~。
另见zhèng。

争 zhēng 6画 勹部 上下
勹ク争
❶抢夺;力求得到或做到▷两

正字 阵(陣) 赈(賑) 镇(鎮)

只鸟~食|~冠军|~先恐后|~光|~夺。❷较量;打斗▷斗~战~。❸争吵;争论▷为一点小事~得没完没了|~执|~议。☞中间是"ヨ",不是"彐"。由"争"构成的字有"挣""狰""睁""筝""净""静"等。

征 zhēng 8画 彳部 左右
❶远行▷~途|远~|长~。❷出兵讨伐▷~伐|~讨|出~|~服。❸政府召集或收取▷~兵|~粮|~收|~应。❹寻求▷~文|~稿|~求。❺现象;迹象▷特~|象~|~兆。

挣 zhēng 9画 扌部 左右
[挣扎]zhēngzhá 尽力支撑;尽力摆脱(困境)▷~着坐起来|拼命~|垂死~。
另见 zhèng。

狰 zhēng 9画 犭部 左右
犭:丿丆犭
[狰狞]zhēngníng(面目)凶恶可怕▷面目~。

症 zhēng 10画 疒部 半包围
[症结]zhēngjié 肚子里结硬块的病;比喻不好解决的关键所在▷工厂亏损的~在于管理不善。
另见 zhèng。

睁 zhēng 11画 目部 左右
争:⺈⺈争
张开(眼)▷眼睛半~半闭|~眼瞎(比喻不识字)。

筝 zhēng 12画 竹部 上下
❶我国传统的拨弦乐器,音箱为木制长方形,上面张弦。❷[风筝]fēngzheng 纸、纱等糊成的玩具,能借风力飞上天空。

蒸 zhēng 13画 艹部 上下
丞:了⺈丆丞丞
❶蒸发,气体上升▷~腾|~气|~馏。❷利用水蒸气使东西变热、变熟或消毒▷把剩饭~再吃|~馒头|~笼。

拯 zhěng 9画 扌部 左右
丞:了⺈丆丞丞
救▷~救。☞不读 chéng 或 chěng。

整 zhěng 16画 攵部 上下
❶有秩序,有条理;不凌乱▷衣冠不~|~齐|~洁|工~|~严。❷使有条理、有秩序▷重~旗鼓|~理|~队|~顿。❸修理▷~旧如新|~修|修~。❹使受苦▷~人|挨~。❺完全;没有残缺或损坏▷~块土地|~套设备|~体|完~。❻没有零头的(跟"零"相对)▷~二十年|一万元~|晚八点~

正字 征(徵③~⑤) 症(癥)

化~为零。☞左上是"朿"(shù),不是"朿"(cì)。

正 zhèng 5画 一部 独体
丅下正正
❶不偏不斜;位置在中间▷把帽子戴~,不要歪了|坐~|当中|~房。❷合乎标准的▷~点到达|~品|~规|~式。❸正直的;正当的▷义|~词严|~派|~理|走~路。❹(色、味)纯而不杂▷颜色不~|~红|味儿~。❺把错误的改为正确的▷~音|~字。❻主要的;作为主体的▷~部长|~文|~餐|~业。❼正面,露在外面的或主要使用的一面(跟"反"相对)▷这种纸~反两面都是光滑的。❽自然科学中指大于零的或失去电子的▷~数|~极。❾表示动作在进行中▷我们~开着会。❿恰好;刚好▷一进门~赶上开饭|衣服长短~合适。

另见zhēng。

证 zhèng 7画 讠部 左右
正:丅下正正
❶用事实和道理来表明或推断真假▷你会~这道题吗?|~人|~明。❷凭据,能起到证明作用的人或事物▷人~|罪~|通行~|学生~。

郑 zhèng 8画 阝部 左右
姓。☞右边不要写成"阝"。

怔 zhèng 8画 忄部 左右
发呆▷~了半天也没答上来。

政 zhèng 9画 攵部 左右
❶政治▷~府|~权|~务。❷政府部门主管的业务▷财~|民~|邮~|市~。

挣 zhèng 9画 扌部 左右
❶用力摆脱▷~开绳索|~断锁链|~脱。❷努力取得(收入等)▷~钱|~面子。
另见zhēng。

症 zhèng 10画 疒部 半包围
疾病▷炎~|急~|疑难杂~。
另见zhēng。

zhi

之 zhī 3画 丶部 独体
❶代替人或事▷言~成理|置~不理|好自为~|取而代~。❷相当于"的"▷赤子~心|少年~家|大旱~年|二分~一。❸表示语气▷久而久~|总~。

支 zhī 4画 支部 上下
❶架起▷用石块~着锅

正字 证(證) 郑(鄭)

做饭|~柱|~架|~点。❷支持▷体力不~|乐不可~|~援。❸指支援▷~农|~前|~边。❹从总体中分出的部分▷分~|旁~|~流|~线。❺分派;打发▷把孩子都~出去了|~使|~派|~配。❻付出或领取(款项)▷从财务科~一点钱|收~平衡|~出|~开。❼指地支,包括子、丑、寅、卯、辰、巳、午、未、申、酉、戌、亥十二个字,用于纪日、纪年和排列顺序等▷干~纪年。❽量词,用于杆状物、乐曲、队伍等▷一~笔|一~队伍|两~曲子。

只 zhī 5画 口部 上下
❶单个的;极少的▷~身|~字不提|~言片语。❷量词,用于动物、船以及某些成对的东西中的一个▷一~鸟|两~船|两~脚|一~手套。
另见zhǐ。

汁 zhī 5画 氵部 左右
含有某种物质的液体▷果~|胆~|墨~|~液。

芝 zhī 6画 艹部 上下
[灵芝] língzhī 一种真菌,生在枯木上,菌柄长,菌盖肾形,赤色或紫色,可以做药材。

吱 zhī 7画 口部 左右
拟声词,模拟物体摩擦、鸟虫鸣叫等的声音▷门~的一声开了|知了~~地叫着。
另见zī。

枝 zhī 8画 木部 左右
❶植物主干上分出来的权▷~繁叶茂|树~|~条。❷量词,用于带枝形的东西▷一~桃花。

知 zhī 8画 矢部 左右
❶知识▷愚昧无~|真~|求~。❷知道;了解▷明~故犯|~晓|熟~。❸使知道;使了解▷通~|告~|~照。

肢 zhī 8画 月部 左右
人体的两臂两腿;兽类的四条腿和鸟类的两翅两足▷上~|后~|四~。

织 zhī 8画 纟部 左右
❶把纱、丝、毛等交错制成布、绸、呢等▷~了一匹布|男耕女~。❷用互相交错、勾连的方法把线编制成物品▷~毛衣|~鱼网|编~。

脂 zhī 10画 月部 左右
匕:⺈匕
❶动植物所含的油性物质▷脂肪|松~|油~。❷含脂的化妆品▷涂~抹粉|~粉。☞统读

zhī，不读zhǐ。

蜘 zhī 14画 虫部 左右
[蜘蛛] zhīzhū 节肢动物，分泌的黏液在空气中变丝，用来结网捕食昆虫。

执 zhí 6画 扌部 左右
丸：丿九丸
❶拿着▷手～｜大旗～｜～笔。❷主持；掌管▷～政｜～掌。❸执行；从事（某种工作）▷～法｜～勤。❹坚持▷各～一词｜～迷不悟｜固～。❺凭证▷回～｜收～。☞右边不是"九"。

直 zhí 8画 十部 上下
十亠𠀎有直
❶不弯曲（跟"曲"相对）▷把绳子拉～｜笔～｜～线。❷使变直；伸直▷累得～不起腰来。❸同地面垂直的；竖的（跟"横"相对）▷～升机。❹公正▷刚～｜理～气壮｜正～｜耿～。❺爽快；坦率▷说话很～｜心～口快｜～性子｜～率。❻直接▷通天津｜～拨电话｜～达。❼一直▷对着妈妈～哭｜热得～出汗。☞中间是三横，不是两横。由"直"构成的字有"值""植""殖"等。

侄 zhí 8画 亻部 左右
哥哥或弟弟的儿子；男性同辈亲属或朋友的儿子▷～子

｜族～｜内～｜贤～。

值 zhí 10画 亻部 左右
❶碰到；遇上（某种情况）▷正～樱花盛开的时节。❷轮到（执行公务）▷～夜班｜～勤｜～日。❸价值跟价格相当▷这幅画～多少钱？｜一钱不～。❹价值；价格▷总产～｜贬～。❺有价值；值得▷这一趟来得很～｜不～一提。❻数值，按照数学式演算所得的结果▷比～。

职 zhí 11画 耳部 左右
耳：一ㄏㄇㄈ耳
❶职务，按照规定应做的事情▷立足本～｜任～｜～权｜～称。❷职位，执行一定的职务所处的地位▷降～处分｜在～｜到～。❸职责，担负一定的职务应尽的责任▷失～｜尽～。☞"耳"作左偏旁时，最后一画横改写成提（一）。

植 zhí 12画 木部 左右
❶栽种▷～树｜移～。❷培养▷扶～｜培～。❸指机体移植▷断指再～｜～皮。❹植物▷～保｜～被｜～株。

殖 zhí 12画 歹部 左右
生育▷生～｜繁～｜养～。
另见shi。

止 zhǐ 4画 止部 独体
丨卜止止

❶停住,不再进行▷血流不~|终~|休~。❷使停住;阻拦▷望梅~渴|~血|~痛|制~。❸只有▷不~一遍|~此一家。☞"止"作左偏旁时,最后一画横改写成提(一),如"此""歧"。

只 zhǐ 5画 口部 上下

仅仅▷教室里~有一个人|~去了一年就回来了。
另见zhī。

旨 zhǐ 6画 匕部 上下
匕:ノ匕

❶用意;目的▷主~|要~|宗~|~意。❷特指帝王的命令▷遵~|抗~|圣~。

址 zhǐ 7画 土部 左右

地基;建筑物的位置、处所▷遗~|校~|住~|地~。

纸 zhǐ 7画 纟部 左右

可供写字、绘画、印刷、包装等用的薄片状的东西,多用植物纤维制成▷~张|报~|~币。

指 zhǐ 9画 扌部 左右

❶手指▷屈~可数|大拇~|~纹。❷(手指或物体的尖端)对着▷~着鼻子|桑骂槐|~南针|~向。❸点明▷~出缺点|~示|~点|~教。❹批评;斥责▷~责|~控。❺量词,一个手指的宽度叫一指▷下了三~雨|留两~宽的缝。❻仰仗;依靠▷全家人都~着他的工资生活|~望|~靠。☞统读zhǐ,不读zhī或zhí。

趾 zhǐ 11画 足部 左右

❶脚▷~高气扬。❷脚指头▷脚~|~骨。

至 zhì 6画 至部 上下

❶到▷时~今日|无微不~。❷达到极点的;最好的▷如获~宝|~理名言|~交。❸最;极▷~高无上|~少|~晚。

志 zhì 7画 士部 上下
十士志志

❶要有所作为的意愿或决心▷有~者竟成|立~|~气|~愿。❷记住;不忘▷永~不忘|~哀|~喜。❸记事的文字▷杂~|地方~|县~|墓~。❹记号▷标~。

识 zhì 7画 讠部 左右

❶记住▷博闻强~(见闻广,记性好)。❷记号▷款~。
另见shí。

帜 zhì 8画 巾部 左右
巾:丨冂巾

旗子▷独树一~|旗~。

正字 只(祇) 纸(紙) 识(識) 帜(幟)

制 zhì 8画 刂部 左右
⺮ 乍 伟 制

❶做；造▷~革｜~图｜~作｜~造。❷拟定；规定▷因地~宜｜~订｜~定。❸制度；准则▷集体所有~｜学~｜体~。❹强力管束、限定▷~裁｜~止｜控~｜压~｜管~｜限~。

质 zhì 8画 厂部 半包围
❶客观存在的实体▷物~。❷本性▷本~｜性~｜品~｜气~｜变~。❸(产品或工作的)好坏程度▷保~保量｜优~。❹朴实▷~朴。❺依据事实问明或辨别是非▷~疑｜~问。❻抵押；抵押品▷典~｜人~(作抵押品的人)。☞统读zhì，不读zhì或zhǐ。

治 zhì 8画 氵部 左右
❶整治；管理▷~水｜~国｜自~｜~理。❷社会安定▷天下大~｜长~久安。❸处罚；惩办▷~罪｜处~｜惩~。❹医疗▷病~好了｜~病救人｜医~｜诊~。❺消灭(害虫)▷这种药专~棉铃虫｜~蝗。❻研究(学问)▷专~古代史｜~学。

挚 zhì 10画 手部 上下
丸：丿九丸

真诚而恳切▷真~｜诚~｜~友。

致 zhì 10画 至部 左右
❶送到；给予▷~电｜函~｜~谢｜~敬｜~以热烈的祝贺。❷招引；使实现▷黄曲霉可以~癌｜学以~用｜~死｜勤劳~富。❸竭尽(精力)；集中(意志等)▷~力于教学｜专心~志。❹意态；情趣▷兴~｜景~｜别~｜剧情曲折有~。❺周密；精密▷细~｜精~。

秩 zhì 10画 禾部 左右
次序▷~序。☞统读zhì，不读chì。

掷 zhì 11画 扌部 左右
阝：阝阝

抛；扔▷~铅球｜~地有声(形容话语豪迈有力)｜投~。☞统读zhì，不读zhī。

窒 zhì 11画 穴部 上下
阻塞▷~息。

智 zhì 12画 日部 上下
❶智慧；见识▷足~多谋｜~勇双全。❷聪明；有见识▷明~｜机~。

痣 zhì 12画 疒部 半包围
疒：丶亠广疒

皮肤上长的有色的斑点或小疙瘩，不痛不痒。

滞 zhì 12画 氵部 左右
带：一卅卅带

正字 制(製)① 质(質) 挚(摯) 致(緻)⑤ 掷(擲) 滞(滯)

流通不畅;停留▷~销|~留|停~。☞不读dài。

置 zhì 13画 罒部 上下
❶设立;建立▷设~|装~|配~。❷购买▷~家具|~办|购~|添~。❸安放▷~之不理|安~。

稚 zhì 13画 禾部 左右
佳:亻乍乍佳佳
幼小▷~弱|~嫩|~子|幼~。☞跟"雅"(yǎ)不同。

zhong

中 zhōng 4画 丨部 独体
丨口口中
❶跟四周、上下或两端的距离相等的部位▷居~|~央|~指|~途。❷里面▷群众~|心~|假期~。❸表示事情正在进行▷正在洽谈~|发展~国家。❹性质、等级在两端之间▷~等|~性|~级|~学。❺指中国▷古今~外|~医|~药。❻适合▷~看不~用|~听。
另见zhòng。

忠 zhōng 8画 心部 上下
心:心心心
尽心尽力,赤诚无私▷~于祖国|~诚|~告|~言。

终 zhōng 8画 纟部 左右
❶结局;最后阶段(跟"始"相对)▷年~|自始至~。❷结束;完了▷剧~|告~。❸指人死▷临~|无疾而~。❹从起始到最后的▷~日|~身。❺到底;毕竟▷~将胜利。

盅 zhōng 9画 皿部 上下
喝酒、喝茶用的小杯子▷茶~|酒~。

钟 zhōng 9画 钅部 左右
钅:ノ𠂉𠂉乍𠂉
❶金属制的响器▷敲~|~楼◇警~。❷计时的器具,比表大▷挂~|闹~|~表。❸指时刻▷~点|3点~|10分~。❹(情感等)集中;专注▷~情|~爱。

衷 zhōng 10画 亠部 上下
内心▷言不由~|无动于~|~心|苦~。☞㊀中间是"中",上下合起来是"衣"。㊁跟"哀"(āi)"衰"(shuāi)不同。

肿 zhǒng 8画 月部 左右
皮肉或内脏因发炎、化脓、内出血等而浮胀▷腿~了|肺气~|红~|浮~。

种 zhǒng 9画 禾部 左右
❶种子植物所结的子粒▷稻~|花~|播~。❷泛指生物借以繁殖传代的物质▷传~|配~。❸具有共同起源和共

正字 终(終) 钟(鐘) 肿(腫) 种(種)

同遗传特征的人群▷黄｜白~｜人~｜~族。❹事物的门类▷~类｜工~｜剧~｜品~｜特~。❺量词,用于人或事物的类别▷两~人｜两~语言｜几~颜色｜各~意见。

另见zhòng。

中 zhòng 4画 ｜部 独体
❶对准;正好符合▷猜~有奖｜击~目标｜~意｜~选。❷受到▷~了一枪｜~毒｜~暑。

另见zhōng。

仲 zhòng 6画 亻部 左右
一季的第二个月▷~夏｜~秋。

众 zhòng 6画 人部 上下
❶许多人▷万~一心｜民~｜大~｜观~。❷多(跟"寡"相对)▷~寡悬殊｜~人｜~多。

种 zhòng 9画 禾部 左右
把植物的种子或幼苗的根部埋在土里,让它发芽、生长▷~豌豆｜~树｜~植｜栽~｜点~。

另见zhǒng。

重 zhòng 9画 丿部 独体
一盲重重

❶分量大(跟"轻"相对)▷这根木头很~｜工作负担~｜沉~。❷分量▷这块肉有多~｜净~。❸重要▷以国事为~｜军事~地｜~任｜~托。❹看重▷不要~男轻女｜尊~｜器~。❺程度深▷伤势很~｜颜色~｜~病。❻庄重;不轻率▷慎~｜隆~｜郑~。

另见chóng。

zhou

舟 zhōu 6画 舟部 独体
丿丹丹舟舟

船▷同~共济｜泛~(划船游玩)。☞㈠第二画是撇,不是竖。㈡"舟"作左偏旁时,中间一横向右不出头,如"船""舰""般"。

州 zhōu 6画 丶部 独体
丿州州

❶旧时行政区划名称。有些作为地名还保留到现在,如徐州、沧州、扬州、杭州等。❷少数民族地区的自治行政区划,如湖南的湘西土家族苗族自治州。☞㈠第二画是撇,不是竖。㈡跟"洲"不同。"亚洲""绿洲""沙洲"的"洲"不要写成"州"。

周 zhōu 8画 冂部 半包围
❶环绕;循环▷~而复始。❷全面;普遍▷一身发热｜~游｜众所~知。❸完备;完善

正字 众(衆) 种(種)

▷考虑不~|~密|~详|~到。❹圈子▷圆~|~围|四~。❺量词,用于动作环绕的圈数▷绕场一~|转体三~半。❻时间的一轮,特指一个星期▷~期|~年|上~|~末。❼接济▷~济。

洲 zhōu 9画 氵部 左右
❶河流中的陆地▷沙~|绿~。❷大陆及附近岛屿的统称。地球上有七大洲,即亚洲、欧洲、非洲、北美洲、南美洲、大洋洲、南极洲。☞跟"州"不同。"苏州""杭州""自治州"的"州"不要写成"洲"。

粥 zhōu 12画 弓部 左右
弓:㇇コ弓
用粮食等熬成的糊状食物▷大米~|莲子~。

轴 zhóu 9画 车部 左右
❶贯穿在轮子中间的圆杆▷自行车~|轮~。❷用来往上绕或卷东西的圆柱形器物▷线~|画~。❸量词,用于带轴的东西▷两~线|一~山水画。

肘 zhǒu 7画 月部 左右
寸:寸寸
❶上臂与下臂交接处可以弯曲的部位▷胳膊~。❷食用的猪腿上部▷酱~|~子。

帚 zhǒu 8画 彐部 上下
巾:丨冂巾
扫除尘土、垃圾等的用具▷扫~(sàozhou)|笤~(tiáozhou)。

咒 zhòu 8画 几部 上下
❶说希望别人不吉利的话▷诅~|~骂。❷某些宗教和巫术中自称可以消灾降妖驱鬼的口诀▷念~|~语|符~。

宙 zhòu 8画 宀部 上下
由:冂由由
古往今来无限的时间▷宇~。

昼 zhòu 9画 尸部 上下
尺:㇇コ尸尺
白天(跟"夜"相对)▷冬天~短夜长|白~|~夜。

皱 zhòu 10画 皮部 左右
皮:一厂广皮
❶物体表面因收缩或揉弄挤压而起的纹路▷~纹。❷起皱纹;收缩▷衬衣~了|~眉头。

骤 zhòu 17画 马部 左右
聚:㇇丁犭聚
❶速度非常快▷急~|暴风~雨。❷突然;忽然▷天气~冷|~变|~然。☞统读zhòu,不读zòu。

碡 zhou 14画 石部 左右
母:𠃌𠃍㇆母母
[碌碡]liùzhou 见"碌"。

正字 轴(軸) 昼(晝) 皱(皺) 骤(驟)

zhu

朱 zhū 6画 丿部 独体
⺊牛朱
❶大红色▷～红｜～笔。❷朱砂，矿物辰砂的别称，可做颜料和药材。

诛 zhū 8画 讠部 左右
❶指责；惩罚▷口～笔伐。❷杀死▷天～地灭。

珠 zhū 10画 王部 左右
❶珍珠，蚌壳内分泌物形成的圆粒，有光泽，可做装饰品和药材▷夜明～｜鱼目混～｜～宝。❷像珠子的东西▷泪～｜水～｜滚～。

株 zhū 10画 木部 左右
❶露在地面上的树根或树桩▷守～待兔。❷植物体▷植～｜～距。❸量词，相当于"棵"▷一～柳树。

诸 zhū 10画 讠部 左右
众；许多▷～侯｜～位。

猪 zhū 11画 犭部 左右
犭:ノ犭犭
哺乳动物，身体肥壮，四肢短小，肉可吃，皮可制革，鬃、骨等可做工业原料。

蛛 zhū 12画 虫部 左右
指蜘蛛▷～网。参见"蜘"。

术 zhú 5画 木部 独体
植物名，包括白术、苍术，都是草本植物，根状茎可以做药材。
另见 shù。

竹 zhú 6画 竹部 左右
❶常绿植物，茎中空，有节。茎可用来建造房屋、制造器具、造纸；嫩芽叫笋，是鲜美的蔬菜。❷指箫、笛一类竹制管乐器▷丝～乐。

逐 zhú 10画 辶部 半包围
豕:一丆豕豕
❶追；赶上▷随波～流｜追～。❷驱赶▷驱～。❸按次序一个挨着一个▷～字～句｜～年｜～个｜～步。☞统读 zhú，不读 zhù。

烛 zhú 10画 火部 左右
❶蜡烛，蜡制成的照明用品▷洞房花～｜～光。❷俗称灯泡的瓦特数为烛，如 50 烛就是 50 瓦。

主 zhǔ 5画 丶部 独体
⺀ 主
❶拥有权力或财产的人▷人民当家作～｜房～｜物～。❷邀请并接待客人的人（跟"宾""客"相对）▷喧宾夺～｜东道～｜宾

正字 朱(硃②) 诛(誅) 诸(諸) 烛(燭)

~。❸主持;负主要责任▷~考|~办|~讲|~编。❹主张;决定▷~战|~和|婚姻自~。❺当事人▷失~|卖~|顾~。❻最基本的;最突出的▷~力|~角(jué)|~峰。

拄 zhǔ 8画 扌部 左右
用棍棒等顶住地面来支撑身体▷~拐棍。☞跟"柱"(zhù)不同。

煮 zhǔ 12画 灬部 上下
者:土耂者
把食物或其他东西放在水中加热▷~鸡蛋|~针头。

嘱 zhǔ 15画 口部 左右
禹:冂禺再禹
吩咐;托付▷叮~|~咐|~托|遗~。☞不读shǔ。

瞩 zhǔ 17画 目部 左右
专心注意地看▷高瞻远~|~望|~目。

助 zhù 7画 力部 左右
力:丆力
帮助▷~人为乐|互~|援~。

住 zhù 7画 亻部 左右
❶暂时留宿或长期定居▷~旅店|居~|~宅|~址。❷停息;止住▷雨~了|~手。❸表示停顿或静止▷车停~了|被人问~了。❹表示稳当或牢固▷抓~不放|总也记不~。

贮 zhù 8画 贝部 左右
储藏;储存▷~粮|~藏|~存。

注 zhù 8画 氵部 左右
❶灌进去;倒入▷灌~|倾~|~射。❷(精神、目光等)集中到某一点上▷全神贯~|~视|~意。❸投入赌博的钱物▷赌~。❹用文字解释书中的字句▷~释古籍。❺解释书中字句的文字▷附~。❻记录;登记▷~册|~销。

驻 zhù 8画 马部 左右
❶停留▷~足(停下脚)。❷(军队)停留在(某地);(机构)设立在(某地)▷~守|扎~|~华大使馆。☞跟"住"的意思不同,"住"泛指居住,"驻"特指为执行公务而留住。

柱 zhù 9画 木部 左右
❶建筑物中直立的起支撑作用的东西▷偷梁换~|~子|石~。❷形状像柱子的东西▷冰~|水银~。

祝 zhù 9画 礻部 左右
向人表示良好愿望▷敬~健康|~寿|~酒|~贺。

著 zhù 11画 艹部 上下
❶明显▷显~。❷显露

出▷~名|~称。❸写作▷~书|~作|编~。❹作品▷名~|新~。❺[土著]tǔzhù 世代居住本土的人。

蛀 zhù 11画 虫部 左右
(蛀虫)咬▷虫~鼠咬|~蚀。

铸 zhù 12画 钅部 左右
寿：三𰀁𰀁寿寿
把熔化的金属或非金属材料倒进模子里,凝固成器物▷这口钟~好了|~造|浇~。

筑 zhù 12画 竹部 上下
凡：几凡
建造;修建▷~路|构~|建~。

zhua

抓 zhuā 7画 扌部 左右
❶聚拢手指或爪趾握住▷~了一把土|老鹰~小鸡。❷用指甲或爪在物体上划▷~耳挠腮|胳膊被猫~破了。❸把握住;不放过▷~住机会|~紧时间。❹特别注意;着重领导▷~重点|~农业。❺逮捕▷~小偷|~获。

爪 zhuǎ 4画 爪部 独体
𠂆𠂆𠃜爪
鸟兽的脚,用于口语▷猪~儿|鸡~子。

另见zhǎo。

zhuai

转 zhuǎi 8画 车部 左右
为了显示有学问,故意说深奥的话▷~文。
另见zhuǎn;zhuàn。

拽 zhuài 9画 扌部 左右
曳：冂曰电曳
拉;拖▷~住衣服不放|生拉硬~。

zhuan

专 zhuān 4画 一部 独体
一专专
❶集中在一件事情上的;单一的▷~心|~长(cháng)|~攻|~车|~款|~门。❷单独掌握或控制▷~政|~权|~卖。☞第三画是竖折撇(𠃋),一笔连写。由"专"构成的字有"砖""转""传"等。

砖 zhuān 9画 石部 左右
❶用土坯烧制成的建筑材料,多为长方形或方形▷砌~|~窑。❷像砖的东西▷冰~。

转 zhuǎn 8画 车部 左右
❶变换(方向、情况等)▷向后~|~败为胜。❷把一方

正字 铸(鑄) 转^{zhuǎi}(轉) 专(專) 砖(磚) 转^{zhuǎn}(轉)

的物品、意见等带给另一方▷请把信~给他|~告|~交。

另见zhuǎi；zhuàn。

传 zhuàn 6画 亻部 左右
❶记载人物生平事迹的文字▷自~|~记。❷描述人物故事的文学作品（多用作作品名称）▷《水浒(hǔ)~》。

另见chuán。

转 zhuàn 8画 车部 左右
围绕着中心运动▷地球绕着太阳~|~动。

另见zhuǎi；zhuǎn。

赚 zhuàn 14画 贝部 左右
兼：⺍丷⺜兼
做生意得到利润（跟"赔"相对）▷有赔有~|~钱。

撰 zhuàn 15画 扌部 左右
写作▷~写|编~。

zhuang

妆 zhuāng 6画 女部 左右
女：〈 女 女
❶女子修饰、打扮▷浓~艳抹|梳~|化~品。❷女子出嫁随带的东西▷嫁~。

庄 zhuāng 6画 广部 半包围
庄：亠广庄庄庄
❶严肃；不轻浮;▷~重|~严

端~。❷村落；田舍▷村~|~园。❸规模较大的商号▷饭~|茶~。☞右下是"土"，不带点。

桩 zhuāng 10画 木部 左右
❶插入地里的棍子或柱子▷打三根~|木~。❷量词，相当于"件"▷一~喜事。

装 zhuāng 12画 衣部 上下
衣：亠丷丨丨衣衣
❶衣服▷服~|时~。❷指演员为演出需要而装饰、打扮；泛指修饰、打扮▷化~成老太太|~饰|~修。❸演员演出时穿戴打扮用的东西▷上~|定~|卸~。❹装订书籍▷线~书|精~本。❺做出某种假象▷不懂~懂|~腔作势|~糊涂。❻把东西放进去；容纳▷往被套里~棉花|人太多，会议室~不下。❼安装；把零部件配成整体▷电视机~好了|~电话|~配|组~。

壮 zhuàng 6画 丬部 左右
丬丬丬壮壮
❶强健有力▷这孩子长得真~|健~|强~。❷雄壮；气势盛▷理直气~|~志|~丽|悲~。❸加强▷~胆子|~军威。☞右边不要写成"土"。

正字 传(傳) 转(轉) 赚(賺) 妆(妝) 庄(莊) 桩(樁) 装(裝) 壮(壯)

状 zhuàng 7画 丬部 左右
犬：大犬
❶外貌▷奇形怪~|~态|形~。❷情形▷~况|惨~|现~。❸起诉书▷诉~|~告。❹奖励或委任等的证书▷奖~|委任~|军令~。☞右边不要写成"大"。

撞 zhuàng 15画 扌部 左右
里：旦旦里
❶物体猛然相碰▷~钟|汽车~到墙上了|~击。❷偶然遇到▷~见。☞统读zhuàng，不读chuàng。

幢 zhuàng 15画 巾部 左右
巾：丨冂巾
量词，用于房屋▷几~房屋。

zhui

追 zhuī 9画 辶部 半包围
自：丶丿户自
❶紧跟在后面赶▷你~我赶|~赶|~逐|~随。❷回忆▷~思|~忆|~述。❸事后补做▷~加|~认。❹力求达到某种目的▷~名逐利|~求。❺查究▷~究|~问|~查。

椎 zhuī 12画 木部 左右
隹：亻仵伴隹
椎骨，构成脊柱的短骨▷颈~|腰~|脊~。

锥 zhuī 13画 钅部 左右
❶锥子，尖端锐利、用来钻孔的工具。❷像锥子的东西▷冰~|改~（螺丝刀）。❸用锥子钻（孔）▷鞋底太厚，~不动。

坠 zhuì 7画 土部 上下
队：阝阝阝队
❶掉下来▷摇摇欲~|~落|~毁。❷（重物）往下垂▷苹果把树枝~得弯弯的。❸垂吊的东西▷耳~|扇~|线~。☞跟"堕"（duò）不同。

缀 zhuì 11画 纟部 左右
❶用线缝合▷在衣服的破口儿上~几针。❷装饰▷点~。

赘 zhuì 14画 贝部 上下
敖：二丰扌耂夫
❶多余无用的▷累~|~述|~言。❷男子到女家结婚并成为女家的成员▷入~|招~。☞不读áo。

zhun

谆 zhūn 10画 讠部 左右
[谆谆] zhūnzhūn 恳切而有耐心▷~教导|~告诫。☞不读chún。

准 zhǔn 10画 冫部 左右
佳:亻亻亻佳佳佳
❶标准▷水~|~则|以此为~。❷正确无误▷这一枪打得~|~时|~确。❸确定不变的▷心里没有~主意|说~了,别再变了。❹保准;一定▷~能赢|这事~干不好。❺允许;许可▷不~外出|批~|~许。

zhuo

拙 zhuō 8画 扌部 左右
出:⊥ㄐ中出出
❶笨;不灵巧▷手~|弄巧成|笨~|~劣。❷称有关自己的事物,表示谦虚▷~作|~见。☞统读zhuō,不读zhuó。

捉 zhuō 10画 扌部 左右
足:卩卩足
❶握;拿▷~笔。❷逮;捕捉▷~贼|~拿|~活~。

桌 zhuō 10画 卜部 上下
❶桌子▷~上放着电脑|圆~。❷量词,用于酒席▷一~酒席|三~客人。

灼 zhuó 7画 火部 左右
❶烧▷~伤|烧~。❷亮▷目光~~。❸明白透彻▷真知~见。☞统读zhuó,不读sháo或shuò。

茁 zhuó 8画 艹部 上下
动植物生长旺盛▷~壮成长。☞不读chū。

卓 zhuó 8画 卜部 上下
❶又高又直▷孤峰~立。❷不平凡;超出一般▷远见~识|~绝|~著。☞统读zhuó,不读zhuō。

浊 zhuó 9画 氵部 左右
❶液体有杂质不透明(跟"清"相对)▷污泥~水|浑~。❷(声音)低而粗▷~声~气|嗓音粗~。

酌 zhuó 10画 酉部 左右
酉:冂酉酉酉
❶斟(酒)▷自~自饮。❷估量▷~情处理|~办|~量|斟~。

啄 zhuó 11画 口部 左右
豕:丆豕豕豕
鸟类用嘴叼取食物或敲击东西▷小鸡~米|~木鸟。☞㊀右边不要写成"豕"。㊁不读zhuō。

着 zhuó 11画 羊部 上下
❶接触;挨上▷附~|~陆|不~边际。❷使接触或附着在别的事物上▷~色|~墨。❸穿(衣)▷~身|灰色西服|~装。

另见zhāo;zháo;zhe。

正字 准(準❶~❹) 浊(濁)

琢 zhuó 12画 王部 左右
加工玉石▷精雕细〜｜〜磨(zhuómó,雕刻或打磨,比喻加工使精美)。
另见zuó。

镯 zhuó 18画 钅部 左右
镯子,戴在手腕上的环形装饰物。

zi

吱 zī 7画 口部 左右
拟声词,模拟老鼠等小动物的叫声▷老鼠〜〜地叫。
另见zhī。

咨 zī 9画 口部 上下
商议▷〜询(征求意见)。

姿 zī 9画 女部 上下
女:ㄑ女女
❶身体的样子;形状▷舞〜｜〜态｜〜势|千〜百态。❷相貌▷〜色｜〜容。

兹 zī 9画 丷部 上下
现在▷〜定于4月20日举行全校运动会。

资 zī 10画 贝部 上下
❶物产和钱财的总称▷物〜｜〜财｜〜产｜〜源。❷费用;本钱▷工〜｜邮〜｜〜金|投〜|合〜。❸(用资财)帮助▷〜助。❹提供▷以〜鼓励。❺人的素质▷天〜｜〜质。❻指身份、条件或经历▷〜格｜〜历。

滋 zī 12画 氵部 左右
❶生长;繁殖▷〜生｜〜长｜〜蔓。❷引起(事端)▷〜事。❸味道▷〜味。☞右上不是"艹"。

龇 zī 14画 齿部 左右
齿:丨⺊⺊⺊⺊齿
张嘴露出牙齿▷〜牙咧嘴。

子 zǐ 3画 子部 独体
乛了子
❶儿子▷〜孙｜父〜｜独生〜。❷人的通称▷男〜｜女〜。❸古代对男子的美称▷孔〜｜诸〜百家。❹动物的幼仔或卵▷不入虎穴,焉得虎〜｜鱼〜。❺幼小的;嫩的▷〜猪｜〜鸡｜〜姜。❻植物的子实▷葵花〜｜瓜〜｜〜粒。❼颗粒状物体▷棋〜｜算盘〜。❽地支的第一位。参见"支"⑦。☞"子"作左偏旁时,末笔横改写成提(一),如"孙""孩""孤"。
另见zi。

仔 zǐ 5画 亻部 左右
细密▷〜细。
另见zǎi。

姊 zǐ 7画 女部 左右
弟:ㄑ弓弟

姐姐▷~妹。

籽 zǐ 9画 米部 左右
同"子"⑥。现在通常写作"子"。

紫 zǐ 12画 糸部 上下
此：⺊⺊⺊此
蓝和红合成的颜色▷万~千红｜~药水。

滓 zǐ 13画 氵部 左右
沉淀的渣子▷渣~。☞不读zǎi。

自 zì 6画 自部 独体
❶自己▷~学｜~卫。❷自然；当然▷~有公论。❸从▷~上而下｜~古以来。

字 zì 6画 宀部 上下
❶文字，记录语言的符号▷汉~｜常用~。❷人的别名▷仲谋是孙权的~。❸汉字的不同形体；书法的不同派别▷宋体~｜草~｜柳体~｜赵体~。

子 zi 3画 子部 独体
附在其他词后面，组成名词▷鼻~｜胖~｜塞~｜夹~。
另见zǐ。

zong

宗 zōng 8画 宀部 上下
❶祖先▷祖~。❷派别▷正~｜~派。❸主要的目的和意图▷万变不离其~｜~旨。❹量词，用于事情、钱财、货物等▷一一心事｜一一贷款。

综 zōng 11画 纟部 左右
总合在一起▷~合｜~述。

棕 zōng 12画 木部 左右
棕榈(lǘ)，常绿乔木，主要生长在热带，茎干直立，不分枝，外有棕毛，可做绳子、刷子、床垫等。

踪 zōng 15画 足部 左右
脚印；行动留下的痕迹▷~迹｜~影｜失~｜行~。

鬃 zōng 18画 髟部 上下
髟：一厂髟
马、猪等动物颈上的长毛，较粗硬▷马~｜猪~｜~刷。

总 zǒng 9画 心部 上下
心：心心心
❶聚集；汇合到一起▷~而言之｜~括｜~结。❷所有的；全面的▷~的情况｜~产量｜~复习。❸领导全面的▷~经理｜~公司。❹一直；一贯▷他~是这么年轻｜上课时~爱说话。❺毕竟；终归▷将来~会好起来的。

纵 zòng 7画 纟部 左右
❶直的；竖的(跟"横"相

正字 综(綜) 总(總) 纵(縱)

对)▷京广铁路~贯南北|排成~队|~横。❷不加约束▷情歌唱|~容放~。❸即使▷~有天大的本事,在这里也无法施展|~使。❹身体猛力向上或向前跳▷向上一~,越过了横竿|~身。☞统读zòng,不读zōng。

粽 zòng 14画 米部 左右
粽子,用某种竹叶或苇叶包裹糯米做成的食品。

ZOU

走 zǒu 7画 走部 上下
十丰走
❶跑▷~马观花|奔~|逃~。❷步行▷~回家去|行~。❸离去▷他刚~|把椅子搬~。❹移动;挪动▷船~得很慢|~棋。❺泄漏▷~了风声|~漏。❻改变了原来的样子▷~调儿|~板|~样。❼(亲友间)交往▷~亲戚|~娘家。

奏 zòu 9画 一部 上下
夫:一二三声夫
❶臣子向君主报告情况或说明意见▷~上一本|启~|上~。❷取得或建立(功效或功绩)▷~效(发生效力)|屡~奇功。❸用乐器表演▷~国歌|~乐|演~|伴~。

揍 zòu 12画 扌部 左右
打人▷把他~了一顿|挨~。

ZU

租 zū 10画 禾部 左右
❶租用,付钱或实物,一定时间内使用别人的土地、房屋等▷~几亩地种|~了三间房。❷出租,收钱或实物,让别人在一定时间内使用自己的土地、房屋等▷房子都~出去了。❸出租所收取的钱或实物▷房~|地~。

足 zú 7画 足部 上下
足:口口足
❶脚▷手舞~蹈|~球|~迹。❷富裕;充足▷丰衣~食|富~|干劲很~。❸完全可以;值得▷不~为凭|~以胜任|微不~道。❹表示充分达到某种数量或程度▷这根竹竿~有三四米长|一小时~能完成。☞"足"作左偏旁时,要改写成"𧾷",如"路""跳""蹄""踢"等。

卒 zú 8画 十部 上下
❶士兵▷~一兵一~。❷终了;完毕▷~岁|~业。❸死亡▷生~年月。

族 zú 11画 方部 左右
❶家族▷~长|宗~。❷

民族▷藏～｜汉～。❸同一大类事物或人▷水～(水生动物)｜工薪～。

诅 zǔ 7画 讠部 左右
咒骂▷～咒。

阻 zǔ 7画 左阝部 左右
阝：彡阝
拦挡▷通行无～｜～挡｜～力｜劝～｜拦～。

组 zǔ 8画 纟部 左右
❶结合构成▷～成一个班｜～词｜～合｜改～。❷由若干人结合成的单位▷小～｜教研～。❸量词,用于成套的事物▷一～习题｜几～电池。❹成套的(文艺作品)▷～歌｜～诗｜～曲｜～画。☞统读zǔ,不读zū。

祖 zǔ 9画 礻部 左右
❶家族中较早的上辈▷～宗｜～先。❷比父母高一辈的人▷～父｜外～母。❸某种事业或宗派的创始人▷鼻～｜～师爷｜佛～。☞左边不是"衤"。

zuan

钻 zuān 10画 钅部 左右
❶打眼▷～木取火｜～孔。❷深入研究▷道理越～越透｜～研。❸穿透或进入▷～山洞。
另见zuàn。

钻 zuàn 10画 钅部 左右
❶打眼的工具▷手摇～｜电～｜～床。❷钻石▷～戒｜17～手表。
另见zuān。

zui

嘴 zuǐ 16画 口部 左右
❶吃食物的器官。❷像嘴的东西▷茶壶～｜烟～｜瓶～。❸指吃的东西▷零～｜忌～。❹指话▷多～｜顶～｜～甜。☞不要简化写成"咀"(jǔ)。

最 zuì 12画 日部 上下
表示程度达到顶点,超过一切同类的东西▷珠穆朗玛峰是世界上～高的山峰。☞下边"取"字的第一横要改写成长横。

罪 zuì 13画 罒部 上下
非：⺖非
❶犯法行为▷犯～｜认～。❷刑罚▷判～｜死～｜畏～自杀。❸痛苦;苦难▷受～｜遭～。❹过失;错误▷言者无～｜～过。

醉 zuì 15画 酉部 左右
酉：冂西西酉

正字 诅(詛) 组(組) 钻^{zuān}(鑚) 钻^{zuàn}(鑽)

❶饮酒过量而昏迷或不清醒▷喝~了|~汉。❷过于喜爱,达到痴迷的程度▷看到眼前的景色,我的心都~了|陶~|沉~。❸用酒泡的(食品)▷~枣|~虾。

zun

尊 zūn 12画 寸部 上下
酋:丷䒑酋酋酋
❶地位或辈分高▷~卑|~贵|~长。❷敬重;推崇▷~师重教|~老爱幼。❸称跟对方有关的人或事物,表示尊敬▷~夫人|~姓。❹量词,用于佛像、大炮等▷一~佛像|一~高射炮。

遵 zūn 15画 辶部 半包围
依从▷~命|~从|~守|~照。

zuo

作 zuō 7画 亻部 左右
乍:𠂉𠂉乍
作坊,手工业工场▷石~|油漆~。
另见zuò。

昨 zuó 9画 日部 左右
今天的前一天▷~天|~夜。

琢 zuó 12画 王部 左右
[琢磨]zuómo 反复思考▷这个问题请大伙再~~。
另见zhuó。

左 zuǒ 5画 工部 半包围
❶面向南时靠东的一侧(跟"右"相对,❷❺同)▷往~拐|~边。❷中国古代地理上指东方▷江~(江东)。❸偏邪▷旁门~道。❹抵触;不一致意见相~。❺进步的;革命的▷~派|~翼。

佐 zuǒ 7画 亻部 左右
帮助▷辅~|~餐。

撮 zuǒ 15画 扌部 左右
量词,用于成丛的毛发▷一~儿毛|一~头发。
另见cuō。

作 zuò 7画 亻部 左右
❶制造;劳作▷深耕细~|~工|~息操~。❷兴起;出现▷兴风~浪|鼾声大~|~怪|振~。❸进行某种活动▷~报告|~斗争|~乱。❹当作认贼~父。❺创作;写▷画~曲|~文。❻创作的作品▷大~|杰~|佳~|拙~。❼装作▷装腔~势|弄虚~假。☞表示动作行为意义的"作"和"做"的大致区别是:抽象意义

词语、书面词语多写作"作",如"作罢""作对""作废""作怪""作乱""作战""装模作样""认贼作父";后面是表示动作、行为的双音节词时,一般也用"作",如"作调查""作处理"。具体东西的制造写成"做",如"做桌子""做衣服""做饭"。

另见zuō。

坐 zuò 7画 土部 特殊
人从丛坐坐
❶把臀部平放在物体上以支持身体▷～在沙发上│请～下。❷乘坐▷～火车│～船│～飞机。❸(建筑物)背对着某一方向▷这家商店～西朝东。❹(把锅、壶等)放在(炉火上)▷把蒸锅～在火上│～点儿水。❺物体下沉或后移▷这座塔往下～了半尺多│无后～力炮。

座 zuò 10画 广部 半包围
广:亠广
❶座位;位子▷帮他找个～│～无虚席│～次。❷托底的东西▷碑～儿│花盆～。❸量词,用于体积大而固定的东西▷一～山│两～大楼。

做 zuò 11画 亻部 左右
❶干,从事某种工作或进行某种活动▷～事情│～针线活│～实验│～买卖│～工。❷制作▷～家具│～衣服│～饭。❸写▷～文章│～作业。❹充当;成为▷～一个好孩子│～奴隶。❺结成(某种关系)▷～伴儿。❻用作▷这间屋子～教室│送本书～纪念。❼装出(某种样子)▷～鬼脸│～样子│～作。
☞参见"作"的提示。

汉字笔画名称表

一、基本笔画：一（横） 丨（竖） 丿（撇） 丶（点） ㄱ（折）

二、变形笔画：

笔形	名称	例字	笔形	名称	例字
㇀	提	刁 红	㇏	捺	又 进
㇖	横折	尺 马	㇈	横折斜钩	飞 气
㇆	横撇	又 水	乙	横折弯钩	亿 九
㇇	横钩	予 买	㇌	横撇弯钩	阵 都
㇕	横折折	凹	㇉	横折折折	凸
㇊	横折弯	朵 没	㇋	横折折撇	建 及
㇍	横折提	计	㇎	横折折折钩	仍 场
㇅	横折钩	幻 有	㇗	竖提	长 以
亅	竖钩	丁 小	㇘	竖折折钩	与 弓
㇄	竖折	山 母	㇙	撇折	台 么
㇄	竖弯	西 四	㇚	撇点	女 巡
㇄	竖弯钩	礼 已	㇂	斜钩	戏 式
㇛	竖折撇	专	㇁	弯钩	狂 家
㇜	竖折折	鼎	㇃	卧钩	心 必

说明:

1.本字典的字头用的是楷体字(手写体),其他汉字是宋体字(印刷体)。两种字体略有细微差别,但都正确。

(1)宋体有的撇,楷书写成点。如:

小 条 / 小 条

(2)宋体有的竖,楷书写成撇。如:

廿 四 / 廿 四

(3)几种字笔形的特殊变化:

△"雨"字头,宋体里面是四横,楷书是四点:

雾 / 雾

△"火"字左上的点,宋体尖朝右,楷书朝左:

火 / 火

△走之儿第二笔,宋体是横折,楷书是横折折撇:

迈 / 迈

(4)宋体一些横笔同两边笔画相接。而楷体

有的左边相接,右边不接;有的两边都不相接。如:

日月 / 日月
田用 / 田用

2.合体字笔画的照应

(1)左右结构的合体字左偏旁最后一笔的横变为提,如培、球、歧、轧、牲等,有的竖弯钩也变为竖提,如辉、凯。这样使左右笔势顺畅、联系紧密。还有的左偏旁最后一笔的竖变为撇,如翔、邦、叛、掰、拜等,使字左右分立,端正稳健。

(2)左右结构的合体字左偏旁最后一笔的捺变为点。如欢、村、秋、释、熔、欹。上下结构的合体字,上面部件的竖钩变为竖,如尖、峦、少等。这样避让,使部件之间结合紧密,浑然一体。

(3)上下结构的合体字在保持字体端正匀称的原则下一般不出现重捺,如有两个捺时,其中一个写成点。如秦、达、类、裹、趣。

常见部首名称和笔顺

部首	名称	例字	笔　顺
匚	匠字框	巨医	一 匚
卜	上字头	占贞	丨 卜
刂	立刀旁	刑刚	丨 刂
冂(冂)	同字框	同周	丨 冂
亻	单立人	化仇	丿 亻
厂	反字旁	后质	一 厂
勹	危字头	争负	丿 勹
勹	包字头	句勿	丿 勹
几	凤字头	凤凰	丿 几
亠	六字头	亡交	丶 亠
冫	两点水	冲次	丶 冫
丷	兰字头	并关	丶 丷
冖	秃宝盖	写军	丶 冖

部首	名称	例字	笔　顺
讠	言字旁	订认	丶 讠
凵	凶字框	画函	丨 凵
卩	单耳旁	印卸	丁 卩
阝	左耳旁	阳际	𠃌 阝
阝	右耳旁	邦那	𠃌 阝
厶	私字儿	允么	𠃋 厶
廴	建之旁	廷延	𠃌 廴
艹	草字头	艺节	一 十 艹
廾	弄字底	异弄	一 丅 廾
尢	尤字身	尤尬	一 丆 尢
兀	尧字底	尧匏	一 丁 兀
扌	提手旁	扔扫	一 十 扌
弋	式字框	式忒	一 弋 弋
囗	国字框	回困	丨 冂 囗
小	光字头	当尚	丨 丷 小
彳	双立人	往很	丿 丿 彳
彡	三撇儿	形影	丿 丿 彡

部首	名称	例字	笔顺
犭	反犬旁	犯狼	ノ 犭 犭
夂	折文儿	务复	ノ ㄅ 夂
饣	食字旁	饥饭	ノ 𠃍 饣
爿	将字旁	壮状	丶 ㇄ 爿
忄	竖心旁	忙怀	丶 丶 忄
宀	宝盖儿	安完	丶 丷 宀
氵	三点水	汉汗	丶 丶 氵
辶	走之儿	进远	丶 ㇉ 辶
ヨ	录字头	绿碌	𠃍 ㄱ ヨ
彐	寻字头	归灵	彐 ㄱ ヨ
纟	绞丝旁	红级	𡿨 纟 纟
幺	幼字旁	幻玄	𡿨 幺 幺
巛	三拐儿	巢	〈 巛 巛
耂	老字头	考孝	一 十 土 耂
忄	竖心底	恭添	亅 小 小 小
攵	反文旁	故救	ノ 𠂉 ㄅ 攵
爫	采字头	妥受	一 ⺈ 爫 爫

部首	名称	例字	笔　　顺
火	火字旁	炸炮	丶ノ⺌火
灬	四点底	煮照	丶ノ灬灬
礻	示字旁	视祥	丶ラ礻礻
皿	皿字底	盐监	丨冂冊皿皿
钅	金字旁	钉针	ノヒヒ钅钅
疒	病字旁	疮疯	丶一广疒疒
衤	衣字旁	补被	丶ラ衤衤衤
癶	登字头	凳瞪	フヌヌ'癶癶
虍	虎字头	虑虚	丨ト⺊卢卢虍
竹	竹字头	第策	ノ⺊ㄏ竹竹竹
羊	撇尾羊	差着	丶丷䒑䒑羊
𦍌	羊字头	美羔	丶丷䒑羊𦍌
聿	建字里	健肄	フヨヨ聿聿聿
艮	垦字头	恳良	フヨヨ艮艮艮
𧾷	足字旁	跌跑	丨冂口口𧾷𧾷
釆	番字头	悉释	一ノ⺍平平釆
豸	豹字旁	豺豹	ノ⺊⺊豸豸豸

部首	名称	例字	笔顺
卓	朝字旁	韩戟	一十广古古卓卓
隹	隹字旁	雄雌	ノイイ广仁乍伴隹

说明： 凡单独成字或易于称说的部首，如"山 马 日 月 厂 鸟"等，本表未收录。

汉字笔顺规则

一、基本规则

1. 从左到右　礼：礻 礼 / 谢：讠 诮 谢
2. 从上到下　三：一 二 三 / 竟：产 音 竟
3. 先横后竖　十：一 十 / 王：二 干 王
4. 先撇后捺　八：丿 八 / 文：亠 亠 文
5. 先外后里　同：冂 同 / 司：冂 司
6. 先外后里再封口　国：冂 国 国 / 回：冂 问 回

二、补充规则

1. 当中间部分长或宽时，先写中间后写两边。如：

    水：亅 才 水 / 办：力 办

2. 正上、左上的点，必须先写。如：

    立：丶 亠 立 / 头：丶 丶 头

3. 右上、里边的点，必须后写。如：

戈:一 弋 戈 戈 / 瓦:一 丆 瓦 瓦

4."走之儿""建之旁"最后写。如：

迟:尺 迟 / 延:正 延

5."匠字框"的字,先写上边一横,然后写里边,最后写竖折。如：

匾:一 扁 匾

6."凶字框"的字,先里后外。如：

函:了 承 函

说明:怎样利用本字典学习并掌握汉字笔顺

1.首先要看懂《汉字笔顺规则》,它可以帮助你掌握多数字的笔顺。

2.凡是笔顺特殊、较难掌握的字,本书就在这个字头下展示它笔顺的难点(不是每一笔都展示)。如火:丷 火;母:乚 勹 勾 母 母。

3.凡是不清楚合体字中的某一部分独体字的笔顺时,可以在书中查阅这个独体字。

4.当同一页或相邻两页中,需要展示笔顺的同一字形(或部件)出现多次时,本书只选择其中一两个字展示笔顺,请注意参看。例如,"区、岖、驱、躯"出现在一页中,在"区"下展示:丆 乂 区;后面三个字中的"区"就不再展示笔顺了。

怎样使用部首检字表

一、本字典的检字表采用国家发布的《汉字统一部首表》所规定的部首立部。

(1)部首表分主部和附部,如"足"为主部,"𧾷"是它的附部。附部加圆括号。

(2)部首按笔画数由少到多顺序排列;笔画数相同的,按起笔笔形一(横)、丨(竖)、丿(撇)、丶(点)、乛(折)顺序排列;第一笔相同的,按第二笔;第二笔相同的,按第三笔;依次类推。

二、本检字表按照国家有关部门确定的"据形归部"原则对所收的字归部,以便于查检。

(1)查检时,采用"先上后下、先左后右、先外后内"的方法提取部首。如:

"思"字上边"田"下边"心"都是部首,从上,归入"田"部;
"灵"字上边"彐"下边"火"都是部首,从上,归入"彐"部;
"旧"字左边"丨"右边"日"都是部首,从左,归入"丨"部;
"对"字左边"又"右边"寸"都是部首,从左,归入"又"部;
"困"字外边"囗"里边"木"都是部首,从外,归入"囗"部;
"边"字外边"辶"里边"力"都是部首,从外,归入"辶"部;

(2)上下结构的字,若第一次分解后上边不是部首,则从下边提取部首。如:

"契"字归入"大"部;   "盅"字归入"皿"部。

左右结构的字,若第一次分解后左边不是部首,则从右边提取部首。如：

"刹"字归入"刂"部； "彩"字归入"彡"部。

(3)若上下结构的字，第一步分解后，上、下两部分都不是部首，则按先上后下的顺序，再进行第二步分解，提取该字的部首。如"舞"字，经第一次分解成"舞""舛"两部分，都不是部首，再进行第二次分解，先分解上边的"舞"，得"⺈""卌"，两个都不是部首，再分解下边的"舛"，得"夕""㐄"，其中"夕"是部首，据此把"舞"归入"夕"部。

(4)若左右结构的字，第一次分解后，左右两部分都不是部首，则按先左后右的顺序，再进行第二次分解，提取该字的部首。如"疑"字，经第一次分解成"疋""足"两部分，都不是部首，再进行第二次分解，先分解左边的"疋"，得"匕""矢"，这两部分都是部首，根据先上后下的原则，把"疑"字归入"匕"部，而不归入"矢"部。

(5)若某字在同一位置可提取单笔画部首，也可提取多笔画部首，则归入多笔画部首，而不归入单笔画部首。如"亭"字，经两次分解得出部首"亠"，"亭"字归入"亠"部，不归"丶"部。

(6)若字的笔画相接或相交，不便分解提取部首，则按起笔笔形提取部首，如：

"事""枣""本"归入"一"部；

"果""师""电"归入"丨"部；

"农""半""为"归入"丶"部；

"我""乌""乘"归入"丿"部。

标点符号主要用法简表

名称	符号	主要用法	举例
句号	。	用在叙述、说明事情的句子后面。	▷这里的庄稼长得好。
问号	?	用在问句后面。	▷哪一天是教师节?
叹号	!	用在表示强烈感情的句子后面。	▷天安门多么庄严、美丽!
逗号	,	表示句子中间的停顿。	▷他开始学画的时候,老师先让他画鸡蛋,画了一个又让他画一个。
顿号	、	用在并列的词语中间。	▷啄木鸟、蜜蜂、青蛙比美的故事。
分号	;	用在复杂的句子里并列的小句子中间。	▷大树南面见阳光多,枝叶就长得茂盛;北面见阳光少,枝叶也就稀少。
冒号	:	表示提起下文。	▷人们欢呼着:"周总理来了!"

附录 标点符号主要用法简表

名称	符号	主要用法	举例
引号①	" " ' '	①表示引用的话。	▷他笑着说:"没关系!吃点墨水好哇,我肚子里的'墨水'还太少呢!"
		②表示具有特殊含义的词语。	
		③表示着重论述的对象。	▷想一想"闪闪发光的河"指的是什么?
括号②	( )	标明文中注释性质的话。	▷把观察到的建筑物的外观特点(形状、大小、高低、颜色等)用一两段话写下来。
破折号	——	①标明解释说明的语句。	▷我打下手儿——递烙铁,添火,送热水等。
		②表示声音延长。	▷海水哗——哗——
省略号③	……	表示文中省略的部分。	▷我的心里,好像有一颗种子在生根发芽……
着重号	.	标明要求特别注意的字、词、句。	▷注意带点的部分,想象句子描绘的景象:有像镰刀的;有像盘子的;有像莲花的……
连接号④	— ~	用于连接有联系的事物名称、数字等。	▷北京—上海特快列车 ▷1000千克~1500千克

名称	符号	主要用法	举例
间隔号	·	①用于外国人和某些少数民族人名内各部分的分界。	▷四百多年前,有个意大利人叫达·芬奇。
		②书名与篇名的分界。	▷《唐诗三百首·登鹳雀楼》
书名号	《 》	表示书名、篇名、报纸名、刊物名等。	▷今天学的课文是《刻舟求剑》。 ▷我读了《中国少年报》。

说明:

本简表根据中华人民共和国国家标准《标点符号用法》编成。

①引号用于竖行时,用:┐└、┐└。

②括号还有方括号[ ]、六角括号〔 〕和方头括号【 】。

③省略号为六个点,占两字位置。

④连接号占一个字的位置。此外横线还有占两个字位置和占半个字位置的两种。

中國現代常用漢字規範字典

初版 印刷●2003年		4月	15日
初版 發行●2003年		4月	21日

主　編●李　行　健
校　閱●金　學　主
發行者●金　東　求
發行處●明　文　堂

서울특별시 종로구 안국동 17~8
대체　010041-31-001194
전화　(영) 733-3039, 734-4798
　　　(편) 733-4748
FAX 734-9209
Homepage www.myungmundang.net
E-mail mmdbook1@myungmundang.net
등록　1977. 11. 19. 제1~148호

●낙장 및 파본은 교환해 드립니다.
●불허복제.

값 10,000원
ISBN 89-7270-684-1　11720

이 책의 한국내 저작권은 중국 语文出版社와
계약한 圖書出版 明文堂에 있습니다.
따라서 저작권법에 의해 한국내에서
보호를 받는 저작물이므로
무단 전제와 무단 복제를 금합니다.